Thatcher

The Authorized Biography

撒切尔夫人传

（1982–1984）

赢得大满贯

【英】查尔斯·莫尔◎著

贾令仪 贾文渊◎译

世界知识出版社

图字：01-2017-3517 号

Margaret Thatcher: The Authorized Biography
Volume 2: Everything She Wants
by Charles Moore

This edition arranged with AITKEN ALEXANDER ASSOCIATES
through Big Apple Agency, Inc., Labuan, Malaysia

图书在版编目（CIP）数据
撒切尔夫人传．赢得大满贯：1982-1984 /（英）查尔斯·莫尔著；贾令仪，贾文渊译．—
北京：世界知识出版社，2017.7
书名原文：Margaret Thatcher The Authorized Biography Volume Two：Everything She Wants
ISBN 978-7-5012-5445-3
Ⅰ．①撒…　Ⅱ．①查…　②贾…　③贾…　Ⅲ．①撒切尔（Thatcher，Margaret Hilda 1925-2013）- 传记　Ⅳ．① K835.617=5
中国版本图书馆 CIP 数据核字（2017）第 062398 号

责任编辑：王瑞晴　蔡金娣
策　　划：董保军　张天罡

书　　名：撒切尔夫人传：赢得大满贯
作　　者：[英] 查尔斯 · 莫尔
翻　　译：贾令仪　贾文渊

出版发行：世界知识出版社
地　　址：北京市东城区干面胡同 51 号（100010）
电　　话：010-65265923（发行）010-85119023（邮购）
　　　　　010-85112689（编辑部）
经　　销：新华书店
印　　刷：三河市祥达印刷包装有限公司
开本印张：787×1092 毫米　1/16　26 印张
版次印次：2018 年 6 月第 1 版　2018 年 6 月第 1 次印刷
标准书号：ISBN 978-7-5012-5445-3
　　　　　ISBN 978-0-140-27962-7
定　　价：49.80 元

献给

凯特、威尔和汉娜

他们还太年轻，没有经历过本书讲述的事件

缅怀

经历过本书所述全部事件的 W. F. 迪兹

我的灵魂无所畏惧，

任凭世界风狂雨暴，也休想让我战栗。

——埃米莉·勃朗特

目 录

前　言 | Preface

玛格丽特·撒切尔的生活往往让哲学家感到困惑。在这部传记的开篇我就评论说，她让苏格拉底的学说无所适从。苏格拉底有句格言："未经考验的生活不值得过。"但这话对她并不适用。她还证明弗朗西斯·培根的话有误。培根有句名言："只有经过曲折的台阶，才能登上宏伟的高处。"她开始攀登的起点远低于她的前任，却是沿一条几乎笔直的路径攀向顶峰。尽管在形势紧迫时她本可以采用比较巧妙的迂回路径，但她总是勇往直前。沿螺旋楼梯攀登的人看不到自己要走向哪里；但这个一路向顶点奋进的女人在途中和终点始终能看清自己的目标。鞭策她努力向上的动力是强烈的个人抱负加上对自由国家的坚定信念，尤其是对自己国家潜力的信心。她在顶峰驻足的时间足够长，让她有机会努力让国家释放出潜力，实现了国家的大多数愿景。

撒切尔夫人连续任英国首相达十一年半之久，在普选时代，这是个独一无二的纪录。本书第三和第四卷的叙述涵盖了她登上权力顶峰后的年代，从1982年马尔维纳斯群岛战争的余波，到她1983年在大选中获胜，直到她1987年第三次竞选连任获胜。因此，本书与这部授权传记的第一卷（《撒切尔夫人传：我是牌中大王》、第二卷《撒切尔夫人传：铁娘子时代》）有着强烈的反差。第一、二卷是在撒切尔夫人2013年逝世后不久出版的，书中讲述了英格兰中部一个杂货商的女儿独立奋斗，终于成为保守党第一位女领导人，四年后，更成为英国第一位女首相。书中叙述了她一路冲破种种险阻而上，与众多男人设置在她途中的极大困难做斗争，与政治对手做斗争，与困扰祖国的经济问题做斗争。第三、四卷则表现她在权力顶峰的表现——她的卓越表现也许超过了和平时期的所有前任，在世界舞台上，她比温斯顿·丘吉尔爵士以外的所有英国首相更加声名显赫。

读者也许会想，第三、四卷的故事性可能不及第一、二卷生动，因为这时没有早期那种令人惊心动魄的不确定性，而是踏着全球声望的红地毯堂皇稳步。假如有这种想法，就等于将过去发生的事件套入一种井然的秩序，但当时的事件并不具有这种秩序，至少在事件参与者眼中并无秩序可言。当初，谁也不知道撒切尔夫人会以保守党领袖的身份在竞选中赢得三次连任。1983 年，西方很少有人听说过米哈伊尔·戈尔巴乔夫的名字，更没有几个人想象过，首先尝试拉苏联摆脱孤立处境的人竟是这位铁娘子。1984 年 3 月，谁也没想到，这个月发端的煤矿工人大罢工会持续整整一年，到头来竟然让英国政治中有组织的工会力量彻底崩溃。1984 年 12 月初，任何人做梦都不会想到，萨默塞特郡一个生产直升机小公司的事竟然在几个星期中败坏了她的名声，迫使她考虑辞职。四平八稳的状况既不符合撒切尔夫人本人的性格，也不是她那个时代的特征。就在这个时期，爱尔兰共和军于 1984 年在布莱顿市发动恐怖爆炸袭击，撒切尔夫人险些在袭击中丧生。

假如没有写这本书，我也不会深刻理解到，在那些岁月中人们感觉撒切尔夫人的地位多么不稳固——她自己尤其有这种感觉。她 1983 年以压倒性多数赢得大选，没出几个月她便意识到，她的许多高级同僚并不支持她竞选下一届首相任期。在煤矿工人大罢工过程中，有几个节点她似乎很可能会败退。在诸如出售英国利兰汽车公司、制裁南非、英国加入欧洲货币体系的汇率机制等几个重要事件中，她在内阁同僚中受到孤立，处境险恶。尽管民意调查显示她会以压倒性多数获胜，但她不时有相反的感觉，深信自己会在 1987 年的大选中败北。本书中一个极为重要主题是她与罗纳德·里根总统的亲密友谊，但两人的友谊在几个严峻时刻曾遭遇挫折。美国入侵格林纳达后，她感觉里根背叛了自己对他的信任。在 1986 年的雷克雅未克峰会上，里根试图与戈尔巴乔夫讨论销毁全部核武器，她一时觉得，自由世界的事业有可能迷失了方向。

那是撒切尔夫人取得毕生最大成就的年代——1987 年访问莫斯科，大规模私有化，持续五年与欧洲共同市场的折扣之争得到解决，降低通胀，恢复繁荣，击败煤矿工人的极端主义领导人阿瑟·斯卡吉尔，更不用说连续两次在竞选中获得压倒性胜利。不过，也是在这个时期，她主持开征人头税，因南非问题和英联邦问题招致女王担忧，最终导致她与大多数高级同僚之间的关系不可避免的恶化。在这些岁月中，她表现出领袖的全部才干——其中有惊人的才能，时而也会露出同样惊人的缺陷。在 1984 年 12 月的那个星期，撒切尔夫人先是与戈尔巴乔夫举行首次会晤，接着在北京签署中英香港协议，随后又在戴维营会见里根总统。那是现代政治史上最为举世瞩目的一个星期。1987 年 6 月的一天，她对自己参加的竞选运动完全失去了轻重缓急的判断力，这是最令人尴尬的一天。我将这本书定名为《赢得大满贯》，因为它反映出撒切尔夫人对成就、对变革、对那个时代中自己叱咤风云广度的欲望。但是，尽管她竭尽全力为自己想要的一切而奋斗，却并非总能如愿。在这个过程中，许多忠于她却疲惫不堪的下属常常用一首歌中的歌词自问："谁能够告诉我，你能否告诉我，我为何替你卖命？"得到的回答是，她把一切都看得至关重要：这位上司要发挥关键作用，强烈希望他们卖命。她从来都很在意批评她的人怎么说。

本书是在 1997 年开始构思的，当时撒切尔夫人决定遴选并授权一位传记作者为自己写传记，结果选中了我。我因此得到机会，可以查阅她的所有私人文件，那些文件大多数由她永久出借给了剑桥大学丘吉尔学院的档案中心。（她选择剑桥大学，是因为她的母校牛津大学拒绝向她颁授荣誉学位，在她任首相期间，除了 1990 年党内投票逼她下台，这一事件比任何事情都更让她伤心）在她要求下，当时的内阁秘书理查德·威尔逊爵士（如今是丁顿的威尔逊勋爵）允许我阅览她在政府任职期间的所有内阁文件，并不受"三十年后解禁"规定的约束（现在改为二十年后解禁）。不过，按照既定惯例，并出于国家安全考虑，引述这些文件的内容要接受审查。[1] 威尔逊爵士的批准在他的继任人上任后继续有效。撒切尔夫人还为我写这本书接受我的采访，并鼓励所有亲近她的人接受采访，以前，她曾劝阻许多人这么做。让我深感有益的一点是她拒绝读这部书稿，还坚持在自己去世后再出版此书。这意味着别人不能指责她左右书中内容，她似乎从未有过想读这部书稿的冲动，我为此颇感吃惊。[2] 本书除上述资料来源外，还有许多国家的众多渠道，特别是美国，美国的总统图书馆和其他档案馆都向我开放。我还请教过 60 多位证人。归纳起来，为了写这部作品，共采访

1 审查过程中，本书没有失去任何重要情节。删除的敏感情节往往是情报活动细节或军事问题，在撒切尔夫人的经历中并不占核心地位。

2 撒切尔夫人没有为我的工作向我支付报酬。本书是我与出版商企鹅出版集团签约出版的。

过数百人，查阅研究过数千份文件，字数达数百万之多。这部书最终完成时，大约耗费了20年时光。

本书第三、四卷的原始材料与第一、二卷颇为不同。叙述撒切尔夫人早年生活时，困难是文字资料太少，在很大程度上只能凭借玛格丽特年轻时与妹妹缪丽尔的通信。第三、四卷的问题则是资料太多。在第一、二卷叙述的时期中，撒切尔夫人有比较多的个人生活；第三、四卷叙述的时期中，她的生活与工作几乎没有明显的界线。她与丹尼斯住在唐宁街一家商店的楼上。每个周末，她都要把工作带回家做（在首相别墅），众所周知，她把假期压缩到最低限度，每天清醒的时间都在工作。她于1985年在达利奇购买房子后，发觉那是个错误（见第四卷第9章）。就连她对衣服的爱好也在很大程度上变成使用权力的表示，而不是个人身份的表现，在她1987年的莫斯科之行中，服装更上升到了神化她的高度（见第四卷第8章）。她牺牲了绝大部分家庭生活，只有丹尼斯永远待在她身边，让她感到安心。女儿卡萝尔这一时期有时住在澳大利亚，从未在唐宁街住过。儿子马克因从事的商业活动性质饱受批评，从1984年起便生活在美国得克萨斯州达拉斯市，撒切尔夫人很替儿子的安全担忧（见第三卷第9章）。

读者可以想象出一个工作狂有着怎样的生活。要研究撒切尔夫人生活，绝大部分证据可从她的工作中找到。她的传记作者是幸运的，因为撒切尔夫人惯于在政府文件上做大量批注，将自己的看法充分表达出来，还常常使用惊叹号，在自己喜欢的内容下划线，对于她认为“脆弱”的内容、官僚作风的内容或过于欧洲大陆化的内容，她就在下面画上波浪线。她生活在电子邮件尚未到来的上一个时代，从来采取有系统的方法，在纸面上写下自己的意见（通常是经私人秘书之手，多半由查尔斯·鲍威尔执笔），采用这种方法用不着担心黑客入侵，也不会遭遇计算机病毒。她天性注重信息保密，对泄露信息的危险有极为明确的认识，不过在另一方面，她也几乎无法掩盖自己的真实想法。仅仅从官方渠道研究，便能看出她治国的独特方法。当今的技术和信息自由让人很难从政府文件中看出这样的坦诚，想到这一点，让人不由感觉可悲。从这个意义上讲，要为21世纪她的继任首相们写传记，传记作者们就比我辛苦多了。毋庸置疑，私人拥有的信息资源也极为重要。比方说，戴维·古多尔爵士个人对英国－爱尔兰谈判的叙述（见第三卷第 10 章）、伯恩斯勋爵当时就 1985 年汇率机制的灾难性事件写的评论文章（见第四卷第 3 章）、格拉夫罕的杨格勋爵以 1987 年竞选背景写的日记令人惊叹（见第四卷第 10 章）……书中广泛引用的材料皆为首次面世。撒切尔夫人活动目击者的记忆同样极为重要。在书中涵盖的时期中，她成了个世界级的人物，而且是个神话般的人物，本书吸纳了这一现象亲历者的叙述。

这五年中的材料太丰富了，书的叙述结构反而成了个问题。首相必须同时处理的事务往往相互毫无关联，未经预先通知就呈交给她，本书作者在可能的情况下，应该将这种情况传递给读者。比方说，书中叙述了 1986 年的同一天中，发生了美国战机从英国基地起飞轰炸利比亚，撒切尔夫人这天还面对了她的商店营业法案遭否决（内容是允许周日开门营业）——这是她的内阁向议会下院呈交的法案中唯一一次二读未通过。要将这些混战般的事件记录传递给读者，最简单的办法是按时间顺序简单叙述出来，然而这往往是不可能的，因为对一个重要问题的叙述需要有清晰、详细、有关联的线索，每次叙述一件事。本书叙述撒切尔夫人就冷战问题与里根和戈尔巴乔夫交往，就采用了这样的方法。对煤矿工人罢工、英国－爱尔兰协定、制裁南非的报道也采取了同样的叙述方法。然而，在叙述一个事件的进展过程中，作者会努力提示读者，其他事态在同时进行中。表面上没有关联的事件往往相互影响，而且几乎从来都会影响事件核心中的主要人物，影响着她的态度、她的政治命运、她的决策。应当记住，这是一部玛格丽特·撒切尔的传记，而不是她执政历史的完整记载。有些重要方面她始终给予积极的关注，譬如，大多数内政事务，这一点有些让人意外，因此，这些事务通常略去。撒切尔夫人当时的同僚们感觉，由于她个人的魄力，她是个始终活跃在人们面前的人物。这本书就像一出三幕戏剧的第二幕，剧中的主角几乎从不离开舞台。

同样，出于题材上的原因，尽管要维持总的时间框架，但有些问题是尽量按相关事态分类，而不是严格按照发生的时间顺序叙述。这一原则适用于她处理情报机构和私有化事务，这两方面在第一、二卷中很少描述，但在第三、四卷中将深入介绍。在社会安全体系和国民医疗保健制度方面，撒切尔夫人推行的大多数改革在第三、四卷叙述的时间段中相当重要，但出于同样的原则，这些内容将在最后一卷中叙述。同样的原则也适用于她对待以下一些问题的态度：艾滋病和公共卫生事业、出版《抓间谍者》一书引起的纷争、她与苏格兰不稳定的关系等。像第四卷第9章讨论的撒切尔夫人在当时文化环境下的神化形象等主题，所涉及的事态会超越1982—1987年的时间段。我叙述两个实例时，偏离时序主线，为的是再现当时的实际情景，那两个实例都是当事人在事后才意识到事态的真正本质。这两个实例是：美国入侵格林纳达、副检察长关于韦斯特兰风波的信函泄密问题。为了帮助读者理解，本卷提供了一个年表，按日期列出不同主题的事件。

本书第三卷、第四卷与第一卷、第二卷还有另一个不同点。第一卷、第二卷是撒切尔夫人在世的时候完成的，第三卷、第四卷的大部分内容则是在她逝世后才写完。这一差异也许对我写作产生了影响，而且肯定对读者阅读有影响。2013年4月17日，在圣保罗大教堂里，英国女王肃立在灵柩旁，女王在位期间有过十二位首相，只有任职时间最长的这位是女性。玛格丽特·撒切尔成了历史人物。这将使人们对她的兴趣变得更加强烈，也让对她有利或不利的神话变得更加动人。传记作者绝对不能屈从于这种情绪，绝对不能回答“假如撒切尔夫人健在会如何处理某事”等问题，原因十分简单：作者并不知道。这部作品不能像大理石般冷峻，也不能随意推测，而必须继续具有探索性。作者仍然在努力发现这个非凡女人的真相，而这个女人生前追求的渴望太强烈，根本没有工夫真正认识自己。

撒切尔夫人去世以来，我做过100多场演讲。起初，我为听众难得向我提政治问题感到惊讶。她是个对政治着迷的人，她身后的政治遗产该引起极大的兴趣才对——包括经济政策、国家主权、国际同盟、对自由的态度、军事、极权主义和社会本身，以及用她名字命名的撒切尔主义等。然而很少有听众就这些主题直接提问。频繁提出的问题涉及她作为工人、同僚、妻子和母亲、政府工作人员、领导人、基督教徒等身份。我便做出了结论：人们不是对玛格丽特·撒切尔的政治感到厌倦，而是想要了解她这个人。人们感到着迷的是她与伟大思想和重大事件相关联的品质特征。这与一个最明显的事实密不可分：在整个西方民主历史中，她是第一位真正在自己的时代主宰自己国家的女人。“她”这个代词是个起点，也许将是个终点。

致 谢 | Acknowledgements

我在第一卷、第二卷中说过，在此还要重申，首先我要感谢已故的撒切尔夫人，感谢她邀请我撰写此书。她履行了自己的承诺，让我使用所需的全部资料来源，包括她本人接受采访，支持我采访其他人，让我阅览她的所有文件。在她的赞许下，她的家人提供了无尽的协助。20个世纪末，我采访过她丈夫丹尼斯·撒切尔爵士。她的儿女马克·撒切尔和卡萝尔·撒切尔最近也常常接受我的采访，他们自始至终态度极为友善。

撒切尔夫人于2013年去世后，她的大多数随身雇员均已离职，但我仍然在准备本书过程中得到他们极大的帮助，而且在整个撰写过程中得到她的前私人办公室主任朱利安·西摩尔爵士的大力协助。早在1997年，正是西摩尔爵士首先告诉我说，撒切尔夫人有意请人写传记，他后来始终为这本书提供支持，不过，偶尔也提两句尖刻的批评。我感谢撒切尔夫人辞职后的长期私人秘书马克·沃辛顿爵士，感谢在她办公室内外为她服务的辛西娅·克劳福德夫人（昵称“克劳菲”）。

多年前接受了撒切尔夫人邀请我写书后，我需要找到一家出版社出版此书。在我非凡的出版代理人吉伦·埃特肯帮助下，企鹅出版社表示接受。在这部作品漫长的出版历程中，编辑本书的始终是英国出版界最有天赋、最乐于助人、最认真尽责的编辑斯图尔特·普罗菲特。他当然有充分的理由对这书长期耽搁出版感到遗憾，但他对本书的善意和热心从未消退。我还要感谢吉伦·埃特肯的同事克莱尔·亚历山大，感谢她参与本卷书的代理工作。撒切尔夫人的文件主要是她的个人文件和政府存档的文件。她个人的文件收藏在剑桥大学丘吉尔学院档案中心，这是英国卓越的现代化档案馆，收藏着政治类档案。在艾伦·帕克伍德博士全面监管下，撒切尔的案卷保管人安德鲁·赖利得到索菲·布里奇斯的协助，撒切尔夫人的文件在那里得到极好的保存。安德鲁不断地为这一项目充当博学的顾问，常常提出有益的建议，为探究开创新路，或向我展示一些我可能忽略的文件。

我常常感到，安德鲁·赖利或克里斯多夫·柯林斯比我更了解本书的主题。可以肯定，他们两人比我了解的情况更多。柯林斯博士是玛格丽特·撒切尔基金会网站 www.margaretthatcher.org 的创建者和编辑。这是全世界公众人物的在线文件档案馆中最好的，而且规模一直在扩展。该网站将玛格丽特·撒切尔的所有公开评论及大量其他材料收集在一处，这实实在在节省了我数年的研究时间。柯林斯博士是一位孜孜不倦的探索者，总能发现新材料，撰写本书过程中，有几次他朗读出的某些文件内容对我至关重要。

为了装下撒切尔的文件，丘吉尔档案中心需要新建整整半排房子。政府文件的数量则更加庞大。本卷书所涉时期的文件已经移交到位于邱园的国家档案馆，但我主要是在文件移交前在白厅查阅的。国家档案馆做出不懈的努力，不断更新包括 PREM（首相）或 CAB（内阁）参考文献项目下的相关批注（网页文件公开后，得到玛格丽特·撒切尔基金会网站的补充）。对于尚未解密的或仍然封存的文件，我在内阁办公室查阅时，就有必要保持原档案的文件参考索引。我要向内阁办公室官方历史处主任特莎·斯特灵致谢，还要感谢副主任萨莉·福克。感谢她们在我查阅文件时一贯给予有益的帮助，并且在遇到官僚作风阻碍时，一贯设法排除障碍，推动这个项目的进展。在研究过程中，档案处主任罗杰·斯梅瑟斯特提供了极为有益的帮助；我必须感谢内阁办公室的苏·格雷，感谢她采取快刀斩乱麻的做法，排除影响本书出版日程的最后一道障碍。感谢档案处的业务骨干戴维·理查森、罗恩·劳伦斯和黛博拉·尼尔，他们常常在档案的宝藏中找到所需文件让我查阅。我常常与官方史学家在同一间办公室中阅读，特别感激他们与我交谈，尤其是斯蒂芬·沃尔爵士、伊恩·比斯利和吉尔·班尼特。外交部首席史学家帕特里克·萨蒙教授向我提供过帮助。

我是个得到授权的史学研究者，而不是“官方的”史学家，为了便于我查阅必要的文件，1998 年，当时的内阁大臣理查德·威尔逊爵士授予了我官方头衔。我的这一特权在他的继任人特恩布尔勋爵、奥唐奈勋爵和杰里米·海伍德爵士的任期中继续有效。本书撰写过程中，一直受到继任首相们的热情关注，其中有托尼·布莱尔、戈登·布朗和戴维·卡梅伦。我要感谢布莱尔先生和卡梅伦先生，感谢他们为我撰写此书接受采访。

我要感谢女王陛下的私人秘书克里斯多夫·盖特爵士和皇室及皇家档案馆的其他人员，感谢他们彬彬有礼的协助。

第三、四卷利用的资料中，源自美国的内容比第一、二卷更多。这不但因为书中涉及的时期中玛格丽特·撒切尔与罗纳德·里根有着重要的关系，还因为丹尼尔·柯林斯就此做过大量学术研究。总的来讲，虽然我本人为此书做了大部分研究，但我很快便意识到，自己不能常常待在美国利用所需的全部美国资料。因此我请丹尼尔为我主管在美国的研究项目。十年多的合作中，他的勤勉、优秀的管理才能和智慧都让我赞美不尽。他的正式头衔与他所做贡献的广度和重要性并不相符，我认为，他是本书各方面的可靠顾问。假如我斗胆把自己比作书中的大人物，那丹尼尔就是我的查尔斯·鲍威尔。这个项目完成后，他也将证明自己是一位名副其实知识全面的历史学家。我还要向丹尼尔的妻子索尼娅和他们的女儿克拉拉致谢并致歉，她们允许我占用了本属于她们的太多时间。

谢过丹尼尔·柯林斯后，我该感谢我的研究助理戴维·希尔斯博士，他一直是这个团队最重要的人员。他持续进行的爱尔兰研究为本书多有贡献，他的研究如今持续到更广泛的领域，在邱园的丘吉尔档案馆和别的地方搞第一手资料的研究。他还深深参与了整卷书的内容准备和充实工作。他的认真与勤勉非同凡响。

对本书第三、四卷，丹尼尔·柯林斯承担起我们在美国的大部分访谈工作（第三、四卷书所涉内容的访谈人数约有60位），另外还承担了向前白厅和查尔斯国王大街前官员取得相关证据的工作。在美国做的文献研究相当耗费时间。对此，我们感谢罗纳德·里根图书馆和乔治·布什图书馆的工作人员。我们感谢里根图书馆的迈克·达根、斯蒂夫·布兰奇，更要感谢十多年来甘为我们充当无名英雄的谢莉·威廉姆斯，她非常博学，孜孜不倦，总是非常欢快。我们真心感谢布什图书馆与我们配合默契的罗伯特·霍尔茨魏斯，感谢以军人般的严谨应对我们无数要求的扎克·罗伯茨。

《信息自由法》使本书大受裨益，我们提交的查阅文件申请书多达数千页。在几座总统图书馆，熟悉情况的馆员向我们提供了指引，但我们也直接提交了无数的申请。为此，我们要感谢美国国务院、国防部、中央情报局、国家安全局和美国进出口银行负责自由信息的官员们，特别应该感谢国务院，尤其感谢受理申请的馆员洛林·哈特曼，他常常超越自己的职责范围，研究内容模糊的文件。

我们的研究还一直依赖众多美国研究机构的专家和文献集，其中包括首都华盛顿的乔治·华盛顿大学国家安全档案，我们要感谢那里的玛丽·柯里，尤其要感谢斯维特拉娜·萨夫兰斯卡娅，她慷慨地让我们分享了她在莫斯科戈尔巴乔夫基金会的研究成果。我们还要为诸多机构提供的协助表示谢意：国会图书馆、美国国家档案馆、乔治城大学的劳因格图书馆、普林斯顿大学的马德图书馆、斯坦福大学的胡佛研究院、联合国档案馆、哥伦比亚特区的公共图书馆等。

在我们了解撒切尔夫人对话的过程中，南希·里根夫人和继续关心里根总统利益的人们给了我们极大的帮助，尤其是乔安妮·德雷克和弗雷德·赖安，他们给了我们很多无私的帮助。我们同样感谢乔治·布什总统和他的办公室给予的支持。乔治·舒尔茨对本书研究的全过程给予了坚定的支持，他慷慨付出自己的时间和可靠而精明的洞察看法。彼得·罗宾逊也是一样。让本卷书受益匪浅的贡献者包括巴德·麦克法兰、杰克·马特洛克、理查德·珀尔、约翰·波因德克斯特、罗兹·里奇韦和柯林·鲍威尔。我们无限感谢他们和所有接受我们访谈的人们。

我还要感谢美国的出版商阿尔弗雷德·A. 克诺夫，以及我的编辑丹·弗兰克。“领先讲坛”帮助我为本书即将在美国出版做了宣传。

※　※　※

我查询过资料的其他机构包括：爱尔兰都柏林国家档案馆、北爱尔兰公共档案馆、巴黎国家档案馆。我一直对伦敦图书馆感激不尽。许多个人也让我利用他们的私人文档。我要感谢戴维·巴特勒爵士，他安排我查阅他在牛津大学纳菲尔学院的当代竞选采访文件（巴特勒爵士不顾90多岁高龄，继续向我提供慷慨的帮助，让我查阅大多数文件）；感谢已故的迪兹勋爵，他是我这本书的第一位编辑（我特别在扉页缅怀他），曾让我浏览他自己的文件；感谢哈里·哈特，他让我利用他先父戴维·哈特的文件；感谢教授布赖恩·哈里森爵士，他让我阅览牛津大学是否向撒切尔夫人颁发荣誉学位争议的文件，以及她与知识分子们关系的文件；感谢格雷厄姆·特纳，他向我提供了已公布采访的未出版文稿；感谢亨利·哈迪，他允许我引述已故以赛亚·柏林爵士一封信的内容；感谢约翰·威廷戴尔，他让我阅览了他在这一时期尚未出版的日记；感谢帕特里夏·霍奇森女爵士，她允许我阅览她的个人文件；感谢沃尔特斯夫人，她允许我引用已故丈夫艾伦·沃尔特斯爵士的笔记和日记；感谢杰拉尔德·鲍登，他让我看了他个人写的文章，内容是关于住在达利奇的撒切尔一家；感谢阿奇·布朗，他向我提供了关于苏联事务的当代笔记；感谢马丁·尼科尔森，他让我看了他凭记忆写的事件摘要，并帮助将晦涩难懂的俄语词组翻译成易于理解的漂亮英文字眼；感谢阿泽利尔·伯南特，他让我看了他关于玛格丽特·撒切尔与中东问题的论著（预计将于2016年在剑桥大学出版社出版）；感谢伯恩斯勋爵，他让我看了关于许多回忆的个人记录；感谢艾丽斯·科尔曼，她对当时撒切尔夫人手写草书做了分析；感谢戴维·古多尔爵士，他让我看了他关于《英－爱协议》以及关于撒切尔夫人个性的个人备忘录；感谢约翰·科尔斯爵士，他向我展示了若干个人文件；感谢彼得·马歇尔爵士，他允许我利用他的个人日记；感谢韦福德的已故怀雅特勋爵的管理组织，他们允许我引用他先前尚未发表的个人日记中的章节；感谢格拉夫罕的杨格勋爵，他允许我利用他个人的1987年大选期间的日记。

以下各位在本卷书准备过程中慨然接受访谈，他们中的许多人以前从未就此主题公开发表讲话。在某些情况下，对他们的访谈没有直接引用或提及，但他们提供的背景情况极其有益。这些女士或先生是：吉姆·阿布拉汉森将军、安东尼·阿克兰爵士、肯尼思·阿德尔曼、雷蒙德·奥尔布赖特、罗茜·艾利森、已故的马丁·安德森、伊尔敏斯特的阿姆斯特朗勋爵、雅克·阿达利、杜金的贝克勋爵、詹姆斯·贝克、班达尔·本·苏丹王子殿下、温迪·巴伦博士、贝尔勋爵、已故的比芬勋爵、伯特勋爵、已故的托尼·毕晓普、爱文德·毕尔克、托尼·布莱尔、肯尼思·布卢姆菲尔德、罗温顿的布莱思勋爵、罗杰·博恩、杰拉尔德·鲍登、科莱特·鲍女爵士、罗德里克·布雷思韦特爵士、已故的斯彭尼桑的布里坦勋爵、基思·布利托、萨顿曼德维尔的布鲁克勋爵、尼格尔·布鲁姆菲尔德爵士、阿奇·布朗教授、威廉·布朗、科林·巴德爵士、弗拉基米尔·巴可夫斯基、伯恩斯勋爵、康纳·伯恩斯、理查德·伯特、布洛克维尔的巴特勒女士、布洛克维尔的巴特勒勋爵、戴维·巴特勒爵士、已故的迈克尔·巴特勒爵士、弗兰克·卡卢奇、卡林顿勋爵、布赖恩·卡特利奇爵士、理查德·沙特尔主教、查尔斯·克拉克、杜安·克拉里奇、泰鲁斯·柯布、艾丽斯·科尔曼教授、约翰·科尔斯爵士、托尼·科默、已故的罗伯特·康奎斯特、戴维·康沃尔（间谍小说作家，笔名：约翰·勒卡雷）、已故的珀西·柯利达爵士、詹姆斯·克雷格爵士、辛西娅·克劳福德、切斯特·克罗克、彼得·克罗珀、已故的布赖恩·卡本爵士、已故的卡克尼勋爵、伊恩·柯蒂斯、已故的克里斯托弗·柯温爵士、肯尼思女爵士、蒂莫西·迪尔、理查德·迪尔洛夫爵士、已故的迈克尔·迪弗、德本勋爵（约翰·格默）、已故的迪兹勋爵、肯·德格拉芬赖德、弗雷德里克·威廉·德克勒克、雅克·德洛尔、卡萝尔·丁金斯、多布斯勋爵、诺埃尔·多尔、肯·杜伯斯坦、邓恩女士、已故的劳伦斯·伊格尔伯格、艾格蒙特勋爵、理查德·埃赫曼、布赖恩·福尔爵士、塞巴斯蒂安·福克斯、费洛斯勋爵、弗雷德·费尔丁、已故的加勒特·菲茨杰拉德、马林·菲茨沃特、蒂姆·弗莱舍、福勒勋爵、查尔斯·弗里曼、特莎·盖斯曼、尼古拉斯·加兰、维克多·加兰爵士、罗伯特·盖茨博士、约翰·格尔森、戴维·古多尔爵士、尼古拉斯·古迪森爵士、奥列格·戈德尔维斯基、高里勋爵、彼得·格雷格森勋爵、福雷斯发奇的格里菲思勋爵、格里·格林斯通爵士、伊普桑姆的汉密尔顿勋爵、克劳德·汉克斯爵士、克里斯维奇的哈尼勋爵、戴维·黑尔爵士、罗宾·哈里斯、布赖恩·哈里森教授、已故的阿瑟·哈特曼、马克斯·黑斯廷斯爵士、特里·海泽爵士、菲利普·亨舍爵士、赫塞尔廷勋爵、威廉·赫塞尔廷爵士、查尔斯·希尔、帕特里夏·霍奇森女爵士、迈克尔·霍华德爵士、杰拉尔德·豪沃斯爵士、亚伯拉昂的豪勋爵、乔纳森·豪、韦斯特维尔的赫德勋爵、安吉拉·胡斯、伯纳德·英厄姆爵士、马丁·杰科姆爵士、罗丁的詹金斯勋爵、乔普林勋爵、约翰·凯利、杰弗里·肯普博士、金洛查的克尔勋爵、罗伯特·金米特、布里奇沃特的金勋爵、已故的金斯当勋爵、已故的鲍勃·肯辛顿、基诺克勋爵、亨利·基辛格博士、安德鲁·奈特、勒维克的拉蒙特勋爵、蒂姆·兰克斯特爵士、安德鲁·兰斯利、布莱比的劳森勋爵、已故的内尔森·莱德斯基、约翰·雷曼博士、罗纳德·雷曼博士、马克·伦诺克斯爵士、奥利弗·莱特文、伯顿·勒万、迈克尔·利利斯、肯·利文斯通、迈克尔·卢埃林·史密斯爵士、雷切尔·洛马克斯、洛锡安侯爵（迈克尔·安克拉姆）、约瑟芬·路易斯、卢斯勋爵、罗米利·麦卡尔平女士、已故的西格林的麦卡尔平勋爵、柯林斯·麦科尔爵士、罗伯特·巴德·麦克法兰、德鲁姆格拉斯的马金尼斯勋爵、杰拉尔德·马龙、曼德尔森勋爵、马丁·曼瑟、已故的骑士桥的马歇尔勋爵、彼得·马歇尔爵士、杰克·马特洛克、霍舍姆的莫德勋爵、泰斯登的梅休勋爵、罗杰·梅纳德、埃德·米斯、彼得·米德尔顿爵士、奥利弗·迈尔斯、弗兰克·米勒、莫格勋爵、克里斯·蒙克里夫、戴维·蒙哥马利、下沼地的摩尔勋爵、皮埃尔·莫雷尔、已故的莫泽勋爵、托尼·莫特利、理查德·莫特拉姆爵士、费迪南德·芒特、布赖恩·马尔罗尼、简·马尔万、鲁伯特·默多克、理查德·默菲、已故的德莫特·纳利、安德鲁·尼尔、马丁·尼克尔森、托马斯·奈尔斯、戴维·诺格罗夫、奥利弗·诺思、约翰·诺特爵士、斯坦利·奥尔曼博士、约翰·奥沙利文、欧文勋爵、克莱尔·帕克南、迈克尔·帕克南爵士、帕金森勋爵、戴维·帕斯卡尔、巴恩斯的帕滕勋爵、理查德·珀尔、约翰·波因德克斯特、阿曼达·庞森比、贝斯沃特的鲍威尔女士、贝斯沃特的鲍威尔勋爵、柯林·鲍威尔、已故的查尔斯·普赖斯、乔纳森·皮姆、已故的迈克尔·昆兰爵士、施里达斯·桑尼·兰法尔爵士、凯瑟琳·拉姆塞、南希·里根夫人、约翰·雷德伍德、已故的里斯勋爵、克利夫顿的伦威克勋爵、威廉·里基特、罗兹·里奇韦、马尔科姆·里夫金德爵士、彼得·罗宾逊、吉尔·拉特、理查德·赖安、温萨姆的赖德女士、温萨姆的赖德勋爵、萨奇勋爵、瓦费克·赛义德、约翰·斯卡利特爵士、迈克尔·施吕特博士、迈克尔·斯科拉爵士、雷蒙德·塞茨、夏基勋爵、尼格尔·欣沃德爵士、迪德斯伯里的舍伯恩勋爵、乔治·舒尔茨、杰里米·辛克莱、杰弗里·史密斯、约翰·斯帕罗爵士、迪克·斯普林、普莱斯托的斯特林勋爵、爱德华·斯特里特、巴里·斯特雷文斯、威廉·塔夫特四世、特比特勋爵、霍华德·泰彻、霍斯特·特尔奇克、卡萝尔·撒切尔、已故的丹尼斯·撒切尔爵士、马克·撒切尔、斯温纳顿的托马斯勋爵、德里克·托马斯爵士、哈维·托马斯、特恩布尔勋爵、格雷厄姆·特纳、布赖恩·昂温爵士、约翰·尤尔爵士、休伯特·韦德里纳、维克哈姆女士、韦克厄姆勋爵、北希尔瓦德格拉夫勋爵、乔治·沃尔登、已故的伍斯特的沃克勋爵、戴维·沃克爵士、斯蒂芬·沃尔爵士、丹尼斯·沃尔特爵士、彼得·沃里、已故的韦瑟里尔勋爵、约翰·韦斯顿爵士、罗恩·怀特、已故的约翰·怀特海德、克莱夫·惠特莫尔爵士、约翰·惠廷德尔、尼格尔·威克斯爵士、菲利普·威尔考克斯、戴维·威利茨、已故的霍顿的威廉姆森勋爵、已故的理查德·沃思林、保罗·伍尔福威茨、桑尼戴尔的沃尔夫森勋爵、已故的奥利弗·赖特爵士、里奇蒙的赖特勋爵、鲍勃·杨格、格拉夫罕的杨格勋爵。

在上一卷中，有几位是在要求匿名的条件下接受访谈的。为这一卷做的访谈中，只有一位提出这一约定（不过许多其他人就同一主题提供了记录）。我对各位及其贡献表示感谢。

我还要为许多人在以下各种方面提供的帮助表示感谢：

感谢艾伦莱恩出版社的理查德·杜吉德和丽贝卡·李，他们（像上一卷书时一样）从来是这本书高效能的编辑经理；彼得·詹姆斯再次担任本书一丝不苟的优秀技术编辑；泰伦·琼斯和桑德拉·富勒担任出版总监，克里斯·肖和斯蒂芬·赖安担任校对，利萨·杰克逊担任设计经理，安东尼奥·科拉克担任封面设计，克里斯汀·沙特尔沃思负责编索引，塞西尔·麦凯负责图片研究，唐纳德·福特尔斯和本·辛耶担任斯图尔特·普罗菲特的助理人员。所有人都辛勤劳作，保证本书在出版时达到完美的水平。尚塔尔·诺埃尔精明地组织了长篇连载。我还要感谢莉兹·西奇和萨拉·沃森，她们为本书做了迷人有效的宣传工作。佩恩·沃格勒也在做同样的宣传工作。

感谢帮助我做研究工作的所有人。我的密友米里亚姆·格罗斯维做的研究帮助我深入理解了撒切尔夫人和艺术。丹·柯林斯建议我请美国华盛顿特区的福莱·法尔茨格拉夫帮助编撰极为复杂的3000条尾注。她工作极为出色，自始至终表现出恒心与非凡的精确性。

我要特别感谢电讯传媒集团的所有者戴维·巴克莱爵士、弗雷德里克·巴克莱爵士，以及戴维·巴克莱爵士的公子艾丹，感谢他们给予本书热情的支持。感谢总经理默多克·麦克伦南和编辑克里斯·埃文斯，他们对整卷书给予了同样的热心支持，并对本书做了连载。克里斯·埃文斯爽快地允许我为完成本书第三、四卷而暂时离开工作岗位。我还要为报社其他职员的合作与耐心表示感谢：伊恩·麦格雷戈、理查德·普雷斯顿、菲利普·约翰斯顿、哈里·德·屈埃特维尔、罗伯特·科尔维尔（他已经离开报社）和萨莉·查特顿。在《每日电讯报》报社，帕特·温特是我的助手，她每天出面帮我料理生活琐事，对我撰写《撒切尔夫人传》这本书是个极大的帮助。我非常感谢“旁观者”栏目的编辑弗雷泽·纳尔逊，他容忍我为撒切尔夫人这本书的事频繁离开栏目组。

在第一、二卷中，我提到很多朋友，他们谈起这本书中的主题，谈到撒切尔夫人处在旺盛时期的岁月，认为这些弥足珍贵。我在这里不对他们一一致谢，由于内容的关系，在本卷应该重提几位的名字，他们包括：已故的尼古拉斯·巴根、理查德·埃尔曼、克里斯托弗·菲尔德斯、迪恩·戈德森、尼格尔·劳森、奥利弗·莱特文、费迪·芒特、欧文·佩特森、艾伦·佩蒂、凯瑟琳·拉姆塞、诺曼·特比特和威廉·沃尔德格雷夫。

在爱尔兰问题上，比尤勋爵起到了至关重要的作用；欧金尼奥·比亚吉尼对我也帮助极大。简·马尔万、卡拉·鲍威尔、辛西亚·克劳福德、阿曼达·庞森比、罗米利·麦卡尔平等人从不同的方面给我提供非常大帮助，她们向我解释了服装方面的情况。

在特别接近撒切尔夫人的人们中，我特别感谢阿曼达·庞森比，她热情召集起很多重要人物，这些人身在幕后不为人知，却往往对撒切尔夫人最为了解；我也特别感谢理查德·赖德和卡罗琳·赖德，他们处处向我提供帮助。在撒切尔政府的主要成员中，我了解情况时常常向我提供帮助的是查尔斯·鲍威尔（贝斯沃特的鲍威尔勋爵），他有惊人的记忆力，了解的主题内容非常广泛。他肯定与玛格丽特·撒切尔常常在一起，对她的政治想法体会得比那个时期的其他人更深。他提供的合作历来慷慨大方。

查尔斯·鲍威尔是一位杰出的文职官员，不过供职种类不同寻常。还有几位与他职业相同的人们对这本书也至关重要，他们提供情况的精确性是政客们难得拥有的，尽管政客们有其他强项。我要特别感谢罗伯特·阿姆斯特朗（伊尔敏斯特的阿姆斯特朗勋爵）、曾担任撒切尔夫人首席私人秘书后来担任内阁秘书的罗宾·巴特勒（布洛克维尔的巴特勒勋爵），还有安德鲁·特恩布尔（特恩布尔勋爵）。

我要感谢以下各位朋友以专业眼光善意阅读本书的手稿并提出改进意见：就货币问题提出意见的默文·金（罗伯利的金勋爵）、理查德·埃尔曼、詹姆斯·谢尔（就冷战各方面提出中肯的意见）、安德鲁·赖利、戴维·威利茨、诺埃尔·马尔科姆。我父亲理查德·莫尔也非常认真地阅读了此书稿。杰基·阿什当在家乡苏塞克斯郡以自己的专业眼光，老练地仔细校读了书稿。

弗吉尼亚·金达·厄特利（后来她妹妹凯瑟琳也参与）和凯特·埃尔曼如同帮助修订第一、二卷一样，最后修订了这部书稿。金达负责处理书稿，与不精通电脑的作者合作，这便是一份非常艰巨的任务。凯特翻译了法语内容，并校对了访谈中引述的2000余条引语。在几年的时间里，她们二位多次与我共事，彼此间培养出非凡的耐心与和谐。

我还要重复在第一卷中对戴安娜·格丽塞尔的谢意，感谢她照顾我的马儿托米。写书就像骑马打猎，要遵循露西·格利特斯提出的优良规则："全身心投入，尽快顺着线索追踪。"不过我承认，在局外人眼中，我的速度绝对不快。

最后，我要向我的家人致谢，特别是我的孪生儿女威尔和凯特，他们在我开始写这部书时只有七岁，如今已经25岁了。他们为这本书的诞生做出过很多牺牲，也对此大量嘲讽（威尔还画过不少漫画）让我关注他们。如今，我的儿媳汉娜成了又一个牺牲品。为此我要将本书题献给他们。

我妻子卡罗琳承受过的压力最大。我不知道怎么感谢她才好：我希望，等我完成全部书稿后，能找到这个答案。

查尔斯·莫尔

2015年8月于艾特钦罕

1.

开明的帝国主义者

“我是这个伟大国家的领导人，现在我还没有打定主意”

1982 年 10 月，玛格丽特 · 撒切尔成为西方国家资深的民选领导人。她担任首相领导英国已经三年零五个月，超过了当时所有西方主要大国领导人持续在位的时间。此后，她继续保持这个职位达八年之久，直到 1990 年 11 月才辞职下野。撒切尔 1979 年 5 月就任首相后，罗纳德 · 里根继吉米 · 卡特之后就任了美国总统；弗朗索瓦 · 密特朗在竞选中击败瓦勒里 · 季斯卡 · 德斯坦，出任法国总统。赫尔穆特 · 施密特自从 1974 年起一直担任西德总理，但他在 1982 年 10 月 1 日西德联邦议会的不信任案投票通过后辞职，起初未经选举便接任总理者是基督教民主联盟成员赫尔穆特 · 科尔[1]。因而，在区区三年多时间中，撒切尔夫人便从初涉国际政治的新手跃升为资深女政治家。马尔维纳斯群岛之战获胜后，她在国际上享有的地位发生了巨大变化，这一转变发生得迅速而富有戏剧性。诚然，她并不是个特别在意重要日子和周年纪念的人，但她无疑意识到了自己得到的新地位，并为此感到欣然。她感到自己的信念得到了证明，觉得更加有资格阐述自己的信念，并向全世界输出自己的信念。

1982 年 6 月 14 日，在马尔维纳斯群岛之战胜利后不到十天，撒切尔夫人便在纽约联合国大会上发表演讲，阐述她的“自由与正义的和平”原则，反对“不计代价的和平”。[①] 她无畏地将核威慑描述为“极其宝贵的成就”，

---

1 赫尔穆特 · 科尔（Helmut Kohl，1930—2017），毕业于海德堡大学。1969—1976年任莱茵兰－普法尔茨州州长；1976—1998年任基督教民主联盟和基督教社会联盟领袖；1982—1990年任德意志联邦共和国总理；1990—1998年在统一后的德国任总理。

认为正是基于这一成就，全球和平才成为可能。② 10月8日她在保守党大会上的发言中明确表示，自由与正义不仅是东西方分野的根本，更是一种动态力量，但它受到“寻求奴役全世界的邪恶政治制度”的反对。她声称，共产党人曾企图粉碎波兰的团结工会，因为苏联人“明白，自由的开端便是共产主义终结的先兆”。③ 她预言说，世界各地都在走向自由。在英国国内，保守党执政后，37万户居民购买了地方当局营造的廉租公房（“在英国历史上，没有那个词语比‘永久产权业主’更让人自豪了”）。撒切尔夫人回顾其政府的私有化举措时称：“在迫使社会主义从各领域退却方面，我们比以往任何一届保守党政府取得的成就都大。”④总之，她抱定同样的决心在国内外各条战线上奋斗，而且正在赢得所有斗争。

撒切尔夫人对待各部大臣的态度表现出自己崭露头角的优势。一位官员亲历了1982年夏季的事件：

> 在内阁中，撒切尔夫人似乎拥有绝对权威，她的态度就像女校长对付固执己见的教员。威廉·怀特劳[1]身材高大，眉毛粗重上扬，在内阁中是个缓和角色。但彼得·卡灵顿当时已经辞职，撒切尔的其他男性同僚……似乎拿不准如何才能既表示不赞成她的意见，又不至于激起她的指责。有人曾说，她给人的印象仿佛是“大家的母亲，而且脾气恶劣”。“谁授权撰写这份备忘录的？”在我最初参加的一次内阁会议上，她怒气冲冲扬起一份文件追问道。最后，坐在她斜对面的威尔士事务大臣小心翼翼地朝内阁大臣（罗伯特·阿姆斯特朗[2]）扬了一下脑袋，说：“首相，是我。”停顿片刻后，又说：“不过我得到了财政大臣的批准。”杰弗

1 威廉·怀特劳（William Whitelaw，1918—1999），毕业于剑桥大学温彻斯特学院和三一学院。1955—1983年任彭里斯和边区选区在议会下院的保守党议员；1972—1973年任北爱尔兰事务大臣；1973—1974年任就业大臣；1979—1983年任内政大臣；1983年受封子爵；1983—1988年任议会上院领袖及副首相。

2 罗伯特·阿姆斯特朗（Robert Armstrong，1927— ），毕业于伊顿公学和牛津大学基督教堂学院。1970—1975年任首相的首席私人秘书；1977—1979年任内政部常务次官；1979—1987年任内阁秘书；1978年受封骑士头衔；1988年受封伊尔明斯特的阿姆斯特朗勋爵。

里·豪[1]低头研究文件，并未开口。“还得到了外交大臣的批准。”弗朗西斯·皮姆[2]也沉默不语。撒切尔夫人说：“这份备忘录绝对不该印发。”⑤

威吓同僚是撒切尔夫人的一贯作风。过去她缺乏经验，加上自己的政治地位处于劣势，这种作风曾有所克制。如今，她的克制放松了。一位名叫古多尔的官员评论说，自己地位相对卑微，不像其他政界同僚那么讨厌当时的状况：“她对大臣们常出言不逊（尤其对杰弗里·豪日益表现出无礼），发生争论时，她的口吻总是尖酸刻薄。不过，在我记忆中，她从来没有对下级官员表现出粗鲁态度。”⑥他这样描绘撒切尔夫人：

虽然撒切尔夫人在会议桌旁和会后非正式交谈中态度同样咄咄逼人，然而，她在其他方面表现出的个性却截然不同。她在会议桌旁重申自己观点时，脸上挂着冷笑，口吻中带着说教腔调，着实让人讨厌。在非正式交谈中，她会摘下讨厌的面具，微笑变得正常，露出女人的柔情本色，人们便可以跟她在友好气氛中讨论，甚至可以跟她开开善意的玩笑。但是，要想提出与她相左的看法，仍然极其难以找到切入点。⑦

在撒切尔夫人的工作作风中，至关重要的一点是决不轻易提供“切

---

1 杰弗里·豪（Geoffrey Howe，1926—），毕业于温彻斯特学校和剑桥大学三一学院。1964—1966年任贝宾顿选区保守党在议会下院的议员；1970—1992年先后任赖盖特选区和东萨利选区在议会下院的议员；1979—1983年任财政大臣；1983—1989年任外交大臣；1989—1990年任副首相；1970年受封骑士；1992年受封亚伯拉昂的豪勋爵；2015年离开议会上院退休。

2 弗朗西斯·皮姆（Francis Pym，1922—2008），毕业于伊顿公学和剑桥大学莫德林学院。1961—1983年任剑桥郡选区保守党在议会下院的议员；1983—1987年任剑桥郡东南选区在议会下院的议员；1970—1973年任内阁首席秘书长；1973—1974年任北爱尔兰事务大臣；1979—1981年任国防大臣；1981—1982年任兰开斯特公爵郡大臣及议会下院领袖；1982—1983年任国防大臣；1987年受封皮姆勋爵。

入点”。她态度激进，严格抵制官僚做派和拖拉作风，假如她让那些有反对意见的人轻松，自己就无法保持强有力的势头。虽然她的工作作风通常能激发强烈的忠诚度，并赢得自己团队的崇敬，但也容易在内阁同僚中积蓄起怨恨，甚至让政治盟友产生怨恨。不过，在 1982 年末，这种情况似乎无关紧要。撒切尔夫人利用自己新获得的地位对人们进行说教，并且占了上风。

保守党批评家常常对撒切尔夫人提出一种指责，称她根本就不是个真正的保守党人。“湿派”[1] 及其报界同盟往往把她描绘为“19 世纪的自由主义者”——空谈自由市场经济的人，希望抹杀人类社会的复杂性，只关心资产负债表上冷冰冰的数字。但这根本不符合事实。撒切尔夫人是个保守党政治家，她的确特别执着于某些经济信念，比方说，她认为通胀是“金钱的弊病”，但她的信念并非源自经济学说，而是源自历史观，不过她的历史观比较浪漫，不具有严格的意义。更明确地说，她是个活生生的英国人，不像批评家指责的那么刻板而教条。撒切尔主义比较接近一种对前途的展望，而不是一种教条。撒切尔夫人的头脑中有一幅自己祖国的画卷，它承袭着昔日的辉煌，强有力地投射向未来。这是复兴而不是革命，不过复兴有时也需要采取革命手段。早在撒切尔夫人还是达特福德选区年轻的候选人时，在她最初提出的政治主张中，这个展望就已经存在，但马尔维纳斯群岛之战获胜后，这个展望变得更加明晰了。

1982 年 7 月，撒切尔夫人发表了一个演讲，题为“世界变革中的女人”。她说，在首相别墅的墨水台上有个拉丁文座右铭，她从中获得了灵感。这个座右铭翻译如下：

> 坚守古已有之的方法，
> 洞悉正确可靠的道路，
> 稳步踏上顺畅的坦途。[8]

1 “湿派”（The “Wets”）：这个名称是撒切尔夫人第一届任期中保守党内高层中立派批评家的绰号。这个派别的人有吉姆·普赖尔、伊恩·吉尔摩和皮姆。

撒切尔夫人10月份在保守党大会上说，尽管马尔维纳斯群岛之战并不能复兴英国人的爱国主义，但证明了爱国主义“其实绝对没有失去”。⑨谈到刚刚参加过战斗的年轻将士，她说：“如果把他们称作明天的一代，那么英国丝毫不必为未来的岁月担忧。”⑩1982年底，南非作家劳伦斯·范·德·鲍斯特爵士[1]为即将在1983年3月播出的一个电视节目做采访。撒切尔夫人带他参观唐宁街10号。撒切尔夫人受到范·德·鲍斯特恭维，不由放松了警惕，透露说，在选择画作和摆设方面，影响她的是对英国至高无上观念的认同感。她指着曾属于第一代克莱芙男爵的中国风格齐本德尔式餐桌、小皮特[2]用过的书桌，还有纳尔逊和威灵顿的画像。（她说：“我……经常想到他，因为牺牲在马尔维纳斯群岛的将士让我非常难过……威灵顿当年走在‘滑铁卢’战场上，眼前的景象让他极度悲伤。”）⑪她向客人展示自己的银餐具，这些餐具出自她家乡格兰瑟姆镇附近的贝尔顿宅邸，是“我很要好的一位朋友布朗洛勋爵”出借的。餐具原来的主人是他的祖先，曾任议会下院的议长。她为了表现自己的科学知识背景，在小餐厅布置了“一个小小的科学画廊”，安置汉弗莱·戴维[3]、约瑟夫·普利斯特里[4]和格兰瑟姆镇最著名的儿子艾萨克·牛顿的画像或半身塑像。电力生产的先驱迈克尔·法拉第的半身塑像太沉重，只好安置在楼下。在内阁会议室，她说自己坐的是“温斯顿[5]的椅子”。

采访拍摄以唐宁街首相官邸的摆设为背景，范·德·鲍斯特诱导她进入角色。“假如能重回历史，你愿意做一名圆颅党人[6]，还是骑士[7]？”他

1 劳伦斯·范·德·鲍斯特（Laurens van der Post，1906—1996），南非白人。作家、农民、士兵、探险家、环保主义者。查尔斯王子的朋友。1981年受封骑士头衔。

2 小皮特（William Pitt the Younger，1759—1806），英国政治家。24岁任首相，是英国历史上最年轻的首相。

3 汉弗莱·戴维（Humphry Davy，1778—1829），英国化学家、发明家，电化学的开拓者之一。

4 约瑟夫·普利斯特里（Joseph Priestley，1733—1804），英国著名化学家。

5 温斯顿：指1940—1945出任英国首相的温斯顿·丘吉尔（Winston Churchill，1874—1965）。

6 圆颅党（Roundhead）：17世纪中期，英国议会中一个知名党派。圆颅党人是清教徒，其议会成员将头发理短，相貌与当时权贵极为不同，因此得名。

7 骑士：指具有骑士精神，在欧洲封建时代为国王或其他长官服务的武士。后来演变为一种荣誉称号，用于表示一种社会阶层。

问道。“啊，这种念头在我脑子里丝毫也没出现过。”撒切尔夫人常受到指责，说她是个清教徒，“……我倒愿意做一名保皇党骑士”。⑫[1] 她回忆起战争时期她父亲任格兰瑟姆镇镇长时遭遇的“水坝破坏分子”，沉思着说：“和平时期的战斗比战争时期的战斗更难打。”她说，在和平时期，“问题是如何在自己内心中创造挑战”。她接着说，“自由社会的价值观”源自宗教，而不是国家。她引用自己最喜爱的赞美诗《我宣誓向祖国效忠》，其中“无数忠魂”这个字眼表现出个人必须接受挑战，因为“你的信仰是比个人更伟大的存在”。

在未经播出的完整视频记录中，就英语国家的自由和法律，撒切尔夫人对自己的信念做了更加充分的发挥。她回顾起对印度强烈着迷的童年时代，回忆起自己渴望在印度从事行政工作的愿望。她说，英国在那里的记录受到种族歧视的玷污，但“我们仍然传授过正确的东西，也坚持过正确的东西”。按她所说 18 世纪发生过一桩著名的诉讼案件（1772 年萨默塞特与斯图尔特争讼案），最高法院首席大法官曼斯菲尔德勋爵在审理中“宣判释放有色人种”，从而标志着奴隶制的终结。大英帝国的象征是“清廉的法律、清廉的军队、清廉的公务员”。布莱克斯通和科克曾指出，习惯法“比国王更伟大”。“他们具有令人难以置信的勇气……敢于对国王说：‘不。这不是国王授予的……这是上帝赋予的权利，你无权剥夺。’”美国宪法（她称作“绝妙的文件”）也源自同样的精神。她稍有点不情愿地承认说，文明多半来自欧洲大陆，“然而法律却出自我们。这大概是因为我们生活在一个欧洲大陆外的岛国，因此稍有些差异，我们的发展也略有不同”。

碍于人们对女性的传统态度，撒切尔夫人从来没有单独进过酒吧，但她向范·德·鲍斯特断言说，“假如你在国家危机时期走进一家酒吧，你听到讨论中人人挂在嘴边的话大概是：‘我们是个自由的国家。’”她一口咬定说，这种自由对苏联暴政压迫下的人民是一座灯塔。她看过英国广播公

1 然而，1986年伍德洛·怀亚特在首相官邸向撒切尔夫人提起骑士或圆颅党人的话题时，她说自己“肯定有点像个清教徒，特别因为自己并没有全额领取首相的薪金。但如今在达利奇购买了房子，还真后悔当时没全额领钱……丹尼斯说我是个骑士”。（引自伍德洛·怀亚特著《伍德洛·怀亚特日记》，第一卷62页，“1986年1月19日”，麦克米伦出版社，1998年出版）

司采访亚历山大·索尔仁尼琴的节目，觉得那属于“我在电视上看过的最动人的经历……他两眼闪烁出真诚和信念”。她相信，苏联持不同政见者们是在对她讲话：“(让你们的价值观）保持生机吧。捍卫它。将来有一天，我们希望拥有你们认为理所当然的东西。”她说，苏联共产主义“将会终结……苏联的许多宗教潮流在涌动，其存在不会永远遭到否定”。⑬

看过完整视频记录后，对撒切尔夫人的历史观持批评态度的人难免要嘲笑她，因为她的说法中糅合了开明帝国主义与索尔兹伯里勋爵的保守主义的残忍心态。(她说：“我常常回顾他的作品。”）这种批评家可以用讽刺漫画，把她画成保守的樱草花联盟分子[1]，第一次世界大战前，这是英国历史上规模最大的政治组织。在这幅想象的漫画中，她会在“帝国与自由”的横幅下游行。批评家还会在她追求事实严谨准确的态度中找漏洞，会嘲笑她学生时期崇尚昔日伟人与伟大思想的浪漫想法。但是，对这类批评家，她有自己的回答。1982 年 11 月，她在伦敦市长举行的宴会上说，那是 20 世纪 70 年代一帮妄自菲薄者的残余，“他们诋毁我们的往昔，破坏我们的当今，对我们的未来丧失信心”。⑭她因为“在客厅中夸夸其谈做预言”而饱受诟病。但她说：“我并不后悔。那些预言可以拯救许多金融活动免遭灭顶，也可以防止许多国家陷入危机。”⑮她保持着自己的天真态度，那些说法也许经不起历史的考验，某些人听起来或许稍感困窘，但无论如何并非空洞无物，也不具有功利性质。那是信念的激情宣言，表达得比任何时候都明晰。

定期对撒切尔夫人作电视采访的所有主持人中，布赖恩·沃尔登[2]对她的思路体会得最真切。沃尔登听首相说要在第二年举行下次大选，正考虑在 1983 年 6 月前宣布参选。1983 年 1 月，在直播采访中，他问撒切尔夫人竞选活动的前景定位，请她用一个简短的说法归纳自己的信条。听了她的回答，他说，照我看她提出的其实是“维多利亚时代的价值观”。⑯撒

1 樱草花联盟：在英国传播保守主义的组织，因1881年维多利亚女王在一位保皇党徒的葬礼上献樱草花环而得名。

2 布赖恩·沃尔登（Brian Walden，1932—），电视及电台主持人兼记者。毕业于西布罗姆维奇中学、女王学院和牛津大学纳菲尔德学院。1964—1974年任伯明翰万圣选区工党在议会下院的议员；1974—1977年任伯明翰莱迪伍德选区在议会下院的议员。

切尔夫人连忙抓住这个字眼："说得一点都不错。完全是这样。正是那些价值观让我们国家变得强盛，不仅让我国在国际上强盛，而且让这个国家得到了长足的发展。"她对那个时期作了解释，称"我们的人民变得富有后，便自发地惠及他国人民，并不是国家强制他们这么做"。⑰她列举了一些民办学校、慈善捐赠的医院、条件改善的监狱和一些新建的市政厅。⑱[1]"维多利亚时代的价值观"成了个固有词语，人们很快便利用它来攻击撒切尔夫人。在许多人看来，这个词语代表着不平等，让人联想到贫穷、济贫院、儿童扫烟囱等诸多可怕的景象。但撒切尔夫人并不退却。她指出，维多利亚时代的穷人比先前几个时代要少。她崇尚维多利亚时代的改良精神。几代人之后，保守党首相戴维·卡梅伦称当时是个"大社会"，这让撒切尔夫人感到喜悦。她认为，即使是战争年代通常由左派提出的社会改良建议，起初也赞成承担维多利亚时代的那种义务。1942 年的《贝弗里奇报告》可归功于发明了"福利国家"的概念和国民医疗保健制度，该报告坚持，"有组织的社会安全状况不得扼杀激励机制、机会和责任"。⑲她诠释《贝弗里奇报告》说："在人道的社会中，我们都相互关怀。"她指责工会搞有组织的自私行动，她并不谴责工会本身，但提醒他们说，维多利亚时代的根基是友善互助的社会。她指责他们偏离了其善意的初衷。

马尔维纳斯群岛战争后，世界对撒切尔夫人的期望值在提高，她在演讲中大谈英国对自由的承诺，但香港问题很快便让她经受了一场考验。这座繁荣的资本主义海港城市是英国的殖民地，尽管紧邻共产主义中国，但这块殖民地仍然发展得繁荣兴旺。1842 年后，香港岛割让给了英国，属于英国领土，但香港周边的新界是向中国租赁的，租赁期 99 年，到 1997 年届满。香港岛要依赖新界提供包括淡水在内的众多物资。但中国无论如何不承认英国对香港的永久所有权，新界租赁权也将到期，中国声称是被迫签订了"不平等条约"。由于英国在 1997 年后无法保留新界的租赁权，显然

1 1983年5月5日撒切尔夫人在致议会议员约翰·埃文斯的信函中，解释了她说维多利亚时代价值观的意义："我的意思是指尊重个人，尊重节俭，尊重首创精神，尊重个人责任感，尊重他人和他人的财产，尊重所有具有维多利亚时代特征的价值观。"

要同意对香港做某种新安排。中国要求归还整个地区。尽管中国领导人邓小平在 1979 年对香港商界人士的讲话中，为了让他们“放心”，保证说要维持那里的资本主义制度，但人们依然深感担心。香港的市场和市民处在日益紧张的气氛中。在大多数人看来，香港的未来需要尽快确定。英国人担心，假如自己不采取行动做出某种安排，中国人就会坐等最后期限到来，“等待租约失效”，⑳然后占领这个地方，假如遇到抵抗，便会动用武力。

在这个问题上，撒切尔夫人没有明确的先例可循。香港不是个可授予人民独立的典型英国殖民地，因为没有提供独立的条件。尽管实质上、在人种方面或经济方面香港与马尔维纳斯群岛的情况不同，但两种情况在情感上却旗鼓相当：香港人民大多数亲英国，害怕声称拥有其主权的国家来统治。与马尔维纳斯群岛不同的是，这里有个即将到期的租赁条约，而且经陆地边界与中国接壤，在迫不得已的情况下，那边会动用人民解放军势不可挡的强大兵力。

由于撒切尔夫人在 1977 年曾作为在野党领袖访问过中国，㉑加上她对共产主义的总体看法，她对那个地方有着强烈的反感，也畏惧中国的政权，但她此前从未在这方面多加思索过。当选首相后，让她焦虑的头等大事是移民问题。1979 年，大批“海上难民”开始逃离越南共产党政权的统治，她当时特别不情愿在英国安置难民。1979 年 6 月，当时的外交大臣卡林顿勋爵私下与她交谈时，试探性提出乘船难民的困境，她听了兴致索然，说：“这个嘛，他们会接着乘船漫游的，对吧？”㉒后来，她为说过这话道了歉。假如香港出了岔子，就有难民潮涌进英国的极大风险，毕竟香港市民持有英国护照，尽管不能等同于英国人，不能保证他们拥有居住权，但他们仍来去自由。

1982 年 3 月，卡林顿勋爵因在马尔维纳斯群岛问题上持有不同意见辞职，辞职前他就香港问题致函首相。信中，他并没有讨论英国为 500 多万人的自由负有责任，而是提出处理不当他们有涌进英国危险。他写道，“我们其实根本不能选择单方面撤出”，㉓因为香港人民[1]有权

---

1 “香港人民”这个字眼在公开与私下场合都用于指这个殖民地的居民，而避免使用“香港公民”的说法，因为前者避开了他们的身份属于英国公民、中国公民抑或二者兼具的问题。根据1981年通过的英国国籍法，他们不具有在英国的居住权。

要求得到入境许可。撒切尔夫人在他写的这几个字下面画了线，不过当时并没有认真考虑香港人的动机。年轻的彭定康[1]是下院左翼议员，曾任保守党研究会会长，他在1979年提出，应给予香港人民更多民主权利，以此支持香港抵御中国大陆的威胁。㉔尽管（抑或是由于）彭定康提出这样的主张，首相此前没有明显给予关注。这个殖民地由商界巨头、殖民地总督和政府联合管理。1982年1月，柯利达爵士[2]、英国驻华大使以及外交部的“中国通”联合向伦敦报告称：“欲得到满意解决，放弃主权……是绝对必要的。”㉕撒切尔夫人在呈交给她的电文中这几个字下面画了两道线，表示认可。电文没有提到香港人民。这让中国和英国的外交部都满意，双方都认为，香港人民的愿望不应成为这片土地未来的决定因素。撒切尔夫人对谈判双方都不喜欢，但是，直到1982年下半年，她才开始插手。

然而，马尔维纳斯群岛之战刚刚取胜，她迟迟没有将精力集中到香港问题上来。外交部常务次官安东尼·阿克兰爵士[3]建议首相访华，并为她制定了9月底访华的计划。其中一项“主要目标”是“满足公众对进展的期待……以免对香港的信心受到伤害”。㉖撒切尔夫人对这一

1 彭定康（克里斯托弗·帕顿，Christopher Patten，1944—），毕业于伊灵的圣班尼迪克学校和牛津大学贝利奥尔学院。1974—1979年任保守党研究会会长；1979—1992年任巴思选区保守党在议会下院的议员；1989—1990年任环境大臣；1990—1992年任保守党主席；1992—1997年任香港总督；1999—2004年任欧盟协调员；2003年至今任牛津大学校长；2011—2014年任英国广播公司信托理事会主席；2005年受封巴恩斯的帕滕勋爵。

2 柯利达（Percy Cradock，1923—2010），毕业于斯彭尼穆尔的奥尔德曼·赖斯文法学校和剑桥大学圣约翰学院。1978—1983年任英国驻中华人民共和国大使；1982—1983年任香港问题谈判英方领导人；1984年任外交部第一国务大臣，负责香港问题谈判；1984—1992年任首相外交政策顾问；1980年受封骑士头衔。

3 安东尼·阿克兰（Antony Acland，1930—），毕业于伊顿公学和牛津大学基督教堂学院。1970—1972年任外交和联邦事务部阿拉伯国家司主管；1977—1979年任英国驻西班牙大使；1982—1986年主管外交部，任常务次官；1986—1991年任英国驻美国大使；1991—2000年任伊顿公学教务长；2001年受封嘉德勋爵士。

点感到厌恶。她的外交事务私人秘书约翰·科尔斯[1]提出一项更加强有力的可选方案："在与中国人就香港未来举行的谈判中，应确认我方的目标是保证香港的繁荣，保证香港人民的未来。"㉗撒切尔夫人草草在科尔斯的文件上批注："我更倾向于你的方案。"她从高于外交假设的法制高度，开始注意与中国签订的条约本身，并质疑外交部顺遂中国人愿望而放弃条约的想法。

7月28日，在与柯利达、阿克兰、新任香港总督爱德华·尤德[2]、外交大臣弗兰西斯·皮姆等人举行的会议中，就整体思路进行了辩论。撒切尔夫人担忧的是，中国对英国维护香港的信心"根本缺乏理解"。她说："我方立场的唯一保证是国际条约奠定的基础。"㉘柯利达争辩说，中国人决心维护其主权，他们相信自己从未真正屈服过。假如英国在1997年不在主权问题上让步，将会发生对抗。他努力打消首相的顾虑，说只要是双方达成的协议，邓小平都将严格遵守。撒切尔夫人的态度并不固执，没有坚持不惜一切代价捍卫主权，她搁置下这个问题，先讨论行政安排，目的是在1997年后保持香港的现行自由市场体系。在这片土地上，英国是否可以得到某种类型的"管理合同"？她继续为移民危险感到担忧，拿不准该采取何种行动，但是在发生马尔维纳斯群岛问题之后，她尤其对"自己不该采取何种行动"有把握，"这时绝对不能宣称我们放弃了对香港的主权"。㉙这次会议达成了协议：首相此次中国之行的最低目标，是在不发表有偏见的声明前提下，讨论香港的未来。

首相与外交部之间一时气氛紧张。按照约翰·科尔斯的说法，她"心头笼罩着浓重的阴影，仿佛她在处理英国领土问题上采取了双重标准"。外交部"为驱散这片阴影做了长期艰苦的工作"。㉚她当时的首席私人秘书

---

1 约翰·科尔斯（John Coles，1937— ），毕业于布拉克利的莫德林学院附属学校和牛津大学莫德林学院。1981—1984年任首相私人秘书；1984—1988年任英国驻约旦大使；1988—1991年任英国驻澳大利亚高级专员；1991—1994年任外交和联邦事务部副常务次官；1994—1997年主管外交部，任常务次官；1989年受封骑士头衔。

2 爱德华·尤德（Edwrd Youde，1924—1986），毕业于伦敦大学亚非学院。1969—1970年任首相私人秘书；1974—1978年任英国驻中华人民共和国大使；1982—1986年任香港总督；1977年受封骑士头衔。

罗宾·巴特勒[1]判断，"外交部十分紧张。她的反应则是：'让他们去紧张吧。'"㉛虽然撒切尔夫人有时不同意珀西·柯利达的意见，却相当尊重他。柯利达回忆说，首相当时的态度让人"如堕五里雾中"；"她谈论时往往滔滔不绝……有时废话连篇，有时语锋激烈"。柯利达只得花费唇舌"竭力说服她，让她明白自己在做什么：她这是要落下悬崖"。㉜访华日期临近时，撒切尔夫人才勉强贴着这道悬崖爬回来。9月初，在唐宁街首相官邸的一次私人午餐会上，参加者有尤德和香港主要领导人物。她就中国人是实用主义者的说法提出挑战："他们是马克思主义者，他们的制度是中央集权制。他们在马列主义制度下出生成长，根本不理解维护信心的必要性。我们对香港人民负有责任，香港人民希望在我们的行政管理下生活。"凭着她的本能，在完全得到我们要求的条件之前，她不会做出任何让步。㉝对首相显露出的谈判姿态，柯利达表达了"某种严重的保留"。他警告皮姆说，要想避免"无益的喝彩"，就不得不向"中国人的主权立场屈服"。㉞撇开主权问题不谈，此次访华将冒"惨败"的风险。罗宾·巴特勒回忆当时的情况时说："当务之急是避免香港的信心崩溃。"㉟在8月份，那里的市场急剧跌落，形势岌岌可危。

9月22日，撒切尔夫人短暂访问东京后，抵达北京。她因静脉曲张，不久前住院做手术，所以这趟旅行对她尤其辛苦。第二天，她拜见了中国总理。中国总理走进会见厅前对记者说："中国当然要收回香港的主权。"㊱就这个问题公开先发制人的手段激怒了英国方面。撒切尔夫人对中国总理说："我知道有些提法可能不受欢迎，但我必须坦诚。对香港的信心牵涉到保持其繁荣，而对香港的信心全赖英国的管辖。"她警告称，在她看来，主权是个不同的问题，因为废除割让条约她做不了主，要由议会决定。而废除条约是"无法想象的"："那将立刻导致香港恐慌"。她想要的是与中国达成一项明确规定新安排的协议。如果她"对协议感到满

---

1 罗宾·巴特勒（Robin Butler，1938— ），毕业于哈罗公学和牛津大学学院。1982—1985年任首相首席私人秘书；1985—1987年任财政部公共支出副常务次官；1988—1998年任内阁秘书；1998年受封布洛克威尔的巴特勒勋爵。

意……认为香港人民可接受……那将是一种新的局面，我会在此条件下考虑主权问题”。㊲中国总理的答复礼貌而坚定。香港的资本主义制度将得到保持，但1997年香港主权回归中国是不能拖延的。在优先权方面，主权优于繁荣。

次日上午，撒切尔夫人会见了邓小平。参加会见的人们都感觉到，这两个令人敬畏的人物正面对峙，产生了一种令人不安的气氛。珀西·柯利达回忆道：“他们两人仿佛互为镜中映象。”㊳罗宾·巴特勒记得，邓“措辞严厉”，撒切尔夫人“同样咄咄逼人”。她讲话时，邓开始清喉咙，朝痰盂中吐痰。㊴邓听完撒切尔夫人重申主权与信心的论点后，宣称说，假如香港主权不能回归，“就意味着中国政府是晚清政府，中国领导人就是李鸿章”。㊵（在中国政治神话中，清朝因面对列强表现懦弱而为人所不齿，19世纪末叶的清朝宰相李鸿章则是个卖国贼形象）邓说，假如不能收回主权，他的政府“就该自动退出政治舞台”。英国为何不愿放弃其要求？英国终结其殖民时代在世界舆论面前会获得好评。

撒切尔夫人反唇相讥，说这不是个一般的殖民情形，“她深深感到，自己的职责是促成一种香港人民可接受的结果”。㊶她并不为是否终结租赁条约而争，但涉及香港及九龙的诸项割让条约因“符合国际法而有效”，所以必须通过协议才能做出改变。她提出“基于某种准则”谈判，让人民放心——1997年以后英国继续管辖。邓断然拒绝。“邓小平先生说，他非常抱歉”，但香港主权在1997年必须回归中国。“这一点不能谈”。这是任何协议的前提。就香港发生“动乱”的危险，他的评论带有指责性。撒切尔夫人反唇相讥说，假如发生动乱，也不是英国造成的：外部世界自有公论。

按照罗宾·巴特勒所说，“两个半小时谈判过后，形势整个像是一场灾难”。㊷但是，在提到会谈公报时，柯利达提出一套措辞形式，避开主权不谈，结果会谈很快产生了进展。起初，中国人想要在公报中表现两国的“差异”，但这个想法后来让一个缓和的说法取代了：“两国领导人对此明确表达了各自的立场。”公报文本还称，双方希望保证“香港的繁荣稳定”，同意开始谈判。让英方意外的是，事情“轻而易举就通过了”。㊸“邓批准时脸上一副满不在乎的神色”。㊹ [1] 撒切尔夫人离开会场时，在人民大会堂外的台阶上绊了一跤，照中国的迷信说法，这是个不祥之兆。

撒切尔夫人飞赴香港，这是她任英国首相后首次访问香港。两国紧张关系没有缓解的消息导致香港股市恒生指数一天内下跌了7.5%。撒切尔夫人对香港民众说，自己对会谈公报表示欢迎（她在记者会上说“目前一切还好”）。但在香港商界举行的一次午餐上，她以好斗的口吻说：“我不但要为英国讲话，而且要本着英国的道德责任和义务为香港人民讲话。”㊺香港人民对她光临并介绍谈判进展情况感到喜悦，但人们仍旧感到非常紧张。中国对香港形势的公开评论口吻严厉。撒切尔夫人离开中国后不到十天，香港股市已经下跌了25%。华盛顿的一些人对撒切尔夫人访华颇有微词。看了美国驻华大使馆发来的报告，称英国“取得了希望的成果”，㊻美国国家安全委员会的一名官员写道：“胡扯！”然而，柯利达本人承认，撒切尔夫人访华的确“实现了我们的主要目标”㊼——达成了开始谈判的协议。

接着，一场心理战打响了。中国启用了战时宣传方式，避而不谈坐下来谈判的事。香港人民要求英国给予更加明确的回应。英国感到担忧，拿不准该采取何种公关路线。最后，撒切尔夫人授权尤德向新闻界发布他自己认为合适的内容。撒切尔夫人并没有感到像柯利达一样的焦虑，没有体会到他所谓的“扩大的知识面差异”。撒切尔夫人当时在研究亨利·基辛格 [2] 的回忆录，书中的一个论点打动了她：中国人常常不直接陈述自己的意愿，而是以微妙的方式表达出来。利用微妙信号通常并不是她的强项，

---

1 种种迹象显示出，中国政府在故意冷落撒切尔夫人。这天晚上，她在人民大会堂为东道主举行“答谢”宴会，大多数中国领导人没有出席，却在人民大会堂的另一个区与朝鲜领导人金日成开怀畅饮（参见珀西·柯利达的《体验中国》181页，约翰·默里出版社，1994年出版）。英国谈判代表团没有受到良好招待，住宿条件较差。只有丹尼斯·撒切尔先生为这种侮辱行为（在他显然缺乏隐私的房间里）大声抱怨，称这里没有杜松子酒和滋补酒，结果偷听者连忙叫人送来酒。（出自：对布洛克威尔的巴特勒勋爵的采访）

2 亨利·基辛格（Henry Kissinger，1923—），出生在德国，毕业于纽约市乔治·华盛顿高中和哈佛大学。1973—1977年任美国国务卿（其中1969—1975年任国家安全顾问）；1984—1990年任总统外国情报顾问委员会成员；1995年受封荣誉圣迈克尔和乔治勋爵。

但她这时收到了柯利达的报告，其中提到放弃主权或许可以转化为“假设的前提”，借此启动谈判，她便写道：“难道我们不能利用他们的技巧，在公开声明中，就主权问题发出我方的信号，同时要提到，这事我必须通过议会，而且为了双方利益，要将麻烦压缩到最小。”[48]她这番话十分圆滑，意思是说，主权根本不是她要坚持的关键症结。然而，出于政治原因和谈判的考虑，她需要表现出强势。

在接下来的一个月里，撒切尔夫人在唐宁街10号宴请基辛格，她表现得尤其强势。基辛格回忆起当时的情景说：“在那个夜晚，她自始至终在与彻底放弃香港的念头做斗争，接着便探索撤出时各个层面的问题。”[49]基辛格在10月份拜访了中国领导人，他报告说，他们“并不生首相的气。他们尊敬她，并没有认为她怀有敌意”。[50]问题是，他们的谈判风格与俄国人相仿，首先提出最高纲领，在此基础上可以有所松动，“因为在当时，一切都涉及尊严”。最佳策略是不提任何主权要求，只讨论行政管理。一个月后，基辛格写信给她，强调指出，中国人认为，只要英国在主权问题上让步，与英国和香港相关的一切问题都可以谈。他们欢迎举行非正式谈判。[51]但撒切尔夫人仍感到不悦。她回复说，中国人的想法“距离真正令人满意的一揽子解决办法仍然太远”。[52]他们想要的是“在中国控制下资本主义制度的自治香港”。可他们并没有提出“任何真正的保证”来保持那里的自由、繁荣和稳定。

1982年圣诞前夜，撒切尔夫人召见国防部常务大臣弗兰克·库珀爵士。两人一致认为“假如中国人决心占领香港，没有保卫香港的现实可能性”。[53]库珀建议说，出于“保卫首相立场的需要”，她应该谨慎地向参谋长委员会提出要求，要他们提交加强香港防御能力的评估。此项评估做出后，正式结论丝毫不让人感到惊讶：根本无法从军事上保卫香港。

中方称，不解决主权问题，将不重启谈判，英方内部由此产生了分歧。撒切尔夫人按照自己典型的办事风格，寻求公众支持自己：“也许我们现在该在香港开创一种民主体系，实现我们想要的目标，短期内实现香港的独立或成立自治政府。”[54]外交部同样因循自己的办事风格，渴望防止香港人民在这个问题上自行其是，他们唯恐撒切尔夫人让人难以忍受的立场会激怒中国。1月份，许多人在报告中提出，中国有意在年中单方面宣布其香港计划。弗兰西斯·皮姆就香港的未来向撒切尔夫人呈交了一份文件，他在附信中写道："我们必须……非常谨慎而现实地考虑一种可能性……我们可能别无选择，只能接受中国人在1997年以后恢复行使主权及行政控制……在此条件下……我们不应公开做出没有退路的表示。"[55]他接着写道："从长远看，我们千万不要因为考虑'人民的愿望'到头来不得不接受那里人民愿望至上的局面。"这份文件本身主张"避免对未来做无益且不现实的承诺，尤其要避免接受没有能力承担的义务"。文件建议，承认中国对整个香港地区的主权，接受"时间期限到来"就终止英国的管辖。这个措辞让撒切尔夫人恼怒，因为在表达英国加入欧洲货币体系的汇率机制政策时，曾用过这个字眼。

当时是个最有利的时机，可撒切尔夫人却对皮姆心怀恶意，她在那份文件的字里行间和旁边歪歪扭扭画了许多曲线，打了许多叉。她读着这份文件，看到对承担责任的警告，简直气炸了："这不是承担新责任，我们根据条约已经承担着责任。"[56]她在信头上批注道："这是一份可悲的文件——是一剂背叛朋友的处方。并非没有其他可能性。"她的回应是1997年以后搞双重主权，让中国收回新界，英国保留香港岛本身，两国共同管理这个地区。

撒切尔夫人常常意识到，凡是自己竭尽全力争辩时，总是处于险恶的困境。对英国荣誉和香港权利的款款柔情并未蒙蔽她的双眼，她意识到了风险。她同意执行一种新策略。1983年3月10日，她给中国总理写了一封保密信函。信函内容是珀西·柯利达撰写的，柯利达称之为"第一策略"。信中关键信息是这样的：

> 如果英中两国政府就香港行政安排达成协议，既保证香港未来的繁荣稳定，又能为英国议会、香港人民和中国政府所接受，我准备向议会建议，将整个香港的主权移交给中国。[57]

这封信措辞严谨，恰当地提到了议会和香港人民，从严格的意义上讲，并没有做出任何让步。在另一方面，信的内容从实质上承认了中国的权利，如果一切顺利，中国人对香港的主权将得到承认。信上说，如果条件成熟，撒切尔夫人将"建议"而不是仅仅"考虑"移交香港主权。中国人当然透露了收到信的事，中国总理在回信中故意曲解来信内容，说中国收回主权是“未来谈判的前提和基础”。㊳但他也宣称，现在谈判的大门已经打开，准备进行谈判。撒切尔夫人写道：“我们仍然如履薄冰，但看来可以开始谈判了。”㊴她感到能在 5 月 12 日向内阁介绍这种情况。接着降临的是大选。

按照外交部的说法，为了让撒切尔夫人理性地看待问题，上面描述的过程花费了一年工夫。“中国通”们从来就清楚，主权必须放弃。他们只是需要说服撒切尔夫人，让她明白这是不可避免的。这个过程是有意义的。撒切尔夫人从来“真正尊重并热爱”珀西・柯利达㊵，随着时间的逝去，她终于默默接受了他的许多论点。在与中国达成最终协议的道路上，散布着种种障碍，她不得不做出让步。

但还是有一个反制的机会。约翰・格尔森[1]是政府中最优秀的中国问题专家，他在 1977 年随当时任反对党领袖的撒切尔夫人访华时，就赢得了她的信任。格尔森认为，柯利达等人往往将共产党人的坚定信念作为自己不得不让步的理由：“‘在中国人眼中，这是个主权问题’，这话好像变成个咒语了，一旦提到，外交部总是做出让步。”㊶撒切尔夫人的反应则与之相反，她的态度变得坚定，暂时不与中国人交流。“她并不清楚自己的最终目标是什么，只是公然将对手撇在一旁，让他们也找不准自己的方向。”她与邓小平会见时，以平等的态度对待邓，这让中国人彻底感到迷惑了。他们会说：“等一等！他们刚刚打垮了阿根廷人。他们拥有北极星导弹系统。没准他们不打算交还香港。”从这个角度看，假如撒切尔夫人按外交部的规范行事，中国人自然会轻易获胜。她采取坚定态度，取得的效果是“地震般的不确定性”。从柯利达及其同僚们的角度看，归还主权是外交上必不可免的传统做法，但从她的角度看，那是英国将自己负有责任的人民拱手交给一个共产主义政权：“她感到‘我是这个伟大国家的领导人，现在我还没有打定主意。’”㊷正由于她态度顽固，双方才有时间调整和商讨。幸运的是，中国正在发生变革。凭着无常的天意，撒切尔夫人的“非理性”促成了真正意义上的谈判，这是传统外交行为无法实现的。

---

1 约翰・格尔森（John Gerson，1945— ），毕业于布莱德菲尔德学院和剑桥大学国王学院，外交官。1974—1977年在北京任一秘和领事；1979—1987年任外交和联邦事务部一秘，后任顾问；1987—1992年在香港任顾问；1992—1999年任外交和联邦事务部顾问。

激进的性格

“人民若能自由选择，便会选择自由”

赫尔穆特 · 科尔就任西德总理后访问英国，当时这对撒切尔夫人是个好消息。科尔的前任赫尔穆特 · 施密特个人对核威慑力量持坚定态度，但是，在欧洲部署美国巡航导弹和潘兴导弹（统称中程核力量）方面，施密特的社会民主党内部立场有分歧。科尔是保守的基督教民主联盟成员，撒切尔夫人认为，这个联盟是比较可靠的同盟者。她在 1982 年 1 月曾会见科尔，当时科尔是德国反对党领袖，她很高兴他持反对中立主义的立场。科尔并不是经大选就任总理的，他相信撒切尔夫人的威望有助于他在选举中赢得政治地位。

科尔就任总理初期，便计划在次年 3 月举行联邦大选。他在 1982 年 10 月执政几天后，便提议访问英国。英国驻波恩大使约翰（“乔克”）· 泰勒[1]爵士报告说，新任总理想要拜访撒切尔夫人，“与首相奠定个人间有效对话的基础”。①科尔以恭维般的口吻向撒切尔夫人寻求“与里根总统进行讨论的建议”。②撒切尔夫人很高兴提供帮助。这次访问迅速安排在 10 月 19 日进行。准备过程中，约翰 · 科尔斯向她提交了书面建议：“我建议，这次会见隐含的主题应该是在欧共体框架内开启与德国建立特别关系的进程（以便平衡法德特别关系——当然我们不能取代这两国的关系）。”③科尔渴望向公众展示两国首脑的友谊，科尔斯便建议在唐宁街 10 号门外拍合影，“强调双方意见一致”。④

---

1 约翰（“乔克”）· 泰勒 :（John “Jock” Taylor, 1924—2002），毕业于布拉格和维也纳的中小学，温莎的康乃尔大学帝国军事学院和剑桥大学三一学院。1975—1979年任驻委内瑞拉大使；1979—1981年任驻荷兰大使；1981—1984年任驻德意志联邦共和国大使；1979年受封骑士。

撒切尔夫人真心希望双方意见一致，但科尔还没抵达，就有一个问题让双方都感到疑惑了。泰勒报告说，科尔出访前与他交谈过，“他认为双方唯一可能有分歧的问题就是欧共体”。[⑤]撒切尔夫人用钢笔在这个内容下画了一道线。她已经在研究这个月早些时候科尔在联邦议会的讲话，他在讲话中讨论了政府对欧洲的展望。科尔想要在法德友谊推动下，“使欧洲朝一体化方向发展”。欧洲的机构应该改革。部长会议应该被赋予更多权力，“必须凭借多数票达成协议……欧洲议会应得到加强。欧洲议会的权力应当扩大，应当为制定欧洲宪法做出努力”。[⑥]这段文字让撒切尔夫人在旁边画上表示反对的曲线。六年前，她对这类事情曾强烈表示：“不。不。不。”结果导致政治上的致命后果。弗兰西斯·皮姆对她说，这个想法“实质上无害”。[⑦]这时候，她并不准备找麻烦，但这是她对此次访问的议题首次表示不同意。

两位领导人在唐宁街会面过程中，绝大多数情况下意见一致。科尔表示，如果裁军谈判失败，就在西德部署美国导弹，用他的话说是“解决了”这个问题，而且他确认西德与“美国是全面的朋友与合作伙伴”。撒切尔夫人对此感到满意，还比较赞同科尔对里根总统咄咄逼人的手段做的批评。她对科尔说：“我明确感到，美国人现在认识到他们对（西伯利亚天然气）管道的做法是错误的，如今正在寻找摆脱困境的方法。”[⑧]科尔抱怨里根并不理解冷战中欧洲的问题：“最近教皇（约翰·保罗二世）追封波兰一位神父（在奥斯威辛集中营遭杀害的马克西米连·科尔比神父）为圣徒，这对波兰舆论的影响比里根的整个制裁政策更有效。”[⑨]撒切尔夫人为里根辩护，称他是“一位诚实的政治家，只不过有一些激烈的观点”，不过她补充说，“照我看，科尔总理提出的方法更好”。两位领导人对苏联的未来做了推测。科尔说，自己“不是勃列日涅夫的崇拜者，不过认为下一代领导人不会比他更好”。撒切尔夫人回应说：“只要西方出牌缜密，时间因素对西方是有利的。”[⑩]

他们没有认真讨论欧共体问题，不过撒切尔夫人反复重申了长期以来的要求：永久解决英国向欧洲预算超额付款引起的争执。在欧洲预算方面，德国是两个净贡献国之一，双方成了天然的盟友；但两国的根本态度却完全不同。西德将欧洲一体化视为保证其战后合法性的保证，英国却一直担心欧洲一体化会进一步牺牲国家的独立性。在会谈后的共同记者会上，撒切尔夫人使用了双方认可的说法："意见真正一致。"科尔表示同意，不过他还说："我是战争儿童成长起来的第一位联邦总理……我要竭尽自己所能，保证在这个十年中向欧洲一体化迈进。"[11]撒切尔夫人后来并不能说事先没有得到过这种警告。双方在路线上有根本的差异，而且无法改变。

后来轮到她回访西德了。十天后，她与科尔共同在波恩露面。这两位表面上愉快的领导人宣布，他们要一道出发去柏林，亲眼看看科尔所谓"我们的祖国遭分割"。撒切尔夫人说："那道高墙在永远提醒人们——人民若能自由选择，便会选择自由。"[12] 1982 年 10 月 29 日，撒切尔夫人在柏林受到群众热情洋溢的欢迎，人们"对她说，大家为她在马尔维纳斯群岛的行动感到振奋"。[13]在波茨坦广场的观景台上，她平生第一次看到柏林墙，感触颇深，眼眶里滚动着泪花。她对等候的记者们说："它比我想象的更丑陋。我为一位（逃往西德时被击毙的）年轻姑娘献了花，她年仅 18 岁……他们犯下这么可怕的罪行，还当众炫耀，完全是在向人们展示那个体制的野蛮与暴虐。"[14]她在柏林城市宝典上签了名，在签名仪式上，她引用了城市宝典的寓意，说："侵略的诱因是懦弱。对话与谈判才表现出力量。在苏联支持下，波兰实施戒严法给人们上了生动的一课——冷酷的意识形态不靠武力维护就无法生存，最终必将淹灭在公众的愤怒中。"她最后说："将来有一天，自由的曙光将照亮大墙另一侧。"[15]

即使是在这个交往的初期阶段，撒切尔夫人与科尔的个人关系也不是特别亲密。在约翰·科尔斯的记忆中，两人的关系"总是很差"。[16]撒切尔夫人觉得科尔说话冗长啰唆，让她感到厌倦，觉得他在智力上低于自己，也低于他的前任赫尔穆特·施密特。[17]科尔肚大腰圆，态度沉闷，表情缺乏浪漫，不是她喜欢的男人类型。此外，她是第二次世界大战中家园防线中的孩子，对他时而表现出的民族态度抱有偏见。有一次，她将笔者拉到一旁，仿佛要说句知心话："你知道赫尔穆特·科尔的问题出在哪儿吗？"没等我回答，她便说出答案："……他是个德国人。"[18]但官方当时的记录中并没有显示出盟国间友好交谈有任何严重问题。对 10 月下旬这次访问，撒切尔夫人为非正式答谢讲话潦草写下的讲稿提纲中有"感触极深"、"人类精神"、"自由的脉动"、"充满友善"、"谢谢你们"之类字眼，有的字眼还用了括号"（热情友好）"，[19]仿佛她说这些话还需要提醒自己。科尔后来写道："如今这么说好像已经不时髦了，但联邦政府深深感谢撒切尔夫人访问柏林。那是个与德国友谊与团结的姿态。”⑳

到了1983年初，西方与苏联就部署美国中程核导弹的冲突达到紧要关头。由于在军备控制谈判中没有明显的突破，北约同意在欧洲土地上部署这些武器，抗衡苏联已经对欧洲构成威胁的SS—20导弹。尽管受到全欧洲左翼及“和平运动”组织相当大的阻力，但美国导弹预定在这年后半年运抵欧洲，成功部署后能让西方在冷战中占重大优势。撒切尔夫人坚定不移地执行这项计划。德国中立派的力量让她感到警觉。苏联秘密支持的核裁军运动在全欧洲激起恐慌，西方各国首都极其紧张不安。英国的反核情绪也在增长，让撒切尔夫人感到担忧。德国的反对党社会民主党这时积极鼓吹德国领土上不接受导弹，这有可能对整个部署行动造成致命的打击。她适时安排了1983年2月4日科尔到访首相别墅。㉑会晤时，她对科尔说，假如社会民主党得逞，将“产生不可想象的毁灭性后果”，并向科尔保证说，她“目前愿意做出全部努力，让世人看到英国在帮助科尔总理”。㉒里根总统曾提出“零选择”方案：双方从欧洲撤除所有中程核导弹。她和科尔一致认为，苏联不可能接受这一方案，因此部署计划应照常进行。撒切尔夫人反复表达了自己的担忧，害怕苏联试图将英国和法国独立的核威慑力量纳入谈判（她还害怕美国有意这样做），科尔支持她的立场，衷心表示说，法国和英国捍卫自身的安全，就是捍卫德国的安全。两位领导人从纯政治角度讨论了部署的日期。在这个阶段，撒切尔夫人尽自己最大的努力暂不确定大选日期（她最迟可以选择的投票日在1984年5月），但是她向科尔吐露说，她打算向即将到访的美国副总统布什通报，自己计划在1983年11月举行大选，这将意味着竞选运动要在10月或更早时候进行。部署中程核力量不是她竞选的唯一题材。她对科尔说：“欧洲预算问题不解决，我就不可能参加英国选举。”㉓[1]科尔表示同意，但他接下来说的话反映出他自己的欧洲路线，他想要英国政府“在选举中让欧洲的旗帜高高飘扬”。㉔

在记者会上，科尔和撒切尔夫人谈到他们对部署中程核力量的承诺。撒切尔夫人利用这个机会解释自己和平承诺的性质：“是我们自己在搞真正的和平运动，是我们自己在搞真正的裁军，我们的立场是全面裁军，但必

1 不过，她参加大选时，这一问题仍未得到解决。

须是在保持平衡的基础上裁军。”两位领导人表现的立场完全和谐一致。科尔说：“你们可以信赖德国人。”㉕不论他们内心中有何想法，两位领导人已经成了亲密的同盟者。

撒切尔夫人在准备下一次大选过程中，向另一位亲密的同盟者寻求帮助——她的朋友罗纳德·里根。虽然美国政府不愿公开做出承诺，但工党政府执政的前景让他们感到恐惧。1983 年 3 月，影子内阁外交大臣丹尼斯·希利访问华盛顿。美国驻伦敦大使馆敦促美国政府向他发出“明确的警告，让他知道工党预期采取的政策将对美国和西方的利益造成危害”。㉖时任美国国防部长助理的理查德·珀尔回忆起当时情况说：“假如迈克尔·富特[1]当选，对我们将是个非常严重的打击。”㉗

1983 年初，美国政府得到一个帮助撒切尔夫人的机会，从而阻碍了富特当选。当时，英国民众有一种日益增长的担忧，人们担心，发生冲突时，什么也不能阻止美国单方面决定从英国发射其导弹。在准备部署中程核力量的其他国家也有相同的担忧。英国人向政府施压，要求导弹设置“双重按钮”，只有英国和美国同时操作，才能在物理上激活导弹。美国人坚决反对，因为他们仍然是这些导弹的所有者。撒切尔夫人认为没必要设置什么按钮。她清楚，自 1952 年杜鲁门 - 丘吉尔协议签署后，美国若在英国领土上发射核武器，英国首相拥有否决权。[2]但是，由于这一协议依然处在保密期，她在公开场合只能坚称，使用这种武器必须由美英双方“共同做出决定”。㉘

美国人相信，这事谈论得越少越好。就连一再提到“联合决定”的准

1 迈克尔·富特（Michael Foot, 1913—2010），毕业于雷丁市雷顿公园中学和牛津大学瓦德汉学院。1945—1955年任普利茅斯市德文波特选区工党在议会的议员；1960—1983年任埃布谷选区议员；1983—1992年任布莱诺格温特选区议员；1974—1976年任就业部国务大臣；1976—1979年任下院领袖；1980—1983年任反对党领袖。

2 在内阁委员会中，官员们评论称，在极度不可能的情况下，假如美国总统不兑现这一承诺，英方人员可以“采取行动，使美国人根本不可能发射其导弹”。［MISC 7（83）1983年1月27日第一次会议记录，CAB 130/1224（http://www.margaretthatcher.org/document/128288）］

则也让他们感到紧张。从理论上讲，否决权的存在会减弱部署导弹的威慑效果，因为这意味着发射的可能性很小。更加重要的是，大多数准备部署导弹的其他欧洲国家并没有这种否决权。假如英国的地位为公众所知，华盛顿唯恐远不及英国立场坚定的同盟国提出类似要求。撒切尔夫人则认为，面对舆论对部署导弹的挑战，这些论点缺乏说服力。4 月中旬，她派英国驻华盛顿大使奥利弗・赖特爵士向里根寻求帮助。国家安全顾问克拉克法官警告里根说："撒切尔夫人要求得到你的准许，以便公开表示她对使用导弹拥有否决权。"㉙华盛顿的专家意见是坚决反对。克拉克对总统说："我们已经驳回了英国要求承认那项秘密协议的提议，并坚持不能公开。如果奥利弗爵士再次提出这一要求，你需要表示，我们认为这项协议应该保密，不过我们会研究撒切尔夫人的要求，就此做出答复。"㉚

提倡维持现状的人们很快便意识到，这场游戏要升级了。国家安全委员会成员罗纳德·雷曼回忆道："玛格丽特·撒切尔提出任何要求，我们都感到担心，害怕罗纳德·里根答应她。"㉛果然不出所料，按照克拉克的记录，总统希望"尽他所能支持首相"。㉜里根授权撒切尔夫人对议会说："不得到英国首相的同意，将不从英国领土上发射核武器。"㉝事过之后，美国人画蛇添足地坚持说，美国总统个人不会确认这一安排，只有美国政府发言人才会得到授权做出确认。[1] 因而，里根"向撒切尔夫人做出了她需要的保证"。㉞撒切尔夫人在回忆录中仅仅评论说，她确信当时对发射导弹的立场是令人满意的，她"个人与里根总统明确了应该如何准确描述这个准则"。㉟这显著贬低了她取得的成就。她曾说服总统驳斥了官方的警告，在一个特别敏感的时刻推翻了 40 年来的先例。她不仅坚守了英国的核心利益，而且为大选获得了有分量的优势。

在国内政治方面，马尔维纳斯群岛之战取胜后，大选日期很快成为所有决定中最显著的问题。撒切尔夫人的本能倾向从来是继续推进改革，但

1 里根总统沾沾自喜，似乎没有意识到其中的细微差异。1983年5月26日，在英国竞选运动如火如荼进行中，记者问里根，他或撒切尔夫人是否可以不顾另一方单独做出决定。他回答说："这就构成了一种否决权，对不对？"［1983年5月26日，里根接受外国电视记者采访（http://www.reagan.utexas.edu/archives/speeches/1983/52683b.htm）］

时机选择中隐含着竞选风险。1982 年，英国的经济和财务状况在逐渐好转，公共开支的严峻状况却一如既往。1982 年 1 月份，失业总人口首次超过了 300 万。㊱ 7 月初,《金融时报》报道称经济增长迟缓：对本年度增长平均预期仅为 1%（比 1.5% 的原预期有所降低），对 1983 年的平均预期为 2%。㊲ 7 月 15 日，杰弗里 · 豪得到最新增长统计数字后向内阁发出警告称，复苏的进展“踌躇不前”。㊳财政部第一副大臣利昂 · 布里坦[1]说，尽管我们做出各种努力，但公共开支却从 1979 年占 GDP 的 41% 上升到现在的 44.5%，借贷和开支必须降低。撒切尔夫人想要控制开支，是因为“要想在下一次大选前产生效果，下一年的财政预算是最后一次减税机会”。减税不能以增加赤字为代价：“我们不能走美国的老路。[2]我们必须为降低个人税负腾出空间；我知道没有更好的途径”。㊴批评家们反对首相和财政部的观点，他们发起了反击。吉姆 · 普赖尔说：“财政大臣对失业没有给予足够的关注。”迈克尔 · 赫塞尔廷猛烈抨击失业现象，称这将是下次大选中至关重要的问题。“我们在英国许多地方让保守党的信誉受到了损害。”㊵他要求为重要工业门类提供更多帮助，加快私营化进程。内阁与前一年夏天不同，没有一致同意这一项策略，怀疑态度增强了。

在 1982 年春天和夏天，“智囊团”（中央政策评审组）着手研究预期很低增长下的高支出问题，详细核查了公共开支的主要领域——教育、社会保障、卫生保健、国防等，为大幅度削减提出完全不同的分别治理方法。中央政策评审组这时由商业银行家约翰 · 斯帕罗领导，他曾就城市和经济事务向撒切尔夫人提过建议。人们认为，这个评审组已经摆脱了希思的偏见，接受了撒切尔夫人的风格。评审组的报告是受杰弗里 · 豪的委托

---

1 利昂 · 布里坦（Leon Brittan, 1939—2015），毕业于哈博戴斯阿斯克男校、剑桥大学三一学院、美国耶鲁大学。1974年2月—1983年任克利夫兰和惠特比选区保守党在议会的议员；1983—1988年任约克郡里士满选区议员；1981—1983年任财政部第一副大臣；1983—1985年任内政大臣；1985—1986年任贸易和工业国务大臣；1989年受封骑士头衔；2000年受封斯彭尼桑的布里坦勋爵。

2 虽然英国和美国在东西方关系方面有共同的目标，但撒切尔夫人在经济展望方面与里根总统观点不同。里根是个阳光型加利福尼亚乐观主义者，以减税入手希望通过高增长应对减税造成的赤字；撒切尔夫人则是个拘谨的卫理公会信徒，坚持先取得收支平衡，然后才考虑减税。

做的，应对财政部关心的问题。报告提出诸如终止国家对高等教育的资金支持（由学生贷款替代）、凭教育券就读、所有社会保障付款不依通胀而增长、以民营健康保险制度取代国民医疗保健制度等激进改革措施。斯帕罗回忆时说，那仅仅是个简报，[41]但报告的内容自然很快引发了激烈辩论。

撒切尔夫人收到智囊团的文件后，她的首席私人秘书罗宾·巴特勒问她是否批准向内阁成员下发。他回忆道："她没有明确答复。"[42]他便将这份文件与日常内阁文件装进 9 月 7 日下发给大臣们的一个个文件匣里，供两天后在内阁讨论。暑假结束后内阁首次开会时，爆发了暴风雨般的抗议。就连支持推动改革的塞西尔·帕金森也警告说："假如我们朝无法想象的方向打主意，在政府机制以外私下想想还行。"[43]大臣们坚称，中央政策评审组的报告不该纳入备忘录。彼得·沃克说，得到通知后仅仅一天就讨论简直滑稽可笑，这种事"属于政党事务，不该由白厅管"。撒切尔夫人做了回击（阿姆斯特朗做了简要记录）："你是说不该由内阁管？这可太令人惊讶了。"她说，并不寻求会议做决定，但报告中的想法应该是追求的方向："我们千万不能逃避。"[44]沃克说："我很遗憾下发了中央政策评审组的这份报告。我丝毫也不怀疑，其中的内容会泄漏出去。"为了证明自己的预测是对的，他自己索性把内容透露了出去。[45] 1982 年 9 月 18 日的《经济学家》的报道刊登了中央政策评审组文件的内容。

文章引发了公愤。报道称，政府试图废止福利国家的制度。撒切尔夫人后来才对下发这份文件感到怒不可遏，不过那是她自己默许的，而且还在内阁中为此做过辩护，说需要白厅对报告内容做辩论。由此对选举可能产生的后果让她感到惊恐。她在自己的回忆录中写道："这份文件让我感到恐惧。"[46]真实情况并非如此。尽管报告中的建议肯定不是她自己的想法，更不是个秘密计划，但建议反映了她的行动方向。报告内容没有让她感到不安，让她不安的是在政治上导致的尴尬。

这次惨败造成两个后果，其一是终结了智囊团。后来领导唐宁街 10 号政策组的约翰·雷德伍德说，智囊团经常出的问题是做了"好工作没好结果"。[47]中央政策评审组由规则维系，位置处于白厅与内阁办公室之间，并不直接与首相联系，也不站在她这一边，在结构上无法密切配合政治时间表。

中央政策评审组不为撒切尔夫人工作让她感到厌恶。庞大的政府部门让她疲于应付。6月份，早在那份报告泄漏之前，撒切尔夫人就对4月份刚任命为评审组领导人的约翰·斯帕罗说，她想要撤销这个机构，斯帕罗听了“惊得目瞪口呆”。[48]斯帕罗说服她放弃这个想法，后来她又争辩称，中央政策评审组应该归属她自己的办公室才对。斯帕罗表示反对。罗伯特·阿姆斯特朗写信给她，支持斯帕罗的立场，认为中央政策评审组“若归首相办公室管辖，便会显著降低其影响”。他接着以和蔼的口吻写道：“也许我该补充一点，包括中央政策评审组在内的都是你自己的部门。”[49]撒切尔夫人没上他的当，她潦草批注道：“然而你说，假如成为我的部门，其影响便会降低！”用阿姆斯特朗自己的论点反驳了他。

到了这个阶段，撒切尔夫人已经打消了原先反对聘用政治顾问的念头，专为她效力的政策组地位开始上升。费迪南德·芒特取代了马尔维纳斯群岛战争期间担任政策组领导人的约翰·霍斯金斯，这个小组变得更能让她的想法具体化，而不是提出不成熟的想法，还能向白厅传达她的想法。芒特认为，中央政策评审组那份报告“完全是一场政治上的灾难”，因为它试图呈交一份完整的计划，结果未经缜密思索便罗列出过激而荒诞的想法。[50]政策组可以采取巧妙、灵活、敏捷的行动，这是智囊团做不到的。霍斯金斯的战略方针曾让撒切尔夫人感觉不安，但芒特看出，撒切尔夫人需要一个提出建议的契机：“假如我们能把握她的激情，她便会立刻盯住相关大臣，与他辩论，斥责他。这位大臣便会与我们怒目相视。”这是利用了撒切尔夫人的“发怒愿望”。[51]政策组将地方政府改革、教育、家庭政策等每一个问题都纳入具体政策，纳入撒切尔主义的路线，向她呈交明确的新备忘录，推动解决这些问题。这些备忘录一般仅向她本人提交，而不是在白厅散发，通常避免涉及普遍的意识形态大问题，免得泄露后造成危害。她当时的一位私人秘书蒂莫西·弗莱舍[1]说，政策组是成功的，因为“他们是唯一竭尽全力为她效劳的人”。[52]结果，智囊团泄露事件最终反而提高了撒

1 蒂莫西·弗莱舍（Timothy Flesher, 1949—），毕业于牛津大学哈特福德学院。1982—1986年任首相私人秘书；1986—1989年任内政部入境及难民处处长；1989—1991年任职内政部人事处；1991—1992年任职内政部感化处；1992—1994年任教育标准局行政主任；1994—1998年任移民局总监和内政部移民与国籍管理局副局长；2003—2007年任国防后勤局副局长；2007—2010年任国防部防卫、装备、支持机构行政服务处处长。

切尔夫人获胜的能力。她暂时保留了智囊团，但 1983 年大选后撤销了这个机构。

向首相提供顾问的另一个理由是撒切尔夫人的愿望，为的是避免再次发生类似阿根廷入侵马尔维纳斯群岛的事件，以独立的政策影响外交事务和安全等领域，这些领域并不在政策组的工作范围之内。1982 年 8 月，她仔细考虑设立一个完整而单独的外交事务和安全政策组。她想要安东尼·帕森斯爵士领导这个组，因为帕森斯在马尔维纳斯战争期间是英国在联合国外交领域的英雄。这一想法导致了官僚们的龃龉。罗伯特·阿姆斯特朗警告她说，像帕森斯如此资深的人物出现在内阁，会“让我们陷入麻烦，仿佛在设立一个单独的外交活动中心……与外交与联邦事务部竞争”。[53]这个想法让外交大臣弗兰西斯·皮姆气得发狂。阿姆斯特朗报告说，他害怕这会对（已经受伤的）外交部造成士气上的严重打击，也怕别人把这视作对他本人“抽耳光”。[54]对政策方面也发生了影响：“（恐怕）我们因而要不可避免地滑向基辛格和布热津斯基在白宫那种美国式（有害的）处境。”[55]撒切尔夫人坚持自己的立场，“我做了一个坚定的决策，每天我都意识到，有这么个机构多么必要”，[56]但她同意就这事会见皮姆。罗宾·巴特勒为此做了事先准备，向皮姆解释说，这与安排她的经济顾问艾伦·沃尔特斯情况类似，往往是个和谐的力量，而不是造成冲突：“得到财政部或银行提交的文件时，他（沃尔特斯）在会谈前常常能向首相指出其中的优点……在提高首相对财政部和银行作为的信赖程度方面，他大有帮助。”[57]

10 月 18 日皮姆与撒切尔夫人会谈时，谈话让巴特勒感到相当不愉快，他在会谈记录上给约翰·科尔斯附了一页说明：“我建议将记录暂时保存在我的文件柜中，不让别人看。”[58]皮姆“说他难以理解”为什么撒切尔夫人没有提前向他咨询。她当然应该听听劝告，“并不是在她和他自己之间形成隔阂。有关这种隔阂的报告已经让他感到不安了”。撒切尔夫人的回答语锋锐利：她希望在自己办公室就这些事务得到更多支持，有人竟然对此提出质疑，让她感到惊讶。[59]一天后，皮姆勉强接受了对帕森斯的任命。当天消息走漏出去，费迪南德·芒特记得，他“简直是气急败坏了”。[60]他在下院见到撒切尔夫人，指责她的工作人员泄露消息反对他。“他认为没有唐宁街 10 号的引导，这种报道显然根本不会出笼”。[61]

皮姆抱怨是有些道理的。撒切尔夫人承认，她此前见过那篇报道的作

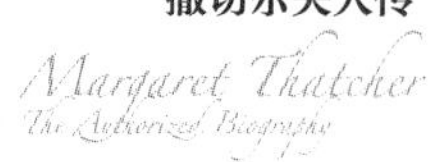

者安东尼·施里姆斯利，不过她否认说过藐视自己的外交大臣的话。其实撒切尔夫人的确瞧不起皮姆，也不掩饰自己的态度。帕森斯被任命为她的外交事务顾问，一位资历并不深的国防部官员罗杰·杰克林担任了她的国防和情报顾问。结果证明，后面这个职位没起到什么作用。就连帕森斯受任命后也没有让皮姆产生预料中的恐惧。他的观点在大多数情况下属于一个“外交部的人”，并不与自己的老部门唱反调。他性情温和，消息灵通，其实，他在撒切尔夫人身边有助于让她对外交部的作为不太神经质。如今，假如首相需要就外交事务聘请一位顾问，会让人感到奇怪。

然而，中央政策评审组报告泄露的第二个后果对撒切尔夫人是糟糕的。政府制定了宏伟的支出改革计划，但其动力严重受阻了。内阁在1982年9月30日开会时，评估了那次泄露的后果，大家神情都很沮丧。健康与社会服务部大臣诺曼·福勒正为国民健康保险制度的支付问题而苦苦奋斗，他对同僚们说，中央政策评审组的报告“给这场争执增添了一个新问题。人们开始攻击我们，说我们要废除国民健康保险制度”。[62]保守党年度大会即将召开，威利·怀特劳吟诗般朗诵道（阿姆斯特朗扼要记录）：“中央政策评审组的报告遭泄露，国民健康保险制度遇风险，保守党受影响不容小觑，好首相挺身而出化险为夷。”苏格兰部大臣乔治·杨格警告说：“布赖顿有很多漂亮女护士（那里正召开全国护士大会），面对媒体要谨慎。”[63]撒切尔夫人在大会上发言时，不情愿地采取了谨慎态度：

> 有一件事必须绝对明确。我们的国民医疗保健制度是安全的。去年12月1日，我在下院说过（选择引用这段话为的是证明，在中央政策评审组报告泄露事件之前，政策已经确立，而不是应对泄露连忙编造的）：“要向所有国民提供充分的卫生保健服务，并不考虑其支付能力，这一原则必须是公共医疗卫生服务资金安排的基础。”我们坚守这一立场。[64]

从那时起到第二年6月的大选，撒切尔夫人没有就中央政策评审组报告涉及的社会政策内容做过演讲。人们频繁批评她，称她试图取消福利现状，但她其实受到更多指控的是非常不同的方面：说她回避严肃的改革。在整个任职期间，她在严肃改革方面的踌躇都产生了明显的影响。

并非所有这些领域的政策改革都戛然而止了。基思·约瑟夫容易受官方困惑的影响，但他在改良方面从来不遗余力。保守党人感觉教育不像医疗卫生领域那么高度敏感，约瑟夫便在这方面采取积极行动。1982 年 11 月初，他应撒切尔夫人要求提交了关于教育券问题的报告。这是个长期以来一直存在的想法，最初是由富有市场意识的人提出的，基本想法是：学生家长得到国家资助的教育券，用于支付其子女在所选学校受教育的开支。约瑟夫经过一年的深思做出了结论，认为存在过渡期的困难，教育券计划不可能突然实施。他转而提出，向父母提供教育券，送子女上私立学校和教育当局想要参与试验项目的公立学校（他称作“开放入学”的学校）。这项试验要在保守党控制的肯特郡开始。有了中央政策评审组报告泄露的前车之鉴，没有通过官僚系统向同僚们转发约瑟夫的构想文件。杰弗里·豪是内阁中唯一了解此构想的大臣。这一构想有个明显的难题，那就是仅仅能在私立学校中迅速广泛实施，其效果无非比现有的公助学额计划稍明显而已。费迪南德·芒特向撒切尔夫人呈递了自己的评论：“基思将教育券计划推动到目前的地步进行过奋力拼搏。过程中的每一步都受到官僚机构持续而猛烈的反对。我们面对的是近 40 年来化石般古老恒定的偏见。”[65]他接着表示：“约瑟夫的计划遭受到教育与科学部的敌视，已经遍体鳞伤。”必须明确表明，每一位学生家长都能得到教育券。应当鼓励约瑟夫制定出“一个简明积极的计划版本”。撒切尔夫人在这份文件旁边画了个箭头，强调表示支持。芒特写道：“假如我们只是不断地说‘教育券问题正在考虑中’，整个构思便会遁于无形。”[66]

在芒特的推动下，约瑟夫的构思于 1983 年 2 月初提交给了名称为 MISC91 的相关内阁小组委员会。委员会要求约瑟夫迅速提交教育券的完整计划。约瑟夫后来提交了修改后的计划，内容中包括了一个构想：大多数利用教育券的父母都要为子女的教育支付一些开支。芒特评论说：“最新的草案在很多方面比初稿更糟糕，在政治上显然是危险的。我还认为，这既不公平，又无必要。”[67]芒特建议在原有想法的基础上做出修改，但 MISC91 委员会 1983 年 2 月 24 日开会讨论后，考虑到政治上的敏感性，摒弃了所有想法。撒切尔夫人在 3 月 8 日会见了约瑟夫，“首相说，提交给委员会的这个计划从政治和教育两个角度看显然都无法接受”，不过“教育券的想法依然在保守党教育政策中占核心地位”。[68]约瑟夫从不乏策略，研究出比较温和的计划，提出了两套新的可选方案。但参与者们都认为，两套方案显然都来不及在选举时提出。不出芒特所料，讨论笼罩在担忧气氛中，人们根本不敢再提起教育券，也拿不准提“信用制度”是不是好些。⑲约瑟夫的特别顾问奥利弗·莱特文[1]说：“基思最喜欢的莫过于别人请他重新考虑……他最热心诉诸理性，而不是套用教条。”⑳既然芒特所称的那位作为“整个事业的设计师”总是感到疑惑，撒切尔夫人就很难坚定地推行这项计划了。约瑟夫是撒切尔主义的知识推动力，但他从性格本质上也是个哈姆雷特式的人物。结果，教育改革“因思虑而蒙上一层苍白的病容”。一个关键时刻错失了。

大选日期的选择还受到私有化进程的影响。私有化政策逐渐形成，但到 1982 年仍远未定型。直到 1979 年，保守党总体反对工党在战后搞的国有化，但在彻底逆转国有化方面一直持谨慎态度。撒切尔夫人在担任反对党领袖时期当然赞成去国有化，还委托尼古拉斯·里德利研究其可能性。但他在 1977 年报告说，她认定当时要继续研究这个问题太危险。尼格尔·劳森回忆说：“在 20 世纪 70 年代，撒切尔夫人无法理解工会问题，因此感到特别紧张。”㉑国有企业的雇员占全国劳动力的七分之一。私有化会造成大规模失业的说法让她害怕。假如将这些企业投入市场，会引发不可阻挡的罢工浪潮。另外，人们相信，这些国有企业的状况太糟糕，根本找不到买主。

这是人们广泛的看法，即使是对私有化兴趣浓厚的人们也持这种看法。1976 年，后来成为推进私有化主要人物的首相政策组组长约翰·雷德伍德写道：“要返回自由市场经济既不可能，又不符合人们的愿望。要将目前经济中运行的大型国有和民营垄断企业分解开来，会涉及太多的剧变。”㉒考虑到 1979 年 5 月前国有领域广泛的工业门类，这种思维并不奇怪。采煤、铁路、航空、大部分汽车制造工业、石油工业等众多领域要么国有，要么国家占大多数股份。要大规模改变企业地位，想想都让人畏缩。在保守党

1 奥利弗·莱特文（Oliver Letwin, 1956— ），毕业于伊顿公学和剑桥大学三一学院。1983—1986年任唐宁街10号政策组成员；1997年后任西多塞特选区保守党在议会的议员；2010—2015年内阁办公室政府政策官员；2014后任兰开斯特直辖领地大臣；2015年后任内阁秘书全面负责政府政策。

1979 年的竞选宣言中并没有写进“私有化”这个字眼。其中唯一提到分拆的是国有化的造船和飞机制造业，拟出售其股份的是国家运输公司。

保守党在 1979 年胜选后，推动私有化的不是撒切尔夫人，而是财政部。杰弗里·豪在提出第一份预算的演讲中，谈到出售公共资产的“实质性”领域：“出售的合理性不仅在于它有助于短期内降低公共部门借贷需求（如今称作预算赤字），而且在于它是我们长期计划的组成部分，也就是促进人民成为英国工业的股东而广泛参与。”[73]“私有化”这个说法首次使用是在 1979 年 6 月 20 日内阁一个小组委员会上，[74]不过在 1981 年 7 月以前，撒切尔夫人本人并没有公开用过这个说法，而且她在那年秋天的保守党大会上仍避免使用。她宁愿使用“去国有化”这个字眼。大臣们则往往说“处置”和“出售特别资产”。执政两年多，政府都未能确定一个大家都同意的简单术语，这证明这项政策是即兴提出的。

杰弗里·豪开始朝私有化的宏大目标努力，不过他最直接的理由是需要资金。政府放弃所售企业的控制权可以降低公共部门借贷需求。1979 年 11 月，政府出售了原控股 51% 的英国石油公司部分股权，筹资 2.9 亿英镑（1977 年工党政府因急需资金有过类似的出售先例）。内阁中地位显赫的经济委员会组建起一个小组委员会，成员中有三位财政部的高官。[1]大家把这个小组委员会称作“经处委”，意思是经济处置委员会。这个小组委员会组建初期，最重要的私有化举措便是根据 1980 年通过的住房法出售廉租公房。不过，当时和后来一般都不用“私有化”这个说法。出售的形式也与国有企业的私有化相当不同，并没有抛售股份、定价等相关的特殊问题。但是，出售公房让广大公众成功获得房屋所有权，在社会生活中一个大的领域取得成功，这是一条政治上收获颇丰的路线。出售廉租公房有助于创造一种政治气候，让私有化变得合情合理。

进展逐步显现了。在最初阶段，关注的焦点集中在资产销售方面（通常是民营公司的股份，但由于历史的偶然原因成了政府账目中的资产）。1981 年 2 月，英国航天公司（飞机制造商）的一般股份出价销售。10 月，

1 这三位官员是财政大臣（杰弗里·豪）、首席秘书（比芬）、财政秘书（劳森）。这个小组委员会的成员还有工业部、农业部、环境部、贸易部、能源部的国务大臣们。

出售大东电报公司时，竟有 5.6 倍的超额认购。1982 年 2 月，一家医学放射性同位素专业生产商阿默舍姆国际公司股票上市发行，认购多达 24 倍。时任能源大臣的尼格尔·劳森回忆说："我当时深感难堪。"⑮他当时拒绝"投标"出售股份，赞成以固定价格销售，为的是鼓励小投资者。但压低价格却向市场发出一个明显的信息：私有化过程中有钱可赚。同一个月达成一份协议，由企业管理人员收购国家运输公司股权。1981 年 10 月，劳森宣布，英国国家石油公司和英国天然气公司在近海石油资产的全部石油生产业务实行私营化。劳森阐明了总纲领："除了压倒性的明确理由，国家不再拥有任何工业企业。"⑯

一年多以后，"英石油"最终上市销售，这家公司脱离了英国国家石油公司的编制，重新命名。但由于石油市场前景未卜，投标认购严重不足。不过，这宗销售让政府得到总额 5.49 亿英镑的资金，是当时最大的一笔收入。到 1981 年底，私有化不是一连串的偶然事件或仅仅为了搜刮资金，而成为撒切尔政府的主要目标。相关部门的大臣更多地努力确定私有化的总意图，注重愿望胜过其他要求，使社会效益最大化——股权持有者广泛化、雇员持股、提高管理效力、鼓励竞争等。1982 年 7 月，杰弗里·豪致函撒切尔夫人，抱怨说大多数部门对私有化机会仍关注不足："我们要想在大选前取得尽可能大的进展，使自己获得继续推动进展的最佳地位，也使我们成为以后的主要执行者，现在就需要做出有力的推动。"⑰应他的要求，撒切尔夫人发给他一份"个人备忘录"，供复制分发给所有内阁大臣，鼓励大家实施。她写道："需要确定合适的参加方（包括机构和功能）。随后的私有化准备工作要尽可能大力推进。"⑱

虽然撒切尔夫人后来因搞私有化而全球知名，但值得注意的是，她本人并非其倡导者。在最初阶段，劳森说她"对私有化明显缺乏热情"。她"最初赞成完全是为了募集资金"。⑲然而，像塞西尔·帕金森、戴维·诺格罗夫[1]等同僚、官员、顾问们对此却做出截然不同的分析结果。他们认

1 戴维·诺格罗夫（David Norgrove, 1948—），毕业于牛津大学埃克赛特学院基督医学院、剑桥大学以马内利学院和伦敦政治经济学院。1972—1978年和1980—1985年分别任职财政部；1985—1988年任首相私人秘书。

为，她对私有化问题的主要兴趣源自希望人民广泛拥有股权。但更多人相信，她起初至少认为私有化是个解决实际问题的手段，而不是个宏观的意识形态方向。按照奥利弗·莱特文的看法，“让相关工业门类正常运作并取消补贴，这占了她工作中轻重缓急的最优先位置”。⑳至于像供水等自然垄断企业，她开始时建议最好由政府控制，“并没有强烈感到应该攻克这些堡垒”。㉑她一定程度上有点迷信，比方说，她坚持认为邮政不该民营化，因为“皇家邮政”的名称就意味着这“属于女王陛下”。㉒她还对出售“英石油”感到担忧，唯恐对“我国的石油”造成威胁。为了缓解这些担忧，劳森采用了“黄金股”的概念，让政府在危急状态时保持控制权。

虽然撒切尔夫人支持私有化的总原则，但时机不成熟时她随时准备做例外处理。比方说，1983 年 2 月，芒特在文件中告诉她，不该允许苏格兰大臣乔治·杨格让苏格兰运输集团免除私有化。她并没有表示不同意，但为此感到紧张。她在文件上批注：“不要传阅。这种事最好通过口头表达！”㉓也许她不喜欢“私有化”这个字眼（后来她抱怨说：“在莎士比亚的语言中竟掺杂进这么糟糕的行话。”）㉔却找不到个合适的替代词语，这让她稍稍放缓了步伐。照她在自己回忆录中的说法，她确实相信“私有化是各领域恢复自由计划的核心”，㉕不过她对何时恢复以及如何恢复处理得极为谨慎（她的回忆录没有对此详细叙述）。彼得·格雷格森曾在贸易部供职，后来在撒切尔夫人第一任期在内阁办公室任职。他说，撒切尔夫人并不常常说“我们必须推进这事”，她常说，“我希望他们懂得自己该怎么做”。㉖

撒切尔夫人并没有指出大臣们常犯的错误，没有因为国有企业经营有所改善便允许其扩大垄断势力。对亏损严重的英国利兰公司，尽管精明强干的董事会主席迈克尔·爱德华兹不断要求额外支持，但她并不情愿给予。她遴选的伊恩·麦格雷戈[1]成为英国钢铁公司董事长后，想要扩大公司规模，收购美国凯泽钢铁公司。㉗她阻止了这笔交易。她对戴维·杨格说：“我们不能一边出售国有企业，一边扩大其规模。”㉘她的财政私人秘书迈

1 伊恩·麦格雷戈（Ian MacGregor, 1912—1998），毕业于爱丁堡乔治·沃森学校、格拉斯哥希尔海德高中和格拉斯哥大学。1980—1983年任英国钢铁公司董事长兼总裁；1983—1986年任国家煤炭董事局主席；1986年受封骑士。

克尔·斯科拉认为，在凯泽钢铁公司的事务上，丹尼斯帮了她的忙。丹尼斯具有出色的商业知识，常常在具体公司方面向她提出建议。“我有时会看到丹尼斯在提交的文件上批注的一些文字，她没有完全擦干净。”㊴

到这时候，私有化最重要的第一期试验集中在英国电信公司，撒切尔夫人对私有化的态度也由此发生了变化。这个庞大的垄断型企业1981年10月1日从邮政分离出来，它几乎控制了英国的全部电话业务。全公司将近25万名雇员都是工会会员。该公司没有严谨的内部会计制度，不很清楚自己的利润来自哪项业务。成为公司新董事长兼总裁的乔治·杰弗逊[1]回忆说，那一年排队等待新装电话的用户数达25万，英国电信无法承诺每条电话线的准确安装日期。到了他任期第一年末，他与英国银行行长戈登·理查森一道喝茶，“他对我说，如果我不能迅速改善伦敦的电信服务，几乎可以肯定，这座城市将失去主要金融中心的地位”。㊵[2]公司亟须进行现代化改造，但无法提高外部筹资限额——财政部通过这个限额系统控制国有企业的支出，避免对公共部门借贷需求造成不良冲击。于是公司开始寻找新的融资途径。

在这个时期，国有企业需要投资是个广泛的难题。财政部试图开发一种独创性的模式，让他们借贷后投资，便无须记入公共部门借贷需求。对于英国电信公司，工业大臣基思·约瑟夫起初赞成允许该公司通过发行“收益公债”直接筹资（戏称作“啁啾公债”，以英国电信广告中的卡通鸟得名），但财政部警告说，即使是这项融资也要记入公共部门借贷需求。1981年7月，约瑟夫的国务大臣肯尼思·贝克和约瑟夫的特别顾问戴维·杨格在杨格家中宴请这位上司，说服他让英国电信私有化。㊶贝克认为，私有化并不是个原则性的大问题，但“在让它（英国电信）更好地运作方面，我

1 乔治·杰弗逊（George Jefferson, 1921—2012），毕业于肯特郡达特福德初级中学。1981—1987年任英国电信公司董事长并在1981—1986年兼任总裁；1981年受封骑士。

2 大约在这个时期，杰弗逊前往唐宁街拜访了撒切尔夫人，她让他看自己住处的英国电信电话机。“我抓起听筒，电话机就给拽离桌面，挂在听筒线上晃动。我不得不承认质量有问题，一连道歉后离去。”他要他的地区经理们去给新电话机加配置。（对英国电信私有化讨论的评论，丘吉尔文档中心，2006年12月6日）

们已经技穷了”。[92]这两位官员清楚，在所有内阁大臣中，只有约瑟夫能说服撒切尔夫人接受正确的意见。不久之后，约瑟夫去见撒切尔夫人，赢得了她的支持。与此同时，贝克和杨格协作，向大东电报公司下属的墨丘利公司颁发了经营许可证，允许它建立电话网络。撒切尔夫人热烈欢迎此举。政府提供了竞争的开端。7 月 28 日，财政部官员们支持私营化的目标，但是在纷繁庞大的相关后勤问题尚未完全解决前，并没有公开宣布。[93]

1981 年 9 月，撒切尔夫人将约瑟夫调动到教育部，由帕特里克·詹金接任他在工业部的职务。对这个重要职位，这是个奇怪的选择，尤其是后来发生的事情，她不信赖他的判断。[94]詹金热心推动私营化，尤其相信这是英国电信要筹集全部所需资金的唯一途径。但她最初的路线认为“这是个垄断企业。如果它是个公共部门，我们就要控制它”。[95]她对詹金说：“（一旦一种行业私有化）我们就不能让它成为垄断企业。为什么不能按地区将它分割成 61 个企业呢？”[96]詹金提出了相反理由，称这家公司历来是自上而下管理的，假如分割开出售，耗时会很长。戴维·杨格更加支持撒切尔夫人的主张，敦促将英国电信分割成一家国际公司和六七家地区性公司，但这是一场“落败的战斗”。[97]财政部从来热衷于使收益最大化，想要整体出售这家公司。

虽然撒切尔夫人对垄断存有疑虑，但并不试图阻碍英国电信公司私有化的进程。马尔维纳斯群岛战争的胜利为私有化进程在政治上铺平了道路。1982 年 7 月 19 日，詹金在下院宣布了为英国电信制定的计划，此后，撒切尔夫人便渴望推动其进程。贸易部试图将英国电信纳入向垄断与兼并调查委员会推荐的国有企业年度名单中，撒切尔夫人坚决予以阻止：“我认为，千万不能损害去国有化进程。”[98]在 10 月份举行的保守党大会上，撒切尔夫人重点介绍了英国电信私有化问题，这是在她每年一度对最重要的听众讲话中首次使用“私有化”这个字眼。她借用约翰逊博士评论一个人知道自己即将上绞架的心理效果说：“相信我的话吧，当人们知道两个星期后就会私有化，心里的感觉会十分美好。”[99]她注意到私有化最惊人的效果——仅仅是对私有化的预期，就让每一位参与者的行为发生了变化。

她本人也不例外。协助处理英国电信私有化的伦敦市审计师彼得·班森这样概括了她起的作用：“我直到最后一刻还拿不准撒切尔夫人是否根本不清楚自己在做什么。妙的是她想要参与工作，她真的要这么做。”[100]当然，英国电信的私有化不是两个星期就能实现的，时间肯定要长得多。撒切尔夫人决定，在1983年6月9日举行全国大选，这导致该提案尚未在议会完全通过就暂时搁置。但是，如果保守党人胜选，肯定会在第二个任期中再次提交这一提案。最大也是最有争议的私有化进程尚未展开，但通往私有化的道路已经畅通。

在撒切尔夫人的第一届任期中，最让她忧虑的问题是地方政府的开支，以及地方政府为了增加税收而提高住房税。在1974年10月的大选中，她曾追究过这一领域，她当时是特德·希思的环境发言人，曾公开承诺说，保守党政府要废止这一税种。她在回忆录中写道，她当时曾有过深深的疑虑，“因为我们并没有设身处地认真为人们考虑”。[101]八年后，这依然是个问题，不过撒切尔夫人不再感到疑虑，她本人不喜欢这些税种。住房税极不受人欢迎，投票支持保守党人的选民可能尤其不欢迎。由于这是一种财产税，只向房主纳税。这意味着英国3500万当地选民近一半的人有义务缴纳这种税，另外由于有各种退税，纳税时需要全额缴付。强横的工党地方议会利用手中的征税权，挥霍钱财，还抗议保守党中央政府的政策，政策反差拉得越大，他们越高兴。由于地方政府消耗的资金60%以上要由中央政府供给，撒切尔夫人的大臣们要花费大量时间和精力，设法控制地方开支，设计一些方法，让地方议会对选民比较负责。但1979年的保守党竞选宣言称，暂时推迟废止住房税。隐含的意义是此后要为竞选提出新内容。现在竞选在即，仍然没有就这个问题提出解决方案。

1982年，威利·怀特劳领导的MISC79内阁小组委员会试着以某种连贯性的方式解决这个问题。环境大臣迈克尔·赫塞尔廷向这个小组委员会提交的备忘录列举出几种选择。政府的整体税收政策排除了地方收入税的选项，地方销售税又太复杂，无法清楚说明。按每一个选举人征收的人头税可以在1985—1986年开征。这个税种有诸多优点：避免税收中的不公平、让更多人做贡献、相对容易说明。但赫塞尔廷陈述了税收中最大的问题：“课税中遇到的主要抱怨是评估纳税人生计的判断不够公平”。[102]人头税就不必应对这种问题。政府想要帮助受害者们应对这一不公，但是“在这一时间点上，政治成为至关重要的因素。我们可以（向一些人）提供救济……不过，让一些人成为输家是我们的部分意图。让变革中的受益者心存感激进而支持政策是容易的，要让变革的受害者相信政策的好处就比较难”。[103]几天前，赫塞尔廷还应撒切尔夫人的要求事先做了一项研究，探索改组大都市区域的地方政府，这些地方政府因多了一个管理层要么受损要么受益。一种看法日益增长，认为“大都会区”和大伦敦的议会可以撤除，因为这些议会中的大批工党议员热衷于给政府制造困难。次日，赫塞尔廷在提交给撒切尔夫人的另一份备忘录中提醒说，行动要谨慎。他表示，保守党人千万不能“忘记我们的基本信念，毕竟地方政府是依据宪法扮演角色的”。[104]已经实施的控制“30 年来首次遏止了地方政府的期望和愿望”。对不服从中央的地方议会，财政部首席秘书利昂·布里坦试图“扣留”其政府补助金，但赫塞尔廷与这种做法做了艰苦的斗争，在 1982—1983 财政年度斗争取得了胜利。

此后不久，MISC79 小组委员会看不到废除房产税的出路，决定暂不废除。由于不能达成协议，暂不做决定是唯一可采取的办法，但这让政府更加渴望减少地方政府的过度开支。在政策组，费迪南德·芒特看到存在种种危险性。小组委员会做出暂不废除房产税的决定后，芒特立刻写了一份文件，题为“与地方政府的僵局”，警告撒切尔夫人“不明智的行动可能导致种种危险”。撤销大都会区和大伦敦区的议会“表面上诱人”，但“我们不应在整个下届议会期间肩负一种承诺，而这个承诺的利害尚未彻底探查过，废除房产税的利害也没有得到完全探究”。[105]他接着写道，“大伦敦区采取某种直接选举产生的议会是为所有伦敦人代言的，撤销这个议会难道正确吗？”他指出，前保守党政府搞的结构改革造成过“不愉快的结果”：希思－沃克曾在 20 世纪 70 年代撤销了许多古老的郡。撒切尔夫人在这个说法下面画了道线。芒特问，缩短议员在地方议会的任期，让他们承担起责任，是不是比废除民选的议会好些？

但当时时间紧张，顾不上仔细思索。假如保守党政府不能在下次选举中提出废除住房税，就必须有其他特别引人瞩目的亮点。在这一年剩余的日子里，争论持续不断，却没有形成结论。撒切尔夫人支持利昂·布里坦的立场：对奢侈浪费的地方议会施加选择性控制，（赫塞尔廷反对直接控制，她就此批注道：“非常令人担忧。”）[106] MISC79 小组委员会倾向于环境大臣的立场。在新旧年之交，怀特劳报告说，他的委员会冷漠地建议废除大都会区和大伦敦区的议会，委员会未能一致同意直接控制住房税和开支。

怀特劳以他特有的可怜口吻说，他的委员会“意识到他们的住房税建议可能让内阁感到失望。他们看出了其中的难题，却未能找到解决办法。不过他不得不提醒内阁，那些难题是棘手的”。[107]内阁会议证明他的论点是对的。苏格兰大臣乔治·杨格就财产税系统提出抱怨：“假如我们不着手解决，将面临灾难。”[108] MISC79 小组委员会没能对老人和家庭缴纳住房税的不公平现象提出任何解决办法，这让撒切尔夫人感到遗憾。赫塞尔廷这时已经从环境部调任国防部，他说，下院“普遍理解住房税没有其他替代方案”。汤姆·金[1]接替了赫塞尔廷在环境部的职位，他忙于解决废除大都会区和大伦敦区的议会的事，根本顾不上再次考虑住房税的事，但是到头了什么也没有真正解决。

到了这时候，撒切尔夫人最关心的头等大事是选举。她在两个星期后的一次会议上对汤姆·金说：“假如决定不再提高税收，那将是对政治的一大奖赏。”[109]她不太认真地考虑通过地方增值税对此做出补偿，提高中央补贴支持警察，或者教师的工资与当地方政府分离，由中央政府提供资金支付。这些想法全都没有实现。《泰晤士报》记者在 1983 年 5 月 3 日提到税收问题时，她的回答坦率得惊人：“在政治上你必须考虑的首要问题是‘我知道我想要摆脱什么，但我要从中得到什么呢？’”[110]政府的优柔寡断已成定局，静等选举时刻最后裁决了。

---

1 汤姆·金（Tom King, 1933— ），毕业于拉格比学校和剑桥大学以马内利学院。1970年3月—2001年布里奇沃特选区保守党在议会的议员；1983年1—6月任环境部国务大臣；1983年6—10月任运输部国务大臣；1983—1985年任就业部国务大臣；1985—1989年任北爱尔兰国务大臣；1989—1992年任国防部国务大臣；2001年受封布里奇沃特的金勋爵。

压倒性胜利

“我住在唐宁街10号一所大房子里，要在那儿住挺长时间”

保守党人赢得1983年大选十拿九稳。马尔维纳斯群岛战争胜利的效应实在太强了；在迈克尔·富特领导下，工党又太弱，根本没有取胜的可能性。即使没有马尔维纳斯群岛之战，保守党人也有其他一些斩获。马尔维纳斯群岛危机爆发前一个星期，民调已经显示保守党人持续领先了。但是，对终于确定了大选日的这个女人来讲，她考虑的事情并非一目了然。

按照英国的不成文宪法，在任首相有权在一届议会法定五年任期届满前的任何时刻要求君主解散议会。[1] 君主理论上可以拒绝，但从近代到现代这种情况极不可能发生。选择大选日的自由让首相得到极大的权利，不过也给首相造成巨大的焦虑。

很少有那位首相的焦虑超过撒切尔夫人。她不但天生谨慎，而且做决定前有一种痴迷，要尽可能搜集所有相关数据，她更有一种无法抵抗的感觉，认为只要出一个错，自己的目标和职业生涯就要横遭毁灭。她常常说，复兴英国需要两届甚至三届保守党政府。她曾对费迪南德·芒特说：“假如我们失败，我们将失去一切。”①保守党竞选经理塞西尔·帕金森记得，“她知道这是个大的决定，而且她独自为此承担责任”。②结果，在最后做出决定前，她一直表现得焦躁易怒。

撒切尔夫人不但心里清楚，而且公开表示，她不该在马尔维纳斯群岛事件后提前举行大选。保守党执政仅三年出头，在下院拥有配合很好的多

1 2011年保守党－自由民主党联合政府通过的议会固定任期法案中，这一点发生了改变。法案规定每届议会任期五年，防止在所有正常情况下提前解散议会。

数，不需要重新得到他们的授权。急于诉诸投票会被视作机会主义，受到选民的相应惩罚。在1982年很容易做出不解散议会的决定，而除此之外的一切都复杂难懂。撒切尔夫人自己原先的倾向是完成五年的完整任期，这一点后来显得日益不明智，她便赞成等到1983年10月。她敦促1983年11月在欧洲部署美国导弹，并敦促德国人在1983年7月开始担任轮值主席国期间解决欧共体预算问题，人们预料这要到1983年年底才能得到解决。因此，10月是她的预定期限。[1]

大多数人并没有意识到，有一件事情让她感到担心，那就是探究为什么阿根廷人会入侵马尔维纳斯群岛。她委托弗兰克斯勋爵探究此事。虽然在英国明显获胜后公众对探究这个问题的兴趣极低，但撒切尔夫人却深感忧虑，担心弗兰克斯发现对她不利的因素，迫使她离开首相职位。罗宾・巴特勒回忆道："假如他做出结论，认为是政府的低效能导致了战争，她认为自己就完了。"③在1982年圣诞前夜，她得知那份报告草案已经呈交到唐宁街，便走进私人秘书的办公室。巴特勒和约翰・科尔斯当时正坐在屋里。她说："把结论读给我听。"④弗兰克斯的使命是各党参与的枢密院委任的。他做出的结论是："马尔维纳斯群岛遭到一次事先无法预测的入侵"，不能将阿根廷入侵归咎于英国政府。她感到释然了。新年，撒切尔夫人感觉可以自由庆祝（尽管弗兰克斯的结论尚未公开），她要在严格保密的情况下访问自己从未到过的马尔维纳斯群岛。[2]当然，她受到热烈的欢迎，不过

1 不过，撒切尔夫人想要选择提前举行大选。1982年9月，她致函里根总统。里根当时打算于1983年6月11日在威廉斯堡举行经济峰会。她对里根说，这个日期对她有困难，不过并没有解释原因。信函的第一稿没有发出，内容中推说自己不能去美国是因为伦敦要举行皇家军队阅兵仪式（也许撒切尔夫人没让发出这封信是因为借口不足信）。总统历来渴望在选举中帮助她，明白了她的暗示，回答说，由于她的焦虑，"我们将不具体确定举办时间"。［撒切尔夫人致里根函初稿，1982年9月30日，TNA: PREM 19/1007; 里根致撒切尔夫人，1982年10月1日，CAC: THCR 3/1/25（http://www.margaretthatcher.org/document/123491）］

2 如此保密的一个原因是撒切尔夫人担心阿根廷人有可能拦截她的座机。她授权内阁秘书罗伯特・阿姆斯特朗，假如她出访的消息泄露出去，就指挥她的飞机调头。中途在阿森松岛停留时，人们认出了她，阿姆斯特朗熬了一夜，密切关注这条消息是否泄露了出去，但她抵达前媒体一直没有报道。（伊尔明斯特的巴特勒勋爵访谈）

巴特勒回忆说，她“对当地人了无生机感到失望，他们在陪伴她的过程中竟然打盹。但是她跟军人们在一起感到非常高兴，举止活像个小姑娘”。⑤[1] 她返回英国后，以选举为题材的投机炒作在增长，她在公开场合说，这对降低英镑汇率有益，结果无意间对炒作起到推波助澜作用。当时她越来越难以埋头处理政府的业务了。

虽然工党的弱势尽人皆知，计算保守党选举人票还必须考虑另一个因素，这就是社会民主党–自由党联盟的中立派，撒切尔夫人深思熟虑，刻意不在公开场合提及。这个联盟在马尔维纳斯群岛危机前的民调中跌到排名第三的位置，但仍然是个威胁。对这个联盟，传统意识形态的反应是保守党应当扮演中间派角色。温和的保守党人担心，撒切尔夫人的立场过于极端，这会让异军突起的新力量找到突破口。在 1982 年 11 月作的一次背景采访中，保守党崛起的“湿派”年轻人克里斯·帕顿“否认国家赞成私有化的态度发生了任何改变。他认为保守党在玛格丽特领导下完全偏轨离线了”，他希望“有原则性的人们不要选他们不喜欢的公众人物”。⑥[2]

保守党人发现，发起挑战的不仅有社会民主党的中间派，还有其右翼。此前，他们感到自信，认为可以从厌恶工会权力的选民手中吸纳全部选票。社会民主党是在反对工会把持工党的基础上形成的，1982 年期间，该党开始攻击保守党施政不力。1982 年 10 月，持强硬路线的就业大臣诺曼·特比特向经济委员会指出，社会民主党如今在搞“政治征敛”，这是个该引起“公开辩论的问题”。“政治征敛”是工会会员自觉向工党付款的做法。他接着说，保守党出于自己的理由在改革征敛时太踌躇，唯恐这方面的讨论转向更加广泛的政党资金来源问题。⑦他们非常害怕向自己捐款的企业受到审查。然而，就连特比特本人也认为在工会改革方面推进不足。费迪南德·芒特一般在政治上比较温和，远不是迈克尔·富特所称的“半驯

1 多年后，她还记得与几位苏格兰卫兵度过的时光：“我见过的一两个非常普通的人说：‘玛吉，要继续反对欧洲，我们不为他们作战，我们为英国而战。’”（撒切尔夫人回忆录素材，CAC: THCR 4/3）

2 这是许多未发表的背景采访内容之一，采访者戴维·巴特勒和丹尼斯·卡瓦纳为英国大选所做的研究采访。

化的臭鼬”，芒特在同一个月向撒切尔夫人呈交了一份内容激烈的备忘录：“我认为，我们在改革工会法过程中有自鸣得意和胆怯不前的危险。诺曼提交的文件和上周的讨论在态度上都完全处于守势，而且程度有限。”⑧撒切尔夫人批注：“我同意。”尤其让芒特担忧的是，在特比特即将提交的绿皮书中没有包括就罢工投票的问题，他感觉到，“就业部决定对这个问题不表态”。⑨最后，就罢工投票的问题写进了绿皮书，也写进了对政治征敛的改革，不过是以温和的形式表达的，工会必然会找到自己的应对方法。包括撒切尔夫人在内的大多数保守党人为正面猛击左翼感到高兴时，政治的维度一时变得更多了。

保守党人颇有兴致地关注着 1983 年 2 月柏蒙塞选区举行的补缺选举。迈克尔·富特原来声称，他要阻止激进的左翼分子彼得·塔切尔参选，最终未能得逞。开朗的工党右翼议员鲍勃·梅利什的支持者用粗鄙的笑话嘲弄同性恋的塔切尔（他当初并不承认，不过后来成为全国最著名的同性恋竞选者）。自由党的竞选者们也攻击这些污点，怨恨加闹剧的怪异气氛一时甚嚣尘上。这次补缺选举原本是个对工党应对其左翼的试金石，结果却让自由党候选人西门·休斯[1]取得了压倒性胜利，超过 44% 的高得票率是补缺选举中从来没有过的。这对保守党可不是个好消息。他们担心，工党在全国的地位式微，社会民主党－自由党联盟将取而代之，让选举结果变得无法预测。

接下来是 3 月 15 日选举前最后一次提交预算案。杰弗里·豪的计划既不引人注目，又不特别值得记忆，预算案削减了工商税，试图巩固保守党支持提高个人免税额 8.5%，高于通胀率。一个多星期后，达灵顿市举行补缺选举，这次选举被视为保守党命运的关键性晴雨表。如果工党失去这一

1 西门·休斯（Simon Hughes，1951— ），毕业于加的夫市兰达夫教会学校、布雷肯城基督学院、剑桥大学塞尔文学院、比利时布鲁日市欧洲学院。1983年2月—1997年任萨瑟克和柏孟塞选区在议会的议员（1983—1988年代表自由党；1988—1997年代表自由民主党）；1997—2010年任北萨瑟克和柏孟塞选区自由民主党在议会的议员；2010—2015年任柏孟塞和老萨瑟克选区议员；2005—2007年任影子内阁总检察长；2007—2009年任下院领袖；2010—2013年任自由民主党副党魁；2013—2015年任司法部国务大臣。

席位，工党便有可能抛弃其党魁迈克尔·富特，转而重新选举党魁。两党联盟全力以赴争取选举获胜。结果工党勉强战胜保守党保住了这一席位，社会民主党候选人得票颇多，但没有获得突破。这一结果让保守党人感到满意。

即使在这种形势下，撒切尔夫人仍感到犹豫。丹尼斯·希利感觉到她受到解散议会重新选举下院的压力，他要设法让她难以做出这个决定，因此他在下院激烈地问她，指责她想要"仓皇逃走"。听了对她怯懦的指责，她变得情绪激昂，不由自主流露出家乡林肯郡的方言（虽然多年所受的教育已经磨灭了她的方言）：

> 真是的。咱怕参加竞选？害怕？受惊？惊慌？不敢接受？忍受不了？咱要仓皇逃走，马尔维纳斯群岛危机时早逃了。害怕！这阵子通胀比13年来任何时候都低，啥时候有过这么好的纪录？咱啥也不怕。⑩

她不由自主拉开了选战的序幕。5月5日地方选举的好结果消除了保守党参选的最后一道明显的障碍，可撒切尔夫人仍心存疑虑，"我不能确信那些结果够不够好"。⑪ [1]

竞选宣言已经准备好，竞选人员也集结停当。媒体全面报道这场竞选。伯纳德·英厄姆在提交一周的新闻摘要时向撒切尔夫人提示说，"只有一个主题：是否宣布大选……何时宣布。"在这个提示文件上，她潦草批注："保持镇静。"⑫在5月8日那个星期日，撒切尔夫人在首相别墅召集参与竞选活动的人员开会。参会者有怀特劳、帕金森和他的副主席迈克尔·斯派塞、杰弗里·豪（负责竞选宣言）、首席党鞭特比特、她在下院的私人秘书迈克尔·乔普林、伊恩·高和各方面的顾问。这几位政客喜欢讽刺般自称

---

1 让保守党人加快做出竞选决定的另一个因素，是加的夫西北选区因2月份迈克尔·罗伯特兹议员去世引起的补缺选举。撒切尔夫人看到在加的夫西北选区补缺选举前确定大选日期的优势。她后来回忆道："人们最不愿意看到大选前举行补缺选举。"（撒切尔夫人回忆录素材，CAC: THCR 4/3）

"七侠客"。丹尼斯·希利则嘲笑他们是"白雪公主和七个小矮人"。[13]这次会议的想法是塞西尔·帕金森提出的，目的是让撒切尔夫人放心："主要目的是向她保证，一切都经过了深思熟虑。"[14]

所有相关人员都认为，现在形势绝对明朗，应该宣布大选日期了。大家都这样认为，只有撒切尔夫人是个例外。她也许"受惊"了。她得到了地方选举的详尽结果，提示出大选中保守党会得到大多数选票，她还得到了保守党请民意研究公司做的秘密民调结果。根据民调，保守党领先工党 10%（44% 比 34%），社会民主党和自由党联盟得到 20%。[15]就连这样的结果她似乎也觉得不够好。其他征兆也没有让她感到满意。她不愿宣布 6 月 16 日为大选日，因为那个星期要在阿斯科特举行皇家赛马会，她"不能在 300 万人失业的情况下，让报纸头版的照片上满是身穿灰色制服头戴礼帽的人们"。[16]她抱怨说，假如她宣布提前举行大选，就不能参加里根总统在 5 月底举行的 G7 峰会了。她仍然为不合适的"提前"感到烦恼。

主要会议无果而终。帕金森、乔普林和伊恩·高留下来吃晚饭。撒切尔夫人提出最后一个不重要的理由。她说，这么仓促决定解散议会，女王可能没空见我。伊恩·高溜出屋子，回来后说，他跟王宫联系过，女王说，她很高兴第二天中午接见首相。"假如眼神能杀人，她真要杀死他。"[17]帕金森解释说："她的迟疑是一种技巧，意思是'说服我。'"[18]按照乔普林的观察，那还是一种转移责任的技巧："她等于在说：'既然你们想做，就做吧。不过假如出了错，可别怪我。'"[19]晚饭后，宾客离去，芒特听到撒切尔夫人对丹尼斯说："我根本拿不准这么做到底对不对。明天再说吧。这种事情从来是留待第二天再解决的好。"芒特写道："我在场的情况下丹尼斯发了脾气（不过他们夫妇俩单独在一起的时候，这种情况肯定经常发生）。'你不能这么来，玛格丽特。他们回城里后都会跟人们说，日期是 9 号。你现在不能回头了。马已经脱缰绳啦。'"[20]于是，确定了 6 月 9 日。

帕金森并不急于发动竞选。大选日刚宣布，对保守党的支持便汹涌而来。1983 年 5 月 12 日的一项民调结果甚至显示，保守党超过工党 21%。5 月 13 日，撒切尔夫人兑现长期以来的承诺，前往珀斯出席苏格兰保守党大会。她体会到人们“极大的热情”和一种“团聚时真正美好的情感”。㉑[1]保守党的竞选宣言直到5月18日才出台。宣言的写作过程比1979年的宣言更加集中。要求每一个部都为宣言提出思路，当然在杰弗里·豪领导下，大部分工作是由芒特和杰弗里·豪的特别顾问亚当·里德利完成的。（撒切尔夫人后来判断说：“费迪南德十分优秀。”）㉒执政党的竞选宣言一般受到集中控制，制定政党政策比较放松，㉓但结果可能是对长远的未来有害。不过，撒切尔夫人本人不像1979年那么密切关注这个宣言。她非常忙碌，由于她的奋斗有了成绩，竞选宣言在她心目中就不太重要了。她在回忆录中表示，对最后出台的文件感到“有点失望”，㉔认为文件反映了杰弗里·豪过度谨慎的天性，不过同僚们不记得她当时有过抱怨。

保守党这次竞选宣言的基调主要是保守的“c小调”，缺乏她的政党激进的性质。撒切尔夫人在序言中谈到的不是革命，而是复兴。英国已经恢复了“自信与自尊”。施政任务是“捍卫英国的传统自由与有特色的生活方式”。宣言的结论中称，“多年来，国外首次将英国视为一个有昔日辉煌和前景的伟大国家”。重点是强调英国独立核威慑力的重要性，以及裁军谈判失败后在欧洲部署美国导弹的重要性。工党的反核政策会“粉碎北约同盟，将我们的安全置于极大的危险中”。不过，奇怪的是撒切尔夫人后来公开承认出了个错——没有提到潜载三叉戟核导弹。

这份宣言相当短，具体的承诺很少。宣言提到要给工会会员投票选举管理机构的权利，假如未就是否举行罢工进行无记名投票，将撤销工会的法律豁免权。会员必须每十年确定一次工会是否应当捐献政党政治资金，并保证有权选择是否（也许仅仅由“合同外包”）支付政治征敛金。关于失业问题，宣言推行庞大的青年培训计划，这个计划是前一年由戴维·杨格

---

1 撒切尔夫人在珀斯的讲话中说，选举提供了“一个将马克思主义式的社会主义从我们祖国驱逐出去的机会”。［在苏格兰保守党大会上的讲话，1983年5月13日（http://www.margaretthatcher.org/document/105314）］政策组的克里斯托弗·蒙克顿提交的评论中对这段话的口气感到担心，敦促撒切尔夫人不要对反对党“屈尊搞人身攻击”。她在这句评论下画了曲线，批注：“那个演讲中哪里有人身攻击？请给我举个例子。”［撒切尔夫人致伊恩·高函件上的批注，1983年5月16日，THCR 2/7/3/36 (http://www.margaretthatcher.org/document/131412)］

和诺曼·特比特设计的，要保证每一个不继续深造的毕业生都接受工作培训：这年秋天，这个项目将接受 35 万年轻人。健康问题以额外提供的经费和该领域就业人数较多来体现；没有提到结构改革问题。保守党称，1979 年，国民医疗保健服务的开支仅为 77.5 亿英镑，而 1983 年为 155 亿英镑。教育券计划和重要的教育改革在宣言中都没有提及。对税收的承诺故意模糊低调表达，根本没有预示出尼格尔·劳森等激进派拟议中的大型税收改革计划。引人注目的内容集中在两个领域。英国电信、劳斯莱斯、英国航空和几个著名国有企业的公司将上市销售，其中包括英国钢铁公司、英国利兰公司。没有承诺取消住房税的补偿方案，不过地方当局的开支将受到约束。大伦敦市议会和大都市的郡议会将废除。

其实，保守党的竞选宣言是个结构优秀的文件，开拓出改革的广阔空间却并没有用尖锐刺耳的语言和危险的细节让选民惊慌。保守党人觉得，工党的竞选宣言比他们自己的宣言更加有滋有味，工党议员杰拉尔德·考夫曼[1]有个著名的描述，称之为“史上最长的绝命书”。工党在宣言中保证要恢复企业国有化，终止销售廉租公房，脱离欧共体，并单方面裁军——这完全是馈赠给保守党的一份竞选礼物。在竞选活动中，撒切尔夫人总是随身带着这份宣言，几乎在每一次重要竞选演讲中都乐不可支地引用其中内容。她从中数到“至少 47 种新提法”，称这是要把英国套进“社会主义的紧身衣”。㉕[2]

1 杰拉尔德（伯纳德）·考夫曼［Gerald (Bernard) Kaufman, 1930— ］，毕业于利兹市初级中学和牛津大学女王学院。1970—1983年任曼彻斯特市阿德维克选区工党在议会的议员；1983年以后任曼彻斯特市戈顿选区议员；1975—1979年任工业部国务大臣；1980—1983年任影子内阁的环境大臣；1983—1987年任影子内阁的内政大臣；1987—1992年任影子内阁的外交大臣；2004年受封骑士。

2 尽管撒切尔夫人热衷于抨击工党，但她在对迈克尔·富特搞人身攻击的文字下都画上曲线表示反对。萨奇广告公司拟议中的一幅广告上表现69岁的富特拄着他那根人们熟悉的拐杖，上面有一行文字：“比保守党人生活更优裕的养老金领取者。”撒切尔夫人看了感到“惊骇”。蒂姆·贝尔代表萨奇公司向首相展示了这张广告画，他回忆说：“她把我轰出了办公室。”（蒂姆·贝尔著《正确与谬误：贝尔勋爵回忆录》80页，2014年，布鲁姆斯伯里出版社）

在公布保守党竞选宣言的记者会上，保守党为竞选定下了基调。撒切尔夫人激情洋溢，并不刻意降低调门。她说，选举中的选择“在哲学概念上是绝对直截了当的”，㉖英国想通过缩小公共领域扩大自由度，还是想返回国有社会主义？她邀请内阁成员在主席台就座，回答各种问题。杰弗里·豪也发了言，不过主导竞选演讲的是撒切尔夫人，她还往往在别人发言时插话，让媒体感到滑稽。有一位提问者[1]评论说，宣言似乎敞开了就马尔维纳斯群岛与阿根廷对话的大门，问弗兰西斯·皮姆这是否属实。皮姆刚开始谈论与阿根廷“进一步进行明智对话”，撒切尔夫人忍不住了，打断他的话：“不。抱歉，我认为你们（媒体）可能会误解。外交大臣说的很明确，这是就商业联系的对话……不涉及主权。”㉗其实，外交大臣说的根本不是这个意思，他在听众的笑声中明显露出狼狈模样。第二天，皮姆轻率地声称，保守党以绝对优势获胜是不健康的。撒切尔夫人受到这个挑战后回复说，皮姆表现出“前党鞭本性中的谨慎。你知道有个党鞭俱乐部，那里都是非同凡响的人物”。㉘[2]显然，皮姆的政治生涯就此平静地画上了句号。

每天为举行记者会都要做精心准备。撒切尔夫人先是听早上 6:30 的广播节目，然后 8:15 在中心办公室露面，听详尽的情况通报。她喜欢利用这个机会得到更多消息，这些活动让她没时间独自担忧了。塞西尔·帕金森和斯蒂芬·舍伯恩成为她竞选活动中的主要政治维护者。尽管舍伯恩以前与爱德华·希思有联盟关系，但他和帕金森都是“老练的外交家，在让她保持正确方向上做得非常出色，让她尽量减少不着边际的自言自语，也让大家都感到愉快”。㉙舍伯恩说她追求材料绝对精确，是个“事实狂”。不过公众对此极为赞许，他们讨厌迈克尔·富特空穴来风式的含糊。最危险的显然是失业问题，但帕金森和特比特设计出一个策略，他们称之为“责任分担”，将没工作可做的责任部分归咎于工会和工党，而不仅仅是政府。保守党的一幅海报提醒选民，从来没有哪届工党政府降低过失业水平。帕金森和特比特频繁提到这个主题，并提到具体政策应对措施，设法压制住了媒体的追问，也防止让撒切尔夫人本人与这个问题扯上关系。媒体喜欢撒

1 提问者是本书作者。

2 撒切尔夫人做这个评论时，心里当然想到了最著名的前党鞭特德·希思。

切尔夫人每天出席记者会时的自信和戏剧性表现。竞选活动中途参加记者会的政治学家戴维·巴特勒在个人笔记中写道："撒切尔夫人在出席记者会时表现极为自信开朗。讲话的声调表现出对局势有高瞻远瞩的掌控，气质也高于所有同僚。人们听了她的话会发笑，但那是崇敬的笑声。"[30]媒体从这些场合得到的喜悦转化成了有利的报道。

然而，帕金森却有些担忧，唯恐她"把自己耗得精疲力竭"。[31]他要确保对她的采访节目傍晚前结束拍摄，并计划好她的行程，"好让她返回唐宁街10号，考虑第二天的活动"。[32]记者会成为每天的议程后，最好的事情便是带着撒切尔夫人离开伦敦，在全国上下做竞选旅行。这适合她的性情。斯蒂芬·舍伯恩认为："这是一场实战，她就是一名步兵。她不是待在总部的将军，她是前线作战的士兵。"[33]除了不多几场固定形式的演讲外，这些旅行的目的不是为了做政治讨论，而是为了让人看到她。

这个安排是成功的。弗兰克·约翰逊在《泰晤士报》上报道她的每日竞选活动说，玛格丽特和丹尼斯已经成了国家必不可少的人物。在康沃尔，人们一眼就认出丹尼斯，向他欢呼。他很可能是我们当代英国绅士的典范。人们往往喊着说："你要好好照顾她，好吗？"[34]约翰逊写道："至于玛格丽特，她担任首相似乎是自然秩序的一部分。"[35]毋庸讳言，撒切尔夫人极其不受某些人的欢迎，在全国各地旅行途中，从来都有一小批抗议者尾随，这些社会主义工人党的抗议者试图干扰她说的每一句话，但在足够多的人眼中，这些活动非但没有削弱她，反而强化了她的地位。撒切尔夫人喜欢"我们过去采用的老式竞选风格"。应对激烈质问的机会让她感到享受，质询者一出现，她便"兴奋至极"。[36]在大多数情况下，人们在令人愉快的地方从有利的角度给她拍照。在怀特岛（不过保守党人在这个选区没有获胜），她站在一艘清理海滩的气垫船船头，仿佛成了一艘英国战船的船首雕像。在芬奇利市的一家超市，她装作一个疯狂购物的顾客，花费了11.94英镑，买了半成品肉卷、食品包装薄膜，还有味道不好的莱曼斯伍德牌英国奶酪。"我走进超市，问：'请问，你们有英国熏肉吗？'他们说，只有丹麦熏肉。"[37]她忘记带钱了，陪在她身旁替她写竞选日记的卡萝尔只好代她付款。撒切尔夫人接受拍照，迅速而有序地做全国旅行，通常在友好气氛中进行。但迈克尔·富特却遭受了一段艰难时光。他外出的模式让人难以认同，他本人视力不佳，缺乏方向感，工作人员又不得力，人们觉得他是在困惑地漫游。富特拄着拐杖，牵着狗（狗儿按保守党前首相迪斯雷利的名字命名，富特还以这位首相为题材写过一本书），让很多选民视为可爱的人物，只是觉得他与首相的形象距离太远。[1]

对撒切尔夫人的攻击在正常情况下可能击中要害，但在这种情况下全都毫无效果。保守党搞的秘密民调显示，不少人对国民健康保险制度感到担忧，有些人认为撒切尔夫人太“冷漠”。保守党的一些官员认为，她在竞选运动初期的表现“极度傲慢”。㊳但是，对她的政治攻击在很大程度上效果适得其反，这让人感到吃惊。在马尔维纳斯群岛问题上尤其是这样。她十分明智，对这个问题谈论得很少。丹尼斯·希利指责她在收复南乔治亚岛时炫耀“杀戮者的荣耀”[2]，后来被迫收回这句话，称他当时想说的是“冲突的荣耀”。首相问答过程中，有人喊撒切尔夫人有胆量，工党的后起之秀尼尔·基诺克说：“可惜有人为了证明她的胆量，把自己的性命丢在了古斯格林战场上。”㊴[3]这些评论只能对工党造成损害。保守党的积极分子报告说，选民们在马尔维纳斯群岛问题上“真心崇拜”撒切尔夫人，结果“工党如今让人看成是不爱国的政党了”。㊵

保守党人不能将爱国的路线与马尔维纳斯群岛挂钩，但他们要将爱国与核武器挂起钩。工人阶级选民尤其认为，工党让英国毫无防备，等于自

1 撒切尔夫人在1979年拒绝参加电视竞选辩论，不过这次倒比较情愿参加。“首相和反对党领袖在两个节目中无法选中同一个。”同样，她觉得不该向那个两党联盟提供表现的平台：“我们肯定不能举行三方辩论。选举太重要了，不该视为一种娱乐，不该视为脱口秀，也不该表现谁的回答更机敏。”（撒切尔夫人回忆录素材，CAC:THCR 4/3）

2 其实，在收复南乔治亚岛时，双方没有发生任何伤亡。

3 竞选过程中，撒切尔夫人在马尔维纳斯群岛问题上遭遇到罕有的尴尬。在英国广播公司电视节目的电话问答环节，观众戴安娜·古尔德太太打电话问起击沉“贝尔格拉诺”号一事。古尔德太太显然发现，那艘敌舰遭英军鱼雷攻击时行驶方向不对。撒切尔夫人听了感到紧张。［参见英国广播公司国内新闻，1983年5月24日（http://www.margaretthatcher.org/document/105147）］她后来回忆起当时情况说：“那次电视采访真的让我非常生气……他们根本不懂负责任是什么感觉。”（撒切尔夫人回忆录素材，CAC: THCR 4/3）然而，撒切尔夫人的顾问们认为，她难以回答选民们对诸如“贝尔格拉诺”号之类的问题。（戴维·巴特勒采访费迪南德·芒特，1983年7月1日，David Butler Archive, Nuffield College, Oxford）

动提出工党不适于领导政府。工党前首相詹姆斯·卡拉汉就此问题提出的批评切中要害。5月25日，竞选日程过半，卡拉汉对自己政党的反核政策发起猛烈攻击，指出苏联的伎俩："苏联人的宣传明显希望利用国家的舆论，迫使西方裁军，而他们自己却什么也不做，以此获得核优势。这根本行不通。"[41]大多数选民对此认同。国防大臣迈克尔·赫塞尔廷向核裁军运动发起正面攻击，暗指工党在助推苏联的事业。这让撒切尔夫人十分感动，她后来回忆起赫塞尔廷成功"重创了核裁军运动和工党左翼"时，[42]心中仍感到喜悦。保守党竞选人员做出个明智的决定，将描述工党核政策的拉丁文字眼"unilateral"翻译成清楚明白的"单方面"，工党在竞选中的丧钟便敲响了。撒切尔夫人在加的夫市对保守党的支持者们说，"爱国主义"已经"在我们的词汇中得到恢复"。[43]更加重要的是，爱国主义在现代英国政治中首次仅与一个政党发生了关联。

在竞选过程中，G7经济峰会要在威廉斯堡举行。撒切尔夫人感到极度苦闷，拿不准在这个节骨眼上该不该出国。[1]她决定大选日期后向里根通报说，她不能如约在峰会前与他在华盛顿会见，不过希望能参加峰会："我不得不在这事与竞选之间做权衡，假如我参加峰会，有可能遭到批评。"[44]里根在回信中邀请她参加威廉斯堡峰会结束前的会议，可以在5月底那个星期日抵达，星期一启程离去。他写道："我希望你在竞选中一帆风顺，赢得连任，继续执行你已经开创的勇敢而有原则性的政策。"[45]里根的助手迈克尔·迪弗给英国驻华盛顿大使馆打电话，传达总统私下的说法："见鬼，最重要的事情是让她获选连任，"[46]因此，如果她觉得参会在政治上有风险，就不必考虑这一层压力。另外，迪弗补充说，假如她能来，会有极好的拍照机会。她决定参加。国内的事态似乎证实，她的决定是正确的。1983年5月27日，就在撒切尔夫人出发前一天，工党发出一篇奇怪的新闻稿，称"竞选委员会一致认为，迈克尔·富特是工党的领袖"。人们看了这条新闻

1 一次，她在与官员们讨论时说，她不能去，称："我要派别人去。"有人问："派皮姆先生？"撒切尔夫人面露恐惧神色，说："不，不，不派他。我要派迈克（她的私人财政秘书迈克尔·斯科拉）去。"（迈克尔·斯科拉爵士访谈）

自然会觉得，原来他是不是担任这个领袖竟然还不确定呢！撒切尔夫人可以放心地飞越大西洋了。[1]

尽管峰会东道主是撒切尔夫人的朋友里根，而且他尽自己的最大努力在政治上帮助她，但她仍然对峰会的内容和时间安排心怀严重担忧。她除了讨厌国际会议上的陈词滥调，还害怕这些世界经济强国转错了方向，破坏她自己的经济政策，让她在选举中处于不利地位。自从布雷顿森林货币体系在[2]1970—1971 年崩溃后，紧接着通胀发生了，许多政治领导人渴望有一种新方法，通过管理汇率来稳定国际体系，撒切尔夫人却并不怀有这个共同的梦想。撒切尔夫人不相信种种问题可以通过固定汇率得到解决，在欧洲行不通，在全球更行不通。3 月份举行过预备会议后，罗伯特 · 阿姆斯特朗报告称，包括他在内为峰会做准备的“夏尔巴人”[3]集体协作，为的是得出“一种增长的衡量尺度”，“促进汇率的更大稳定性”，加强国际金融的合作机制。她在表示汇率的内容下画了曲线，批注道：“这与艾伦（沃尔特斯）和我搞的基础相当不同。”她做出结论：“我不喜欢这种开展方式。我们不寻求新的机构安排或联系。仅仅为了在一份联合公报中有所表达就承诺一种基础不牢靠的东西，这对我们是危险的。”㊼

艾伦 · 沃尔特斯经美国的内线得到消息，向她发警告说：“美国总统有可能大体同意在某种程度上固定汇率的计划。他有可能不假思索就轻率地表示同意。”㊽沃尔特斯说，问题的焦点是美国的赤字规模，只有撒切尔夫人能向总统明确指出这一点。杰弗里 · 豪支持沃尔特斯的立场：“关键的方法也许是向总统指出经济和政治上的益处，我们在 1981 年的预算法案中承诺降低借贷就是个明证。”㊾撒切尔夫人宣布大选日期后不久，会见了里根的密使埃德温 · 米斯，讨论峰会事务。她极力反对在威廉斯堡就协调汇

---

1 此前，罗伯特 · 阿姆斯特朗问撒切尔夫人，是否打算像密特朗总统一样乘坐协和飞机飞往美国。她考虑到竞选形象，写道 :“不。太昂贵了。”（阿姆斯特朗致函撒切尔夫人，1983年4月20日，TNA: PREM 19/1007）

2 1944年在美国领导下制定的世界货币秩序体系。

3 散居在喜马拉雅山两麓的种族，因充当登山者的向导、搬运工和登山队友而著名。此处隐喻领导人是峰会的登山者，做准备的工作人员干的是苦力活计。

率发表声明。她坚持说："我们能做的有益工作就是设法保持稳定的经济政策。那才是实现稳定汇率的途径。"㊿双方同意尽量降低对峰会讨论内容的预期。他们还讨论了东西方关系问题。美国人期待威廉斯堡的声明中提到秋天部署中程核力量问题。撒切尔夫人做出谨慎的反应。她自然想要有个声明，不过"这一点要我们的峰会伙伴都能轻松同意才行"。[51]假如欧洲人在这个问题上发生争吵，在这个节骨眼上，她竞选中的一个最佳优势将崩溃。

峰会日期渐近，里根和撒切尔夫人的关系变得更加和谐一致。她继续为竞选过程中离开英国感到担忧，不过提出可以在星期六抵达威廉斯堡。他请求她一直待到星期一，不要按她原来的想法星期日夜里返回，因为"这对我帮助极大"。阿姆斯特朗正试图在美国人和法国人之间调解，里根要的不是调解，而是反对法国的同盟，因为法国提出战后制定的某种汇率管制方案，里根需要撒切尔夫人超越她那位"夏尔巴人"的智慧。他想要"一种现实主义的乐观基调……我们必须抵制对布雷顿森林体系的呼吁"。[52]撒切尔夫人在回复中再次遗憾地表示，她必须在星期日夜里返回英国，不过支持里根关于汇率的立场。她在回忆录中以赞许的措辞写道，美国人的态度与先前几次峰会不同，他们坚持发表的联合公报不能事先准备，要根据实际讨论确定内容。她写道："这明智得多。不过我还是带了英国事先准备的草案，以备需要。"[53]这个表述不够直白，因为草案虽然确实是事先准备的，但完全是按她自己的喜好准备的。

峰会幕后的活动并不轻松。星期日晚上，撒切尔夫人抵达后几个小时的晚宴上，各国领导人为军备控制辩论不休，出现了不一致的苗头。第二天上午，就联合公报草案做了热烈的讨论，分歧在继续。撒切尔夫人自然宣称，这份草案"是个非常出色的文件"，[54]但因法国在北约指挥结构之外的特殊地位，弗朗索瓦·密特朗总统反对声明中认可北约的政策，不过他并不反对那个政策的内容。赫尔穆特·科尔则有不同意见，因为苏联称"在德国部署潘兴导弹将破坏全体德国人统一国家的希望"，为了反制这一说法，就要"紧急"发表这个声明。加拿大总理皮埃尔·特鲁多[1]表示反

1 皮埃尔·特鲁多（Pierre Trudeau, 1919—2000），1968—1979年和1980—1984年任加拿大总理；1968—1984年任加拿大自由党领袖。

对，认为这个声明会发出“错误信息，因为这个悲剧性的信息大错特错”。声明不该提倡在本年底前部署导弹，应该提出“某种双方互信的内容”。

撒切尔夫人指出，她本人和科尔最近都在竞选中为这个问题而奋斗。特鲁多的话“具有十足的毁灭性，只能让苏联人感到安慰。我们正在为竞选奋斗的时候有人提出这样的说法，尤其让人感到难堪”。里根说了些安抚的话：能与二战时的敌国围坐在会议桌前是一件“非常令人感动的事”，他接着鼓励领导人同行们接受建议的声明：“为防止苏联使用 SS–20 导弹，我们声明自己道德高尚难道有错？”假如我们不能达成一致，这将成为报纸的头版通栏标题，此外，“苏联经济形势吃紧，没有能力增加防卫投入。美国和西方却有能力，苏联人也知道我们的实力，因为他们目睹过我们的实力。因此，面对军备竞赛的可能性，苏联必然退却”。[55]这一战略会奏效的。

对声明草案做了几处修改后密特朗感到满意，撒切尔夫人认为，声明内容在修改后其实得到了加强。[56]里根取得了成功。撒切尔夫人返回伦敦时感到相当喜悦。关于经济问题，峰会坚持经济政策的协调机制，推动降低存款利率。关于防卫问题，峰会批准部署中程核力量。撒切尔夫人返回伦敦后，第二天在记者会上说：“这其实等于我们自己宣言中的政策。”[57]她不仅为峰会的实质性内容而喜悦，也为里根在威廉斯堡展示的技巧和魅力感到着迷。她对帕金森说：“总统的表现精彩极了。他事先下功夫做过准备。”[58]里根也同样感到喜悦。他在致撒切尔夫人的感谢信中写道：“多谢你在星期六晚宴上讨论中程核力量时做出的贡献，我们的声明因此可以向苏联发出一个明确的信号，展示盟国的决心和团结。”他描述经济复苏声明是“对未来的一场胜利。贵国政府的经济政策证明了声明中关键原则背后的智慧”。

6 月 2 日，哈里斯民意调查结果是，保守党得票占 46%，工党占 28%，联盟占 24%。接受调查者回答为何选择保守党时，46% 的回答者说，是因为撒切尔夫人的领导，只有 31% 的人说是出于对保守党政策的支持。[59]

撒切尔夫人认为社会民主党 – 自由党联盟不是一股值得保守党畏惧的政治力量，人们觉得她的观点不符合潮流，但竞选进程中证明她的观点是正确的。这个联盟的竞选活动未能如愿，人们给它的一个领导人罗伊 · 詹金斯取了个滑稽的绰号叫“指定首相”，另一个领导人是戴维 · 斯蒂尔。照戴维 · 欧文的说法，詹金斯犯过一个错误，说撒切尔夫人是“偏轨离线”，[60]

而不是把她视为政治上的激进改革者，可他本人说话散漫，选举中反应迟钝。在公开场合，詹金斯和斯蒂尔的组合表现得十分友好，但这个联盟没有表现出多少方向感。詹金斯称，他们不是“醉醺醺瞎折腾”，但这个说法其实恰恰准确反映了联盟运动的风格，塞西尔·帕金森便利用每一个机会嘲弄他们。撒切尔夫人在威廉斯堡开会的时候，联盟领导层在斯蒂尔家乡苏格兰边界上的埃特里克布里奇召开领导人会议，大家一致决定在竞选运动最后十天排挤掉詹金斯。这等于承认了联盟的劣势。

撒切尔夫人在威廉斯堡峰会取得了胜利，又看到联盟的劣势和工党式微，她谨慎的习惯便有所放松。[1] 6月1日，她抵达曼彻斯特机场时，走向一个乘坐投币模型飞机玩具的小男孩。按照《曼彻斯特晚报》的报道，“她对小男孩说：‘我名叫玛格丽特·撒切尔，住在唐宁街10号一所大房子里。我要在那儿住挺长时间。’小男孩感到难为情，把脸埋在玩具座舱里。”[61]她看得出，她的对手在慌乱挣扎。在两天后的电视采访节目中，她打破自己平时根本不提联盟的惯例，阐明了自己关于英国政党的理论。她轻蔑地称社会民主党是一群“没胆量留在工党的人”，[62]她解释说，“工党永远不会消亡”。其问题是变成了“国家社会主义者”而不再是她以前说的“兄弟会”和“富有自愿精神”的政党。而自由党则是一个“中间派大杂烩”。她预言说，工党会坚守其据点，而联盟会排名第三——这个预言当然是为选举中的变化服务的。她接着说：“假如希望得到较好的机会，就得向盖茨克尔（工党前领袖，于1963年去世）学习，改革工党。”[63]当时，大部分评论都认为，工党等于已经彻底毁灭了。但撒切尔夫人从长远的眼光看问题，后来，在1983年首次选入议会的年轻人托尼·布莱尔采纳了这个看法。

到这时，保守党在竞选中没有严重的危险了。撒切尔夫人感到信心十足，为了节省保守党的资金，她命令塞西尔·帕金森取消原定竞选最后一周在报纸上刊出萨奇公司设计的三版竞选广告。按照原定计划，三版广告

1 尽管如此，撒切尔夫人仍不愿确定连任首相返回唐宁街的计划。她在伯纳德·英厄姆和罗宾·巴特勒为6月10日的媒介规划提纲上批注：“蛋未孵出，咱们先别数鸡。做安排从来用不着花费多少时间的。”（撒切尔夫人在英厄姆递交的文件上的批注，1983年6月2日，CAC: THCR 5/1/1E/42）

中一个版面用于阐述保守党的各项政策，一个版面用于阐述工党的政策（严格按照工党的信念重复其政策，目的是为保守党人赢得选票），第三版用于攻击联盟的政策，但这一版面几乎是个空白。撒切尔夫人认为，没必要通过攻击联盟让它得到公众额外的关注，再说，这次广告 150 万英镑的成本实在太高了。从保守党副主席迈克尔·斯派塞的日记中看得出，撒切尔夫人让斯派塞向帕金森传达自己的命令，帕金森不情愿与萨奇公司和蒂姆·贝尔为此事争执。[64] [1] 竞选最后几天唯一的尴尬情况发生在 6 月 5 日在温布利举行的保守党青年集会上。撒切尔夫人的演讲采用了高谈阔论的雄辩风格，对这个集会显得有点不恰当。她引用了古雅典政治家伯里克利和英国小说家吉卜林的话，赞颂伊丽莎白一世时代的商业冒险家。她的讲话当时毫无问题，但喜剧演员肯尼·埃弗里特借题发挥，给她的演讲中添油加醋，用“咱们轰炸苏联吧”、“咱们把迈克尔·富特的拐杖一脚踢开”之类笑话逗乐观众，导致人们广泛的不赞成。撒切尔夫人在回忆录中描述当时的情况，试图降低其影响，她写道：“有些讨厌的批评家故意惹人生气。”[65]但她没有在回忆录中重复那些索然无味的笑话。

按照历史上的正统说法，撒切尔夫人支配了 1983 年的选举活动。以她的个性、精力、政绩为焦点来看这个说法是对的，但是，如果说“保守党的竞选运动完全集中于撒切尔夫人一人”，[66]这个说法就不对了。保守党的大多数宣传海报上并没有她的形象，党内从来有一种焦虑，认为她的形象虽然可能吸引一些选民，但也可能赶走同样多的人。仅仅到了投票前两天，在保守党的最后一次政党电视广播节目中，她的形象才出现在自己政党宣传的中心位置。到了这个阶段，一致而强劲的民调结果已经平复了先前的担心，不再害怕撒切尔夫人的形象会对选举产生负面效果了。那次广播谈论了取得的成就“归功于一个女人”，节目中还有接受采访的人对她的赞颂。接着，在玫瑰色背景下这个女人身穿灰蓝色套装出现了。她保证向人

1 帕金森在自己的回忆录中表示，是他自己先提出取消星期日版广告的。（塞西尔·帕金森著《权力中心》，韦登菲尔德尼克尔森出版社，1992年，p. 232）无论如何，蒂姆·贝尔感到沮丧。帕金森转而对贝尔表示关心，因为他相信贝尔有吸毒问题：“一次，我们正在中心办公室开会，蒂姆突然从角落跑到屋子中央。他觉得墙壁在朝他倾倒。”（帕金森勋爵访谈）

们提供“切实的自由”和“得到财产所有权的机会”。她接着说，至关重要一切都有赖于国家受到恰当的捍卫。选民们应该问自己：“谁能最好地捍卫我们的自由、我们的生活方式、我们热爱的祖国？”㊼

在保守党竞选活动的稳定成功形势下，有几个人注意到公众忽视的一些事。1983 年 5 月 27 日，戴维・巴特勒采访了塞西尔・帕金森，第二天再次见到他时注意到，“他的模样好像有点歇斯底里……民调中一个超前 15% 的人表现出极度紧张……我觉得眼前这个人承受着巨大的压力，至于他为什么会感受到这么大的压力，我就无从猜测了”。㊽在设计各种竞选海报的萨奇公司，当时的董事长杰里米・辛克莱回忆道：“中央办公室不断拒绝我们自我感觉设计优秀的作品，让我们感到迷惑。”㊾在一幅海报上，一位助产士抱着一个婴儿，下面的标语是：“就连分娩也是在保守党执政时最好。”[1]

对此的解释悲喜两种情绪兼而有之。投票日当天，撒切尔夫人参加完竞选中最后一次记者会，感觉有信心取得成功，因此满心感激地转向帕金森说：“明天来唐宁街 10 号喝茶，告诉我你想要什么。”㊿她这话的意思是他可以要求得到自己想要的内阁职位。他遵命赴约。她对他说：“我想到的是外交大臣的职位。担任两三年外交大臣，然后担任财政大臣，再以后，就随你了。”(71)帕金森鼓起勇气，把自己在竞选活动中憋了这么久的想法说出来：“我恐怕出了个很大的个人问题。”他把自己以前的秘书萨拉・凯斯搞得怀了孕（她 1979 年便离开了原职）。[2]撒切尔夫人的反应让他感到吃

1 英文 labour 一词多义，兼有“分娩”与“工党”的意义。

2 撒切尔夫人在自己的回忆录中描述了与帕金森的这次会见，不过评论说，她是在投票日后从萨拉・凯斯的父亲黑斯廷斯・凯斯上校的来信中获悉怀孕一事的。（《唐宁街岁月》，哈珀柯林斯出版社，1993年，310页）真实情况不可能是这样的。帕金森比撒切尔夫人回忆这事的过程有更好的理由，他坚持说，是在投票日告诉撒切尔夫人怀孕一事。假如不是这样，他为什么会告诉她这种风流韵事？（帕金森勋爵访谈）凯斯上校在来信中对帕金森的行为提出投诉，说很可能公开这事，这显然让撒切尔夫人的政治危机感提高了，她初步的反应是安排凯斯上校与“相关人员”（即帕金森）谈话，目的可能是想要平息事态，她为此给上校写了回信。[撒切尔夫人致函黑斯廷斯・凯斯上校，1983年6月12日，CAC: THCR 2/5/1（http://www.margaretthatcher.org/document/132255）]

惊。她问道："那跟别的事有什么关系？有人跟我说，安东尼·艾登（前首相，1956 年苏伊士运河危机时执政）见了哪个漂亮女人都跟人家上床。不信可以查查这事。"帕金森提到自己担任外交部部长可能得到的保护，说："政治保安处的两个人并非总是向着我。"撒切尔夫人继续从现实角度看待这个问题。她说："假如成功的政党主席没有进入内阁，人人都会追问原因。"⑫他们最后决定，由帕金森担任一个新部门的领导人，这个部门可以将现存的贸易部和工业部组合在一起。这个职位是重要的，不过形象并不引人注目。他们并没有讨论凯斯怀孕后可能发生的情况。

撒切尔夫人像以往一样，在自己的芬奇利选区度过了大选之夜。最初公布的数字是联盟领先，让保守党人感到紧张——保守党在约维尔选区败给了自由党未来的领袖帕迪·阿什当。[1] 但保守党从工党手中赢得了纽尼顿选区后，这天晚上便一直是保守党遥遥领先。撒切尔夫人以 9314 票的优势领先：

玛格丽特·撒切尔夫人（保守党）	19616 票
L.斯派格尔（工党）	10302 票
M.乔基姆（两党联盟）	7763 票
（八个小政党的几位参选人共）	736 票

在全国投票结果中，支持保守党的选民人数减少了 70 万人，成为 13012316 人，但支持工党的人数从 1979 年的 1150 万人降低到 8456934 人。原来支持工党的选民陆续倒向了联盟。在 1979 年，支持自由党的人数为 4313811 人，1983 年，支持联盟的人数为 7780949 人，占了参加投票选民人数的 25.4%。支持工党的选民比例为 27.6%，支持保守党的选民比例为 42.4%，但 1979 年是 43.9%。保守党在下院赢得 397 个席位，工党赢得 209 席，联盟赢得 23 席。保守党占有 144 个席位的多数，这是自 1945 年工党获得压倒性胜利以来任何一个政党在下院获得的最大优势。

1 直到2015年大选，保守党才重新得到这个选区在下院的席位。

在内阁中央办公室，人们为胜利欢呼，撒切尔夫人在清晨将近四点钟前抵达，与塞西尔·帕金森一道站在窗前，答谢史密斯广场上人群的欢呼。这天晚上，她除了说自己“感到巨大的责任和卑微的感觉”[73]外没有多说。目睹了那天晚上情景的一个人是研究部资深的领导人彼得·克罗珀。至少在他看来，这个胜利的时刻是模棱两可的：“她其实开始在水中漫步了。从某个角度看是精彩的，但她那种必胜的心态让我感到恐惧。”[74]

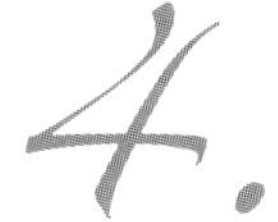

职位任命

“将政府关心的事务和观点写进政治教科书”

1983 年 6 月 9 日以绝对优势取得胜利后，撒切尔夫人收到一张便签，内容从统计和历史两个角度定义了她的胜利。她的私人办公室向她通报称，在 20 世纪，完成第一届任期后，首相所属政党在议会多数不降反增，她是首屈一指的第一位。而且她是保守党第一位连任两届的首相。①[1] 政府在议会的多数席位提高到议会有史以来的最高点，而工党的席位尽管竭力争取却降到了最低点。她赢得转变立场的选民选票（450 多万张）是 1931 年以来最多的。

仅仅两年前，在马尔维纳斯群岛战争获胜之前，包括她自己政党高层在内的大多数人都不相信，她有可能竞选连任获胜。如今，她在党内外的政敌全都对她臣服了。工党和社会民主党的党魁迈克尔·富特和罗伊·詹金斯宣布辞职；自由党党魁戴维·斯蒂尔精神近乎崩溃，躲到埃特里克布里奇几个星期没露面。仍然担任她的首席私人秘书的罗宾·巴特勒回忆道，面对眼前这片空白，“不清楚她准备怎么做”。②撒切尔夫人返回办公室后，与头一次开始做这份工作不同，她并没有停下来体会总体形势。“她手头没有最重要的工作列表。”③她只是感到放心，接着便像以往一样渴望继续工作。她似乎并没有分析自己获胜后的政治影响。伯纳德·英厄姆在竞选结

---

1 保守党上一次在议会增加多数席位是1959年，当时撒切尔夫人首次当选下院议员。她就任首相后写信给哈罗德·麦克米伦说：“我相信，你在1959年获胜后一定与我现在的感觉一样。未来要做的事情太多了。”［撒切尔致函麦克米伦，1983年6月17日，CAC: THCR 2/4/1/19（http://www.margaretthatcher.org/document/131137）］

果揭晓前书面向她报告称，她获胜的规模本身就是个难题，他警告说，她不应“低估英国人排斥成功的能力”，应当“降低人们的期待值，让人们恢复平静生活”。[④]

按照塞西尔·帕金森的要求，斯蒂芬·舍伯恩受任命重振撒切尔夫人在唐宁街10号的政府办公室。舍伯恩回忆起就任新职走进唐宁街10号感受到的气氛：“那里就像一座井井有条的乡舍，仿佛主人夫妇外出旅行三个星期，一切都维持着原样。整座乡舍像一台滴答作响的座钟，期待着主人返回。”[⑤]平时焦躁不安的女主人“对待每一个人的态度变得令人舒适，对待每一件事也变得态度随和了”。舍伯恩补充道：“没有讨论该如何工作，人们直接投入工作。”这次与1979年不同，撒切尔夫人不需要熟悉新环境，她对自己精明强干的长期私人秘书和为自己服务的职员们感到满意，把大家当成“家庭成员”[⑥]对待。她的日志秘书卡罗琳·赖德说，撒切尔夫人以“她犹太母亲的风格”[⑦]体贴大家。

撒切尔夫人连任后最初的工作之一是重新任命内阁成员，这是她不喜欢的一项工作。她对英国广播公司的罗宾·戴说：“我不善于作屠夫，却不得不学会顺着关节剔肉。”隐含的意思是说，这种传统上由男人干的活计不合她的口味。[⑧]虽然撒切尔夫人不情愿地承认说自己是不得已而为之，不过，她至少能按自己的愿望组建内阁。最重要的变化是任命自由市场理论的伟大阐释者尼格尔·劳森为财政大臣。这是一个不至于冒险处于微弱多数的大胆步骤：地位“坚实”的候选人是当时的工业大臣帕特里克·詹金。詹金曾经是位“非常好的律师”，经济观点稳健（“不是真正的右倾，而是中间偏右”），但不是她寻找的财政大臣人选。[⑨]相比之下，她认为劳森“有创新思维，富有想象力”。[⑩]在数年的斗争之后，减税、私有化、放宽管制、税务改革、强化货币控制等撒切尔主义的经济信条在逆境中经受了考验，如今可以在开始显现的经济繁荣中大胆应用了。艾伦·沃尔特斯私下提出的建议更激进，称英镑如今可开始取代美元和瑞士法郎成为国际货币。[⑪]这个建议傲慢得滑稽，却表现出当时的信心有多足，借助这样的信心，各种可能性的感觉在增长。

她的私人财政秘书迈克尔·斯科拉在她和新财政大臣之间联络时，注意到“两人之间有一段非常美好的时光”。[⑫]在那个愉快而自信的上午，斯科拉应召来到首相别墅。撒切尔夫人要与劳森讨论削减公共开支问题，并认为最好在她乡间别墅的轻松环境中讨论这个问题。按照约定，斯科拉要在劳森抵达前先到，但他的车先是发动不起来，后来又在斯劳区迷了路。结果比劳森晚到 40 分钟。他连连自责，唯恐上司发怒："我感到绝望，但他们两人坐在那里满脸微笑。"⑬撒切尔夫人对他说："别担心，迈克尔。尼格尔和我已经把事情全都办好了。全都解决了。"显然他们相处得非常愉快。

撒切尔夫人按照自己的愿望组建起内阁的其余部分，不过内阁成员并不一定满意。撒切尔夫人将约翰·韦克厄姆[1]视为"我的另一个男孩"，⑭他担任新党鞭后，应约讨论内阁新人选问题。他到来这天正巧是女王诞辰庆典游行日，窗外乐队演奏着欢快的音乐，一队队军人方阵行军经过，接着是为英联邦高级专员举行传统的午餐会，此后，他才与撒切尔夫人一道坐下来。他们没有进行讨论，撒切尔夫人只是把她拟议的内阁完整名单递给他看，这份名单是她与威利·怀特劳、塞西尔·帕金森、开朗的首席党鞭迈克尔·乔普林讨论商定的。她委任乔普林为农业大臣。由于塞西尔·帕金森婚外婴儿即将出生（见第 3 章），她勉强同意帕金森不担任外交大臣。她按照帕金森的建议，将政府的两个部合并起来，让他担任贸易工业部的国务大臣。但这样一来就让科克菲尔德勋爵和帕特里克·詹金没有职位了。撒切尔夫人把詹金拨到环境部，由于要实施取消大伦敦议会的方针，⑮她便认为环境大臣是个"真正的大职位"。她把科克菲尔德保留在内阁中，担任兰开斯特公爵领地大臣，并担任税务与贸易方面的编外顾问。帕金森受提升让诺曼·特比特感到烦恼，他本希望离开就业部得到这个职位的。⑯不过，撒切尔夫人的本意并不想得罪特比特。戴维·沃尔夫森是她政治办公室不领

1 约翰·韦克厄姆（John Wakeham, 1932—），毕业于卡尔特修道院。1974年2月—1983年任马尔登选区保守党在议会的议员；1983—1992年任南科尔切斯特和马尔登选区议员；1983—1987年任政府中党鞭；1987—1988年任掌玺大臣；1987—1989年任议会下院领袖；1988—1989年任枢密院议长；1989—1992年任能源部国务大臣；1990—1992年任政府政策介绍开发协调大臣；1992—1994年任掌玺大臣兼上院领袖；1999年任皇家上院改革委员会主席；1995—2002年任媒体投诉委员会主席；1992年受封韦克厄姆勋爵。

报酬的主任。她接受了沃尔夫森关于改组的意见:“在以后五年中,至关重要的是与各种工会做斗争”,⑰而特比特是与之斗争的最佳人选。但是,特比特恼火的是,他的老朋友帕金森现在成了他的上司。[1] 他未受提拔导致撒切尔夫人与她最坚定的公开支持者发生了摩擦,关系日益紧张。

在马尔维纳斯群岛遭入侵的后期,为了保持党内团结,撒切尔夫人曾委任弗兰西斯·皮姆担任外交大臣,如今他成了改组的主要牺牲品。大选过程中,他警告取得压倒性胜利后可能出现危险,态度十分沮丧,那番话最终注定了他的命运。他遭解职并没有给撒切尔夫人造成严重的政治问题,这也显示出权力重心发生了转变。她毫不遗憾地解除了皮姆在政府中的一切职务(“他是个软弱的人”),但是她也不无一丝愧疚感。⑱作为补偿,她希望在下院为他安排一个议长职务:“他出身名门世家”(他祖先约翰·皮姆是抵制查尔斯一世国王权力的“五人改革帮”成员),她相信,皮姆会欢迎这个机会。⑲她在公布对皮姆的决定前,先请乔普林告诉杰克·韦瑟里尔,说假如皮姆不反对,她希望他接受这个安排。韦瑟里尔是最有可能接替乔治·托马斯担任发言人的人选。乔普林恳请她注意言词,这是个不可能的要求,因为议会中的选择要由议员们决定,不能由她指定。但她仍坚持要他这么说。不出所料,韦瑟里尔说:“别给我找麻烦。”⑳她这是在尝试以前巧妙地要别人做的事:管理下院。

皮姆自然对解除他外交大臣的职务感到愤怒,“矢口拒绝”㉑了她的下院议长提议,理由很正确:这不是她有权做出的提议。㉒他说,他宁愿享受后座议员的自由,但那恰恰是撒切尔夫人最不希望让他得到的位置。他很快成为心怀不满的保守党议员们的核心。撒切尔夫人任命杰弗里·豪继任外交大臣。她得知帕金森的风流韵事前,曾用铅笔写下让杰弗里·豪担任内政部大臣。杰弗里·豪想要担任的正是外交大臣。她看出杰弗里·豪喜爱谈判和讨论(这是外交部“天空中的两颗明星”)㉓胜过做决定,他非常适合这个位置。不过,当时她似乎没有预见到杰弗里·豪与她对欧洲展望

1 特比特与帕金森之间有着悠久的关系,早在20世纪60年代他们都是赫默尔亨普斯特德选区的保守党积极分子时,两人便是好友。这两个雄心勃勃的年轻人在顺着社会的阶梯向上爬的过程中,既保持着友谊,也相互竞争。

中的差异。他极其受同僚们尊重，因为他担任财政大臣时，大家目睹了他承受并克服了前几年的诸多经济困难。

对威利·怀特劳，撒切尔夫人面对着一个微妙的情况。她想把他调离内政部，因为她觉得他在那里“没有取得最大的成功”。㉔他与她在罪与罚方面的态度不同，尤其是对死刑的态度不同，他反对死刑，而她从来持赞成态度。在另一方面，她认为他是“内阁中我绝对离不了的人”，㉕因为“遇到重大事务，我知道他从来站在我这一边，而且由于他自己的背景、个性、在党内的地位，可以对我无法影响的同僚产生影响”。㉖她想让他成为自己内阁中的主心骨和政界元老，推举他担任上议院领袖。也许她意识到怀特劳不会感到高兴，她采取了迂回手法，让乔普林给他打电话。怀特劳没料到会发生这样的情况，感到“非常，非常不满”，㉗不过他后来对同僚们说的话却完全不同。他对乔普林说，他恐怕自己提升后，自己选区的补缺选举结果不妙。此外，他想留在下院。

撒切尔夫人采用久经证明有效的技巧，对不继续留任内阁的人员给荣誉给嘉奖。她安慰怀特劳的办法是恢复其处于休眠状态的世袭地位，并建议女王封他为子爵。倒拨时钟是她天性中保守党人浪漫高调的明证。她还比以前更加强调怀特劳的副首相地位，这是个宪法中没有规定的职位，不过对确立等级制度是有用的。[1] 怀特劳没有再抱怨，表示接受。怀特劳的职位变迁让他有更多时间帮助撒切尔夫人管理内阁，却对下院事务了解甚少。撒切尔夫人为了实现自己想要的变化，不得不换掉现任上院领袖杨格夫人，虽然撒切尔夫人喜欢她，但认为她太过于谨小慎微。撒切尔夫人说服她担任外交部的国务大臣（“天哪，真是桩难事”）。㉘撒切尔夫人似乎为撤掉自己以外唯一的女性感到本能的担忧。不过只要她是首相，就不能有另一个女人。

新任命的内政大臣利昂·布里坦是从内阁职位较低的财政部首席秘书提升的，撒切尔夫人认为他的工作卓有成效。该职位是撒切尔夫人这次任

1 在英国，除非是在联合政府中，否则“副首相”的头衔一般授予一位阁僚，作为对执政党资深长辈的认可。这一头衔空缺并非异常。副首相没有正式职责，也不能自动接任首相的职务。

命中最引起争议的。内政部是国家三个“最重要的部门”之一，传统上由立场中立的一位资深政治家担任。布里坦却不是这样一个人物，他只是个极为精明强干的律师。人们便普遍认为，他与撒切尔夫人同属一个类型。这个看法并不公正，至少因为他赞成欧洲一体化的观点强烈，还持有自由社会主义的立场，只是在经济事务上，布里坦才支持撒切尔主义。他是所谓“剑桥黑手党”的成员，这些人是20世纪50—60年代在校的学生。这批“黑手党”的其他成员包括：诺曼·福勒、肯尼思·克拉克、约翰·塞尔温·格默、诺曼·拉蒙特等人，他们大多数是保守党的左翼成员，尽管多亏了撒切尔夫人才得到政治生涯，却并不一定赞成撒切尔主义。反对任命布里坦的反应中包含一种潜在的反犹太主义元素：认为让犹太人负责与金钱有关的部门完全没问题，但在法律和社会秩序方面，保守党宁愿让“比较英国”的人负责。接替布里坦担任首席秘书的彼得·里斯后来与撒切尔夫人发生争吵，他对本书作者称，她在内阁中与布里坦、基思·约瑟夫（继续留任教育部）、劳森等犹太人“惺惺相惜”。[29]后来，哈罗德·麦克米伦在1986年任命官员时有同样的倾向性，[30]他私下开玩笑说，如今内阁中“爱沙尼亚人多于伊顿人”。撒切尔夫人肯定没想过要在自己的大臣中让犹太人明确成为一个群体，再说，布里坦和劳森两人关系并不密切；不过她对犹太人的同情属于本能的反正统情结，她相信保守主义是一种机会主义信条。然而，她后来接受了一种看法，认为自己提拔布里坦太快了。她回忆当时的情况说：“假如我有机会再来一次，就知道出色的律师、出色的报告撰写者并不一定善于……决定行动路线。”[31]出于这些原因，她不承认自己是个律师。

在1979年第一届任期中根本不赞成撒切尔夫人整体思路的内阁大臣只有三位留任：迈克尔·赫塞尔廷继续任国防大臣，他在竞选运动中成功反击了单方面裁军的思潮；吉姆·普赖尔继续任北爱尔兰的原职，不过如今他的职业生涯已经日薄西山；另外还有彼得·沃克，如今受到提拔，从农业部升迁到能源部，指望他能应付采煤行业的冲突。她对沃克的天赋异禀心怀敬意，此外，“我真心不愿让彼得·沃克离开内阁，否则他在议会后座会成为我的死敌”。[32]

像上次一样，确定下层官员的职位变化花费的时间较长。艾伦·克拉克渴望得到第一份在政府中的职位，变得有点不耐烦。6月13日星期一，他在自己的日记中写道："随着电视上透露出'下层'官员委任名单，我变得整天烦躁不安。"㉝他正在萨特伍德城堡的草坪上剪草时，他妻子简穿过草坪朝他走来，对他说，伊恩·高打来了电话。高告诉克拉克，要他担任就业部在下院的副国务秘书，这是个微不足道的职位。克拉克并不知道，对他的任命方式十分奇怪。他曾向撒切尔夫人写过一封信，还复印了一个副本,（他在日记中而不是给她的信中）说他管理着自己所谓的"影子内阁"，为的是让她的政府达到右翼政策的标准。他似乎没有发出那封信，只是不小心把一个副本留在下院的复印机里，让人发现交给了约翰·韦克厄姆。

韦克厄姆拿给撒切尔夫人看。她说："天哪，我要跟他说说这事。"韦克厄姆急得喊起来"不要！那会引起危机的。让他当个大臣吧。"撒切尔夫人喜欢这个克拉克，就答应了。然而，韦克厄姆在内阁中遭到所有大臣的一致反对，花了很长时间才找到个愿意接受克拉克的人。这个人就是诺曼·特比特。他接受的理由是："我并不在乎谁给我打下手，只要别来烦我就成。"㉞这个时代最著名的政治日记作者就这样开始为一个女人工作了，他总是把这个女人称作"女伟人"。

虽然克拉克得到了新任命，几天后他举行午餐会仍称之为"影子内阁"午餐会。会上讨论的主题是"政府要实现自己庞大的新目标该如何作为？"㉟他注意到，自己的同僚们谈论"广阔的画卷"时态度十分保留："我恐怕大家仍然缺乏自信。这种情况有深层的背景，也许可以追溯到战前，当时的海军备忘录称，我们甚至无法接纳地中海的意大利舰队。所以，我们在某种方面打赢，甚至都不敢相信自己的眼睛。因此不能持久贯彻。"这是对传统男性保守党人心态的很好归纳，但撒切尔夫人根本没有这种心态，她总是在奋斗。

虽然伊恩·高打电话向克拉克通报了对他的新任命，但严格地说这个消息不该由他来传达。他的角色已经发生了变化。他成功担任撒切尔夫人的议会私人秘书四年后，撒切尔夫人提升他为住房大臣。她当时并没有感到担心，但高离开她身边后，她遭受了严重的损失。谁也没有高对她的理解更加透彻，也不像高那么忠于她，没有人更懂得保守党议员们人性的脆弱。在撒切尔夫人的整个第一届任期中，高从早上 7 点就开始在办公室工作，直到深夜还在吸烟室“随着葡萄酒的流淌”[36]不知疲倦地听取后座议员的抱怨，然后向撒切尔夫人汇报，并提出处理意见。高推动着她的事业，保护她的纯真免受同僚们各种动机的伤害。高和杰弗里·豪喜欢在一起吸烟聊天，两人友情甚笃，他便帮助撒切尔夫人和这位财政大臣保持着容忍互补的良好关系。高不在身边，杰弗里·豪又调任比较远的外交部，就没有人防止撒切尔夫人与杰弗里·豪疏远了。

接替高在议会担任撒切尔夫人私人秘书的人选是迈克尔·艾利森。任命他似乎出于善意，并没有经过深思熟虑，只考虑到他作为下级官员工作一直尽职尽责，但如今安排另一个官职，最好考虑到其他方面。艾利森和高都绝对忠于撒切尔夫人，但除此之外，两个人的性格却几乎毫无相同之处。艾利森是在一个富有却并不正常的家庭环境中长大的，家里人有些放荡不羁（他姐姐巴利是罗伊·詹金斯诸多不正当的女友之一）。艾利森在牛津大学皈依了福音派基督教，毕生信仰虔诚。撒切尔夫人在牛津的朋友和她担任保守党教育大臣的前任爱德华·博伊尔说，艾利森是“新教”的号角在世界上召唤到的最后一人。[37]虽然人们普遍喜爱艾利森，也尊重他，但是与他在一个办公室的斯蒂芬·舍伯恩认为，他“对政治不感兴趣”，因此“并不适合做这份工作”。[38]他热衷于宗教活动，有时候，正在为首相的问答环节做准备时，他未做解释便溜到人们找不着的地方去参加祈祷会。[39]

艾利森对撒切尔夫人无疑是个精神安慰。他对一切秘密守口如瓶。她信赖艾利森，从他的平静和安详的神态中受益，对他在公共事务中的宗教观点感兴趣，还向他征询政教关系、道德问题、教会任命等方面的意见。凡是想要见她讨论这类事情的人，大多数都由他接见、解释，让人们安心。（斯蒂芬·舍伯恩回忆说：“是我介绍玛丽·怀特豪斯去见他的。”）[40]艾利森从自己的祈祷中寻求神的指引，选定对首相最合适的《圣经》段落，在乘车长途旅行时，读给她听。他还为首相朗读诸如克莱夫·刘易斯的《地狱来鸿》等书籍。他认为，撒切尔夫人是“格莱斯顿时代以后信仰最虔诚的首相”。在他的女儿罗茜看来，他几乎像是首相的私人神父。[41]这让撒切尔夫人得到了慰藉，并看淡了必然包围在首相“宫廷”周围的阴谋气氛。

但是在政党政治管理方面，艾利森几乎毫无用处。马修·帕里斯代表保守党议员来见撒切尔夫人，要求她认真对待同性恋权利，帕里斯本人也认同这一权利。由于他此时要离开下院，便鼓起勇气对她说，他自己也是同性恋者。帕里斯在回忆录中回顾说，撒切尔夫人做出的唯一反应是："这个嘛，天哪……这准是很难说出口的。"㊷帕里斯离开时抱怨说，艾利森用教会那种冷冰冰的口吻要他说出自己代表的其他议员的名字。帕里斯是个政客，自然认为艾利森想要利用这种信息，日后对付那些人。其实，艾利森当时对自己的秘书说，他希望知道那些人的名字，为的是替他们祈祷。㊸他不得不履行自己的世俗职责，但他的心地实在太善良了。

撒切尔夫人与议会和保守党的舆论联系如今淡薄了，但唐宁街 10 号对政策指导的能力在增强。艾伦·沃尔特斯为撒切尔主义奋斗而受封骑士，几个月后，他接受了在华盛顿的一个学术职位，离开了英国政界，不过他同意继续在大洋彼岸为英国政府保持顾问角色。大选前中央政策评审组泄密事件让撒切尔夫人深感愤怒，在此影响下，她决心彻底改革政策顾问体系，使之更加直接地为她服务。我们看到 1982 年她曾极力主张撤销中央政策评审组（见第 2 章），但当时她刚刚任命管理这个机构的约翰·斯帕罗说服她重新考虑。1983 年 4 月份，斯帕罗向她递交了一份备忘录，自豪地提出中央政策评审组的新工作计划，但看到她在备忘录上的批示不由吃了一惊："今后不再保留任何形式的长期工作。"㊹大选过后，她告诉斯帕罗说，她要撤销中央政策评审组。这对他是个"打击"。㊺他认为，政策顾问意见从提交给整个内阁转向单独提交给她本人，这个决定是错误的，但这正是她的意图。她至少感到自己能力十足，可以撤销这个"智囊团"，转而授权扩大她自己的政策组。她对新组建的内阁说："最好在政治控制下做工作。"㊻

管理政策组的费迪南德·芒特自然不赞成斯帕罗的看法。他相信，政府中的变革只能一步步稳扎稳打，对首相而言，最佳方式就是通过完全由自己控制的政策组。政策组可以"告诉她政府中某些事情搞得多么糟糕（这一点其他人谁也不会对她说）"，可以接近重要的部门，以便保证她的想法和愿望成为"白厅血液循环中的一个注射疗程"。㊼这个政策组在已有约翰·雷德伍德的基础上扩大，在后来几个月中陆续补充了奥利弗·莱特文、戴维·威利茨、鲍勃·杨格、戴维·帕斯卡尔、彼得·沃里。莱特文来自基思·约瑟夫的办公室；威利茨来自行政机构（他在那里曾担任尼格尔·劳森的私人秘书）；杨格和帕斯卡尔来自“智囊团”；沃里是直接从工业部调来的。政策组的活动起初有些踟蹰，后来渐渐增强了信心，如今在非财政部领导的所有经济和工业问题方面，变成撒切尔夫人推行政府意志的核心。

这产生了两个后果。第一个后果是大臣们有时对政策组越权极为恼火。例如，有很多说法称，诺曼·特比特感到撒切尔夫人受到政策组顾问们的影响感到愤怒，因为他们越权干预他管辖的部门。用他自己的话说，撒切尔夫人引用政策组关于汽车工业的汇报内容反对他，他对撒切尔夫人说：“首相，我有幸受你委任担任国务大臣，在这种事务上是你的主要顾问。因此，如果你能接受我的意见，我将十分感激。祝你日安。”[48]他说完便走出去。诺曼·拉蒙特回忆起另一次会议的情景，那次会议也与汽车工业有关，当时撒切尔夫人、特比特和他单独会见。撒切尔夫人一开始就这一问题向特比特施压。“诺曼突然大为恼火，把手中文件抛在地板上，对她说：‘要是你觉得自己比我干得好，那你来干。’玛格丽特脸色变得苍白。我从来没见过她那么愤怒。”[49]那次发怒就像弗兰西斯·皮姆对任命安东尼·帕森斯感到的愤怒，也像后来尼格尔·劳森对艾伦·沃尔特斯受任命，或者像大多数内阁大臣对伯纳德·英厄姆不时感到的愤怒一样。那是一种在自家房子里不能做主的感觉。

第二个后果是依据政策采取行动比过去更加容易，唐宁街 10 号的新颖想法更有机会化为行动。这一点在私有化计划和针对矿工罢工的行动中主要表现为优势，但在欧洲政策和开征人头税方面却引起更多争议。总的趋势是有助于撒切尔夫人在政府中推行撒切尔主义，但人们对她的憎恶也增加了。

撒切尔夫人在第二届任期一开始，花费了整整一个星期，应付一系列迥然不同且互不相关的问题。其中包括香港问题和津巴布韦问题。杰弗里·豪报告说，中国称撒切尔夫人已经承认香港主权属于中国；关于津巴布韦问题，她与罗伯特·穆加贝举行了长时间不愉快的会谈，讨论穆加贝日益加强其一党独裁统治问题、非法审讯皇家空军军官（已经成为津巴布韦公民），以及关于政治谋杀的传言问题。此外，英国对欧共体预算的贡献额成了个无休无止的问题，似乎并没有因为大选胜利发生改变。撒切尔夫人在内阁说，这个问题本应在斯图加特举行的欧洲理事会上解决，但并没有“解决的迹象”。㊿塞西尔·帕金森壮着胆子说，德国人“特别渴望帮忙”，撒切尔夫人辛辣地补充说：“只是不愿出钱。”像过去一样，关于通过立法手段扣留向欧共体贡献金额的讨论无果而终。

两天后，在斯图加特举行欧洲理事会会议。虽然撒切尔夫人照例重磅出击，也受到回击，但会议结果比她担心的情况略好。在接下来的那个星期，她在内阁说，会谈“非常困难”，[51]但是“我们该大大感谢科尔（当时德国是欧共体轮值主席国）。我不知道他是如何胜过密特朗的，可结果是他的意见占了上风”。撒切尔夫人在外交部官员和杰弗里·豪、罗伯特·阿姆斯特朗、罗宾·巴特勒的钳形夹击下，[52]确定了英国的立场：只要首先在共同农业政策上同意公平的预算机制和控制，就愿意做出让步，最后考虑增加欧共体“本身的财源”（按成员国税收百分比缴纳）。幸亏有科尔担任主席，撒切尔夫人还赢得了一项协议，在确定永久解决办法前让英国再享受一年的临时折扣。她以少见的热情致函科尔，祝贺他在这项妥协方案中压制了法国的反对，取得“应有的胜利”。[53]她在内阁说：“我真正担心的是下一年度的情况。到时候会非常艰难。”[54]

官员们还说服她在斯图加特签署欧盟问题的“庄严宣言”。签署国要承诺实现“欧盟成员国及其人民更加紧密的联合”。与罗马条约相比，这个承诺有了一些变化。罗马条约只提到“各国人民”更加紧密的联合。撒切尔夫人写道：“我对此表示赞同，因为我不能为一切问题争论，再说，这个文件没有法律效力。”[55]按照外交部的惯例，详细具体的成果被认为比理论性的原则问题更重要，外交部的惯例占了上风。不过，那个“庄严声明”与欧洲常有的概括性大话没什么两样，口吻的确与其名称一样庄严：其目标是朝某种纵深的方向发展，但那是撒切尔夫人绝对不愿意的。两年后，这个目标重新对她造成打击。

在议会事务方面，撒切尔夫人面临两个棘手的问题：议长的职位和议员的薪水。第一个问题是她自己一手造成的。她设法让杰克·韦瑟里尔退位，疏远他，结果皮姆对这一职位不感兴趣，她只好寻找替代人选。她以前特别喜欢乔治·托马斯议长。虽然托马斯是工党党员，但处处顺从当权者，反对后座议员。[1] 她当时担心韦瑟里尔自主性太强，后来证明果然不错。她对韦瑟里尔说："你不会像乔治·托马斯一样关照我们。"㊹她曾试图收买韦瑟里尔，请他担任外交部一个低级职务，但他拒绝了。她想要汉弗莱·阿特金斯担任下院议长，因 1982 年马尔维纳斯群岛遭阿根廷入侵，阿特金斯被迫辞职，她觉得愧疚。然而，这一尝试再次以失败告终，因为工党议员和保守党后座议员发起韦瑟里尔所谓的"农民起义"，一致支持韦瑟里尔留任，他成了不二的议长人选。于是，撒切尔夫人试图操纵议会失败，试图替换违抗她的议长也以失败告终，她不得不在这种情况下面对新议会。韦瑟里尔继续对她发难："假如有人指控我偏向工党，这话大概不假。"㊺ [2] 他将下议院看作一个安全阀，供遭到挫败的反对党逃避，他还想要削弱鼓动党派上街游行的极左派。[3]

每次大选后都会产生议员的薪水问题。依据宪法，每一届新议会必须重新决定议员的薪水，不受上一届议员薪水的限制。如今，议员们感到，他们的薪水在高通胀时代落后了，要求提薪。就像议长人选一样，这最终是个该由议会决定的问题，不该由政府处理；但撒切尔夫人在这个问题上有理由干预。假如议会投票通过为自己大幅度提高薪水，就很难最终强制实施公共领域薪金限制政策。普洛登勋爵受委托提交的一份官方报告称，议员应该与行政人员的薪金水平相当，建议

---

1 撒切尔夫人奖赏托马斯，提议封他为子爵。他接受了托尼潘蒂子爵的头衔。她还同意在他制作的一套温和的电视节目中接受采访，那个系列节目的名称是"与乔治·托马斯对话"。为此，她非常喜欢与他相见时的化妆（"按自己的要求淡施粉底……唇膏是蜂蜜葡萄干味，有倩碧光泽"），她的职员记录下化妆品名称，供以后参考。（华莱士致函罗比利亚德，1983年9月13日，CAC: THCR 5/1/5/215）

2 直到今天，保守党占多数的议会倾向于由工党党员担任议长；工党占多数的议会则倾向于由保守党人担任议长。部分原因是议长理解平衡的需要，部分原因是真正的政敌往往在自己一方。

3 在1984年，韦瑟里尔对首相的问答做出直言不讳的评论，称议会应当让政府像在"地狱"里一样难过。媒体报道了这些言论后，他向撒切尔夫人写了封内容奴颜婢膝的信，"为我造成的尴尬道歉。"［韦瑟里尔致函撒切尔，1984年6月7日，CAC: THCR 1/3/13（http://www.margaretthatcher.org/document/136373）］

薪水从每年14510英镑提高到19000英镑。撒切尔夫人似乎认为这是完全不可能的，她建议加薪4%。最终达成了一项不合她心意的折中方案：议员的薪水逐步增加，到本届议会末达到普洛登建议的水平，外加一点儿额外的增长。由于目前没什么阻碍，议会便慷慨提供各种津贴，采取稍有点偷偷摸摸的手法发放金钱，这种手法到了21世纪终将成为一种丑闻。尽管议员们得到这样的优惠待遇，他们仍然蔑视她的愿望，不顾原来的提议，投票表决要将自己的薪水与行政部门较高级别的官员挂钩。撒切尔夫人除了表示反对，也许没什么选择。她采取的方法不仅对议员而且对大臣和官员们的薪水同样造成了不利影响，在议会尚未启动时便在她的议会同僚之间造成了敌意。撒切尔夫人本人自1979年起只领取内阁大臣4万英镑的标准年薪，放弃自己本该领取的额外1万英镑。由于这个自我牺牲的行动，她也许变得更加不受大臣们欢迎，大家都清楚其隐含的意义。[1]

在另一个场合，下院提出一个严峻的问题，按照惯例，这个问题不受政府控制。1983年7月13日，下院就恢复1965年废除的死刑进行辩论并表决。这个议题从来被当成良心问题对待，因此并不敦促议员投票。[2]撒切尔夫人推动的这场辩论在理论上对她有利。她历来赞成死刑，也不会因此在保守党潜在的选民中造成对她的危害，工人阶级中尤其不会因此反对她。在大选中，保守党反对死刑的其他候选人受到选民的冷遇，在各选区社团更受到粗暴对待。如今，保守党人在议会中占了绝大多数，受到“饶舌阶级”和英国广播公司诅咒，但得到民意强烈支持的“绞索”终于可以恢复了。尽管玛格丽特作为家庭主妇和两个孩子的母亲，可以对可恶的罪行表示愤慨，并呼吁采用终极威慑刑法，但作为首相的撒切尔夫人清楚，要真正恢复死刑，将是立法上和政治上的一场噩梦，会让她的同僚相互反目。重要的是让人们看到她站在“正确”的一边，而不是让自己的意图获胜。

---

1 有些人对她的自我牺牲举动感到怨恨，说她丈夫很富有，所以不在乎。这话也许有些道理，不过应该指出，丹尼斯和玛格丽特两人的财务是完全分离的，他从不为她支付任何账单。不过政府收取的唐宁街10号公寓房租金由丹尼斯支付。

2 按照议会的传统，堕胎、猎狐、安乐死等视作良心问题，因此并不敦促议员投票。

因此她放出口风说，她认为投票结果不会实现她的目的。[1] 这让准备投票的保守党人既可投票反对她，又不至于显得对党不忠。

威利·怀特劳历来主张废除死刑，因此，只要他继续担任内政大臣，要恢复死刑就非常难。人们对他的继任者利昂·布里坦有很多猜测，布里坦原来也主张废除死刑。布里坦在下院讲话时，继续表示在大多数情况下反对死刑，但他现在说，对恐怖杀人犯执行死刑是他们罪有应得。人们感觉他的话口吻直白，“就像个律师”，在道德观念上缺乏说服力。议员们对一桩谋杀警察的犯人是否执行死刑投票时，以 81 票的多数表示反对，对简单清楚的杀人犯以 145 票的多数表示反对执行死刑。从严格的意义上讲，这些都不能视作击败了撒切尔夫人，她宣称自己“对结果并不惊讶”。㊳从实践角度看，这也许正是她想要的结果，但其中有不体面的成分。

到了 7 月份，议会和媒体谈论起了撒切尔夫人的“尴尬”和“缺乏方向”。她本人也有同感。不过她为政府辩护，她对英国广播公司的约翰·科尔说：“我认为这根本不是偶然情况。”㊹不过她在那个月的一次私下访谈中引用了贝列尔学院（本杰明·乔伊特）的一句老话：“期待不要过高，行动不要过少。”她说，自己常常对内阁同僚重复这句话。㊵她接着说，她不得不提醒大家，他们并不是“22 个不同部门的领导人，而是一个整体战略的管理人”。不过她自己却从来没有其他人熟知的整体战略。她有一个目标：将英国从半社会主义转变成自由经济下更加自由的社会，只是她没有实现这个目标的规划。假如她多给同僚们一点点鼓励和赞颂，或许能说服他们比较愿意合作。巴特勒评论说：“她一次也没有提过内阁同僚们的名字……我觉得这一点特别离奇。”㊶

这类困难人们无非说说而已，并不具有实质性。相比之下，经济方面的困难比较具体有形。像以往一样，为了在大选中获胜，往往给公共财政造成损害。7 月 7 日上午，《泰晤士报》揭露称目前离开支危机并不遥远。当

---

1 根据媒体报道，沃克、普赖尔、赫塞尔廷等三位内阁大臣称，假如议会投票通过恢复死刑，他们就辞职。英厄姆向撒切尔夫人报告了《每日邮报》的报道 :“这样可以骤然洗手不直接参与政府的行动。”（英厄姆提交给撒切尔的“报纸摘要”，1983年7月8日，CAC: THCR 3/5/25）

天，尼格尔·劳森在内阁向同僚们证实，大家的猜测没错，公共部门借贷需求比过去六个月的预测要高得多，[62]而且人们对“我们的战略承诺深为担忧……因此，需要采取一些行动。这些行动极为困难，而且在政治上并不让人愉快”。如今，税负占GDP的38.75%，而工党政府最后一年的税负仅占34.75%。鉴于需要将公共部门借贷需求削减10亿多英镑，财政大臣要求将用于支付薪金的现金在整体上削减1%，非薪金类“现金板块”要削减2%。他补充说：“我们还必须扩大处置计划。”（他使用“处置”而不是“私有化”这个字眼指财政部的头等大事，他关心的是能募集到多少资金，而不是这会对出售企业造成何种后果。）劳森的意见立刻遭遇反对。迈克尔·赫塞尔廷抱怨称：“人人都在谈论存在一些秘密计划。”[63]最后大家同意，财政大臣必须当天下午在议会做陈述，他还承诺两个星期后向内阁提交完整的想法。

在此期间，所有与长期经济战略相关的大臣都恳求撒切尔夫人站稳立场。艾伦·沃尔特斯在一个手写的简短文件中告诉她：“现在有个稍纵即逝的好机会，可以利用这个机会压低公共开支。假如保守党占144席多数的议会都不能完成这个任务，那英国就没什么希望了。”[64]伯纳德·英厄姆分析目前的不满情绪，向撒切尔夫人抱怨说，没有“确实拿得出手的措施”。[65]这个问题必须在假期前解决。他对首相说：“我觉得难以得到政府的真实‘感觉’。”他把死刑问题与公共开支问题联系在一起：“就拿绞刑来说吧，游说者（即议会大厅中的记者）感到，这个让人分心的问题表现出你不够果断……假如你真心想要恢复绞刑，就该为此活动；因为你没有活动，你等于成为议会中扼杀这个问题的阴谋者。”

公共开支问题“更加有害”：“这是因为媒体深感财政大臣不够坦诚，认为他迫使同僚们屈服，认为他为了短期利益牺牲长远利益。”这会对撒切尔夫人造成伤害，“因为起码你在选区的诚信和果敢这种无价的资产会受到潜在的连累”。因此媒体会关注内阁对未来公共开支的做法，找到“内阁‘湿派’成为主流”的证据，而市场则要“再次得到保证，相信政府真正决心控制开支，相信实施限制将成为社会生活的组成部分”。撒切尔夫人在这个文件中画了很多有力的横线。英厄姆害怕泄露出去会引起有害的传言，便对她说，希望政府在这次关键的会议后公开陈述自己的目的：“我们千万不能让其他人先划桨抢跑。”英厄姆的担忧表现出撒切尔夫人对待同僚绝对不是一视同仁的。

7月21日就公共开支举行的内阁会议上，赫塞尔廷再次提出自己的反对意见，包括诺曼·福勒在内的其他大臣附和他的意见。卫生与社会保障部大臣福勒恳求道："我们应当坚持自己的社会目标。"⑯福勒回忆道："当时的情况首次变得明朗，整个目的是为了增加减税空间而削减开支。'一个国家'的传统观念被撇在一旁。我们在竞选中根本就没提到这一点。在我看来，这是一枚危害国家的重磅鱼雷。"⑰然而，劳森持一种明确而单纯的观点，其实无非是坚持限制开支总额的大臣们都同意的观点。他为议会设定几项目标，预测未来失业人数很快将限制在稍多于300万的水平，而且人口的变化也对限制开支有利，所以，未来将是一段比较好的时间。撒切尔夫人再三表示强烈支持他的观点："超过我们为竞选许诺的总额是不可能的……我们不能不同意几项开支总额就散会。财政大臣向来非常谦虚。"大臣们同意了这一年的开支总额，但赫塞尔廷呼吁晚些时候集体讨论长远的后果——这正是撒切尔夫人想要避免的，她总是担心同僚们有可能串通起来挫败她。劳森说，他欢迎赫塞尔廷的建议，大家应该"同意关注神牛（神圣不可侵犯的事物）"。撒切尔夫人换了一种动物意象，警告说："但不能迷上赛马。"[1]

按照劳森的自述，他一接手新职位就不得不采取自己不怎么喜欢的谨慎态度。前一年因中央政策评审组泄密事件导致恐慌，如今便不可能先提出减税再宣布降低公共开支。他转而提出一个目标："保持公共开支真实水平稳定的同时，实现经济增长"，⑱后来，这一目标修改为："公共开支增长率低于整体经济可持续增长率，使公共开支在GDP中所占比例稳定下降"。在工会改革、私有化、税务改革等撒切尔年代真实经济激进主义的种种因素中，控制国家开支增长的基本任务一直是痛苦而严酷的，主要因为在降低社会计划的开支方面没有做出严肃的努力。在整体上，根本就没有削减公共开支。国家在经济控制上的边界从大量干预经济活动的基础上后撤，但是在花费的金钱方面，放弃的地盘却出奇地少。

---

1 在实际生活中，撒切尔夫人有自己着迷的"赛马"：在情报活动上投入资金，而且她决心不削减这一块。她这么做未受到注意，因为当时情报活动并"不公开宣布，其预算也是个秘密"。（劳森勋爵访谈）

7月28日，彭里斯和边区选区进行补缺选举，这导致威利·怀特劳入选议会上院。这次选举的获胜者是保守党候选人戴维·麦克莱恩，但保守党人的多数从15421降低到552，证实了恼怒的代理人对忠于撒切尔夫人者的预测。伯纳德·英厄姆的警告不错，议会放暑假前出现这种形势可不是个好兆头。

撒切尔夫人本人的状态不是很好。虽然罗宾·巴特勒等人认为，经过竞选斗争，她热情不减，但另一些人认为，她亟须疗养。埃利的主教彼得·沃克（不要与另一位彼得·沃克混淆）出于好意，写信给她，劝她疗养一段时间。她回信说："天哪，我甚至没时间'放慢脚步'。"[69]她的外交事务私人秘书约翰·科尔斯注意到，1983年大选后，"撒切尔夫人返回唐宁街10号后几乎变了个人"。[70]她的精力有些下降（不过按正常标准，她"仍然精力旺盛得惊人"）："她很少工作到午夜之后，更难得与客人共进晚餐后一直讨论到凌晨。"

一个原因显然是竞选后感到的疲惫，另外，照科尔斯看，还有前一年马尔维纳斯群岛战争时全身心投入产生的后果。但是还有另外的原因。1983年胜选几天后，她对科尔斯说："我的路不长了。"他听了感到非常吃惊，毕竟取得了压倒性胜利，他连忙问是为什么。她回答说："我的党不会希望我带领他们进入下一届选举，我也不责备他们。"[71]

这是撒切尔夫人当时一个重要的心态，但是由于她后来赢得了1987年大选的胜利，当时那种心态受到了掩盖。其实她远在下次大选前的1983年就清楚，她担任保守党党魁的时间会比温斯顿·丘吉尔以来的任何人都长。她在政治上推翻了保守党党魁希思之后，就明白同僚会反叛。她意识到她在内阁打败"湿派"后，自己的实力更加强大，但在内阁同僚中并不一定受欢迎。她认识到雄心勃勃的人们如何寻求相互取代，便不断告诫自己，运气不可能长期偏爱自己。这有助于解释为什么她在与内阁交往时不采取温和方式。她比获得压倒性胜利前感觉更不安全了，而且她这种感觉是有道理的。

除了所有这些原因，与艰苦工作的负担可能有关系，她还患了一种身体疾病。彭里斯补缺选举后那天，她在家乡林肯郡视察皇家空军克伦威尔基地时，发现右眼视域中有几片黑斑。那个周末，她在首相别墅时，感觉视觉有所好转。她害怕失明[72]，便去请教她的私人医生约翰·亨德森。这位医生住在首相别墅附近。检查结果是她患了视网膜脱落症。星期日晚上，撒切尔夫人在温莎的爱德华国王七世医院接受了激光治疗，然后才返回唐宁街。8 月 3 日星期三复查后，医生认为她需要做比较广泛的修复治疗。那天晚上，她去温莎一家私立医院接受手术。[1] 也许因为人们一般认为她身体特别强壮，所以接近她的工作人员并没有当回事。罗宾 · 巴特勒回忆说，撒切尔夫人谈到自己的问题时，他只是用谈工作的口吻就事论事说到为她治疗改变工作安排，后来才忽然感到歉疚，意识到，她想听我说的是“我感到难过”，[73]可是已经太迟了。他还注意到，她想到不得不戴个眼罩觉得尴尬。丹尼斯从来害怕生病住院，妻子住院三天期间，他每天都忠实地去探望，儿子马克非常关注，去探望了好几次。[74]

为了做恢复疗养，撒切尔夫人和丈夫像以往一样去弗罗伊登贝格城堡，找格洛弗夫人陪伴。至少在这一次，她的身体状况迫使她要真正休息几天。不过她在 8 月 5 日签署了一份给全体内阁大臣的备忘录，敦促大家与首席秘书一道确定公共开支的长期趋势，好让财政大臣得到“一个足够坚实的基础”，向议会发布中期财政战略。[75] [2]1000 多封祝福信朝她涌来，后来她从瑞士返回后才答复这些信。她平时对下级十分体贴，但她对花园房的工作人员（他们在唐宁街 10 号花园的两间地下室工作，因此得名）却发了脾气，抱怨他们替自己回信的打字速度不够快[76]——这是她精神仍未放松的症状。[3]

里根总统 8 月 3 日打来电话，得知她仍未康复，便在三天后再次打电

---

1 希拉里 · 曼特尔根据此事创作了饱受争议的短篇小说《暗杀玛格丽特 · 撒切尔》（伦敦新闻界于2014年发表的短篇小说系列中包括这篇小说）。故事中，一位住在温莎的市民见一名爱尔兰人闯入自家公寓，那人声称要找到拍摄首相的角度，她以为那人是个摄影师。然而，她后来发现他是个恐怖分子，但她仍然让他留在屋里，趁撒切尔夫人离开医院时行刺。

2 中期财政战略是劳森在前一届议会中的发明。这个战略能提前清楚说明政府计划的借贷额，因此能设定目标，帮助抑制花费。后来，这个战略成了政府控制货币政策的最著名工具。参见第二卷第4章“疑惑足以败事”。

3 到了9月份，她对艾伦 · 沃尔特斯说，给她治病的眼科专家通过远程视频诊断，认为她那只眼睛看来有点发炎，要再次为她做检查。沃尔特斯记录道：“首相的工作习惯改变了，如今提前上床睡觉，一大早起床阅读文件。”（艾伦 · 沃尔特斯爵士的文件，艾伦 · 沃尔特斯爵士日记，1983年9月5日星期一的日记，CAC: WTRS 3/1/5）幸而她的视网膜没有再次脱落。

话表达对她最良好的祝愿。密特朗总统送来鲜花，巴基斯坦的齐亚总统送来芒果，英迪拉·甘地和迈克尔·富特来信慰问，小说家罗阿尔德·达尔献上诗句，吉米·萨维尔[1]寄来慰问卡。费迪南德·芒特寄来明信片："我们横穿托斯卡纳徒步跋涉，据说P. 肖尔、R. 哈特斯利、N. 基诺克都在休假。好在我们迄今只见过S. 波提切利和L. 达芬奇。"⑺她回复了塞西尔·帕金森的问候信，向他致谢后补充道："我们需要在9到10月间加紧行动。"⑻她仍然满心希望能留住她喜爱的这位大臣。

撒切尔夫人在医院期间，艾伦·克拉克曾经和伊恩·高一起吃饭："他对我说，自从6月14日迈克尔·艾利森接替了他，他就没再见过首相，我听了不由吃了一惊。女人真够残忍的，比男人残忍多了。"⑼两人都认为，虽然迈克尔"是个令人愉快的圣人，却不可能向这位夫人提供同样的激励和消遣"。而且她的地位需要得到不断的保护：

> 伊恩对我说，即使是现在这个内阁，不包括党鞭在内，她占的多数也仅仅多两个人而已，"要是杰弗里·豪离开呢？"另外多出的一个人恐怕就是威利吧？我没有问，不过他的名字已经排在最前列，因为他曾做过一个荒唐的保证说，他"……在他坎布里亚的农场随时待命，万一这位夫人失明，国家的航船将无人掌舵"。

"那本来应该是一次快乐的晚餐的，"克拉克回忆起当时的情况有点悲哀。"……我们两人都是大臣，服务的政府在议会中占多数，而且多出140多个席位，眼下看不出任何反对的迹象。但当时的情况肯定是忧郁的。旅途往往比终点好。"⑽

---

1 因萨维尔对慈善事业的贡献，撒切尔夫人强烈建议封他骑士头衔。1983年5月，她问罗伯特·阿姆斯特朗是否赞成这个建议，他回答说不赞成，因为他听说萨维尔对许多妇女举止不当（不过没有提起虐待儿童）。阿姆斯特朗回忆道："我并不了解确切的情况，不过我对她说，我并不喜欢他那种感觉，那种品味。"（阿姆斯特朗勋爵访谈）后来阿姆斯特朗不再担任内阁秘书后，撒切尔夫人重提封萨维尔骑士头衔的建议。他最后于1990年受封骑士。

暑假期间，塞西尔·帕金森越来越忧心忡忡，唯恐与他前秘书萨拉·凯斯的风流韵事和她怀孕的事曝光。

帕金森过去曾对萨拉·凯斯说，他要跟妻子离婚娶她。但是他 8 月份带着妻子安和三个女儿度假时，最后决定维持与妻子的婚姻。这个消息让撒切尔夫人感到愉快，她委托伊恩·高（也许他是其他政客中唯一了解这桩秘密的人）告诉帕金森说，"玛格丽特希望你不要离开安"。[81]但奇怪的是，这反而让帕金森在政治上更加脆弱了。萨拉·凯斯这时愤怒不已，感觉受了欺骗。[1]她要就自己怀孕的事发表声明，正在与律师协商。帕金森害怕事态爆发，尤其害怕在保守党大会上曝光，建议撒切尔夫人在她方便的时候推荐一名新的党魁，不过他希望保住自己在内阁的职位。

撒切尔夫人本打算让帕金森担任党魁直到 10 月份的保守党大会，好让他为竞选运动的成功得到好评，但她现在只好听天由命了。她选择了就业部在议会的次官约翰·塞尔温·格默接替帕金森。虽然格默仅仅是个低级官员，但撒切尔夫人对他非常了解，因为他常常帮助她准备演讲稿。她还喜欢格默在英国教会的宗教会议上采取的干预措施，在宗教大会上，他属于少数几位捍卫政府的道德、社会以及核武器政策的人。她说过："他就党的基本理念做过非常精彩的讲话。"[82]让她担心的是，她为主要部门选定的劳伦斯、杰弗里·豪和布里坦等大臣出现在电视上可能表现不佳，便想要年轻面孔站在前列，对抗工党大会上有望接替迈克尔·富特担任党魁的戴维·斯蒂尔、戴维·欧文和尼尔·基诺克等平均年龄只有 41 岁的候选人。她想要个年轻人，让他"像只小猎犬一样"攻击工党。[83]此外，格默还有一个她自然不能向别人解释的强项：他在性问题上是"安全的"，[84]因为他的婚姻很稳定。

不过，这个选择不但引起了争议，还十分反常。格默在就业部的上司诺曼·特比特得知后，"怒气冲冲地闯进唐宁街"，对撒切尔夫人说，他

1 社会习俗的变化在1983年已经露出苗头，到了1997年则变得明显了。当时托尼·布莱尔第一届政府的首席通讯官阿拉斯泰尔·坎贝尔告诉外交大臣罗宾·库克，要他在媒体披露前马上打定主意，是要妻子还是要情人。他选择要情人，而且继续留任。假如他选择保持与妻子的婚姻，也许情况会恶化。

“不接受”。㉟[1]他的抗议可以理解，但白费力气。传统上，党主席是一位年长资深的人物。格默年仅40出头，身材不高大，在内阁的经验不足，明显不属于这种人。撒切尔夫人对他的委任让人感觉是对资深同僚的冒犯，似乎打乱了行政管理体系。此外，在大选之后，党主席的职责通常是重建党的组织机构，而不是参加公开辩论。撒切尔夫人退休后回顾起来，认为格默“什么组织工作都不会做”。㊱格默则认为，是撒切尔夫人让保守党的组织和地方政府基础“遭到了破坏——她对地方政府不感兴趣”。㊲考虑到从管理角度看，党魁的另一个作用是协助领导人，选择保守党中赞成欧洲观点的希思派人物格默也是奇怪的。在当时为她工作的人们看来，带有宗教神圣色彩的格默和迈克尔·艾利森这个组合，在做工作方面根本不能与讲求实际的帕金森和高的组合相提并论。㊳这个选择还在她生活中造成个空白。帕金森每天见了她都会打招呼，说一句恭维话：“玛格丽特，你今天看上去漂亮极了。”格默比她年幼14岁，说这种话是不可想象的。

任命格默不是帕金森本人的建议，他也不支持这项任命，他把格默看作“教堂唱诗班的娃娃”，㊴但格默的地位不容他撼动。由于萨拉·凯斯要公布怀孕的事，他在双方联合声明的事情上卷入日益紧张的法律协商。

事情以奇怪的方式尖锐化了。在10月份的第一个星期，讽刺性杂志《私家侦探》在名叫“卑躬屈膝”的八卦专栏中暗示，帕金森由于婚姻问题，也许不得不离开保守党领导层，还报道称“受帕金森玩弄的前秘书凯斯女士三个月后将分娩”。同一篇八卦文章错误地认为，她与保守党另一名议员马库斯·福克斯也有私情，文章故意将姓氏错写成“富克斯”。当时，出于隐蔽的考虑，这家杂志嘲弄不正当两性关系的委婉说法叫作“乌干达

---

1 在1983年9月1日的日记中，艾伦·克拉克记录道，特比特表示自己希望担任保守党主席，还对他说，“她需要指定的是一名政党秘书”，（艾伦·克拉克，《日记》，韦登菲尔德尼克森出版社，1993年，pp. 37—8）却没有点名。克拉克建议特比特跟她直接谈。这表明，特比特早在9月15日公布前就得知对格默的任命一事，希望打消她这个主意。9月8日，特比特私下会见迈克尔·斯派塞，提出他（特比特）应该担任负责政策的主席，斯派塞担任中央办公室机构的主席。（迈克尔·斯派塞，《斯派塞日记》，拜特巴克出版社，2012，pp. 72—3）他似乎想追求在党内得到更多权力，在某种程度上与撒切尔夫人的愿望一致。

人韵事”。《私家侦探》称，凯斯小姐与福克斯“近日在乌干达丛林探险后返回”。[90]罗宾·巴特勒（迄今并不了解帕金森绯闻）立刻将这篇文章送给撒切尔夫人看。她嚷起来：“啊呀，这纯粹是诽谤。”[91]这天晚些时候，大臣们开会时还讨论过这事。撒切尔夫人挥动着那本杂志：“罗宾拿给我看这个。我知道这不是真的。马库斯对我说，他根本就没去过非洲。”首席私人秘书巴特勒连忙向首相解释这个词语的意思，内阁同僚们个个设法控制住自己，免得爆发出哄堂大笑。[92]

显然，帕金森的风流韵事不可能长期掩盖。10月5日晚上，萨拉·凯斯的律师同意发表一个声明，这有点违背帕金森的意愿。这个声明分散了媒体对工党大会的关注，三天前，尼尔·基诺克当选工党领导人。帕金森在声明中承认与凯斯小姐有长期两性关系，说她的孩子将在1月份出生：“我当然要供给她们母子的生活所需。”[93]在声明中，帕金森还承认他以前曾许诺要娶凯斯为妻，但后来改变了主意。他对“给凯斯小姐、她的家庭和我自己的家庭造成的伤害”，表达了自己的“遗憾”。

在整个事件过程中，撒切尔夫人站在帕金森一边（《每日电讯报》报道称，“玛吉说他不必辞去内阁的职务”）。伯纳德·英厄姆报告说，在他与媒体每周一次的碰头会上，各报的星期日版想要继续对此事做后续评论。他们问，难道我们现在“降低维多利亚时期价值观的标准了？”[94]她会不会在政党大会的发言中提到帕金森？“政府是否开始遭遇麻烦，你们是不是开始走背运了？”英厄姆对她说，媒体想要她发表讲话，“鼓舞人们在复兴英国的基本长期任务中焕发精神”。

帕金森的命运如今掌握在黑潭市举行的保守党大会手中。保守党普通成员与领导人的态度不同，讲话中只要提到帕金森的名字，人们便鼓掌喝彩。领导人则比较沉稳。10月13日星期四，帕金森登台演讲，全场起立向他欢呼，而台上的领导人们却坐着没动。[95]由于他有可能离去，希望撒切尔夫人的权力受约束的人们便感到不快。不过，在党的大会进行过程中，他一直十分顺利，直到大会最后一天才发生变故。这一天也是撒切尔夫人58岁诞辰。[1]

---

1 撒切尔夫人不重视自己的生日。在保守党大厦，她拒绝接受向她赠送的生日蛋糕。（舍伯恩致函撒切尔，1983年10月4日，CAC: THCR 2/9/19）

她和团队正在准备第二天固定板块的领导演讲，晚上 11 点忽然有人把罗宾 · 巴特勒从她的饭店套房叫出去，向他通报次日早上《泰晤士报》第一版的文章。文章作者凯斯说，她为《每日电讯报》一篇头版文章建议她堕胎感到极为心烦意乱，所以打定主意大胆讲话。[1] 她公开抨击帕金森，叙述他许诺娶她、一改初衷、再次许诺的全过程。[2] 这篇文章的发表时间经过仔细安排，显然是瞅准帕金森无力抵抗的时机，向他公开宣战。这件事需要向首相通报。巴特勒感到犹豫，不知道该不该在撒切尔夫人准备重要讲话的最后紧张时刻打扰她。他决定不打扰，不过唤醒了丹尼斯，征求他的意见。丹尼斯建议先告诉帕金森。帕金森知道后说："我完了，对不对？"丹尼斯表示认同。当时在套房里研究演讲稿的费迪南德 · 芒特注意到，帕金森的脸"变得死一般灰白"。⑯大家发现撒切尔夫人本人不再苦苦撰写讲稿，丹尼斯、帕金森和巴特勒便把这条消息讲给她听。⑰在帕金森的回忆中，她表现出对自己做关键决定时典型的不情愿态度，说："这要看你了。"他立刻表示辞职。

第二天，撒切尔夫人在保守党大会上演讲中称颂"为竞选做了出色组织工作的人"，但没有提他的名字。还有一个职责需要完成。帕金森是贸易工业大臣，原定由他在星期五为黑潭机场的扩展工程完工剪彩。由于他已经辞职，丹尼斯 · 撒切尔便替他完成了这项职责。然而，工程纪念碑是提前刻好的，上面仍然镌刻着塞西尔 · 帕金森的名字。

失去帕金森对撒切尔夫人是个严重打击。她保护这位迷途的国务大臣没有引起多少憎恶，反而因没怎么吹毛求疵受到大家的钦佩。许多人感到安慰，戴维 · 沃尔夫森当时说，这个女人"从来没有做过不能公开的事情"，⑱但她却并不要求别人都是清教徒；其实，她宁愿别人是"淘气孩子"而不是伪善的道学先生。⑲不过，帕金森是内阁中她最喜爱的人，也许还是

1《每日电讯报》的编辑 W. F. 迪兹致函《泰晤士报》指出，所说的那篇文章的论点其实恰恰相反，内容是赞扬她决定不堕胎，但凯斯小姐在盛怒中似乎没有留意到这一层意思。

2 萨拉 · 凯斯在她的书中完整讲述了自己的故事。［参见《一个判断的问题》，精粹出版社（Quintessesstial Press），1985 年］

她唯一视作私人朋友的人。他对她的政治看法理解颇深，也有相同的政治观点，还特别擅长鼓励她振作，帮助她得到成果。[100]她“爱慕塞西尔式的恭维”，[101]后来再没有人用同样的方式恭维她。此时，她就像个失去最忠诚猛将的女王。

帕金森辞职不但给撒切尔政府增添了不幸，涂抹了一丝滑稽色彩，而且让她意识到了自己遭遇偶发事件挑战的可能性。她提拔诺曼·特比特接替帕金森在贸易工业部的职位，让汤姆·金接替特比特在就业部的职位，并首次任命内阁中她最紧密的思想同盟者尼古拉斯·里德利接替汤姆·金在运输部的职位。人们立刻注意到，现在是特比特至少从右翼领跑继续她的竞赛。据帕金森说，特比特 9 月份在首相别墅度周末后，他开车送特比特返回，途中说出了萨拉·凯斯的事。“诺曼的第一反应是：‘本来是咱们三个人，现在只剩下两个人了。’他说这话是不由自主的。”[102][1]特比特的意思是说，帕金森如今已经从撒切尔夫人的继任竞争者中出局。照他的看法，如今只剩下他和迈克尔·赫塞尔廷。按照当时撒切尔夫人周围人们的观察，特比特的确是个挑战者，这出乎他的意料，让他尴尬，感到手足无措。[103]他一方面在公开演讲时表现得顽强，另一方面在政府职位上又显得缩手缩脚，“拿不准是否该采取强硬立场”。[104]

到了晚年，特比特并不否认自己的抱负。谈起贸易工业部，他认为“既然塞西尔已经离开舞台，我自然是做这份工作的不贰人选”。[105]这个部的重要性仅次于财政部，在转化英国商业的供应方面，在主持私有化的主要进程中，贸易工业部要在这场撒切尔革命中做绝大部分工作。相比之下，赫塞尔廷的国防部就不怎么显赫了。特比特接替帕金森后，很快便发现“在新天地中与玛格丽特的关系恶化了”。两人对汽车工业的立场截然不同，他想要继续维持英国大型汽车基地，而她认为“唯一能做的就是关闭整个企业，堵住金钱泄漏”。

特比特认为，撒切尔夫人让市场做决定的信念“太极端，”他自己看待

---

1 特比特回忆起这事有不同说法。他回忆说（而且在他的回忆录中写道）帕金森是在竞选运动中告诉他的。（特比特勋爵访谈。另参见诺曼·特比特，《攀登》，韦登菲尔德尼克森出版社，1988，pp. 204—5）

事务比较讲求实际，还为保守党人在西米德兰兹郡的议员席位感到担心。他认为，撒切尔夫人与他的差异“就像梵蒂冈与教区牧师的差异：我不得不对付人类生活的现实”。⑩不过他认为，这种情况属于“戴王冠的头不安宁”。她意识到媒体十分支持我。帕金森辞职前一天，在保守党大会上，赫塞尔廷和特比特是登上讲台的两颗明星。人们注意到，赫塞尔廷长期将政党大会当成自己的专业，便在形式上格外受到欢迎，而特比特则受到人们由衷的欢迎。

帕金森辞职后的第一个星期一，伯纳德·英厄姆提交的媒体文摘标题吸引了撒切尔夫人的注意：《太阳报》头条新闻是“特比特接任——‘最可怕的敌人’诺曼接替了帕金森。[1]特比特先生如今距离登上保守党领袖宝座只有咫尺之遥”。⑩

然而，假如以为第二届任期最初几个月的困难会让撒切尔夫人偏离她的基本目标，那就错了。费迪南德·芒特说，她获胜的规模最终让行政人员认识到，“‘这些目标有其前景，我们必须融入其潮流，学会与之交流。’继而，障碍大大减少，有抱负的助理秘书们提出了聪明的创意”。⑩在全球的效应十分类似。“撒切尔主义奏效了”是艾伦·沃尔特斯在《华盛顿邮报》发表的文章标题。⑩这是全世界如今愿意接受的信息。撒切尔主义的理念既朦胧又强烈，在某种意义上它并不符合各种经典的原则或声明。它反对大规模的政府、高昂的税负、高额的赤字、工会的政治权力、共产主义。它支持个人获得机会和选择、自由市场、严格的货币控制、核威慑和有力的北约联盟。在20世纪70年代的疲软之后，它在情感上的魅力在于反对左翼大行其道。撒切尔主义认为，保守主义不是面对社会主义增长势力的有序退避，而是动态的创造性力量，是推进繁荣和大多数人安全的最佳途径。撒切尔主义打算证明，现代世界有利于塑造更大的自由。

各种事物的确发生了变化。大选后，撒切尔夫人的戏剧性演讲稿撰写人罗尼·米勒向她致函：

---

1 据称，帕金森曾在黑潭市一次私人晚宴上描述他以前的朋友特比特是“最可怕的敌人”。帕金森一直否认这个说法。（帕金森勋爵访谈）

> 我注意到可怜的老富特不停地说，工党失败是因为他们没能将自己的信息传递给选民。其实并非如此。他们失败是因为他们把信息传递得太清晰了，而人民并不在乎那些信息。让我们希望基诺克接替他吧，因为到那时，传递的信息将完全相同，人民的回答也将完全一样。亲爱的，这将意味着你永远胜选。[110]

其实，在尼尔·基诺克领导下，工党终于开始进行彻底的反思，可惜到这个阶段，他的党已经变得太弱小，而且深深卷入内部争执，根本无法构成一个思想连贯的反对党了。

6月8日，在投票日前一天，费迪南德·芒特向撒切尔夫人递交了一份题为“今后15个月”的文件，撰写者是戴维·杨格。杨格是基思·约瑟夫的门徒，在应对失业问题的人力服务委员会取得了极大的成功。杨格的诸多创新活动中包括一个青年培训计划，目标是向46万名毕业生提供就业培训。芒特认为他是个“真正有活力的独立思想者”。[111]在这个文件中，杨格对如何推动企业和政府发展提出广泛而相互关联的想法。他有个长长的列表——国有企业私有化、所有地方政府的经营采取招投标、限制行政机构的职能避免被其数目而困扰、不再为新办企业免税、启动培训券计划、克服地区政策受工厂困扰问题等。杨格说：“政府的第一届任期最重要的是改变了人们的观念。我们现在必须做的是改变现实世界。”[112]虽然也许不是有意识的，但这种资本主义做法是对马克思一句名言的效仿：“哲学家们只是用不同的方式解释世界，而问题在于改变世界。”[113]

在撒切尔夫人及其顾问的思想中，这些都与就业密切相关。在6月下旬，芒特写信给她，保守党十分幸运，失业问题在大选中没有成为一个大问题。他接着写道，这个问题必须在议会第二年到第三年间得到解决，否则保守党就不会继续走运了。他建议采取一套措施，诸如对60岁以上工作人员发放“临时退休金”等措施可以压低失业人数；采取诸如打击救济金陷阱、打击工资管理委员会和过度就业保护等其他措施，增加新的工作机会。[114]科克菲尔德勋爵向撒切尔夫人提交了一份只有两个句子的备忘录，提出了一个称作“一本护照一份工作”的策略，其中的关键想法支配了撒切尔主义在这个问题上的思想：“我们的目标是创造就业。这将导致降低失业，但这并不是一回事。”⑮战后的规划者和干涉主义者有个老概念，认为工作必须得到“保护”。撒切尔夫人则认为，许多老职业必然消失：关键问题是经济是否足够自由，是否因此产生了新的工作。

9 月份，撒切尔夫人在首相别墅召开讨论会，研究苏联问题（见第 5 章）。在此之前，她举行了一个同样重要的会议，用两个工作日讨论“为了创造更加繁荣向好的英国经济，进而使就业增长，政府将采取的战略步骤”。⑯对这个问题设置的本身就是答案的一部分：成功的就业来自成功的事业。

她要求，开这次会议的消息要“严格保密”，⑰更不用说会议内容了。受邀请发言的人不仅有最重要的人物尼格尔·劳森，还有帕金森、特比特、詹金、沃克和约瑟夫，也就是代表贸易工业部、就业部、环境部、能源部和教育部。“撒切尔夫人特别希望，每一篇发言稿都避免泛泛而谈，要集中讨论需要做出的具体决定”。⑱除了大臣和官员外，芒特、沃尔特斯、戴维·杨格也参加了会议。讨论内容涉及可转移养老金、进一步减少工会权力、税收系统与就业、住房和劳动力流动性、如何给予工人和经理需要的“创新方式”⑲，以及十几个其他议题。撒切尔夫人分别致函各部大臣，要求他们个人提交文件（而不是官样文章），还转发了沃尔特斯最近关于就业、辅助福利、相对工资所做的评论。会议议程预定有 19 位大臣做书面发言。这后来被报复性地称作“联手政府”。

艾伦·沃尔特斯为自己的利益考虑对会议内容做了粗略的笔记（标题是“首相别墅”，但用了个美国拼法，好像这地方在美国）。他对撒切尔夫人打断别人发言的归纳让人感受到她谈话的风格和跳跃式的思维：“与工资相关的养老金负担”，“国防开支——不能继续提高”，“墨西哥和巴西的造船订单”，“利物浦的钱比较多，情况却更糟”，“教育与科学部糟透了——有一间屋子里有列宁的画像”，“打字技巧”。⑳尼格尔·劳森记录下她的打断内容反映了比较顺畅的思路，主要倾向于税务改革。尽管讨论内容范围宽得近乎荒唐，产生的效果有点像一个管弦乐队首次排练一支新交响乐。参加者都认真演奏，要把音乐奏准。[1]

---

1 当时还真的奏了音乐。迈克尔·斯科拉为了抚慰撒切尔夫人，弹奏了巴赫、莫扎特、舒伯特和舒曼的音乐，弹奏的斯坦威钢琴是特德·希思任首相时购置的。（迈克尔·斯科拉爵士访谈）

在接下来的一个月，撒切尔夫人在保守党大会发言中提出的经济信息在极力推动她一体化的经济激进主义理念。她说，保守党人在选举中发现了"英国人民的向往"。[121]她说："我们已经创造了新的共同基础。"这是附和基思·约瑟夫的说法，他在1975年用这个说法敦促保守党采取广大公众呼吁的种种政策，而不是以政治为中心。人民坚决反对国家社会主义，他们理解"根本不存在什么公有资金，只有纳税人的金钱"。尼格尔·劳森则试图降低税收："需要采取进一步措施。"

那年圣诞节前，费迪南德·芒特离开了政策组。他感觉在撒切尔夫人领导下，这里的工作与他正常的文学与新闻环境大为不同。长时间离开讽刺语境让他感到厌倦。[122]他选定的继任人约翰·雷德伍德是个性格与他很不同的人，不但受过更多经济问题的训练，而且决心从事撒切尔的政治项目。他为撒切尔夫人准备了演讲稿，由安德鲁·特恩布尔[1]递交给她。特恩布尔冷冰冰地称之为"就职演说稿"。雷德伍德写道：

> 你有各种机会"去支配英国政治中的大众领域。你的个人权威和承诺……在恢复个人自由、责任和选择方面可用于确定人民的需要，找到满足他们需要的实践途径。政府正在做的和想要做的许多事情对人民有着广泛的吸引力，远远超越了保守党的能力范围"。[123]

雷德伍德罗列了一些最重要的问题——拥有住房（"我们已经在这个问题上获胜"）、[124]降低犯罪率、国防采购中"物超所值"（显然赞扬赫塞尔廷）、去国有化（"我们必须继续推进"）、可转移养老金、简化税收、有竞争性的公交系统等。不过他在并不直接批评基思·约瑟夫的情况下评论道，教育问题推进不足，卫生保健问题"对我们有危险"。保守党在这个问题上

---

1 安德鲁·特恩布尔（Andrew Turnbull, 1945—），毕业于恩菲尔德的文法学校和剑桥大学基督学院。1983—1985年任首相私人秘书；1988—1992年任首席私人秘书；1994—1998年任环境部常务次官（后来改制为环境、交通和区域部）；1998—2002年任财政部常务次官；2002—2005年任内阁秘书；1998年受封骑士；2005年受封特恩布尔勋爵。

的受欢迎评级仍然“极低”，迄今没有政策解决的突破。这些分析对撒切尔政府不平衡的状况是个合理的归纳——经济问题已经得到完全掌控，但社会问题仍没有确定把握。费迪南德·芒特试图将家庭政策与政府的经济政策综合在一起，但并未取得很大的成效。他说：“社会政策不是次要政策，却摆在旁边的工作台上。”⑫⑤

雷德伍德对撒切尔夫人说：“我要启动的工作……按照设计要在仔细关注公众态度的基础上帮助建立起辩论的控制权，让反对党困难重重，在辩论中出力不讨好，并将你的政府的关心和立场写进政治语法书。”⑫⑥这个比喻很好。这位精力充沛、要求严格、有创新精神的女教师的确在教授一种新语法，就连最不守规矩的学生也不得不学习这种语法。

6 月 9 日之后，一桩性质不同但让撒切尔夫人焦虑的复杂任务等待着她去完成。香港问题悬而未决，她在大选中的巨大胜利似乎并没有强化她的铁腕，去应对世界上最大的执政体。就在她大选获胜后的第二天，港元价值急剧下跌。在中国九个月的持续强势压力下，信心开始颤抖。在接下来的那个星期举行的一次会议上，她任命杰弗里·豪担任外交大臣后首次向他和其他官员提出这个问题。她说，由于中国坚持自己所称的“红旗帜黄面孔”（即 1997 年后英国既不能享有主权，也不能行使管辖权），所以这便更有理由“维系一种纽带关系……使香港人民的权利依赖英国，而不依靠北京”。这不必称作“英国管辖”，但她希望英国可以得到“比有名无实的主权稍多的东西”。她说：“我们要对那里的 400 万[1] 中国人负主要责任，他们寻求摆脱中国的治理。”⑫⑦杰弗里·豪从自己新职务的角度表示，他担心无法按“香港人民可接受的条件”找到解决办法。撒切尔夫人反驳说，假如他们不能接受，她就不能建议转让主权。这次交谈表现出了政府核心人物中的立场差异。

不过，从整体上看，这个差异以创造性的方式得到了解决。内阁指示柯利达与中国谈判，按顺序商谈从此时到 1997 年的安排，1997 年后的安

---

1 根据不同情况，常常对香港人口有不同的统计数字。香港人民指香港本地人和在香港避难的难民。其中有些人持有英国境外领地的护照。此外，香港还有众多外国侨民。在当时，官方对香港居民的正式统计数字是532.2万人。

排，以及“与转移主权相关的事务”。撒切尔夫人对事态理解得很清楚。在接下来的一个星期，她私下对美国副总统乔治・布什说，她希望“有可能找到一种解决方法，既照顾中国人的面子，又保存香港的社会制度”。[128] [1]她没有补充说明的一个意思是希望同时挽回自己的面子。

继而进行的谈判极其复杂。虽然美国人向英国团队提供了非正式建议，按照美国官方所说，是分享情报，[129]但这纯粹是英中双边事务。[2]珀西・柯利达将谈判中的迂回曲折原原本本传递回伦敦，全部细节的明晰程度传递准确得近乎愚蠢。按照杰弗里・豪的统计，外交部在这轮谈判中的来往电报总计达 4 万份。词语的精确使用变成一种艺术形式。柯利达以半带沾沾自喜的口吻报告说，他反对谈判对手周南提出的“这次转移……”要求使用“对主权的一次转移”的说法，这迫使周使用英国人暗自希望采用的字眼——“主权转移”而不用“一次”或“这次”这样的限定字眼。[130]约翰在写给撒切尔夫人的报告中称：“他处理得非常好。”她回复说：“处理得精彩。”

虽然柯利达和杰弗里·豪常常觉得应付撒切尔夫人让他们感到厌倦，但他们与中国谈判时也欣赏她的实用主义态度。杰弗里·豪回忆说，她“私下的表现妙极了”。[131]她是一位要求苛刻的女主人，而他则是个有无限耐心的密使。她让柯利达想到查尔斯·狄更斯在《大卫·科波菲尔》中的人物乔金斯。乔金斯是个难得露面的商人，他和蔼的合伙人斯本罗先生“觉得，让人以为他（乔金斯）是个怪物般严厉的人，这对经商有益，凡遇到顾客提出烦人的要求，他就推说乔金斯不答应”。柯利达接着说：“我们以同样的原则操作……不同的是，我们在伦敦的乔金斯用不着刻意编造。”[132]柯利达相信，在伦敦的这位女怪物并不理解，“这个问题涉及残暴的权力”，[133]因此，中国方面要强大得多；不过她也理解，让她在其中担当一个角色可以稍稍夸大一点英国方

---

1 中国人的态度与谈判对手的态度并非完全不同。邓小平曾对爱德华・希思说过：“我们要使英国能够体面地退出。”（尤德，1031号电报，香港，1983年7月19日，TNA: PREM 19/1056）

2 1983年10月，官员们在内部进行辩论，内容是“参加即将进行的直接谈判”是否可能符合美国的利益。[国家期刊库稿件《美国对香港的政策》，中国与外国关系 – 香港（9/16/83—10/29/83），第13号文件盒，雷克斯文件，里根图书馆]这些想法没有得到支持，美国坚决持不参与态度。

面的残暴权力。第二年夏天，查尔斯·鲍威尔接替科尔斯担任了撒切尔夫人的外交事务私人秘书。按照鲍威尔的看法，她“原来确定的目标荒谬可笑，根本无法实现”，任何人都不敢壮起胆子为英国提出那种要求，更不可能得到结果。[134] “她对外交部说：‘假如中国人认为你执拗，你就告诉他们谁才真正执拗。’她是一头笼中的老虎。”[135]陪伴撒切尔夫人去北京谈判的一位随员说，中国人敬重这一点：“他们对她极为钦佩，因为她是‘铁娘子’。他们对她的装束肃然起敬：认为她是一位得体而严肃的领导人。”[136]

撒切尔夫人的另一个至关重要的任务是维护香港人民的信心。外交部认为，中国这个主题只有外交家才能理解。不喜欢任何外部干涉的完美主义者珀西·柯利达尤其持这种观点。外交部的汉学家是一种类似神职的工作，柯利达则是他们的最高祭司，他掌握着这里神圣的未解之谜。他感到，假如仅仅让香港人民窥探到谈判过程，更不用说参与进来，便会铸成大错，并惹怒中国。支持香港人民是港督爱德华·尤德的职责，他的确真心真意做好了自己的工作。但是，由于英国殖民地从来避免引进民主制度，他们缺乏自己的政治斗士。撒切尔夫人便最接近他们心目中政治斗士的形象。她比同僚们更清楚，包括中国共产党人在内的所有人都希望维护香港人民对资本主义的信心，主要在于香港人民是否对未来有信心，而不是对英国和中国是否能把协议的各个条款写对。[1]

---

1 撒切尔夫人对香港人见解的关注导致她非常严肃地谴责港督的政治顾问罗宾·麦克拉伦。麦克拉伦在一个私人聚会中称，马尔维纳斯群岛行动是“一个巨大的错误”，还做了支持苏联的其他“极端左翼评论”，因此受到一位海军司令和其他香港居民的指责。（科尔斯的报告，1983年9月5日，TNA: PREM 19/1057/1）撒切尔夫人要求对此进行调查，但因为没有确实证据，后来不了了之。不过，一位名叫吉尔·奈特的保守党议员后来在与撒切尔夫人会见时提起这件事。于是包括前英国银行行长克罗默勋爵在内的人们再次提出对麦克拉伦的指控，虽然外交部继续相信麦克拉伦是诚实的，但建议军情五处对他进行调查。撒切尔夫人写道：“我认为别无选择。”（阿普尔亚德致函科尔斯，1984年3月26日，TNA: PREM 19/1263）虽然没有发现对麦克拉伦不利的证据，但出于慎重仍将他调任到别的职位。查尔斯·鲍威尔回忆道：“那是个令人不快而且不公平的报道。我恐怕那毁掉了他后来的职业生涯。”（鲍威尔访谈）不过，麦克拉伦在20世纪90年代担任了驻北京大使。在这个事件的整个过程中，撒切尔夫人从未点过麦克拉伦的名，但是她的极度警惕不仅表现了她对共产党渗透的忧虑，而且反映了她对香港问题敏感性的担心。

谈判每发生一次转折，撒切尔夫人便会为香港人民辩护。例如，在1983年9月末，柯利达提出的“第一策略”（见第1章）未能奏效，恒生指数一周内下跌了15%。柯利达设法软化她，再次就主权问题做出让步（“第二策略”）。她对杰弗里·豪说，柯利达以维护繁荣稳定为宗旨的谈判不着边际，除非认可“繁荣是1.基于中国特色，2.基于英国制度和管辖”。[137] 12月份，柯利达力促撒切尔夫人做出让步，否则1997年后英国在香港的任何权威联系将不复存在。撒切尔夫人写道：“最困难的是香港人民能否接受……假如我是个住在香港的中国人，我会担心我们（指香港的中国人）没有参与谈判。”[138]大约在这个时间，撒切尔夫人在思索类似的问题——是否让北爱尔兰人民就自己的未来发表意见。人们注意到（见第10章），北爱尔兰人民也不能直接参与。在这两种情况下，在英国政府的重要人物中，她是唯一考虑到这一个维度的人。她对香港的关心胜过对北爱尔兰的考虑。

她还尽可能抽空会见众多“非官方人士”，也就是港督的非政府和非立法顾问，因为他们代表了香港的舆论。[1] 她往往设身处地体会他们的立场，对他们坦率地说，她恐怕中国“没有自由社会的概念”。[139] 1984年春天，杰弗里·豪向她通报说，中国现在寻求1997年以前管辖香港的说法。她批注道：“行政方面一直在说：‘我们至少要管辖到1997年！’他们从未提过其他要求。而且用不了多久，我们会把期限推得更远。”[140]同一天，行政局首席非官守议员钟士元爵士[2]向尤德提出抗议，称这是“铁板上钉钉的事。我们在谈判中什么也没得到，被迫一退再退”。[141]由于撒切尔夫人不继续在伦敦一连几个钟头听取非官方人士的意见，不再表示同情他们的遭遇，也不再做出政府不抛弃他们的保证，很难说他们的信心不会崩溃。另外，英国是否会为香港人民的利益力争也很难说。

中国政府认为，香港是中国不可分割的一部分，因此，香港人民要求对自己的未来有发言权等于是异端邪说，甚至会被视为没有爱国心。邓小

---

1 她见过的人士来自行政局、立法局和非官方团体。

2 钟士元（Sze-yuen Chung, 1917—），1972—1980年任香港行政局成员；1980—1988年任香港行政局高级成员；1992—1996年任中华人民共和国政府香港事务顾问；1997—1999年任香港特别行政区首席非官守成员、行政会议的召集人；1978年受封骑士。

平对此有特别强烈的感受。虽然他真心想要保留香港成功的资本主义制度，但他难以理解这种制度要依赖信心和持续性，在中国过分干预下就无法维持。他还担心英国暗示要保持其主权，担心英国策划控制港元来威胁他。英国一再真诚重申，没有从这块殖民地上攫取过利益，但邓小平并不相信。[142]在他心中，香港有成堆成堆的黄金，英国不时从香港偷偷运走。柯利达写道："邓小平不但存有疑心，而且消息不灵通，还缺乏耐心。"[143][1]在1984年上半年，中国施加了最大的压力，坚持邓小平指定的达成协议的最后期限不可更改——1984年9月。中国要求，在这个殖民地上建立一个联合联络小组，以便帮助中国为移交做准备，香港人民对此感到恐惧，认为这将成为"一个权力机构"。中国对其国籍的定义不能通融，这似乎让300万持有英国境外领地护照的香港人感受到了威胁，让他们觉得要么该放弃原来的护照，要么变成无国籍人士。

1984年4月初，香港人的精神紧张到行将崩溃的地步。钟士元爵士等非官方人士在伦敦与撒切尔夫人会见时情绪激动，钟士元爵士警告她说，这个殖民地"远在1997年以前就会变得难以管理"。[144]这个月下旬，杰弗里·豪前往北京谈判，中国人拒绝按英国提出的协议草案谈判。他们还告诉杰弗里·豪，中国要在1997年以后派中国人民解放军部队驻守香港，这让杰弗里·豪感到失望。他返回香港后公开宣布了迄今尚未宣布过的信息——1997年，英国的管辖系统将彻底结束。他后来回忆说，这是"我一生中最忧虑的时刻"。[145]

随着这个过程变得明朗，撒切尔夫人私下写道："看来非官方人士对中国的判断是对的。"[146]她同情香港人，想要严厉斥责杰弗里·豪和外交部，但大家都清楚，他们事先警告过她。钟士元听了杰弗里·豪宣布的信息后说："割让土地是一回事，放弃人民则是另一回事。"[147]撒切尔夫人对这话感触强烈，但珀西·柯利达却在一定程度上无动于衷。她是冷战中伟大的勇士，到头来却要将自由的人民拱手让给共产主义，一想到这一点，她就

1 这是柯利达派驻北京担任大使与同僚告别时说的话，他任驻华大使直到1983年底，后来由理查德·伊文思接任。柯利达返回伦敦后，担任撒切尔夫人的主要外交顾问（接替托尼·帕森斯），另外保留了在外交部的高级职位。他继续负责与中国谈判。

感到无法忍受。马尔维纳斯群岛战争的胜利者竟无法帮助赞同英国的一个殖民地，这比什么都让她感觉难堪。但是，不论她如何延误谈判，却绝对没有放弃。她勉强接受了柯利达的分析，认为中国坚决要全面赢得主权和管辖权的外在形式，但对其他几乎所有方面都持灵活态度。他用一所房子打了个比方，说中国必须得到这所房子，但对如何装饰房子却没什么想法：这便是英国发挥影响的机会。

于是，撒切尔夫人驳回尤德和非官方人士的反对意见，赞同英国满足中国定的最后期限。她接受了杰弗里・豪和柯利达的主张，让杰弗里・豪7月份再赴北京，为双方签订协议体面地从事各种所需活动。她写了一封保密信函给中国总理，授权她的外交部部长全权处理。信中表达了按时完成谈判的愿望，不过强调指出，双方的协议必须让她能体面地向议会呈交。对于在香港设联合联络小组，她说，这个建议让她深感不安，而且会对香港政府造成破坏。[148]她说，关于这个小组的地点问题暂时撇开不谈，相信谈判会有进展。

杰弗里・豪于7月下旬在柯利达陪同下抵达北京。谈判第一天，柯利达与他的谈判对手周南共进午饭时，得知中国领导层愿意做出让步，推迟联合联络小组的启动日期，其工作持续到1997年以后，中国领导层还愿意接受英国方面希望的受权调查范围，中方这样做只有一个条件：双方在今后两三天内将一切问题都确定下来。中国人希望将香港1997年以后的模式推广到与台湾的关系——“一国两制”。柯利达认为，这是个“关键时刻”，[149]为了防止窃听，他与杰弗里・豪在政府宾馆花园里一棵开花的树下达成一致意见，然后给伦敦的“乔金斯”发了电报。撒切尔夫人表示“鼓励，不过没有授予他们全权委托”。[150]两天时间，多年来累积的问题忽然间全都解决了。7月31日，邓小平为了表示对这一时刻的重视，或许也为了表示自己的胜利，亲自从海滨度假胜地乘列车旅行五小时抵达北京。双方达成了协议。这时，中国相信，他们终于得到了一直宣称拥有的主权，他们的态度变得比较灵活了。杰弗里・豪的外交团队向撒切尔夫人报告称：“邓说，这非常好。中方在香港问题谈判中做出结论，他们对国务大臣和首相极为信赖。邓小平对‘一国两制’的运作充满信心。”[151]邓小平甚至邀请英国女王访华。

柯利达向撒切尔夫人发电报对各种情况做了解释，他说在北京这三天真是“孤注一掷”。英国做了一笔具有法律效力的交易。交易的细节可以进而发展成香港基本法，让香港社会保持秩序。这将是个双边协议，而不是中国人单边公布的法令。现在应当恭维邓小平，他创造了“一国两制”的思想，其实这并不是他的发明。柯利达最后表示：“假如现在我们不能利用这一形势，那就太笨了。”[152]不论批评家对柯利达有什么指责，他这个人肯定不笨。中国人已经赢得了房子，不过英国人的确在准备装潢了。撒切尔夫人感到宽慰，表现出对外交部罕有的赞扬，她写道：“多谢你们——祝贺二位（杰弗里·豪和柯利达）——这是个卓越的结果——超越了事先的种种期待。”

在接下来的一个月，撒切尔夫人会见非官方人士的时候，钟士元爵士对她说，他可以向香港人民“凭良心”称赞这份协议。[153]撒切尔夫人向他表示感谢。她说，他用的那个字眼对她“有非常深刻的重要意义”。

撒切尔夫人同意在1984年12月底飞往北京，签署那项协议——简称作《中英联合声明》。那是她一生中最奇特的一个星期，开始是在首相别墅设午宴招待苏联领导人的法定继承人米哈伊尔·戈尔巴乔夫，接着是飞往北京和香港，周末在戴维营会见里根总统（见第8章）。她要求为自己准备一本刘少奇的书，供旅途阅读。刘少奇生前是中国领袖毛主席的同志，后来指控他“走资本主义道路”，让他饱受折磨。这本书名为《论共产党员的修养》，但它表达的却不是撒切尔夫人的个人抱负。毛泽东去世后，邓小平为刘少奇平反恢复了名誉。撒切尔夫人想要理解，有些共产党人为什么比较好，或者说，至少比其他人好些。

查尔斯·鲍威尔是首相的随行人员之一。撒切尔夫人一行是在夜里抵达北京的。鲍威尔回忆说，当时，那座城市几乎是漆黑一片，城市道路“没有划分车道，路两旁树木夹道，人们扭动身子骑着自行车来往”。撒切尔夫人在中国外交部部长和一位译员陪同下乘车进城。珀西·柯利达指着汽车折叠起来的前座，对鲍威尔说：“上车吧。告诉我们他们谈些什么。”[154]鲍威尔回忆道：“车里闷热，行驶缓慢，我觉得困倦。我们都下车后，柯利达和尤德朝我走来问：‘他们相互谈些什么？’我不想显得像个白痴，就说：‘说实话，他们的谈话是保密的，抱歉我不能说。’”

在第二天正式签署协议之前，撒切尔夫人在人民大会堂会见了邓小平。他看上去老迈，耳朵有点聋，工作人员“对着他的助听器大声说话”。[155]邓小平对撒切尔夫人说，这个协议具有“历史意义”，中国会遵守它。[156]撒切尔夫人按照柯利达的建议，赞扬创造“一国两制”是“神来之笔”。邓小平说：“应该赞扬马克思主义的辩证法和‘实事求是’的态度。”邓小平对撒切尔夫人说，在香港或英国，社会主义是不可接受的。[1]

撒切尔夫人问邓小平，在这个协议中最宝贵的特征之一是一国两制，为什么他同意这个制度从1997年后至少保持50年不变？他回答说，这是因为中国“希望在那个期限之前达到发达国家的经济水平”。[2]她从自己的角度向邓小平提出香港人民自然感到的“怀疑”，这需要中国向他们做出保证。鲍威尔判断说：“她实际上相当钦佩邓小平。眼前是个身材矮小的人，但他却绝对掌控着十几亿人。他支配着其他人，而其他人完全受到他的领导。那么，撒切尔夫人喜欢他这个人吗？不喜欢。”[157]邓小平知道撒切尔夫人三天前曾会见戈尔巴乔夫，便问对他的印象如何。这揭示出对撒切尔夫人富有戏剧性的一个星期，她先是与苏联潜在的领导人会谈，接着与世界最大的社会主义国家领导人会晤，接着要去会见美国总统。

这次会见后，撒切尔夫人签署了香港协议，她描述说，自己怀着“自豪而乐观的精神”。[158]第二天，她心情急切地飞抵香港，向持欢迎态度的多半民众汇报了她同意移交这块殖民地。

依然存在诸多巨大的困难。协议的全部细节必须制定出来，“基本法”必须确立。香港人民的国籍和英国护照是个极为敏感的问题，只要中国发生某种变故，这个问题就会变得更加敏感。民主化问题也是一样。谁也说不准中国将来会有何种表现。撒切尔夫人并没有得到1982年打算得到的结果，或者说，丝毫也没有得到。以柯利达和杰弗里·豪为主要代表的调和派因此感到喜悦。杰弗里·豪认为，“联合声明”是他与撒切尔夫人合作的“最佳”典范，[159]不过他也注意到，撒切尔夫人感到“我们可以在香港问题上做得更

---

1 撒切尔夫人还记得，邓小平说，资本主义应该在中国外围地区存在，否则会把“社会主义吞掉”。当时的记录员没有记下这句话，但撒切尔夫人四天后在华盛顿见到布什副总统时，向他转述了邓的这句话。（巴特勒致函阿普尔亚德，1984年12月23日，TNA: PREM 19/1502）

2 后来，中国在21世纪之初大约提前40年就实现了这一目标——起码是在总产值方面，而不是人均产值。

好”。查尔斯·鲍威尔认为，她“对这个结果从来没有真正感到高兴”。⑯⓪

不过，鲍威尔也意识到，“考虑到中国人本来可以径直走进香港，所以这个协议真的非同凡响”，而且经得起时间的考验。香港华人邓莲如[1]是行政局成员，曾与撒切尔夫人频繁交往，她说：

> 在英国谈判团队中，也许只有她理解到，香港问题不仅是个外交问题，而且是人的问题。行政局的成员们对她感同身受的真诚深信不疑，所以很快对她报以信赖。这有助于克服人民广泛存在的所谓“被英国出卖”的猜疑。

她对香港人民及其信条有“本能的同感”，这一点至关重要。[161]

1984年7月底，杰弗里·豪在北京刚刚达成协议，撒切尔夫人就收到香港媒体的反应，主要是表示赞成的。一份北京报纸说：“终止英国的殖民主义需要有铁娘子的勇气。”[162]撒切尔夫人在这句话下面画了一道横线，还在旁边加了个惊叹号。本来这家报纸评论的意图是赞颂，但表达的格调却不是她能欣然接受的。

撒切尔夫人憎恨共产主义，对大英帝国从不怀恶感，对喜欢英国统治的人都感觉亲近。这个协议必然是甜中有苦。她的回忆录是在香港交接之前和1989年天安门事件之后写成的，书中只用很小的篇幅提到香港问题，也许是担心未来会有大的变故。但是资本主义的香港并没有崩溃，她为此做出的贡献值得称颂。马尔维纳斯群岛之战的胜利曾一时冲昏了她的头脑，让她梦想过英国可以自豪地保住香港，结果她在这个战场上失败了，而且注定会失败。但她依然敢于梦想，通过与共产党人签订协议，让英国创造的这个资本主义自由社会免受共产主义的影响。虽然此时做出最终判断还为时尚早，不过她在这方面至少取得了局部的胜利，中国对自由和对外部世界的态度由此发生了重要的变化。

---

1 邓莲如（Lydia Dunn, 1940— ），1976—1988年为香港立法局成员；1985—1988年为立法局资深成员；1982—1995年为行政局成员；1988—1985年为行政局资深成员；1990年获封女男爵。

里根欺骗了她

“玛格丽特，假如我在你那里，我进门前会把帽子先丢进门”

撒切尔夫人1983年大选获胜后，自然也赢得了美国巡航导弹在英国领土的部署权。工党明确向选民许诺，要单方面进行核裁军，结果被击败。但导弹真正运抵仍然引起了争议。发射装置和弹头于11月运抵英国后，在部署一些导弹的英国皇家空军格林汉康蒙基地发生了抗议活动。这次抗议活动由妇女牵头，而且旷日持久，不过抗议人数在逐渐减少。那年6月，撒切尔夫人对布什副总统说：“那些人变得不可理喻了。”[①]撒切尔夫人的观点占优势后，终于艰难赢得了国内冷战斗争的胜利。她在大选中、国际上和道德观念方面取得的胜利，让她得到了反思的空间。里根总统欣喜地打电话向她道贺时，称她的胜利是“对全世界信念坚定者的强心剂”。[②]撒切尔夫人答复时表现出她当时的心态：她相信这个结果会加强西方联盟，也许会促使苏联在裁军谈判中表现出更多灵活性。[③]

虽然撒切尔夫人在对待与苏联关系时从来是个鹰派人物，但她绝对不是个专制主义者。早在她选举获胜前，她已经表现出对谈判的兴趣。1982年7月，她会见了美国前总统理查德·尼克松。她十分敬重尼克松的外交政策理念。尼克松对她说：“苏联人会先倾听你的意见，然后才会听我们的看法……坦率地讲，他们知道，你对我们经验不足的白宫有很大的影响力。由于你的影响力，你可以向东西方关系中注入新现实主义。”[④]1982年11月，长期把持苏联领导地位的列昂尼德·勃列日涅夫去世，里根致函撒切尔夫人，表达了改善与苏联关系的希望。她热情答复道：“我非常强烈地赞同你的看法，尤其同意向苏联新领导人明确表示，如果他们愿意采取新的方针，便会看到更加有建设性的东西方关系。”[⑤]三天后，她在伦敦市长举行的宴会上发言时，公开表达了同样的观点。随着她对国际事务日益感到自信，她在积极寻找各种机会。

1983 年 3 月，在她的前私人秘书、现任驻匈牙利大使布赖恩·卡特利奇劝说下，她在伦敦会见了匈牙利副总理约瑟夫·马尔亚伊。外交部负责与苏联和东欧关系的低级官员马尔科姆·里夫金德[1]回忆道："见面后她一开口便说：'马尔亚伊先生，我的官员们告诉我，你对经济政策有一些非同凡响的观点……'他说：'是的，首相阁下。我们匈牙利最大的问题是让匈牙利人民相信，政府自身没有钱。'她表现出兴奋：'那正是我对这个国家不断提到的事情！'此后她开始感兴趣了。"⑥她渐渐认识到，并非所有共产党人都是一个模子托出来的。

她得知其他欧洲领导人与东欧集团有联系，自己也受到了鼓励。外交部的一位苏联问题专家尼格尔·布鲁姆菲尔德说：

> 赫尔穆特·施密特和吉斯卡尔·德斯坦都与苏联人对话，两人见面时会谈论与苏联人交流的内容。撒切尔夫人却没有这种谈资。英国驻莫斯科大使馆发回丰富的信息，但她觉得，只要能说出"我对他说了这个，他说了那个"就够了……如果我们想在大国的圆桌周围充分发挥作用，就需要与最高层接触，而且要能判断出这些人有可能采取何种行动，并让他们了解我们的观点。⑦

撒切尔夫人的竞争天性激发出来了。她召集苏联问题专家在首相别墅举行了一次讨论会，中心议题是广泛评论政府对国际事务的应对方法。这个进程与美国的类似愿望平行，美国在分析形势，制定基于实力地位的谈判策略。在 1983 年 7 月，外交大臣杰弗里·豪受到里根接见。英国驻美大使奥利弗·赖特爵士记录下里根对杰弗里·豪讲的话："我同意你的观点。我们必须既强调裁军，又重视防卫，在我一生中，没有比这更值得严肃对待的事物了。我们用核武器相互指向对方，就不能像以前一样相处。"⑧

虽然里根和撒切尔在憎恨共产主义、信赖西方生活方式方面观点完全

---

1 里夫金德担任在议会中的次官，因此在部级官员中属于最低职位，但他却在这次谈判中扮演了重要角色，这表现出英国政府当时认为，东西方联系非常不重要。

一致，但他们在捍卫自己观点的最佳方式上有根本不同的立场。里根对核武器深恶痛绝，这种感情可以追溯到1945年美国决定向广岛和长崎投掷原子弹。里根的一位演讲稿撰写人彼得·罗宾逊回忆说，里根曾讲述过自己上大学时一位朋友对他说的话："发生下一次战争时，我们只要驾着飞机，向别国投掷炸弹就行了。"里根说："我对他说：'不不不，我们千万不能那么做。我们是美国人。我们绝对不能轰炸平民。'"说完他低下头，沉默不语了……50年后，人们仍然可以感受到，投掷原子弹的想法仍然让他感到震惊……核武器冒犯了尊严的基本观念。⑨

里根正在寻求一种途径，试图超越战后占支配地位的相互保证销毁核武器的教条，核威慑理论便基于这种教条。1983年3月23日，总统宣布自己或许已经找到了答案，这让全世界都感到震惊。总统在椭圆形办公室直接向全国发表电视演讲时问道："拯救生命难道不比报复更好？……我号召我国科学界为我们制造核武器的人们……提供拆除并废弃核武器的方法。"他宣布执行一个研发计划，"开始实现我们消除战略核导弹威胁的最终目标"。⑩战略核导弹是战略防御计划的一部分，通常被戏称为星球大战。里根依靠一小批信赖的顾问，几乎在完全保密的情况下研究出这个想法，其基本前提是美国将开发一种防御性国家导弹防御系统，这让"相互保证销毁核武器"失去了意义。

世界并没有兴高采烈地接受战略防御计划。人们的反应中嘲弄和恐惧兼而有之，既觉得这个概念不过是个稀奇古怪的想象，根本没用，又担心它会真的生效而不仅是个概念。苏联人则认为这是无耻撕毁《反弹道导弹条约》，[1]让美国免受核威慑。莫斯科分析称，假如美国可以拦截苏联导弹，就可以先发制人发起导弹打击而免受惩罚。英国的看法角度不同，但论点类似。当时的国防大臣迈克尔·赫塞尔廷回忆道："听到美国的宣告后，我的感觉类似绝望——哦，天哪！又在升级，又一轮军备竞赛到来了，接着

---

1 美苏两国签订的《反弹道导弹条约》，严格限制开发防御核导弹的武器。人们认为，"战略弹道导弹"是核武库中最有力的武器，因为其飞行速度快，能将毁灭性核载荷发射到世界上任何地方。"战略弹道导弹"与"巡航导弹"不同。"巡航导弹"速度较慢，飞行距离较短。"中程核力量"这个概括性的术语涵盖了打击范围在300—3400英里的非战略性陆基弹道导弹和巡航导弹。

便是实力政策——啊，天哪！这跟英国独立的核威慑有什么关系？”[11]假如苏联人也开发出防御系统，足够抵御英国数目非常有限的核武器，英国替换北极星导弹的新一代潜射三叉戟导弹一夜之间就无用了。

撒切尔夫人对战略防御计划讲话的背景一无所知，仅仅是在宣告前几小时，里根才向她做了通报。里根预料她会表示反对，便在一则信息中奉承她，说他们两人“天生要承担保护人民安全的责任，让人民免受有史以来最令人望而生畏的威胁”。现在，他们必须改变策略，从进攻性转向防御性技术。至于他的国家将变成“美国堡垒”、美国“违反《反弹道导弹条约》”或“违背对盟国的承诺”等说法都是“无稽之谈”。[12]战略防御计划的益处要在这个世纪末才会真正显现，而且“要与我们的朋友和同盟分享”。[13]

人们从撒切尔夫人晚年的讲话中常常感到，她欢迎战略防御计划。她自认为她受过的科学教育让她不同于“外交部那群杂家”，[14]她能把握这个计划的概念并执行它。她肯定不属于闻之色变的那一类人，但她受过的科学教育让她对其“实用性觉得可疑”。罗伯特·阿姆斯特朗回忆道：“……我认为她本能地怀疑其有效性，但里根似乎认为是有效的。”[15]外交部国防处负责人约翰·韦斯顿说：“她谈论的口吻好像在说：‘嗨……那个星球大战玩意儿就像个白日梦，跟所有梦境一样，天亮后就消失得无影无踪了。’我们心里都在想：‘天哪，她真有理性。’”[16]她的直接反应是为争取时间拖延，她强调指出，战略防御计划是个研究计划，而不是用于部署的。几天后，她在议会对迈克尔·富特说：“我们在发展的道路上要走很长的路。我信赖研究，但信赖的是正确的研究。那位先生显然有不同想法。”[17]

研发与部署这两个步骤在她的方针中有天壤之别，也能让她掩盖在核武器方面与里根的不同观点。她从未偏离过核威慑有效的观点，认为自从1945年以来这是维持和平的重要因素。她当然希望在安全的前提下停止军备竞赛，削减核武库，但她不赞同里根免受核威胁的开朗世界观。她坚持认为，发明不可能逆转，既然已经发明就不可能彻底销毁。特别让她担心的是，英国在这些计划中该立于何种地位。撒切尔夫人强烈意识到，废除核武器的谈判意味着欧洲要冒“安全常规战争”的风险，这是1949年以来北约竭力想要避免的。假如美国从战略防御计划角度展望未来，它对欧洲的核保证会发生什么情况？里根的政策到头来难道不会沦为片面限制武器论吗？假如三叉戟导弹无效，如何能证明部署这种武器的合理性？在当时，她并没有就此大发议论，但她从未撇开这些疑惑，而且后来显得愈发重大了。

1983年9月8日在首相别墅举行讨论会，外交部官员认为这是他们影响首相思路的极好机会，因此事先做了仔细准备。他们意识到，撒切尔夫人怀疑他们面对苏联共产党人时态度太“湿”。杰弗里·豪与美国国务卿乔治·舒尔茨有良好的关系，两人似乎有类似的思路，在舒尔茨鼓励下，杰弗里·豪“比玛格丽特更加赞成与联人建立联系”。⑱关于确定这次讨论会的人员方面，外交与联邦事务部提出了自己的建议，撒切尔夫人对此生气地答复道：

> 这不是我想要的方式。我没兴趣召集所有低级官员，也无意召集外交部处理这个问题的所有人员……我要一些真正研究过苏联，懂得俄国人思维的人，还要一些在那里生活过的人。这个名单上的人半数比我了解得还少。⑲

最重要的是，撒切尔夫人想要政府机构以外的专家参会，听取他们的看法。最后确定的学者和受邀请人员其实并没有让外交部感到不快，学者们提交的文件也让外交部感到放心。外交部官员最担心有人认真提出破坏苏联稳定的主张。所有文件都没有提出这一点，不过与会者罗纳德·阿曼博士在讨论中提到了这种可能性。外交与联邦事务部也许考虑过里根年初称苏联是个“邪恶帝国”的评论，所以在提交的文件中劝告：不要“在陈述中诽谤苏联这个国家及其领导人”。⑳其主要目的是认为，对苏联“采取更加积极的政策，时机已经成熟”，以便“使之朝多元政治经济体系逐步演化”。㉑撒切尔夫人在“成熟”和“更加积极的政策”下画了两道线，但是潦草批注道：“由谁来做？”

事态似乎故意跟赞成接触者作对。1983年9月1日，一架意外偏离航向进入苏联领空的韩国民航客机（KAL 007）遭苏联击落，机上所有269人罹难。撒切尔夫人采取克制态度，没有立即公开评论，但支持盟国制裁苏联。她私下致函里根：“对发生的惨案你我都深感震惊……这一事件生动展示出苏联政权的真实本性：其刻板和冷酷，其畏惧间谍担心安全的神经质，其虚伪……”㉒但是，撒切尔夫人与华盛顿某些鹰派人物不同，她认为西方不该不假思索切断与莫斯科的所有联系，她做出结论："我非常赞成继续寻求与苏联达成平衡的可验证的协议。"[23]杰弗里·豪更进了一步，在那次讨论会前写信给她，认为那次暴行远不该视为与苏联对话是不可能的，他提出"完全相反的建议"："这次事件证明，两个超级大国在联合国对话多，而通过热线交流少，这种状态极其危险。"[24]参加讨论会的一位学者阿奇·布朗注意到，杰弗里·豪在首相别墅的讨论会上打算发表同样观点时发生的事情：

> 午饭前，杰弗里·豪嘴巴张合了五六次，才终于说出一个设问句：西方对苏联行为表达的评论是不是有任何用处……可是，没等他自己说出回答，撒切尔夫人就打断他说，当然我们必须谴责他们，他们犯下击落韩国客机这么严重的罪行，必须受到措辞最强烈的谴责。说完，她宣布休会，请大家在午饭前喝一杯。[25]

撒切尔夫人为这次讨论会确定了强硬方针。她在一份类似备忘录的手写文件中表示：

> 苏联并不把裁军本身当作目标……而是寻求利用谈判维持或实现某种程度的军事优势；企图让世人觉得苏联是个热爱和平的国家；在牵制西方的国防能力并压低自己的国防成本的同时让美国明确认可其超级大国的地位。[26]

她在首相别墅的讨论会上提出这一论点。按照布朗所说，"政府方面唯一敢于在讨论会上始终反对她的人"就是迈克尔·赫塞尔廷。[27]但是她研究了专家们的书面意见，倾听了他们的发言。专家们的书面和口头意见有一个总趋势，那就是英国确实应该与苏联领导层接触。她不情愿接受外交部的建议，却乐意接受专家们的类似意见。

她似乎还愿意倾听阿奇·布朗在书面文件基础上作的口头引申，内容是克里姆林宫下一代领导人的问题。他在提交的文件中将戈尔巴乔夫（52岁）和罗曼诺夫（60岁）描述为"两个地位最佳的竞争者"，可能接替年老有病的尤里·安德罗波夫。他描述称，戈尔巴乔夫是“政治局受教育最好的成员，也许还是思想最为开放的成员”。㉘撒切尔夫人看了布朗提交的文件后，在格里高里·罗曼诺夫“生活奢靡”的描述下面画了横线，但在戈尔巴乔夫的描述中没有画一条线。不过，布朗回忆说，在那次讨论会的交谈中，他提出自己的看法，认为从苏联和西方的视角看，戈尔巴乔夫都是最佳领导人，“撒切尔夫人听了转向杰弗里·豪爵士……说：‘我们是不是应该邀请戈尔巴乔夫先生来英国访问？’杰弗里·豪表示同意”。㉙这似乎是撒切尔夫人首次记住“米哈伊尔·戈尔巴乔夫”这个名字。[1]从后来发生的事态回顾，她当时建议邀请戈尔巴乔夫访英似乎非常重要，但她当时只是不由自主说出自己的想法而已，并不是首相做指示的口吻。[2]一粒重要的种子已经播下，尚需等待它萌芽。

在整个讨论会期间，外交部官员们高度渴望推动首相采取对话态度。有一份报告显示，从外交部的角度看，事态几乎失控：

> 午饭后，学者们离去，讨论的语气和层次恶化了。首相极力表示，不愿接受目前与莫斯科缺少接触渠道的状况，这番喧嚣败坏了人们的兴致。她想知道，对话的目的是什么，内容又是什么。㉚

假如撒切尔夫人事先知道，别人认为她对目的和内容感兴趣是个不好的征兆，也许会证实她对外交部最糟糕的怀疑——想要对话是因为外交部自己的缘故。但是，按照里夫金德的观察，似乎她“贪婪的好奇心”㉛最终占了上风：

> 她表现出与安德罗波夫会见的兴趣，不过不是在莫斯科会

---

1 英国有不少人争论是谁先注意到了戈尔巴乔夫。后来的英国驻苏大使罗德里克·布雷思韦特说：“阿奇·布朗相信，是他首先注意到了戈尔巴乔夫，但当时外交部的人们不同意。他们说，人人都同时注意到了戈尔巴乔夫。”（罗德里克·布雷思韦特爵士访谈）不过，很可能是他首先让撒切尔夫人注意到了戈尔巴乔夫。

2 她对戈尔巴乔夫的评论没有记录在任何官方文件中，除了布朗本人，也没有别人回忆起这回事。

> 见。最终她同意，在KAL航班危机逐渐平息后，应该增加与苏联人的联系，但她自己不能参与其中，而且在联系过分时，她有权否决这种对话。㉜

讨论会上涉及的一切内容都十分敏感，她的外交事务私人秘书约翰·科尔斯做了一桩其他场合从未做过的事。㉝他将会议记录稿交给撒切尔夫人，请她过目。科尔斯回忆道："她应该担心党内人士尤其是党内右翼人士和国内支持者的态度，人们对她在苏联问题上开始采取开明态度有可能感到失望。"㉞他请她确认，他的记录是否正确。她说："你的记录是对的。"㉟会议结论十分平淡。会议对是否期待苏联会发生"较多的多样性变化"感到"非常怀疑"，所以"我们的政策应当……基于一种假定：至少在本届政府中期，苏联制度的任何变化都不会是根本性的"。㊱但应当开始某种形式的对话："会议同意，对话的目的应当是在未来几年中缓慢地建立一些联系"，但是"不公开宣布政策的这一改变"。㊲与东欧国家对话也许比直接与苏联对话容易，尤其是与匈牙利对话，但也应当与苏联建立最高层接触。这些接触可以包括安排"政治局资深成员访问伦敦，特别是邀请安德罗波夫潜在的继任者访英"。㊳

在首相别墅举行的这次讨论会没有让撒切尔夫人以前的方针发生引人瞩目的变化，但外交部是对的，他们利用这个机会进一步推行了自己偏爱的路线，与她以前的路线有所不同。第二年，查尔斯·鲍威尔成了她的私人秘书，他的地位变得比几位前任都重要。他这样评估那次首相别墅的讨论会（当然他本人没有出席）："我认为，她作为冷战斗士，立场丝毫没有动摇，但她认为明智的战术是攻击东欧的软肋削弱其力量……总目标仍然是击败共产主义，但真正的问题是采取什么方式最佳。"㊴

首相别墅的那次讨论会还为撒切尔夫人与米哈伊尔·戈尔巴乔夫在同一地点会晤铺平了道路。

1983年9月底，撒切尔夫人飞往华盛顿。在苏联问题上，她不断变化的态度与美国总统不谋而合。里根在总统任期之始采取了他的国防部长卡斯帕·温伯格的路线，认为苏联不仅邪恶，而且不会改变。但是，到了1983年，他更多地倾听了国务卿乔治·舒尔茨的看法，认为苏联虽然邪恶，但如果美国勇敢面对，还是能与他们达成可靠协议的。他妻子南希的敦促也是他发生变化的一个原因，里根的助手迈克尔·迪弗说："南希总是用一个问题烦扰我：'咱们干吗老是缠着苏联的事情？'"迪弗解释说，里根真心希望跟苏联人接触，但他认为还没有说服舒尔茨。"南希听了说：'那我们请他来吃顿晚饭不就得了？'"㊵于是，1983年2月12日，舒尔茨来赴宴，这次晚宴成了"一切开端的开端"。㊶三天后，里根在华盛顿召见苏联大使阿纳托利·多勃雷宁，会见是在完全保密的情况下进行的。那年夏天，国家安全委员会内部发生了人事变化，赞成对话的观点占了上风。虽然在华盛顿就这个专题仍然辩论不断，因KAL航班客机遭击落反对方占了上风，但里根此时正在缓缓转向一种新方针。按美国政府的严格标准，战后西方领导人中，里根与撒切尔夫人最具鹰派特征，但两人9月份会见时看上去更像两只和平鸽。

撒切尔夫人在前往华盛顿途中顺道访问了加拿大。与加拿大总理皮埃尔·特鲁多会谈中，她再次听到戈尔巴乔夫这个名字。这年早些时候，戈尔巴乔夫访问加拿大，特鲁多曾会见过他。她后来写道："那时我并没有预见到戈尔巴乔夫先生对未来的重要意义。"㊷但约翰·科尔斯回忆道，加拿大人"认为他是个与众不同的苏联人，西方应当设法了解他。我知道，这对她造成了冲击"。㊸

1983年9月29日，里根在椭圆形办公室会见了撒切尔夫人。两人之间的友谊热情如故。[1]他在自己的日记中写道："玛格丽特·撒切尔首相抵达。我俩午餐前交谈了一小时，主要内容是苏联以及如何恢复某种关系……我觉得美英关系并非和好如初。"㊹在两人的讨论中，撒切尔夫人让里根预览那天晚上要在温斯顿·丘吉尔基金会上发言的讲稿，"她当然要强调，我们必须在实力上对付苏联"，但她感觉到，现在也许该与苏联接触了。"虽然她那天晚上不会这么说，但她强调，我们必须努力建立正常关系……总统回答说，他有相同的看法"。㊺

---

1 5月份，里根在写给彼得·汉纳福德的一封信中提到，撒切尔夫人"仍然是我最喜爱的国家领导人"。(里根致函汉纳福德，1983年5月3日，凯伦·K.斯金纳等著《里根：一生中的书信》，自由出版社，2003年，725页)撒切尔夫人当然并不是国家领导人，只是个政府领导人，但重要的是这个想法。

她那天晚上的讲话中提到苏联时有大量强烈的措辞，媒体很高兴做报道。她宣称：“他们的信条中毫无道德观念，根本不能激发善恶观。在他们眼中只有制度，所有人必须顺从。”㊻她的其他论点可能令人不快，但人们并不十分注意，“我们必须应对苏联。但我们不能以自己的意愿去改造它，而要承认它的现状，这才是我们必须应对它的方式。我们生活在同一颗行星上，就必须继续分享这颗行星。因此，在时间和条件成熟时，我们随时准备与苏联领导人对话”。㊼

在 11 月份的一次采访中，撒切尔夫人抱怨说，“我以为大家都会攻击一个内容，结果谁也没留意”。她指的是需要与苏联对话的部分。“许多报纸都称，玛吉狠批莫斯科”，㊽却没有登载这条缓和的信息。不过，在她讲话时，她对那种报道并没有感到不快。她访问华盛顿返回后，对帮他撰写讲话稿的乔治·厄本说，“我在华盛顿说的最重要一点”，㊾就是要警惕有人认为苏联人有西方的道德观。她在解释自己的观点和行动时，往往依时机和谈话者而有很大变化。

不过，强烈的措辞与安抚性措辞在本质上相互对立，符合“站在实力地位上讨价还价”的理念。在这一时期，虽然美国和英国在这个议题上并没有正式合作，但两国却采取了共同的方法。舒尔茨说：

> 英国和我们相互借鉴对方的想法……对（东西方关系）竞争的性质、重要性、实力与外交努力相互影响等方面，玛格丽特·撒切尔有着非常清晰的看法。她的看法总是与里根总统的观点保持一致……由于里根总统从来极为信赖她的判断，不论她去苏联还是有人去访问伦敦，或者在我们去访问之前，我们总是非常充分彻底地交换意见。里根总统常常说：“啊，我看这是英国外交部发来的电报，玛格丽特的真实想法是什么？”里根对她直接发来的信函从来非常感兴趣。㊿

撒切尔夫人对她访问华盛顿感到相当喜悦。她现在感到可以公开谈论自己准备与苏联人对话的事了。在她 58 岁寿辰的第二天塞西尔·帕金森辞职，几小时后她在保守党大会上讲话，对潜在持怀疑态度的听众说：“不论我们对苏联有何看法，苏联共产主义总是一种现实存在。”她重复了在华盛顿说的生活在同一颗行星上的观点："因此，在条件合适的时候，我们必须准备与苏联领导层对话……但这种交流必须冷静。我们不能让人怀疑'对话'这个字眼跟现在的'缓和'是一码事。"[51]

※　※　※

对撒切尔夫人的对话提议，苏联的反应是消极的。奥列格·戈德尔维斯基是克格勃的特工，1974年，英国秘密情报处吸收他为双面间谍。1982年6月，他开始在苏联驻伦敦大使馆工作。戈德尔维斯基说，撒切尔夫人不喜欢苏联人，苏联人也不喜欢她。苏联领导层一般相信，"工党政府一直对苏联比较有利"。[52]他们"对爱德华·希思有一种本能的积极看法"，还往往说，"看那个女人是怎么对待他的"。她一上任，他们"对她的憎恨与敬重同时与日俱增"。[53]克格勃的任务是败坏她的政治声誉。他们尤其渴望破坏她部署美国巡航导弹的努力，破坏在欧洲部署潘兴导弹的努力。导弹即将部署时，撒切尔夫人在讲话中的敌意减弱了，他们的反应是感到怀疑："苏联人一般认为她是个铁娘子，是个帝国主义者，是美国的走狗，是反苏分子，是个敌人……没有多少人相信她会发生转变。"[54]

苏联人还有一种焦虑更加具体而危险——戈德尔维斯基秘密为英国工作的事被揭露了。虽然说来让人难以置信，但苏联人越来越担心，西方有可能对他们发动先发制人的核打击。从1983年11月2日到11日，北约进行了一次名为"优秀射手"的战地指挥所演习。那次演习是为了检验在逐步升级的冲突中会发生什么情况。约翰·斯卡利特当时是戈德尔维斯基所在情报机构的官员，很久以后成为秘密情报处领导人。斯卡利特说，那次演习是年度"战争游戏"模式的组成部分，为的是检验程序和通讯，但并不动用武器。但演习"是在美苏间紧张气氛的高潮时刻进行的，双方受到偏执心理的支配"。[55]戈德尔维斯基将苏联思想受影响的程度向秘密情报处做了汇报。他将这条情报标记为高度重要，情报内容打动了上层官员。科林·麦科尔当时任秘密情报处副处长，后来升任处长。他说，那条情报让情报处警醒，意识到"一个非常重要的情况，我们本该知道却不知道"。[56]秘密情报处与外交部讨论这条情报，与更广泛的情报来源作了对比，双方有了一致认识。杰弗里·豪后来写道："戈德尔维斯基让我们明确感到，苏联人尽管离奇却有真实的畏惧感，他们害怕受到实在的核打击。北约刻意对演习的一些部分做了改变，让苏联人确实相信这不过是一场演习。”[57][1]然而，莫斯科仍然疑惑。1956 年苏联入侵匈牙利，1968 年华约军队入侵捷克斯洛伐克，两次都是在军演的幌子下进行的。他们唯恐西方的策划者们或许与他们自己有同样的思路，但他们错了。在“优秀射手”演习即将结束时，克格勃总部向其海外各机构发出一份“十万火急”的电报，错误地报告称，美国军队已经处于“警戒状态”，还作了许多解释，“其中一个解释称，在‘优秀射手’的幌子下，第一次核打击已经开始倒计时”。[58]戈德尔维斯基当然将这条情报汇报给英国的负责人。他后来说：“我感到，这反映了莫斯科的心理偏执程度在加深，让人进一步感到不安，不过并不是个需要紧急关注的情况，因为没有其他迹象。”[59]

从这一时刻发端的一种论战一直持续到现在：[50]莫斯科真的以为西方有可能发动核武器突然袭击？要么是苏联人深知这是一次演习，仅仅是以牙还牙？更糟糕的是，苏联人是否故意发假情报迷惑西方？英国情报分析家后来做出结论，称“起码有部分苏联官员误判‘优秀射手 83’……视之为真实的威胁，这种可能性我们不能低估”。[61]

如果苏联人的偏执心理是真实的，就发生了一个问题：如何应对？罗德里克·布雷思韦特是外交部苏联问题专家中的“鸽派”，他回忆道：“戈德尔维斯基的情报表明了一点：撒切尔夫人和里根使用的措辞让苏联人恐惧。”“‘优秀射手’演习让西方洞察到苏联官员和资深人士对西方威胁的感受，里根和撒切尔夫人却仅仅想到了苏联威胁自己的一面。”[62]奇怪的是，撒切尔夫人对这种分析似乎不无赞同。按照情报工作的惯例，她当时并不知道戈德尔维斯基的名字，也不知道他在克格勃中的身份，不过她也许知道，在苏联大使馆有一名英国“鼹鼠”确实在传出间谍信息，让她在 1982 年 12 月 23 日首次听到戈德尔维斯基的警告。[63]撒切尔夫人从来要仔细研究情报，也相信其价值。戈德尔维斯基报告的内容让她受到强烈的触

---

1 按照原定计划，包括撒切尔夫人在内的西方领导人要参加“优秀射手”演习。结果，参加的只有官员们。（戈登·巴拉斯，《冷战时期》，斯坦福大学出版社，2009年，p.298）

动，也让她深感担心。她后来指导官员们与美国同行分享戈德尔维斯基的情报，[64]照约翰·斯卡利特的看法，发现苏联人对“优秀射手”演习的反应对政策产生了广泛和缓慢的影响：“这可能触发一系列的想法，认为冷战中的稳定状态其实并不稳定。我们在误判相当老迈的苏联领导阶层的心态和心理。”[65]这一系列想法自然让人有兴趣与苏联领导进行充分对话。这与首相别墅那次讨论会的结论恰好相符。

就在撒切尔夫人设法更好地了解苏联这个敌人时，不料竟遭遇到美国朋友一次卑鄙的打击。1983 年 10 月 24 日傍晚，首相得到通知，要她等候里根总统即将发来的一份电报。晚上 7:15，她看到了这份电报。里根在电报中解释称，他现在对加勒比海小岛格林纳达的局势非常担心。上个星期，格林纳达领导人莫里斯·毕晓普遭谋杀。里根正在“认真考虑”要求东加勒比国家组织给予军事援助。里根在电报中寻求撒切尔夫人“对此局势的想法”。他还承诺“假如我们的部队参与拟议的集体安全部队，或进行政治与外交努力，会提前向你通报。确信在这个重要的日子，能够倚重你的忠告和支持”。[66]电报没有暗示即将采取入侵（也许只是不经意地用了“这个重要的日子”这个说法）。这天，亚历山德拉公主为即将离任的美国大使约翰·路易斯举行送别晚宴，撒切尔夫人正准备起身去赴宴。她“强烈反对军事干预”，[67]动身前留下指示，让工作人员起草答复。然而，她凭直觉感到形势危急，要求在她返回时召集会议。撒切尔夫人希望晚宴后从贵宾那里得到一些解释。到了夫人们“退席”的时候，丈夫们待在餐桌前喝啤酒或白兰地，首相被迫与妻子们闲聊，情绪变得“急躁”。她嚷起来：“我真希望他们能出来！”[68]等到他们终于露面时，她一把拉住大使，只跟他一个人聊，却发现他知道的情况不比她多。

撒切尔夫人返回唐宁街 10 号，时间是晚上 11 点钟刚过，里根已经发来第二个信息。里根告诉她：“我决定对东加勒比国家组织的要求做出积极响应……我们的部队将进入格林纳达。”[69]他没有咨询撒切尔夫人的意见就采取了入侵行动，但他三个小时前还保证要提前通报的。杰弗里·豪回忆道：“我们两人都惊呆了。刚收到向我们寻求忠告的信息，紧接着便是近乎残酷的另一个信息，明确显示刚才提到的忠告根本无足轻重。我们该如何看待美英两国的关系呢？”[70]美国人的行为不仅不倚重撒切尔夫人的忠告，而且根本就没有听她的忠告。收到里根的第二个信息时，她起草的答复还没有发出。

格林纳达事件从某个角度看，就像前一年的马尔维纳斯群岛战争一样异乎寻常。与马尔维纳斯群岛战争相似的是，事态造成了美英两国的紧张气氛，两国都不愿做出让步。与马尔维纳斯群岛战争不同的是，格林纳达事件没有得到圆满的结果。

由于英国的殖民地遗留问题，一种英美之间常有的困难问题浮现出来。格林纳达曾是英国殖民地，1974年获得独立。按照惯例，英国女王仍然是名誉国家元首，由一位总督在这个岛国做代表。1979年，莫里斯·毕晓普领导的一场马克思主义政变推翻了政府。美国人从来对自己后院发生共产主义颠覆活动保持着警惕，他们注意到古巴在这个岛国的存在日益增强，其中有大批劳工帮助建设一座怀疑有军事用途的新机场。1983年10月13日，毕晓普政府中持强硬路线的人们推翻了政府，领头造反的有军事指挥官哈德逊·奥斯汀将军和副总理伯纳德·科尔德。美国担心上千名在这个岛国圣乔治医学院就读的美国学生的命运，唯恐他们被扣押为人质。10月19日，奥斯汀将军的人镇压了毕晓普的支持者发起的一场叛乱，美国人的忧虑加深了。30到40名格林纳达人被杀害，毕晓普和他的几名副官被行刑队枪杀。

美国人感觉到了危险，但也看到了机会。10月20日，政府的危机预案组开会讨论营救学生的计划，但是也讨论了推翻敌视美国的格林纳达政权的可能性。美国国务院主管政治事务的副国务卿劳伦斯·伊格尔伯格说：“主要的动机是在古巴人进一步介入前，干掉那个狗崽子（奥斯汀将军）……营救学生不过是个借口……假如仅仅因为学生，我们就不会动手。”[71]罗伯特·巴德·麦克法兰刚刚接替克拉克法官担任了国家安全顾问，他说，对共产党人颠覆整个地区有一种真正的担忧：“里根感觉到，这是苏联的一次真正的战略步骤，必须予以反击。”[72]

杰弗里·豪回忆说，英国“意识到美国长期以来对格林纳达的共产党人感到担忧，但我们并没有当回事”。[73]再说，美国人在通信交流中没有系统地介绍他们的担忧。麦克法兰责备他的前任，说：“我们这方面处理得很糟糕。”他坚持认为，政府本应该在几个月前向撒切尔夫人通报自己的立场，“我对克拉克法官的做法感到惊讶”。[74]不过事先还是有些接触的。乔治·舒尔茨回忆录初稿中有出版前删去的段落：“低级别英美磋商时曾讨论过一个计划，其中涉及由英国空军特勤队的精英小队参与小规模攻击行动”。[75]在华盛顿的英国大使馆官员参与讨论了英美合作的可能范围。[76]不过没有深入讨论这个计划，因为10月21日美国征求英国外交部对直接干预的看法时，照英国驻华盛顿大使馆一等秘书罗宾·伦威克的说法，英方“坚决不予置评”。[77]伦威克认为，“强硬反应的效果是保证我们不参与美国的计划”。[78]

撒切尔夫人并没有直接参与这些交流，但是外交部的态度反映了她的立场。在10月21日当天，她收到几份报告，称巴巴多斯总理汤姆·亚当斯正在安排“多国干预”格林纳达，[79]包括各美洲国家、加勒比海国家和“英国的贡献”。撒切尔夫人在最后这个说法下面划了一道曲线。这个消息来源显示出亚当斯想要英国了解他正在从事的活动，他想要英国做的贡献是英国空军特勤队保证总督保罗·斯库恩爵士的安全。加勒比国家的这类想法远不是向英国正式提出求援，因而在伦敦看来干涉根本站不住脚。撒切尔夫人的愿望是避免对格林纳达采取任何种类的军事行动。她在约翰·科尔斯的说明文件封面上指出了这一点。[80]她在“美国部队”和“英国空军特勤队”两个词语上画了圈，又画了条线，用箭头指向一个批语：“这似乎极不明智”（在下面画了三道横线）。科尔斯描述说，以总督的安全当作入侵借口是“令人怀疑的”。他对撒切尔夫人说，曾就撒切尔夫人下划线的说法向正在雅典的杰弗里·豪咨询过，他补充说：“加勒比国家的一位总理或美国人有可能在周末与你联系。”[81]

1983年10月21日，罗纳德·里根离开华盛顿，去参加早已预订在乔治亚州奥古斯塔市的高尔夫球训练。到这时，美国早已提前计划好了入侵格林纳达。第二天，10月22日凌晨，一条消息把总统唤醒了，东加勒比国家组织要求提供“援助”，换言之就是入侵。虽然五角大楼采取极为谨慎的态度对待军事行动的可能性，但舒尔茨和国家安全委员会成员极力提倡采取行动。里根很爽快地答应了东加勒比国家组织的请求。这项请求其实是美国国务卿策划的，因此里根表示同意丝毫也不奇怪。[1]东加勒比诸国对格林纳达的不稳定状况深感担忧，多米尼加总理尤金尼娅·查尔斯特别以口头方式要求华盛顿给予支持。早在10月18日，舒尔茨（在里根鼓励下）便要求她写一份东加勒比国家组织对军事援助的正式请求。查尔斯女士表示同意。当地时间星期六上午9时，战情组在华盛顿开会，在国家安全副顾问约翰·波因德克斯特主持下计划入侵行动。按照波因德克斯特的话说，咨询英国人的意见“对我们没什么大不了的”，[82]不过会上讨论过向撒切尔夫人通报的事，大家同意“在最后一分钟通知她”。[83]战情组制定出一个“入侵时间图表”，并确定在“入侵前一分钟”才向撒切尔夫人通报：

> 15时，伊格尔伯格召见英国大使，将总统签署后致撒切尔首相的信函递交给他，信中表达了我们对外国侨民安全的关心、加勒比国家领导人对格林纳达军事政权威胁的担忧、政府的组成、美国与临时政府合作的兴趣、加勒比国家领导人对格林纳达恢复民主的要求等。一旦做出最后决定，总统将向撒切尔夫人通报。[84]

简而言之，截至星期六早上前，里根政府决定在格林纳达问题上让撒切尔夫人蒙在鼓里，直到她无法做出任何反应的最后时刻才通报。

美国参与者后来做出的一些解释认为，完全是因为事态紧急，他们没顾上与最密切的同盟国联络，要么是出于完全保密的需要，要么是假定她会全力支持入侵。其实，他们并非预料撒切尔夫人会支持，而是预料她不支持。参加那次战情组会议的中情局官员杜安·克拉里奇说：“我们预料撒切尔夫人会感到不快。我们……并不想给她留下公开或私下活动的余地。

---

1 后来，在与撒切尔夫人交谈中，里根说漏了嘴，把东加勒比国家组织的“请求”说成“提议”，后来自己连忙纠正。［电话交谈备忘录，玛格丽特·撒切尔首相，1983年10月26日，常任秘书，国家安全委员会国家档案，英国第5卷，第91331号文件盒，里根图书馆。该图书馆还公开了这次电话交谈的录音磁带（RAC Box 53，白宫战情室录音）］其实，美国人的确认为那是一次提议：为入侵行动正名的机会。

我们不想失去对这次行动的控制。”[85]这才是没有向撒切尔夫人咨询的真正原因。

并没有记录显示，里根或舒尔茨曾明确下令蒙蔽撒切尔夫人，但俩人显然经过了串通。肯尼思·阿德尔曼回忆起，那次入侵后不久，下院外交委员会主席安东尼·克肖访问华盛顿。当时主持宴会的阿德尔曼说，克肖会见里根时，问总统为何不事先与撒切尔夫人磋商。起初，里根“什么也没回答。他便接着说：‘可她认为你是一位亲密的个人朋友。’里根默不作声”。克肖再次询问，“里根这时摘下眼镜，表现出有点愠怒，说：‘因为我不想让她说不。’”[86]这个说法从未得到证实，有可能是杜撰的，但是按照国家安全委员会的杰克·马特洛克的话说，有一点是对的：“虽然显得有点怯懦，但我有一种感觉，里根知道，假如撒切尔夫人反对，他下令入侵会在心理上遇上麻烦……所以他决定最好形成既成事实后再去面对这位首相。”[87]按照杰弗里·豪的看法，这种欺骗是必然的，由于撒切尔夫人与里根之间的友谊和“性吸引力”，“假如撒切尔夫人与里根（在进攻过程中）谈论，她会说服他放弃的”。[88]后来成为白宫办公厅主任的霍华德·贝克认为：“玛吉·撒切尔是唯一能胁迫罗纳德·里根的人。”[89]

这个评估也许夸大了撒切尔夫人对最强大同盟国的影响力，但参与者对撒切尔夫人和里根间信赖关系做出了准确的判断，这的确能解释他们的行为动机。从美国人的角度看，这是蒙蔽她的一个理由；从英国人的角度看，这是个理所当然可以忽略的理由。当然，在那个周末，英国驻华盛顿的外交官们得到的主要消息与采取行动相差甚远。他们特别关注的是罗宾·伦威克与海军上将乔纳森·豪的一次谈话。豪将军是国务院政治－军事事务局局长。10月22日星期六晚上（伦敦时间），他们将这次谈话内容向伦敦做了汇报。豪将军向伦威克通报称，国家安全委员会决定，“美国应当采取非常谨慎的态度处理此事”；“豪将军还向我们保证说，假如美国决定进一步采取步骤，会与我们磋商。”[90]豪将军向本书作者解释这一点时，坚持说他“不愿误导罗宾”，他的观点也许“反映了国防部不情愿采取行动的态度”。他无意让自己的评论被视为政府政策的官方声明。假如豪将军知道英国政府会以他这番话当成制定整个政策的基础，他说他准会感到惊慌失措。[91]不过，如此重视政府一位中层官员的话，这事的确奇怪。英国人的恐惧心理很容易便得到了缓解。

撒切尔夫人本人却是个例外，她的心情往往烦乱多于欣喜。那个周末，她在首相别墅密切关注着局势。她得知杰弗里 · 豪在雅典批准英国皇家舰艇“安特里姆”号启航驶往格林纳达方向。那个星期六下午，撒切尔夫人打电话给理查德 · 卢斯。卢斯在马尔维纳斯群岛遭入侵后曾辞职，后来复职，这时发现自己的处境与当时相同，也是在外交大臣出国时授权担任代理。他正在家里看电视上播出的一个西部片，这时首相打来电话：“你派出战舰打算做什么？我们不想参战！”㉜卢斯解释说，那艘船是要靠近那个岛国（保持在海平线以下看不见的位置）为的是随时准备营救英国公民，并没有参战意图。她这才平静下来。卢斯很快便明白，撒切尔夫人对美国行动造成的威胁感到担心，“那天晚上她说，‘害怕被拖进一场毫无理由的冲突’”，也担心会导致女王难堪。㉝他敦促首相“干涉华盛顿。她说，第二天要召集一个会议”。㉞

同一天，撒切尔夫人得知，东加勒比国家组织果然像巴巴多斯的汤姆 · 亚当斯预示的一样，一致决定使用武力恢复格林纳达的秩序，并为此向英国等国家寻求援助。在另一方面，她得知加勒比共同市场采取谨慎路线，呼吁采取外交解决途径。加勒比共同市场是个会员众多而有力的加勒比国家组织。她还从白金汉宫得到了消息，尽管宪法规定，女王作为英联邦国家的元首，不应参与英国政府的事务，但双方自然保持着接触。那天上午 9 时（英国时间），女王的私人秘书助理罗伯特 · 费洛斯与格林纳达总督通了电话。斯库恩“向费洛斯证实说，他本人和斯库恩夫人都没有受到威胁，他们的情况都好”。㉟在这种情况下，同意东加勒比国家组织的要求看来既没有必要，也不明智，而且他们的要求仅仅是口头提出的。[1] 英国政府选择了不作为，这个选择要么高明要么笨拙。

次日，撒切尔夫人没有按卢斯的建议与华盛顿直接联系。她从来不喜欢通过电话处理事务，海军上将豪将军转发的保证信息让她得到一些安慰。她决定第二天在内阁海外和国防委员会上彻底讨论这事。假如她知道东加勒比国家组织的请求起初是在美国支使下提出的，她准会怒气冲冲地迅速采取行动。

---

1 后来了解到，请求英国援助的传真件误发给伦敦一家塑料袋生产商，而不是外交部，但当天并没有发现这个错误。

10月23日星期日上午，黎巴嫩突然发生的不幸事件让人们分了心。美国海军在贝鲁特的兵营被一辆卡车炸弹炸毁（见第9章）。这个兵营是多国维持和平部队的一个组成部分。爆炸最终导致241人丧生。由于发生了这么可怕的事件，撒切尔夫人即使有意，显然也难以与华盛顿讨论格林纳达问题。对自越南战争以来从未见过大规模军事行动的美国人来说，这次受到的袭击加上体会到来自格林纳达的威胁，便构成采取某种行动的强有力刺激。撒切尔夫人在她的回忆录中写道："我仍然不知道在华盛顿具体发生了什么情况，不过我难以相信在贝鲁特爆炸中感到的愤怒与此没有关联。我可以肯定这不是个深思熟虑的行动，而是出于受挫败后的愤怒。"[96]其实，各项证据显示，对格林纳达的决定在贝鲁特暴行发生前就做出了。黎巴嫩事件产生的唯一政治影响就是对格林纳达采取行动时将美国人仅存的一点点疑惑撇在一边。而实际效果是让国家安全委员会继续开会，让渴望得到格林纳达消息的英国人不可能与他们的最佳联系人交流。国家安全委员会的会议结束后，罗宾·伦威克与美国国务院一位联系人联络，那人告诉他说："格林纳达现在'不能通过电报联系'。"[97]后来伦威克解释说："这只能意味着一件事。"[98]

不过，这"一件事"并没有明确迅速地传达给英国驻华盛顿大使馆。第二天上午，在撒切尔夫人主持的内阁海外和国防委员会的会议上，杰弗里·豪报告说，美国没有计划采取军事行动："首相和同僚们赞同了我们的分析理由。"[99]考虑到撒切尔夫人在整个周末的焦虑，她如此爽快地接受了外交部的保证是引人注目的。她这么做也许是出于对她与里根密切关系的信赖。后来杰弗里·豪表示说："相当密切的合作关系是让人信赖的。"[100]那天下午，杰弗里·豪在议会声明称："我们与美国政府保持着最密切的接触……我没有理由认为美国有可能采取军事干预。"[101][1]撒切尔夫人保留着杰弗里·豪这个声明的书面副本，她还坐在他旁边记录下议员们紧接着提出的问题。影子内阁的外交大臣丹尼斯·希利问，美国是否打算入侵，她记录下杰弗里·豪的回答："我还不了解有这种意图。"[102]

---

1 到了这个阶段，英国驻华盛顿大使馆发给伦敦一份电报，报告说，美国已经接近采取军事行动。由于官僚机构的拖沓，直到杰弗里·豪讲话前，电报仍没有传到他手中。（伦威克勋爵访谈）

政府说这样的话是奇怪的。调查此次失败的下院外交委员会提交的报告强调，在10月22日起码已经了解到东加勒比国家组织在为入侵做准备，因此错误地仅仅依赖从华盛顿得到的证据就很奇怪。另一条重要线索是10月23日下午与总督的一次交谈。一位英国外交官[1]拜访斯库恩时，问他是否支持美国在加勒比共同市场支持下的军事介入。“他毫不迟疑地回答道，假如他采取任何行动对革命政府当局构成直接挑战，他准会遭到清除。因此他不相信能要求外界的援助。”[103]撒切尔夫人对总督立场的看法就是以这份电报为基础的（她在“采取任何行动对革命政府当局构成直接挑战”和“清除”两处下面画了横线）。她和她的政府对报告中斯库恩的话理解为：他并不要求援助。但这番话的意思可能恰恰相反：斯库恩可能是在告诉客人，他的生命有危险，是要解释他不能自由讲话的原因，并且暗示出他的确需要援助。斯库恩的信息传递给汤姆·亚当斯，亚当斯认为这是为采取行动开了绿灯。与加勒比国家领导人密切接触的美国人也持相同看法。他们以斯库恩的“请求”当成为自己参与正名的核心理由，与东加勒比国家组织编造了一套冗长的说辞——捏造了斯库恩求援的书面请求，准备在救出他后请他签名。

1983年10月24日星期一是杰弗里·豪发表那篇不愉快声明的日子，这天美国人按照战情组两天前制定的秘密时间表采取行动。里根发给撒切尔夫人的第一个信息于14点47分发出，这几乎是严格遵循了预定时间。劳伦斯·伊格尔伯格按照分配给他的任务，这天下午与英国大使奥利弗·赖特联系，赖特的报告称：“我表达的主要意思是说，美国政府没有理解我们积极反对他们即将采取的行动路线。”[104]里根给撒切尔夫人的第一个信息中提到要磋商。但她从亚历山德拉公主举办的宴会上返回后收到的第二个信息却说，入侵已经开始。根本就没有磋商。

撒切尔夫人深感受到冒犯，严重感觉烦躁不安：“她看不出如何能为入侵一个主权国家正名。”[105]仅仅在前一年，她曾为了捍卫这一立场打过一场战争。英国女王担任元首的国家遭入侵也让她受辱。最重要的是，她怀疑美国人口是心非，这让她深感震惊。午夜12点30分，她就里根的第二个电报做了答复，提到他两个电报之间短短的时间差，称：“我必须立刻告诉

1 这名外交官是英国驻巴巴多斯代理高级专员戴维·蒙哥马利。

你，你电报中描述的决定给我们造成了最严重的担忧。”[106]她说，她为美国和英国在这个岛国的侨民感到忧虑，还抱怨说，入侵让“女王在这个岛国的代表”——总督“的处境非常危险”。她还指出，英国根本没有收到东加勒比国家组织的正式请求。接着她引申了自己的论点。她说，未经同意或磋商就采取入侵将破坏她的立场，可以信赖美国会采取克制态度：

> 这次行动将被视为一个西方民主国家干预一个弱小的独立国家，哪怕这个国家的政权令人讨厌。我请你在东西方关系的大背景下考虑这一点，并考虑我们要在今后几天向议会和人民提交巡航导弹在我国的部署问题……对你最近的联系，我无法掩盖自己深深的不安。你曾寻求我的意见。我便认定也希望在事态不可改变前的最后时刻你会考虑我的意见。[107]

这个信息撰写后与杰弗里·豪、赫塞尔廷、安东尼·阿克兰、外交部领导人以及她的私人秘书罗宾·巴特勒和约翰科·尔斯讨论后发出。与会者们认为，电报发出后，撒切尔夫人应该立刻给总统打电话。巴特勒说，她特别不愿意打这个电话，部分原因是她“不想为此跟里根大吵一场”。巴特勒接着说：“我认为形势已经明朗。记得我们对她说：‘明天你得在议会说起这事。所以你真的必须做出努力，与里根谈谈这事。’”[108]因此她打了电话。

虽然撒切尔夫人感觉愤懑，但她仍然在设法以最佳方式应付这个局面。她并没有对里根发怒，电话交谈只持续了三分钟。[1]巴特勒旁听了电话，证实说，电话“几乎没什么实质性内容”，在他看来，这次电话交谈有点喜剧效果：

> 首先，里根非常不情愿接这个电话。后来他总算拿起了听筒……我只能把他的声音描述为一个调皮学生搞恶作剧被逮了个正着……接下来她说的话十分滑稽：“我说，罗，我不想在电

1 有些美国证人回忆说，那次电话时间比较长，撒切尔夫人“非常生气”，（巴德·麦克法兰访谈）与总统大吵大闹。但这个说法没有其他参与者佐证，也没有文件记录能证明。

> 话上多说。”他说：“可是，玛格丽特，我们用的是最高度加密的线路。”可她说：“别管这些。打电话从来没准。”[109]

起初，巴特勒以为撒切尔夫人对这种技术无知，但“我认为这其实不过是个借口。她真的并不想深谈。打这个电话不过是为了表示打了个电话而已”。[110]约翰·科尔斯记录电话交谈要点时，只提到撒切尔夫人敦促里根“真正非常仔细考虑她的（电报）答复。总统承诺会这么做，不过说‘我们已经进入交战区了’”。[111]

里根接听完电话时，迈克·迪弗在他身旁：

> 里根挂上电话说：“她不支持我们。她不会支持我们了。”我了解他，看得出这次电话交谈带给他的痛苦……他说：“不过我们必须继续行动。我们无论如何也要继续。”……他挂上电话后肩膀耷拉的模样明显表现出失望——他的朋友们不支持他。[112]

那天深夜时分，里根向撒切尔夫人发出第三个电报，口吻缓和但内容坚定，坚持认为他入侵的立场“在两种危险中属于次要”。他寻求与“女王陛下的政府积极合作”，还打起合法牌，希望“总督行使其宪法权力，组成过渡政府，恢复民主，促使所有外国部队迅速撤离”。[113]两小时后，美国部队开始进攻格林纳达。

虽然美国人的初衷并不是让撒切尔夫人受屈辱，却故意误导了她。战情组的计划得到了彻底的执行。里根在发给撒切尔夫人的第一个电报中提到想要听她的“想法”，结果完全是虚假的，是故意在最后时刻不会受到影响的时候才向她提出的。[1]一连串发出的电报就像个谜中谜，经过缜密的策

1 从档案证据看得出，美国官员准备发出里根的第一个电报时，已经拿到了第二个电文的最后文本。一位官员在第一个电文的审核单上做了批注：“在15时发出，第二个电文晚些时候再发。”［希尔致函麦克法兰，“格林纳达”，1983年10月24日，常务秘书，国家安全委员会，国家档案，1983年10月入侵格林纳达（1），第91365号文件盒，里根图书馆］

划。里根在自己的回忆录中完全忽略了这几个电报，错误地暗示出，撒切尔夫人是通过“英国在格林纳达的官员”得知那次入侵的。⑭从美国政府的角度看，这次欺骗是有正当理由的，但它的确属于欺骗。[1]

过了一段时间，撒切尔夫人才完全意识到整个事情的原委。起初她深感担心，但后来变得怒火中烧。她的直接反应是试图尽快应对产生的问题。果然不出她所料，批评家们利用这次入侵和英国被排除在这次决策之外，质询美国在巡航导弹问题上的可信性。她与总统关系密切的说辞广受嘲弄。各家报纸纷纷用了恶劣的头版标题。《太阳报》的标题是“里根午夜冷落玛吉——奇耻大辱”。尽管入侵的最终结果没什么悬念，但美国军队遭遇的抵抗却比预料的更顽强，这个岛国的战争在持续。[2] 这限制了撒切尔夫人做最终的判断或评论。

巴巴多斯总理汤姆·亚当斯打电话给撒切尔夫人，称：“他得知伦敦事先对此知之极少，这种情况让他深感震惊。”⑮撒切尔夫人既表达了自己的失望，也表达了自己的谨慎。她对亚当斯说：“我们自然感到奇怪，不知道是否自己受到蒙蔽。但是，不论我们对美国人的态度有什么感想，军事行动已经发生。我们希望会取得成功……我们要避免伤害自己的盟国。”⑯外交部请求撒切尔夫人与牙买加总理通话，为英国没有支持入侵的事安抚他。她草草批注道：“我看这个时候通电话没什么帮助。他并不是唯一持强硬立场的人。说得越少，关系修复得越快。”⑰

不过，与此同时她不由感觉到自己的尴尬处境。10月26日，她照例每周一次觐见女王。虽然记录没有显示女王当时表达的看法，但女王是格林纳达的元首，眼下的困难局面让白金汉宫感受到屈辱。⑱所有其他问题暂且不提，作为女王代表的总督，他的人身是否安全都没有消息，直到10月26日才得到美国海豹突击队的营救。这个消息是撒切尔夫人觐见女王之后才传到伦敦的。在她觐见女王时，照她判断，斯库恩已经丧生。应对皇室从来要一丝不苟，让撒切尔夫人感到紧张，也感到不快。外交部注意到，“撒

---

1 乔治·舒尔茨在自己的回忆录中把事情弄得更糟，他声称美国早在星期日就发出电报，寻求英国的看法。（参见乔治·舒尔茨，《动乱与胜利》，查尔斯斯克里布纳之子公司出版，1993年，p.330）但根本没有发过这么一份电报。

2 战斗直到10月29日尚未结束，当时已经有19名美国士兵战死。

切尔夫人体会到女王的不安，为此撒切尔夫人深感不安”。[119]在 1983 年 10 月 25 日和 26 日，英国人将感觉到的沮丧完整地传达给了里根。贝克回忆说，“他感觉糟糕”，便建议里根给撒切尔夫人打电话“亲吻和好”。[120]

10 月 26 日，在议会就入侵问题紧急辩论过程中，里根打通了她的电话。他试图让首相缓和情绪，说了句电影中的台词，有可能是他在 20 世纪 40 年代扮演过的那个角色。他说：“玛格丽特，假如我在你那里，我进门前会把帽子先丢进门。”[121]她口吻呆板地回答道：“没必要那么做。”里根解释说，没有提前与她商量是由于“这里出了走漏消息的问题，这里情报有漏洞”，绝对不是不信赖她。他说，保密一直至关重要。撒切尔夫人对此显然表示同意：“我完全意识到了这种敏感性。既然行动已经开始，我们只能希望会取得成功。”这让里根得到向她做出保证的机会，他说，行动“进行得十分漂亮”，不过战争仍在继续。接着里根恭维她说：“我们知道，有你和女王在那里的总督以及我们大家一道努力，可以帮助那里恢复那个宪法（他用的是‘那个宪法’这个字眼，因为他先前曾赞扬英国将宪政遗留给了格林纳达）和民主。”他赞扬了多米尼加总理尤金尼娅·查尔斯和巴巴多斯总理汤姆·亚当斯，撒切尔夫人对此表示赞同，他便沿着这条线索与她进一步谈下去：“他们追溯到自己国家在王冠保护下的岁月，拿她（查尔斯女士）的话说，大家感觉相互是亲友。我不知道这是我们之间的说法，还是你们之间有的说法。”撒切尔夫人说：“我们之间有这个说法。”里根总统殷勤地说：“我们这里仍然用这个说法。我们仍然有这样的传统……”他企图引诱她体会到英国文化主导权。撒切尔夫人的话中就下一步可能发生的情况流露出一点儿警告意味，“罗，还有很多工作有待完成……会非常棘手”，不过对他说起的任何事都没有正面反对。他为“我们造成你的种种难堪”表示道歉，她说：“非常感谢你打来电话。”她最后说，必须回到议会参加那里的辩论。里根鼓励她说：“去逮住他们。把他们生吞活剥。”“再见。”她回答后有点唐突地挂上了电话。[122][1]

---

1 2014年，里根图书馆解禁了这次电话的录音。录音中，里根的声调显得尴尬，有殷勤安抚的腔调，很像20世纪40年代影片中三心二意男友的味道。撒切尔夫人的声音则端庄冷淡，保持着礼貌。

撒切尔夫人没有原谅里根，打电话时照例对自己的反应十分谨慎。不过，里根的话让她稍稍缓和下来；她没有重提原来担心的事也让他大为振奋。这天晚些时候，里根与澳大利亚总理鲍勃·霍克通话，提到“来自英国的压力”，不过他补充说：“假如他们的压力没有减少，我会感到非常吃惊。”[123]戴维·古多尔向美国大使馆通报说，总统那个电话“‘来得正是时候’，有助于平息首相的个人情绪，让她在这个节骨眼上利用电话中的信息提振内阁的精神”。[124]

10月27日星期四，内阁全体开会讨论入侵格林纳达问题。撒切尔夫人克制住自己的情绪，选择支持美国，反对许多持怀疑论的同僚。苏格兰事务大臣乔治·杨格在怀特劳支持下提出不同意见：“美国对我们的态度正直吗？他们准是在周末编造了一些东西。我们的同盟国对待我们的态度恶劣。也许我们并没有宪法权力，但我们的女王是格林纳达的元首。”[125]撒切尔夫人不愿附和大家的意见。“美国的计划尽可能不让很多人知道，这我一点儿也不奇怪，”她坚持道，还尽量对美国的立场表示理解，“他们有权从不同角度看问题。”她提出的一个强烈批评是对这场危机在更大范围中的后果。她害怕这次入侵会破坏“北约仅仅是个防卫组织的美国／北约观念”，也会破坏只有苏联人会对独立国家采取军事进攻的看法。她认为，现在有一种极大的“危险：美国人会撇开欧洲，全神贯注操心自家的后院”。[126]

那天下午，在首相问答环节，撒切尔夫人保持公开袒护美国的态度。她对尼尔·基诺克说：“我们支持美国，也将在更大范围的同盟国中支持美国。”[127]她显然在努力与美国和解。

这一切发生在星期四。到了下一个星期日（10月30日），她再次宣战，将美英两国间的龃龉公开化。那天下午，在英国广播公司国际广播节目的国际电话采访中，一个纽约市民向她提出个很可能是事先准备要激怒她的问题。提问者说，在这次入侵事件中，美国人对“英国隐性支持国际恐怖主义感到震惊和沮丧”。鉴于美国在马尔维纳斯群岛事件中提供的帮助，撒切尔夫人的政府现在难道没有责任支持美国，起码不该保持缄默吗？撒切尔夫人绝对无法容忍有人说她对恐怖主义手软，也不能容忍有人恶意歪曲马尔维纳斯群岛战争。她发作了。她说：

> 马尔维纳斯群岛战争，是英国去收回自己的领土……那与格林纳达绝对不能相提并论……我绝对反对共产主义和恐怖主义。但是……假如你要颁布一套新法律，称哪里有遏制人民意愿的共产主义，美国就入侵哪里，那我们就要陷入真正可怕的全球战争。我常常说……西方拥有防御力量，为的是捍卫我们的生活方式，别的国家发生我们不喜欢的事情，我们不能径直打进去。[128]

她这番雄辩陈述堪称经典，清晰表达出她对武装冲突、国家主权和法制的路线。

这番话也激怒了美国人，因为它以高度有争议的方式重新打开了整个议题。海军部长约翰・莱曼回忆说：“她生气是有道理的，但反应过度，对我们造成的打击太重。”[129]舒尔茨回忆道：“玛格丽特不支持我们。她抢我们的风头，我们可不喜欢这个。她疯了（也就是说她气得发疯）……她是个大麻烦。”[130]华盛顿有一种普遍的看法，鉴于美国在马尔维纳斯群岛战争中给予英国的支持，她是个不领情的人。巴德・麦克法兰发了个电报，向内阁秘书罗伯特・阿姆斯特朗提出抗议。麦克法兰称，英国对入侵的公开反应“让我们深感失望”。他特别指出，撒切尔夫人“打进其他国家”的评论“无比刺耳”。还指出，在贝鲁特爆炸造成的“国民悲痛”中，“我们最亲密的盟国公开做出如此批评，让我们受到双重伤害”。[131]他解释说，他的抱怨并不是指私下的不同看法，而是公开表达的看法，“这只能削弱英美团结，而两国的团结对双方都有益”。他说，他发出这个信息为的是“消除误会”，呼吁英国给予支持。

尽管这个信息措辞强烈，但其实最终版本的调门已经降低了好几度。初稿则更加针对个人，指出撒切尔夫人的态度危害了“我们各自国家的领导人努力维护的团结”。[132]麦克法兰的信息里隐含着一个意思，间接指出撒切尔夫人公开的言论危害了她与里根总统的关系。

阿姆斯特朗向撒切尔夫人提交了一份他建议给麦克法兰的回复，以比较克制的语言做出反驳。撒切尔夫人不喜欢他的妥协性口吻，传话给阿姆斯特朗说：“撒切尔夫人不希望让人觉得，我们对提前通报格林纳达行动表示感激（她认为这事非常不得体），也不想让人感到，假如我们事先有充足的时间并了解更多情况，我们私下或公开的看法会有所不同。”[133]他得到指示，要改写这个答复，减少缓和的口吻。

撒切尔夫人为什么如此恼火，而且为什么随着时间的流转比先前更恼火？正常的解释肯定有一定道理。11月初，《星期日泰晤士报》做的一个民调显示，稍稍超过三分之一的受访者相信，她善于处理危机，这比该统计数字在格林纳达事件前的将近三分之二大为降低。[134]媒体和反对党嘲笑称，她成了受总统屈辱的哈巴狗；媒体还试图利用这个事件离间她和杰弗里·豪。这些显然必须反驳。她受到报纸大标题侮辱性的抨击，按照经验和她的天性，她知道反击是最好的防御。她还相信，自己反对入侵是正义的。但是，要理解撒切尔夫人在格林纳达问题上的情感，就必须更加注意她的性格特征，也许还该注意她的性别，而不是仅仅注意这个问题的具体细节本身。

自从罗纳德·里根在1981年之初成为美国总统以来，撒切尔夫人一直努力打造美英间牢不可破的友谊。她这样做的基础是两国共同的信念、共同受到的威胁、共同的利益，以及个人间的感情和信任。她取得了出乎意料的成功。1983年夏天，她竞选连任成功后，9月访问华盛顿，受到王室般的欢迎。她坚信，11月份能如期部署中程核力量，不过她为此承担了诸多风险。她喜欢里根，因为他有绅士般的魅力，他对待她殷勤礼貌，但最重要的是因为他让她产生了信赖感。在她的观念中，任何美德都比不上信赖感。

她成功访问华盛顿短短一个月后，格林纳达便发生如此变故。她仔细思索这个事件时，不可避免地做出了结论，认为总统辜负了她的信赖。起初，她想要认为，问题出自他的下属，但面对一再重复的证据，她不能为里根开脱了。10月28日，在里根打来那次电话之后，以及她接受英国广播公司国际广播节目采访之前，罗宾·伦威克向她提交了完整的报告，题为"与美国人'磋商'格林纳达问题"。[135]报告再次提到，对磋商的承诺遭背弃。报告的结论认为，里根早在10月22日上午便基本确定了入侵。在这种情况下，她便认为里根的几个电报和入侵后电话中的奉承话是虚伪的。还可以说，他为了缓和关系打来那个电话，等于朝她的伤口里揉砂糖，并不比撒盐的治疗作用好。

尽管撒切尔夫人有专业素养，但她总是在她的关系中投入强烈的个人情感。魅力十足、衣着讲究、殷勤恭维她的男人容易让她着迷。于是，她如今对里根感到失望，仿佛自己成了个受到欺骗的女友。她对一位高级官员说："我和里根总统的关系再不可能和好如初了。"[136]她觉得受到了愚弄。

她是个自负的女人，对两性关系有点守旧观念，这次经历就更加让她痛心，这是大多数男人体会不到的。在这个意义上，她在国际广播节目那次采访中的突然发作完全是发自内心的愠怒，并未经过深思熟虑。人们也许推测得到，里根总统的巧妙手腕没有奏效时，他出于自己性别的感受准像个失意的风流雅士。意外的是，媒体并没有死死追究这一裂痕，这对双方不失为一种幸事。本来那是个能造成真正伤害的潜在威胁。

英国广播公司国际广播节目那次电话提问以后，两国官僚机构竭尽努力，让两国关系回到正常轨道。按照约定，副国务卿肯尼思·达姆定于1983年11月7日前往首相别墅拜见撒切尔夫人，并共进早餐。达姆一到达，便感觉她“对格林纳达问题高度焦虑”。⑬⑦他后来回忆起当时的情况，说：“她迎接我跟我握手后，立刻走向橱柜，奉上葡萄柚，我以美国方式选了一种橙汁。她追问我，为什么不吃葡萄柚。我只能说，我喜欢橙汁。她似乎有点不悦……”⑬⑧撒切尔夫人接着开始滔滔不绝地谈论格林纳达，达姆觉得她口吻激烈。她一开始就提了个挑衅性的问题：“格林纳达是独一无二的，还是重复门罗主义和猪湾行动，最终会导致类似尼加拉瓜一样的结果？”⑬⑨英国官方记录多半证实了这个意思，还表现出达姆插了句奇怪的道歉语，礼貌地表示不赞同。在接下来的1小时40分钟里，撒切尔夫人发泄自己的愤怒，不仅抱怨事先对格林纳达事态不知情，还谈到部署中程核力量、黎巴嫩事态和美国有可能支持向阿根廷提供武器等。⑭⓪

达姆认为，这次谈话“在非常友好的气氛中结束。她吹散了一大团怨气”。⑭①其他人对此却并不能肯定。美国大使馆在伦敦的临时代办爱德华·斯特里特向华盛顿发出警告，称“撒切尔的问题在增加”，⑭②并非正式地与杰弗里·豪和卡林顿联系，“设法说服撒切尔夫人，平息事态”。⑭③他们说服撒切尔夫人，在11月14日市长宴会上的讲话中重申盟国团结，“维护了今天和平的正是西方盟国的强大和决心”，但她脾气仍然乖戾。达姆告诉她说，民调显示，格林纳达91%的受访者对此次入侵感到高兴，[1]可她听了表现得无动于衷。副总统布什此前收到“大量英国人的请求，希望修复

1 美国在格林纳达发现的大量文件显示，莫斯科最初支持反对毕晓普的政变，她得知后态度也没发生大的变化。

两国关系”，[144]他于12月初致函撒切尔夫人：“希望我们能坐下来聊聊，因为我对近来的紧张气氛感到不安，我知道你这方面也不愉快。”[145]

历史学家休·托马斯是撒切尔夫人在外交政策方面的非正式顾问，他提交的一份文件对她的心理感受做了最体贴的归纳，她在文件上很多文字下面画了横线。托马斯感谢她在1983年12月14日的宴请，为此写道，他发现“我们谈话中有一部分内容让人感到不安。这个部分与你现在对美国的看法有关”。[146]他力劝不要在格林纳达问题上对美国政府“形成整体上的对峙，除非你希望在我们的外交政策方面尝试不同的大方向”。他写道，她本人已经排除了与欧洲的防务合作，那么还有什么别的选择？因此应当“深思熟虑后尝试修复我们与美国的篱笆”，而且我们显然偏爱里根连任，而不是任何民主党候选人。她应该在圣诞节后“开创一个新的局面”：

> 你在那里有如此良好的声誉。就像戴高乐给法国指明方向一样，我们指望你指引方向，我们从来认为，与戴高乐将军相比，你的强项是接受1945年以来美国的本质特征。美国的所有官员和政客……认为在欧洲失败主义的哀鸣中，只有你是个例外。在这些事实基础上，你肯定能重整旗鼓。[147]

这封信表达得恰到好处，其中用戴高乐做的对比对撒切尔夫人是个强烈的诱惑，她要摆脱美国的影响重新定义自己的国家领导人地位。在因诺克·鲍威尔和戴维·欧文等人的政治压力下，她担心其他人打爱国牌可能胜过她自己，而且她觉得自己仍然为失望而伤心。在马尔维纳斯群岛战争后，她也许有过短暂的幻想，觉得英国可以像戴高乐领导下的法国那样行事，几乎可以不依靠美国而崭露头角。准确判断托马斯的话后，她认识到，英国版的戴高乐主义只有在基本亲美国的前提下才能起作用。不过，她绝对不承认自己因格林纳达而愤怒是过激，她心里暗自明白，托马斯的论点是正确的。

撒切尔夫人也完全明白，1983年11月底中程核力量开始如期部署的重要性。这是西方盟国的一个胜利；但也导致苏联人退出了在日内瓦的中程核力量谈判，增加了东西方紧张气氛。她既意识到自己的成功，也意识到随之寻求对话的需要。在这种情绪中，她步入了1984年。

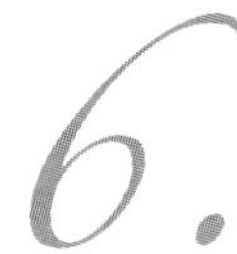

内部的敌人

“要说什么人获胜了，那就是留在岗位上干活的矿工”

撒切尔夫人在第一届任期中曾设法避免与工会直接交锋。她采取的方法是“逐步”改变法律，削弱工会的法律豁免权，而不是诉诸战斗。到了她的第二届任期，虽然她在战术方面保持着谨慎，但开始相信自己能获胜，于是比较倾向于投入战斗，准备与公共领域和国有企业的工会全面较量，这对新劳工法的力度和政府的政治勇气将是一场考验。在针对全国矿工工会的斗争中，她有充分理由认为，这场斗争几乎是不可避免的。然而，发生首次对抗的理由并不是整治行业混乱的核心问题，而是有关另一个领域的工会权力，但那个领域是她关切的核心——国家安全。

出于技术原因，位于切尔滕纳姆的政府通讯总部历来是英国情报机构的重要组成部分。20 世纪 70 年代末，布莱切利园在战争时期解密纳粹密码的任务已经部分解除。从二战期间到冷战时期，这里还是（至今仍然是）与美国情报机构合作的中心。政府通讯总部的活动是保密的，但从正式意义上讲，它当时并不是特勤局的一部分。这里的工作人员是普通公务员，因此可以自由加入工会。保安部门（军情五处）和秘密情报处与行政部门没有关联，其工作人员不得加入工会，因为工会不能受到相关保密条例的限制，工会等全国性组织不能与这些安全活动发生联系。军情五处和秘密情报处的工作人员不得罢工。

工会组织渗透进政府通讯总部让撒切尔夫人感到担忧。1979 年初，在工党政府执政的“不满之冬”，加入工会的职员们严重瓦解了政府通讯总部的工作。那年 5 月的大选中，撒切尔夫人击败了工党。1981 年的公务员罢工也造成同样的损害。全国工会的一个高级官员对媒体欢呼道：“这（政府通讯总部在萨默塞特郡库勒姆黑德的信号搜寻站）是我们迄今打击的最重要站点。我们要‘竭尽全力’打击这个部门。”①工会的其他发言人特别吹嘘他们如何损坏了英国在国内国际秘密的通信监控网络。工会的活动动机并不是莫斯科授意搞颠覆，而是出于他们自己的愿望，想在罢工期间给政府的行政机构造成尽可能大的困难。他们也许并不理解自己的行动造成了多大的惊慌。政府通讯总部主任布赖恩·托维爵士对职员们说，一次次罢工让政府通讯总部对苏联的意图提供早期预警的能力受到质疑。他补充说，美国国家安全局也感到了惊慌。②他对撒切尔夫人称，假如英国不能保证及时提供通信情报，美国将“坚持向英国站点提供人员”。③

撒切尔夫人对公务员工会怒不可遏。罗伯特·阿姆斯特朗回忆道：“她产生了遭背叛的感觉，绝对不能原谅他们。”④她衷心信赖支持国家安全的努力，相信英美关系的重要性。工会为展示其力量危害这些事务让她无法忍受。1941 年温斯顿·丘吉尔视察过政府通讯总部，她是那时以来第一位认为值得视察这个机构的首相。在安全事务中保守秘密方面，她强烈坚守旧的价值观。[1] 为防止再次发生这类罢工，她在切尔滕纳姆取缔了工会，政府通讯总部最高管理层支持这一决定。虽然没有证据显示美国曾向英国政府或她本人建议禁止工会的活动，但美国特工肯定表达过他们对机构遭瓦解的担忧。撒切尔夫人相信，采取坚决行动不但有益于盟国的利益，也对国家利益有直接的益处。

由于政府通讯总部的地位及其资金来源，要做出改变面临着错综复杂的难题。它属于所谓“隐秘”策略的一部分，其预算隐藏在常规部门的预算之内。这个机构没有正式国家安全机构的地位。只有公开承认政府通讯总部的通信情报活动，政府才能为这个机构没有隶属于一般行政机构正名。由于这个机构以前曾是个秘密组织，因此可以排除在《就业保护法》之外，可以剥夺工作人员参加工会的权利。但这又是个悖论：政府通讯总部属于秘密机构，其活动却不得不公开。公开承认其性质对秘密情报处有微妙的影响，因为当时秘密情报处是个完全保密且未受承认的组织。当时在着手

---

1 在撒切尔夫人整个执政期间，她禁止出版二战中英国情报史的最终版本，虽然这本书的作者是她极为崇拜的迈克尔·霍华德爵士。她担心此书的信息会揭示安全部门思路，这种信息一旦公布，有可能危害目前的情报活动。（阿姆斯特朗勋爵访谈）

制定取缔工会的计划，但马尔维纳斯群岛战争发生后，计划搁置了。此外，撒切尔夫人的内心中在推迟宣布与取缔工会的两种愿望间斗争着。“我坚持让政府通讯总部长时间存在。”⑤

一个不相关的事件让事情发生了改变。1982 年 4 月，政府通讯总部一个名叫杰弗里·普赖姆的雇员因对一个年轻姑娘搞性侵犯遭逮捕。后来发现，他还向苏联传递通信秘密情报。他因两项罪名被判服刑 35 年。普赖姆的案子不涉及工会，但他被定罪让公众了解到政府通讯总部的工作性质。那年 11 月，撒切尔夫人向议会解释了普赖姆的案子，在此过程中等于“公布”了政府通讯总部的工作性质。⑥现在她面临着做出改变的选择。这正是她的意图，她要求官员们开始着手处理。[1]

这项任务落在罗伯特·阿姆斯特朗肩上。当年的行政部大臣高里勋爵回忆说，阿姆斯特朗“对整个情况都不明了”。⑦虽然他在原则上乐于执行撒切尔夫人的目标行动，但他对执行的手段感到担心。阿姆斯特朗是国内行政部的领导人，他认为这是一桩平静的工作，“想要采取通常的渠道平息事态。而她正相反，她的态度就像喷火枪般激烈，像螺旋桨般轰鸣”。⑧阿姆斯特朗在提交给她的备忘录中提出许多警告，建议采取和解手段。撒切尔夫人往往在页面边缘怒气冲冲批注。例如，他向她通报说：“一般来说，公务员受到加入工会的鼓励。”她批注道：“为什么？受谁鼓励？”⑨不过，包括阿姆斯特朗在内的所有人都未曾建议撒切尔夫人不要在政府通讯总部取缔工会。1983 年圣诞节前夕，撒切尔夫人和直接有关的大臣们决定，在新的一年实施其计划。

出于保密的需要，事先没有与受影响的人们协商。杰弗里·豪 1984 年 1 月 25 日在议会宣布取缔那里的工会。[2]政府通讯总部的职员和各工会仅仅在宣布前几分钟才得知此事。杰弗里·豪向议会通报称，为了对这次取缔做出补偿，每一位雇员将得到一次性补偿款 1000 英镑。⑩罗伯特·阿姆

---

1 政府寻求模仿美国各安全机构的做法，起初打算在政府通讯总部引进例行测谎做法，与取缔工会同步进行。但是，持怀疑态度的英国专家们诉诸撒切尔夫人作为科学家的常识，让她放弃了对此的支持。（托尼·科默访谈）她没有参与此事。

2 此事由杰弗里·豪宣布，因为外交部是政府通讯总部的主要负责部门。

斯特朗亲自向各工会通报了这一消息。他向撒切尔夫人报告说，这激起雇员的愤慨，他们为没有事先同他们商量提出强烈抗议。他们还把1000英镑补偿款叫作“贿赂”；一名官员说了“加略人犹大”这个字眼。⑪

在政府通讯总部内，人们对取缔工会和向工会成员付款表示愤怒。批评者称：“她以为可以收买我们。”假如这算是收买，也许她做得没错。在24小时内，有460位雇员接受了新身份，收下了补偿金，只有两个人表示拒绝。24小时后，接受者的人数增加了一倍，拒绝者减少了一半（原先表示拒绝的两人只有一人不愿改变立场）。⑫托尼·科默当时是政府通讯总部的一名年轻雇员，后来成为这个组织的正式历史学家，他回忆说，大批雇员想要工会会员身份在雇用条件上的益处，不过“为支持某个人却危及自己在政府通讯总部的工作让他们感到不安”。⑬

对这次宣布引起的震动，媒体和公众的反应多半是负面的。有些人认为，这一措施等于诽谤工会不忠于国家，因此感到深受伤害；另外一些人认为这一措施太苛刻。更多的人仅仅认为，这是一种错误做法。撒切尔夫人担心泄密，没有与内阁讨论，内阁成员们为自己蒙在鼓里感到恼火。罗宾·巴特勒议论说：“假如她在内阁讨论此事，比较明智的人们或许能仔细研究这个问题。”⑭吉姆·卡拉汉在抨击对手方面从来反应敏捷，他在全国劳工联合会的抗议集会上发言说，撒切尔夫人吹嘘维多利亚式的美德，但“她看来也学到了维多利亚时期的恶习。她这种专制行动跟19世纪磨坊主的做法如出一辙”。⑮

不需要保密的机构要在公布前协商，在这个机构则是在公布后协商。撒切尔夫人不喜欢这样，但鉴于公众表示愤慨，她不得不弥补。杰弗里·豪让罗伯特·阿姆斯特朗负责。阿姆斯特朗个人与公务员工会进行了艰苦的讨论，发现工会尽管怒气冲冲，却“感到绝望。他们不惜采用任何手段，要赖着不走”。⑯他们提出，愿意签订不罢工协议，愿意让通过安全调查的切尔滕纳姆工会官员搞各种谈判，全国工会官员不参加。阿姆斯特朗向撒切尔夫人通报说：“我应付的人们有些是相对温和的官员，他们衷心希望自己没有（在1981年造成破坏）……是不是给工会一个机会？”⑰

撒切尔夫人不同意。她无意接受工会的让步，不过她接受了阿姆斯特朗的要求，会见工会领导人，其中包括全国劳工联合会秘书长伦恩·默里。

她参加会见时，手里拿着罗宾·巴特勒前一天晚上写下的一张纸条：⑱

> 切尔滕纳姆最终比分
> 接受　4260　60.5%
> 拒绝　13

她的态度彬彬有礼，"她并不怀疑每一位职员的奉献精神"，不过在"忠诚度上固有的冲突中"⑲她毫不让步。这一方面出于国家安全的需要，另一方面是由于工会组织的性质。撒切尔夫人认为，问题的症结是罢工诱发的破坏。她现在要处理其源头。工会领袖们发泄了自己的愤怒。默里指责她"蔑视工会整体"。他将这次会见视为结束政府与工会联系的最后信号，工会是他那个时代的显著特征，而他的事业已经终结。两个月后，他辞去自己的工作。阿姆斯特朗回忆道："他将那次会见当成自己最后一根救命稻草。"⑳

虽然撒切尔夫人对和蔼可亲、正派得体的默里并无敌意，但她不为工会的抗议所动。在这次会议上，杰弗里·豪解释说，政府通讯总部是个特殊案例，这个做法本身并不是批评工会。撒切尔夫人不认可这一说法。杰弗里·豪向她提交了自己四天后就此主题辩论的演讲稿，他在结尾用了一个句子说，他不想"怀疑政府通讯总部职员的忠诚"。撒切尔夫人在职员前面插入"每一位"几个字。㉑[1] 虽然没有证据显示杰弗里·豪认为工会会员是为苏联效劳的叛徒，但是在1981年的事件之后，撒切尔夫人怀疑他们对政府通讯总部的忠诚度。杰弗里·豪在议会发表演讲时，坚持按自己原来的文本，没有念出她插入的字眼。他当时没有对她的做法直言不讳，不过后来认为政府通讯总部事件是典型的"玛格丽特最悲剧性的失败：她不能调和，不赞赏别人的爱国主义精神"。㉒ 阿姆斯特朗在谈判中相信，自己达

1 没有理由认为，撒切尔夫人的政府怀疑政府通讯总部职员的忠诚。早在4月份，女王访问约旦后，她写信给接替托维担任政府通讯总部主任的彼得·马利丘奇，感谢他们监视对皇室的威胁，并感谢他们在"人事困难与焦虑"时期表现出的"忠诚和专业精神"。［撒切尔夫人致函马利丘奇，1985年4月2日，首相文件，安全、资金来源、政府通讯总部的地位与职员，第3部分（在内阁办公室查阅的文件）］

到了撒切尔夫人要求的“97%”。换了杰弗里·豪，对此会感到满意，但撒切尔夫人不满意。阿姆斯特朗回忆道：“她想要从政府通讯总部把工会彻底赶出去。她要的是百分之百的满意。”㉓ 至少在数字上她得到了非常接近的结果。到了 3 月 2 日，6616 名雇员接受了新安排，占切尔滕纳姆全体雇员的 95%，只有 45 人拒绝接受。

她仍然坚持自己的立场。工会最后做出让步，提出所谓“口袋里的卡片”方案，就是允许政府通讯总部职员保持全国工会会员身份，这些工会会员在政府通讯总部不享有谈判权，但她不接受。她同意职员们可以组织一个协会，但不能享有行业行动权，不能与外部工会有任何联系。一旦政府通讯总部的资金来源转移到公众视线以外的“不记名投票”模式，就比较容易向职员提供较好工资和待遇。撒切尔夫人要确保这些雇员在没有工会的情况下切实得到好处：“我要确保他们认识到，职员协会比工会好。”㉔ 经过近一年的咨询、议会和公众的辩论、司法审查，政府在 7 月份的上诉中败诉，不过 12 月份在议会上院获胜。撒切尔夫人仔细遵循了阿姆斯特朗的所有解决建议，不过拒绝做出任何让步。在此过程中，她得到首席私人秘书罗宾·巴特勒的坚决支持，按高里的话说，巴特勒的“鹰派立场比你更强硬”。㉕ 他经常在阿姆斯特朗提交的备忘录页边写点鼓励的话语，敦促撒切尔夫人不要受到任何情况诱惑让人产生屈服的印象，他还在伯纳德·英厄姆支持下撰写了一份备忘录，陈述种种危险。巴特勒回忆道：“我觉得罗伯特与公务员工会的关系可能太亲密了。”㉖

巴特勒还意识到，撒切尔夫人的政府受到当时大潮流的广泛指责。巴特勒对她写道：“如果你在这个问题上不坚定，人们会认为这是个铁一般的证据，证明你第二届任期不及第一届果断。”假如她此时表现出软弱，“政府将受工会的摆布”。㉗高里记得，看到巴特勒上班时的劲头，他心里不禁想说：“看样子，这个人想做下一任内阁秘书！”㉘但是，从他上司的角度看问题，巴特勒当然是对的。迄今为止，她在与工会的斗争中一直在获胜，但假如她稍有退缩，不仅会在第二届任期输掉第一仗，还会在未来规模更大的战斗中丧失战斗力。一位雄心勃勃的公务员看出这一点，说明撒切尔夫人通过赢得第二次大选胜利已经战胜了官僚机构中所持的怀疑看法。她的私人秘书蒂姆·弗莱舍回忆说：“政府通讯总部的问题成为一个象征：官僚中对她的主要抵触情绪已经不复存在。这或许是一场不对称的战斗，不过，她一旦投身斗争，就抱着必胜的信心。”[29]巴特勒明白她如何改变着一切。阿姆斯特朗或许不明白这一点，更可能的情况是他本来明白，但不喜欢。

宣布在政府通讯总部取缔工会六个星期后，这个事端还远远没有平息下来，撒切尔夫人便不由自主卷入与英国最大的工会组织进行的大规模战斗中。

1981 年 2 月，撒切尔夫人曾向全国矿工工会屈服（参见第二卷第 5 章）。那时，她的政府还没有做好应对准备，为了避免一次罢工，她放弃了为节省采煤行业开销而关闭矿井的计划。遭挫败那天，伯纳德·英厄姆向她提交了一份口吻悲伤的备忘录，叙述上午在媒体发布会上遭攻击的情形。他说，记者们想要证实，政府做了个“180 度大转弯……原因是不清楚经济成本”。他说，他在答复中不得不辩称，“任何一个政府都不可能从 A 到 B 走一条直线”。[30]英厄姆知道得很清楚，他是在尽力把一份最糟的工作做好，不过他的回答倒是准确的。撒切尔夫人的确打算从 A 点直接走到 B 点。采煤业亏损严重（1983—1984 年度达到 13 亿英镑），要求政府提高补贴，让她别无选择。到了 1984 年 3 月，她做好了准备。

她在 1981 年表示屈服的一个优点是非常迅速，没有遭受爱德华·希思 1974 年的命运，不是在长期打一场没指望取胜的消耗战后战败，而是立即宣布屈服。巴特勒回忆道：“我非常钦佩她迅速放弃立即撤退的做法。她发誓以后再也不那样急忙逃走了。”[31]为了英国经济转型和工会改革，为了她的政党驱除 1972 年和 1974 年贻害的需要，为了她本人的自豪感和保住职位的具体需要，她绝对不能再次让全国矿工工会击败。在这个问题上，撒切尔夫人并不知道全国矿工发生罢工的理由，更难把握他们何时会举行罢工。她所知道的就是这能决定她作为首相的去留。于是，作为一个往往更多依本能而不是靠策略行事的女人，撒切尔夫人开始筹划了。

不论政治多么复杂，计划本身是简单的。最重要的是所谓“维持期”：在彻底停产后要能维持，就必须有足够多的存煤。由于近四分之三的英国煤炭产量要用于发电，这意味着首先要在坑口和电厂有足够多的库存，还意味着需要时能从坑口运出这些库存原煤。这就进而需要通过工会法，限制纠察活动封锁运煤，警方也要有足够的权力和警力强制执行这种限制，强制执行普通法。虽然维持期的诸多要求是高度技术性的，但撒切尔夫人是个科学家，很喜欢表现自己的化学知识，比如为了保证电厂正常运作，涡轮机对降温用的二氧化碳的需求量——这的确是个组织的问题，也是个政治意志的问题。

在1981年，尽管撒切尔夫人努力刺激迟钝的白厅运转起来，煤炭也仅有六个星期的用量。这意味着政府承受不起一次罢工：电灯很快就要熄灭。那次失败后，政府意识到，至少六个月的维持期是必需的。从1981年7月起，彼得·格雷格森在内阁中负责将这桩事情处理得井井有条。年轻的格雷格森曾在爱德华·希思政府中担任私人秘书，在1972年首次向全国矿工工会屈服时，他目睹并体会到“深深的沮丧情绪”。[32]格雷格森相信，需要为一次罢工准备更好的战略监督。他坚持认为，政府在公共领域薪酬的策略应当与维持期挂钩。他主管一个“官方小组”，准备应对煤矿行业的罢工，还在内阁办公室主管工会改革工作。

撒切尔夫人也开始做必要的政治准备，让1981年冉冉升起的新星尼格尔·劳森接替戴维·豪威尔担任能源大臣。照劳森说，撒切尔夫人对他的交代简明扼要。她说：“尼格尔，我们绝不能允许发生煤炭工人罢工。”[33]与左翼许多人的看法不同，这话意味着撒切尔夫人不愿撇下正常工作去跟矿工斗争。不论她多么想要击败好斗的工会，她的态度根本上是防御性的。格雷格森这样解释当时的任务：“我们绝对不渴望斗争。我们要争取尽可能长的时间。”[34]劳森从撒切尔夫人的话中明白，她的指示是不向全国矿工工会让步，要在政府的地位足够坚实的时候抵御他们。1981年11月，全国矿工工会会员中70%以上投票支持左翼极端分子阿瑟·斯卡吉尔在温和的乔·戈姆利卸任时担任全国矿工工会主席，戈姆利的任期在1982年4月结束。斯卡吉尔在政治上完全是保守党政府的反对派。因此预料不久会发生攻击。

奇怪的是，煤储量的增加并没有引发更多争议。1982年2月，在劳森建议下，撒切尔夫人与高级同僚讨论这个事态。吉姆·普赖尔此前曾提出个传统“湿派”的反对意见，认为囤煤会被视为“挑衅”。[35]但实际情况是囤积进展顺利。采煤业的高昂成本可以被中央电力局的高额利润所掩盖，而不是加到国家煤炭局的巨额亏损数字上。彼得·格雷格森回忆道：“我们能侥幸逃脱，让我感到吃惊。人人都能看到电厂堆积如山的囤煤。斯卡吉尔怎么就不来阻止呢？”[36]超额生产对普通矿工是件好事，因为这有助于消除关闭矿井的威胁；对铁路工人是件好事（他们也害怕发生罢工），因为他们向电厂抢运煤炭可以多挣加班费；对温和的电厂工人也是桩好事。囤煤工作进展很快。1983 年 7 月，保守党在竞选中赢得压倒性胜利后，罗伯特·阿姆斯特朗向撒切尔夫人报告说，到 11 月，电厂的存煤可使用六个月。[37]

政府还考虑了管理方发言人的能力问题。先前与工会发生的对抗证明，国有企业的领导人无比懦弱。撒切尔夫人清楚，这种状态必须改变。1982 年，她坚决支持劳森选择原子能管理局局长沃尔特·马歇尔担任中央电力局的董事长。她重视马歇尔的科学专业文凭，钦佩他奋不顾身恪守发展核能源的承诺，如果核能源得到完全开发，将永远不再依赖煤炭。“马歇尔给了她信心，他是这方面的专家。”[38]她同意劳森的看法，认为马歇尔“在准备抵抗一次罢工过程中会与政府全面合作”。[39]后来的事实果然如此。罢工一开始，他就展示出令人钦佩的精明手腕：“他巧妙地从一个电厂向另一个电厂悄悄运送零配件。”[40]

更加重要的人事问题是煤炭局的董事长该由谁担任。从 1972 年到 1982 年担任董事长的德里克·以斯拉是个传统的典型社团主义分子，撒切尔夫人反对这类人，因为他们总是追求最大限度的一致，而不是做出艰难的决定，这种人在很大程度上姑息工会经营这个行业。在 1981 年 2 月的失败中，政界责备他态度懦弱。以斯拉的董事长任期在 1982 年结束，劳森便指定上了年纪但精明强干的后备人员诺曼·西多尔担任这个职务，为期一年。有一段时间，劳森一直在设法聘请麦格雷戈担任此职。麦格雷戈是个有争议的苏格兰裔美国人（也上了年纪），1980 年，基思·约瑟夫委任他扭转英国钢铁公司的亏损。约瑟夫提出个想法，让麦格雷戈身兼二职，既运作煤炭，也运作钢铁，但遭到否定。于是，1983 年 3 月，他被正式任命为煤炭局董事长。他在 9 月份上任时，撒切尔夫人已经赢得了第二届任期。竞选胜利后，她任命尼格尔·劳森担任她的新财政大臣，需要有人接替他在能源部的职位。她邀请政府中遗留下的主要“湿派”人物彼得·沃克做这份工作。虽然她不信任沃克，而且在经济政策方面与他意见相左，但高度重视他的能力。她对自己的私人秘书说：“如果彼得愿意在我的每一届内阁中任职，我会给他保留职务的。”[41]照沃克自己的话说，他本打算拒绝接受任职，但撒切尔夫人提出让他担任能源大臣，他意识到，假如他拒绝，她会说：“面对斯卡吉尔，他逃走了。”[42]于是，他接受了。

※ ※ ※

到了1983年秋天，撒切尔夫人的主要助理人员均已到位，她已经整装待发了。彼得·格雷格森告诉她说，各电厂的存煤已经到了储存能力的最上限。如果此时发生罢工，比以往任何时候的抵御能力都强，“再说，今年没必要为避免煤矿工人罢工做特别努力”。㊸现在该努力推动采煤行业采取经济的运行方式。新到任的伊恩·麦格雷戈提出为实现这个目标的“初步结论”，他不想被“困住”。彼得·沃克担心走漏风声，只在与首相会见时披露了这些内容，这次会议记录并没有流传到首相私人办公室以外。麦格雷戈认为煤炭工业的未来将是“光明的”，他说，沃克“应付这种局面显然相当老练”。㊹他想要继续投资建立低成本煤炭生产能力，“作为关闭矿井后对劳动者的一种补偿”。从这时到1985年，他打算建议再关闭75座矿井，将用工人数从202000减少到138000。[1]有些地区受关闭矿井的影响严重：例如在威尔士，三分之二的矿工会失业。

---

1 英国广播公司前工业记者尼古拉斯·琼斯等批评家抓住这次会议记录当证据，指责政府制定了一个“摧毁英国煤炭业的秘密计划”，他们就像斯卡吉尔当时宣称过的一样，证明政府有一个秘密的“暗杀名单”，指定要关闭70多座矿井。（http://www.cpbf.org.uk/body.php?id=3007; http://www.bbc.co.uk/news/uk-25549596）这份会议记录文件并没有提供政府“暗杀名单”的证据，不过记录了沃克汇报中提到的麦格雷戈的坚决主张：“不是关闭矿井的清单，而是逐个关闭的步骤。”［唐宁街10号会议记录，1983年9月15日，TNA: PREM 19/1329 (http://www.margaretthatcher.org/document/133121)］关闭75座矿井的数字仅仅是麦格雷戈的初步建议，但没有说服大臣们。沃克做出结论，认为“其中问题太多”，没有做出决定。这项政策直到1984年1月19日的会议上才确定下来。这一次，没有提到拟关闭矿井的具体数目，不过大臣们将注意力集中在减少用工人数上。麦格雷戈建议，在今后两年中，加快减少劳动力的进程，根据一项大幅度裁员计划，将减少的劳动力人数从28000加快到45000。撒切尔夫人在会议结束时归纳说，“接受加快降低煤炭生产量的目标”，这正是加快遣散超额员工计划中的说法。［唐宁街10号会议记录，1984年1月19日，TNA: PREM 19/1329（http://www.margaretthatcher.org/document/133712）］这项政策的目的是要为煤炭工业奠定可持续发展的基础，而不是摧毁它。两个星期后，沃克宣布投资4亿英镑，在贝尔沃谷地建设新矿井。（参见 http://www.margaretthatcher.org/archive/1984cac1.asp）

没有证据显示，撒切尔夫人对麦格雷戈那个一揽子计划的具体内容表示过强烈认同。她信赖他，让他在符合商业原则的前提下制定相应的细节。她主要关心的是做好准备应对罢工。1983 年 10 月 31 日，对峙的第一阵轰隆声出现了。全国矿工工会为抗议现行的加班工资和关闭矿井的传言，开始禁止加班。两天后，在撒切尔夫人主持的一次内阁大臣会议上，大家认为罢工的危险“在 1984 年下半年有可能增加”。[45]大臣们假定，全国矿工工会肯定不会在煤炭用量降低的春天开始举行罢工。为对峙作的准备工作在继续。撒切尔夫人在会上说：“第一优先考虑，应该集中在对下一年有利的措施上。”[46]

尽管做了周密的准备，罢工的开端仍然让人惊讶。1984 年 3 月 1 日，南约克郡煤炭局董事长错误地宣布，南约克郡一座名叫考顿伍德的煤矿要在五个星期后关闭。3 月 6 日，麦格雷戈公布，1984 年该行业要裁员 2 万人。然而，撒切尔夫人的政策小组向她的办公室提交备忘录表示：“在这个阶段，我们认为不该无端让首相感到惊慌。”约克郡和苏格兰矿工有可能在主管部门支持下未经投票就举行罢工，政策组的备忘录接着表示，但是“不能在未经全国投票赞成的情况下举行全国性罢工”。[47]在 3 月 8 日的内阁会议上，撒切尔夫人宣布建立一个由资深大臣组成的大臣小组（MISC 101）应对这一局面。同一天，全国矿工工会官员宣布在约克郡举行罢工，苏格兰工会官员援引了“区域行动”权。根据非常重要的《第 43 号规则》，举行全国性罢工需要工会会员对是否罢工投票表决，尽管少数人要求表决，却没有得到采纳。大多数矿工并不想举行罢工，诺丁汉郡和兰开斯特郡的矿工们尤其不愿罢工。

撒切尔夫人渴望表明，她的政府采取的方针与前任保守党政府不同。她在内阁会议上说：“煤炭工业的争论完全是国家煤炭局和全国矿工工会之间的问题，政府既不干预，也不做评论。内政大臣应当继续保证依法行政。”[48]这个信条是有道理的。在希思执政时代，很多灾难都源于一个错误的观念，认为政客干预会解决问题：其实这恰恰让罢工者得到了他们追求的政治影响力。只有让劳资纠纷局限在雇主与雇工之间，而不是成为政治冲突，英国工业界才能恢复理智。正因为她不想成为纠纷的一方，才热衷于任命伊恩·麦格雷戈这样的人。然而，不干预信条又是个谎言。政府要为国家煤炭局的巨额损失买单，最终要负责法治、公共秩序、保证能源供应。假如一切都失控，政府就得下台。因此，政府在任何纠纷中都逃不脱干系。

第二天，撒切尔夫人便面对着这个矛盾了。伊恩·麦格雷戈按照多日前的约定来见她，讨论英吉利海峡隧道问题。出于非国家煤炭局的商业理由，他对此项目感兴趣（参见第四卷第 2 章）。两人在转入这桩业务前，先讨论了矿工的纠纷，讨论时彼得·沃克也在场。麦格雷戈解释说，全国矿工工会在没有进行投票表决的前提下，试图发起全国性大罢工。约克郡的跨界纠察队正在阻止诺丁汉郡的人们上班，而警察一筹莫展。他强调指出阿瑟·斯卡吉尔的政治目的。㊾看来，这是对撒切尔夫人的第一次真正考验：在其他地方的罢工者恐吓下，愿意继续工作的人们能否工作？矿井能否保持开放？法律能得到尊重吗？按照安德鲁·特恩布尔的话说，她听了后简直“气炸了”。㊿首相“深感担忧”，唯恐 20 世纪 70 年代的灾难再次降临。她宣布说，“萨特利炼焦厂[1]的事件要重演了”，现在的关键是“坚定各郡警察局长的决心”。(51)麦格雷戈和沃克仍然在场，她接通了内政大臣的电话，命令他要求首席警官协会“告诉警察们，他们必须保证矿工上班，而不是仅仅维持秩序”。(52)

接着，她主持了一个更广泛的大臣会议。对大臣们说她刚刚见过麦格雷戈，了解到纠察人员正阻止想上工的人去上班：“这个星期之初，93 个矿井正常，71 个关闭”，但是，到了 3 月 14 日星期三这天，133 座矿井被关闭。她接着说：“看来，警方没有充分履行自己的职责。”(53)布里坦不安地附和道，他对警方的反应感到不满意，但是“他在内政部能够行事的范围内已经达到了极限，还得尊重警察部队的宪法独立性”。

虽然从宪法的角度看，布里坦是对的，内政部不能向警察发布行动命令，但这不是问题的关键。警察制止跨界纠察人员离开本地区是有先例的：

1 1972年发生在萨特利炼焦厂的对抗成了爱德华·希思与全国矿工工会之间斗争的转折点。当时的约克郡矿工领导人阿瑟·斯卡吉尔采取大规模纠察的方式，成功迫使警察离开运焦炭的货车。不久后，道格拉斯·赫德在自己的日记中写道：政府竟然“在战场上徒劳地闲逛，想要寻找接受其投降的人”。（道格拉斯·赫德，《承诺的终结：一个政府的素描，1970—1974》，柯林斯出版社，1979年，p.103）矿工们赢得了工资斗争，斯卡吉尔收获了胜利的荣耀。

前一年，埃迪·沙阿禁止工会活动引发的纠纷中，贝德福德警察曾禁止纠察者跨界去沙阿在曼彻斯特的办公地。两地警察的“相互援助”原则已经建立得十分完善。警察局长们需要了解的，就是这样的行动是否得到所需的政治和经济支持。尽管布里坦对规则做了仔细正式陈述，但他对这一点知道得清清楚楚。他注意到撒切尔夫人极其焦虑，他自己也同样焦虑。他记得曾对内政部常务秘书布赖恩·卡本说过：“我知道警方对强制执行纠察法不表态。我赞成行动独立，但是，假如他们不采取必要行动制止暴力，宪法规定就不能幸存。”㊹他没有对撒切尔夫人这么说，[1] 也没有直接对任何警官这么说，而是要求卡本传达他的话。

卡本认为，有些警察局长“需要一点鞭策”。㊺他便向所有警察局长发出他所谓的“加油信”。他还特别与诺丁汉郡警察局长联系，鼓励他。卡本回忆道：“他是个坚强的人，不过需要帮助。”㊻所有警察局长还需要金钱，用于支付额外的开销。随着纠纷的持续，他们从内政部得到了所需的特别津贴。为了强化中央对纠纷的控制，布里坦利用内政大臣的权力“要求提交报告”。1981 年暴乱时用于协调信息的新苏格兰场“国家报告中心”这时成为英国宪法允许的最接近国家控制机构的指挥中心。在纠纷后期，莱斯特市一个秘密中心也协调通报所有警方信息。英格兰、威尔士和半数苏格兰警察部队加入到相互援助中。

卡本给警察“加油”的信息立即产生了效果。1984 年 3 月 19 日星期一，安德鲁·特恩布尔报告说，那天有 44 座矿井开工，相比之下，上个星期五只有 11 座。结果，煤炭局赢得了约克郡矿工工会禁止对诺丁汉郡[2] 采取跨界纠察的禁令，便暂时放弃了法律诉讼。㊼此前，麦格雷戈已经向沃克通报说，假如政府希望，他在这个前线采取的所有行动（法律挑战）当然可以改变。㊽与撒切尔夫人的所有下属相比，特恩布尔的工作更加贴

1 从撒切尔夫人政治地位看，幸运的是，她当时作为反对党领袖在“不满之冬”与之争论的工党内政大臣默林·里斯被授权向警方提供“建议”，告诉他们如何应付全国范围的大规模纠察。

2 根据1980年的《就业法》，只有在自己的工作地点设置纠察线才是合法的。根据1982年的《就业法》，工会若组织非法纠察活动，将承担由此产生的经济责任。

近矿工罢工，他相信，她3月14日愤怒的反应对整个纠纷是至关重要的。他回顾起那场罢工，评论撒切尔夫人的反应时说：

> 关键大概就是3月14日星期三那天，当时碰巧麦格雷戈先生去拜会你，讨论英国与欧洲大陆铁路直通连线……在紧接着的那次会议上，你激励内政大臣，他转而激励警方，保持通往矿井的道路畅通。这直接让首席警官协会活跃起来。假如首先展开的那次战斗失利，其他战斗都只能是纸上谈兵。[59]

撒切尔夫人在最后一个句子下画了一道横线，表示赞许。

这次罢工自始至终保持着同样的基本特征。在整个过程中，全国矿工工会拒绝对是否罢工举行投票，诺丁汉郡和几个其他地区一直处在警方的严密保护下，生产照常进行。在最低谷时，维持着全国20%的正常煤炭产量，而在罢工即将结束的最好情况下，产量达到了50%。由于政府对“维持期”的计算显然没有包括继续生产，所以照撒切尔夫人看，这些“破坏罢工”得到的产量都是自己的收获。回顾往事，不由觉得这次罢工是一场消耗战，考虑到囤积起的存煤，政府必然获胜。不过，当时的感觉却不一样。而且真实情况的确不是这样。在许多时刻，工会的团结、全国矿工工会的暴力、法律的灾难、煤炭局处理谈判不当、失去政治信心等都可能导致失败。就连撒切尔夫人一再要求而斯卡吉尔拒绝的全国罢工投票，对政府也充满了危险。假如真的进行了这场投票，结果却是个“错误”，那么斯卡吉尔的行动就会赢得民主的合法性，在政治上难以抵御。利昂·布里坦回忆起当时的情况说：“我们根本没想过自己肯定会失败，但我们只知道，我们有三分之二的获胜把握……人们认为，矿工工会就像天要下雨一样不可抵抗。”[60]

撒切尔夫人和接近她的人们心里在不断地想，这次矿工罢工是“英国历史上一次影响深远的事件”。[61]假如处理不当，选错方案，那么决定撒切尔夫人政府命运的就是1974年2月大选时没有恰当回答的那个问题：“是谁在统治英国？”如同战争中的情况，形势每天都在多个战线上发生戏剧性的变化。一份“每日煤炭报告”提交给大臣们和官员们，列出产量吨数、开工的矿井数、上工的工人数、警察受伤人数等数据，还提出法律行动等建议。唐宁街工作人员研究这些具体情况时，焦虑心情和关注程度与投身马尔维纳斯群岛冲突时旗鼓相当。他们关注的地名不再是马尔维纳斯群岛的布拉夫科夫、古斯格林和朗顿山，而是如今大家熟悉的矿井名称：夏尔布鲁克、曼顿和比尔斯顿格伦。整个纠纷期间担任撒切尔夫人政治秘书的斯蒂芬·舍伯恩说："记得 1914 年时，谁也没料到战争会持续四年之久。"[62]要求的维持期不仅涉及存煤，更需要意志、关注和士气。

但是，斯卡吉尔不举行罢工投票、诺丁汉郡不服从他的命令，这意味着这场战争虽然是政府与工会领导人之间的冲突，也变成了罢工者的内讧。暴力纠察一开始，撒切尔夫人就迅速公开宣布："这不是矿工与政府之间的纠纷，这是矿工与矿工之间的纠纷。"[63]在整个纠纷期间，这条路线从来没有让她失望过。

就像在战争中的情况一样，出现过对指挥权的争议。这种情况迅速以正式名称确定下来。MISC 101 大致与战时内阁相当（不同于战时内阁的是，这个组的成员还有财政大臣）。伊恩·麦格雷戈和煤炭局独自负责应付全国矿工工会。煤炭局的上级机构是能源部。人们认为，撒切尔夫人定期会见麦格雷戈是不合适的，她便依赖沃克与煤炭局单线联系。

这些在大道理上讲都是对的，谁也不怀疑沃克担任大臣的能力。但撒切尔夫人天生渴望了解具体细节，这种安排无法满足她的需要，也不能缓和她对沃克的怀疑。巴特勒说，她尊重沃克和麦格雷戈在业务上的坚定性，但她日渐质疑他们的战术能力，觉得他们会"像皮姆和外交部在马尔维纳斯群岛战争中那样敷衍塞责"。[64]有这种想法的不止她一人。这次罢工期间，大臣和官员们提交的备忘录常常提到发生的事态不透明，提到 MISC 101 内部的紧张气氛。在撒切尔夫人和与她有同感的人们心中萦绕着一种担忧，唯恐沃克策划一种交易"解决"罢工问题，而条件是在政治上有利于他自己，但对撒切尔夫人的政策造成灾难。当时人们不断做出努力，设法从沃克嘴里套取更多信息。在一次重要会议之前，撒切尔夫人收到一张典型的秘密信函，通报说，沃克刚刚与麦格雷戈谈过话，"因此不能推说不知道或不能说国家煤炭局在做什么样的计划"。[65]

在这种情况下，撒切尔夫人便从其他渠道得到信息和建议。一个渠道是她由约翰·雷德伍德主管的政策组。在成员戴维·帕斯卡尔、彼得·沃里和雷德伍德本人的坚持下，政策组在争议中主张采煤业应设定结构精悍、运作良好的目标，而不是找到渴望解决争议的方案。另一个重要信息渠道是伯纳德·英厄姆，他巧妙策划了向公众发布的叙述信息。英厄姆是接近撒切尔夫人的少数人中非常了解工会的人。在20世纪70年代，他与《卫报》的劳工记者建立起联系，这让他在纠纷期间与工会领袖保持着非正式接触，并向撒切尔夫人解释工会的行为。他还弥补了国家煤炭局新闻部门的不足，随着罢工的持续，这成了个相当重要的因素。

上工的矿工在这次冲突中显然变成了中心人物，政府便想更多地了解他们，但这又是困难的。直到事态的末期，他们并没有明显的组织。[1]撒切尔夫人发现，上工的矿工“在许多方面与她的世界观吻合”。㊻他们似乎代表了她最崇拜的每一个事物：他们想要工作，他们反抗左翼工会的好斗性，他们勇敢面对威胁和暴力。然而，煤炭局和能源部认为，上工的矿工往往表现出复杂性。他们以前与全国矿工工会关系密切，甚至十分亲密，因此不欢迎新的元素加入进来。撒切尔夫人一直反对这个看法，坚持认为必须始终考虑上工矿工的利益。但在这方面她缺乏信息。在这一点上，发挥作用的是她最奇特的建议渠道：一个名叫戴维·哈特[2]的人。哈特有神奇的自我推荐能力，有天资，有真才实学，他对上工矿工的目的有自己的看法，并把这看法告诉了撒切尔夫人。

哈特属于一种知情人和局外人，而撒切尔夫人最容易受这种人影响。蒂姆·弗莱舍评论说：“她喜欢危险人物，而他就是这样一个人物。”㊼哈特的父亲是位银行家，他曾经十分富有（在20世纪70年代破产），对自己的犹太特征有明确的意识，喜欢佩戴伊顿公学时的领带，不过他当年在伊顿公学读书时并不愉快。哈特是个自由意志主义者，是个冷战斗士，还与里根政府的几个成员有密切关系。他的密友们认为他是个“游手好闲者”，但对于自己信赖的事业，他是个足智多谋的推动者，还常常自掏腰包提供支

1 在诺丁汉郡的正式全国矿工工会领导人支持全国工会的路线时并不热情，但他们很快便发现，自己的命令在本地不起作用。

2 戴维·哈特（David Hart, 1944—2011）毕业于伊顿公学；担任政治顾问，还是小说家和地产开发商。

持。他帮助说服在英国的美国亿万富翁和慈善家约翰·保罗·盖蒂[1]捐献大笔资金，帮助上工的矿工建立组织，特别是让他们把钱花在反对斯卡吉尔和全国矿工工会的法律诉讼方面。1980年，哈特通过政策研究中心认识了撒切尔夫人，喜欢将自己认为“街上”有什么想法告诉她（这是个美国词语，意思是城市百姓，他属于英国最初使用这个字眼的人）。他频繁从街上向她提交报告，还提供半带请求口吻的忠告。这一切都让她感兴趣，她不顾工作人员反对，允许他时而来会见。工作人员则认为他声名狼藉，往往不给他提供方便。[2]

哈特还是个小说家。在他的一部自传体小说中，略带含蓄色彩的主人公多夫是个英勇的人物，他说：“我终于变成个翱翔在英格兰上空的鹰隼。从高空俯瞰，我知道，首相是我的。”⑱这个比喻表达出哈特的渴望。矿工的罢工让他接近实现自己的愿望，不过其实并不非常接近。罢工一开始，诺丁汉郡仍在继续开工，他便认为有责任去视察矿区，有时是乘坐着专职司机驾驶的奔驰轿车，去查看那里的事态。哈特像许多矿工一样吸鼻烟，因为井下禁止吸烟，矿工就以鼻烟替代。这让他产生奇怪的感觉，认为自己“适应了”采矿社区。⑲他在几次突然访问后向撒切尔夫人发去生动的描述文章。例如，在1984年4月底，他对比描述了在诺丁汉郡矿工中间的见闻以及参加谢菲尔德斯在卡吉尔集会上的一次经历。在描述那次集会上的经历时，他对她说：“纽伦堡式的想法挥之不去……散发着法西斯的恶臭。”他警告她说，目前诺丁汉矿工因为受到强制，所以“对斯卡吉尔非常愤恨”，但是，假如他们能得到决定是否罢工的投票机会，却有可能投票赞成罢工。⑳撒切尔夫人仔细阅读这些报告，从头到尾做了下划线，后来她回忆道：“他的确有真才实学。”㉑随着时间的流转，哈特的活动还有利于

---

1 约翰·保罗·盖蒂（John Paul Getty, 1932—2003），1998年接受了英国国籍；1986年受封第二等高级英帝国勋爵。

2 1983年保守党大会开会时，哈特想要在最后时刻修改撒切尔夫人的演讲稿。撒切尔夫人对舍伯恩说：“我刚刚见过戴维·哈特，他对演讲有个绝妙的想法。”舍伯恩回忆道：“我当时吓坏了，打开房门对旅店走廊里的侦探们说：‘要是有个名叫戴维·哈特的人来找我，就说我不在这儿。’一个身穿套装的人说：‘我就是戴维·哈特。’”（舍伯恩勋爵访谈）

伊恩·麦格雷戈。他向麦格雷戈和撒切尔夫人提供了关于上工矿工的大量信息，不过，他也帮倒忙，激起她反对沃克。

罢工开始的喧闹过去后，在撒切尔夫人眼中，紧接着的下一个危机就是罢工举行全国投票的问题。斯卡吉尔十分自信，认为自己在矿工工会全国执行委员会占有多数，便努力争取改变规则，将55%的选票同意方可举行罢工降低为50%。政府对此感到极为紧张，不仅因为同意投票将中止生产，还因为罢工合法化会让其他工会感到有必要声援矿工，尤其是铁路工人和钢铁工人。政府意识到，斯卡吉尔在全国劳工联合会中不得人心，便希望工会领导人不要与他联合。早在4月份，政府放弃了改革政治税的计划。政治税是工会会员必须向工党支付款项的做法。改革计划是将对工党有帮助的强制性制度改变为义务性的。放弃该计划导致保守党后座议员发起反抗，但政府决心避免不必要的冲突。

1984年4月19日，斯卡吉尔在谢菲尔德召集了一个工会特别代表大会，目的是批准他建议的改变规则方案。前一天，约翰·雷德伍德和戴维·帕斯卡尔对撒切尔夫人说，假如斯卡吉尔成功降低了通过罢工的投票比例，这个大会可能“建议举行一次罢工投票，预期他们会在投票中获胜”。[72]假如发生这样的情况，全部煤炭运输活动就将中止，电厂的存煤可以维持到9月底，但供应已经减少，如果纠纷开始影响到公众，他们的态度会“软化”。结果，那次大会虽然为改变规则投了票，接下来却拒绝马上就罢工进行全国性投票。在斯卡吉尔本人影响下，没有进行这次投票，因为他对全国投票中能否获胜信心不足，却对使用大规模纠察过度自信，认为可以强制纠察没有说服的地区。5月3日，布里坦向内阁报告说，全国矿工工会的策略现在已经由斯卡吉尔“个人掌管”，他试图严厉打击单个矿井，为的是实现“最大限度的奇袭效果”。[73]前一天，8000多名纠察人员出现在诺丁汉郡的哈沃斯煤矿。尽管如此，沃克却告诉同僚们说，那里的煤炭产量和运输量都是罢工以来最高的。

通过选票箱没机会决定任何问题后，在工会纠纷的实质性方面，猛烈程度加强了。斯卡吉尔渴望找到突破口，却低估了全国矿工工会的性质。全国矿工工会实质上是个联合会，每个地区都有很强的个性特征。以约克郡为基地的先锋们对诺丁汉郡同行指手画脚越多，诺丁汉人对工会中央的忠诚度就越弱。毕竟在诺丁汉地区73%的矿工投票反对举行罢工。人们说，这是“斯宾塞主义”复辟。这是指1926年煤矿罢工失败后，诺丁汉郡矿工领袖乔治·斯宾塞领导的分崩离析的工会。斯卡吉尔的支持者举行游行示威，他们主要来自约克郡，5月中旬抵达诺丁汉郡的曼斯菲尔德后发生暴力活动，90到100名警察受伤，但对诺丁汉人的工作没有形成多少影响。沃克向同僚们报告说，斯卡吉尔“发表了日后必然后悔的两个声明”。[74]他“声称推翻政府是这次罢工的一个明确的目标”，他还向矿工们表明，这次罢工要持续到12月份。就针对上工矿工和警察的暴力行为的报告，撒切尔夫人做出极其强烈的反应。她在会议备忘录上批注道：“大多数正派人对此感到恶心。”[75]暴力活动增加强化了她找到合理解决方案的态度。

随着暴力的升级，撒切尔夫人开始为煤炭局感到担忧，唯恐他们匆匆接受不恰当的条件。国家煤炭局是个国有化企业，也是个除伊恩·格雷格森外从上到下全都加入了工会的企业，[76]自然有一种倾向性，认为随便达成个交易总比不达成交易的好。虽然麦格雷戈比他的大多数同事更坚定，不过有一点渐渐显露出来：虽然他是个“非常坚定的卓越人物，但他对谈判文本不很在行。放弃权利的协议签署得太多……撒切尔夫人总是感到怀疑”。[77]罢工开始约二个月后，在广泛谈论可能的交易时，彼得·格雷格森警告撒切尔夫人说：

> 大臣们担心，某天早上得知国家煤炭局已经开始谈判关闭矿井事宜，却并没有把握机会讨论政府希望这次罢工产生的结果……政府正处在紧要关头，不该放任国家煤炭局完全自行其是。[78]

撒切尔夫人十分幸运，因为每次国家煤炭局似乎即将做出让步，斯卡吉尔却让他们的努力落空，他坚决不做出任何让步，不接受出于经济原因关闭任何一座矿井，除非矿井的煤已经采尽（或不安全）。假如斯卡吉尔是个比较老练、不太极端的工会领袖，准会发现并精心利用煤炭局、能源部、唐宁街10号之间的不同态度。

斯卡吉尔喜欢自视为有意识形态的英雄角色。5月底，他试图重复自己在1972年取得过的胜利，开始推行一系列的大规模纠察活动，目的是阻止从英国钢铁公司在南约克郡欧格里夫的炼焦厂运出焦炭。5 月 29 日，那里发生了严重的暴力行为，暴徒们向警察投掷飞镖和砖块，导致 69 人受伤。如彼得·沃克私下所说，那天上午早些时候，斯卡吉尔“主动请求被捕”。[79]撒切尔夫人对暴力行为表现出真正的惊骇。她第二天在伦敦西南的班伯里讲话时一再重复，这通常是她表示情绪激烈的迹象，她说：“大家昨晚看到电视上的景象了。我必须指出，这是试图以暴乱取代法治，绝对不能成功，绝对不能成功。”[80]

动乱在欧格里夫持续过程中，她还私下表达了自己的担心。她要英国钢铁公司依法对付全国矿工工会。但钢铁公司不愿这么做，因为尽管有纠察活动，但他们的货车已经能顺利运出焦炭。安德鲁·特恩布尔向首相书面报告：“你提出个问题，‘让警察在前线作战’而民事法庭不采取行动，这是否正确？但关键的问题应该是，除了道德支持外，在前线抵抗的警察是否应该减少？”[81]特恩布尔对她说，假如法庭判决扣押工会的资金，警方就要强制执行，“这对警方是否有帮助肯定值得怀疑”。[82]诚然，扣押资金不是逮捕人，不会给警方增添很多工作，但是特恩布尔说这话是为了设法制止撒切尔夫人。他与另外几位在工作上接近撒切尔夫人的人员一样，认为她热衷于将自己的政府卷入反对全国矿工工会的活动，属于“鲁莽的主意”，[83]可她往往在激动中产生这类主意。[1]在这一点上，彼得·沃克和贸易工业大臣诺曼·特比特有着惊人的一致看法，两人都认为，对于全国矿工工会的工会同行，不该用他们眼中的高压政策激怒他们。这倒不是因为沃克对法律在道德或实践方面的优点有任何疑惑，特比特就更是如此，毕竟他是 1982 年法案的撰写者。但他们认为这是个策略问题。两位大臣主张的路线是：“冷处理，不给工会留下任何借口。”[84]撒切尔夫人“责骂他们的说法，不过接受了这个忠告”。[85]她在回忆录中承认：“必须一再强调，纠察分子及其领头人违抗的是这个国家的刑事法律，而不是‘撒切尔的法律’。”[86]

撒切尔夫人不愿听取直接要求她采取缓和态度的呼吁。对欧格里夫的纠察在持续，煤炭局与全国矿工工会开始谈判。彼得·沃克向撒切尔夫人

---

1 撒切尔夫人还想象着由当地橄榄球俱乐部成员甚至由军队组织起“特别搜救队”，穿过纠察线，把煤运出来，但这些想法没有付诸实施。（特恩布尔勋爵访谈）

报告说，麦格雷戈相信，谈判“已经朝讨论这个问题的满意方向迈进”。⑰不久，媒体得知谈判的消息，报道称，麦格雷戈要提出新的“煤炭计划”。唐宁街感到紧张，唯恐在达成协议前让媒体炒作成另一种局面。6月12日，在MISC 101的会议结束前，撒切尔夫人归纳道：“最重要的是，国家煤炭局应当在根本问题上继续坚定立场，煤炭局处理谈判时不能让全国矿工工会得到机会歪曲谈判结果。”⑱她十分幸运，斯卡吉尔采取强硬立场，任何让步都变得不可能，他提出个十点计划，要求延长所有矿井的开采寿命，要求提高矿工工资，要求提前退休待遇等。接着，他谎称国家煤炭局不讨论这些想法，径直离开谈判会场。这一手法让媒体成功炒作后，让人们得到一种印象，认为麦格雷戈和斯卡吉尔一样邪恶。特恩布尔的表达激发了他上司的焦虑：“令人吃惊的倒不是斯卡吉尔先生所提要求的粗暴性质，而是麦格雷戈先生上周五向你汇报时的态度，他竟从中看出有现实可行性的迹象。”⑲对国家煤炭局交流的信息是否准确，撒切尔夫人的疑虑在增加。唐宁街10号对麦格雷戈拟发表的致全体罢工矿工公开信感到不快，有意坚持按自己的想法重拟一个版本，不过罗宾·巴特勒强烈建议避免这么做，认为即使装作“匿名”，⑳让沃克向麦格雷戈传递另一个文本也是危险的。避免卷入战斗的愿望与施加密切控制的渴望发生了冲突。

1984年6月18日，罢工高潮的“欧格里夫之战”爆发。约5000—10000名纠察队员与大约5000名警察发生对抗。对抗中，双方进行拉锯战，时而前进时而后撤，警察动用了骑警，迫使纠察分子后退，冲突十分猛烈，但全国矿工工会从未阻止满载焦炭的货车驶出工厂。战斗中，28名警察和人数更多的纠察队员负伤，警察逮捕了93名闹事分子。安德鲁·特恩布尔回忆道，欧格里夫简直就像昔日“玫瑰战争”的战场，㉑带有类似的内战含义。[1]这场大规模打斗中，双方都展示出暴力形象。欧格里夫很快变成工会传奇中一个奇特的名字。后来成为恐怖海峡乐队的歌曲《铁腕》

---

1 戴维·威利茨回忆道，煤矿工人罢工期间与撒切尔夫人工作时，感觉与参加内战旗鼓相当。“人们正在开会，撒切尔夫人在研究另一个主题，忽然，一位信使闯进门，送来报告：‘肯特郡阵地稳固……诺丁汉郡站在我们这一边……约克郡反叛了。’听了让人感觉像莎士比亚历史剧中的场景。”（与戴维·威利茨的通信）

（1991 年）的主题，2001 年英国电视四频道将这首歌翻新播出。[1] 不过，当时绝大多数公众越来越确信，全国矿工工会和斯卡吉尔本人在不正当地滥用暴力。7 月份，一项盖洛普民意调查显示，79% 的公众不赞成全国矿工工会采用的手段。更加重要的是，欧格里夫的大规模对抗证明，如今警察占有人数、装备和意志力的优势。在欧格里夫击败斯卡吉尔的纠察行动还让想要复工的矿工壮起了胆子。在 6 月份最后整整一个星期里，上工的矿工比前一个星期增加了 1400 人，上工总人数达到 53000 人。这并不是个翻天覆地的大变化，但打击上工矿工意志的企图显然落空了。在欧格里夫，斯卡吉尔为撒切尔夫人驱除了他 12 年前萦绕在萨特利的阴魂。

然而，接下来政府并没有顺理成章地获胜。关键的几个工会组织仍可能联合起来反对政府。不安的气氛实在太浓烈了，缓和局势的渴望有可能对首相造成危害，但首相却感觉让步过分。6 月中旬，保守党在一次补缺选举中失去了南普茨茅斯选区预料稳得的席位，胜选方却是社民党 – 自由党联盟。欧格里夫骚乱几天后，《每日电讯报》报道说，女王对那里的冲突感到“震惊”。⑫撒切尔夫人有可能遭到责备，说她反应过度，因此要对那些冲突负责。如果公众舆论认识到，撒切尔夫人的愿望是报复，为的是击败斯卡吉尔这个人，而麦格雷戈只是执行她个人意愿的代理人，舆论必将转而反对她。

但是，明确认为应该击败斯卡吉尔的人们士气也并不高昂。由于国家煤炭局和全国矿工工会的谈判在继续进行，上工的矿工对煤炭局向斯卡吉尔让步的前景感到担忧：种种谣传让新加入上工行列的人们感到气馁，害怕自己在可能的解决方案中得不到保护，为“工贼”身份遭受报复性打击。保守党的支持者们不能理解，为何自己热心支持的工会法得不到实施，他们讨厌看到警察被迫承受那么多暴力。为了维持暂时的平静，结果却让斯卡吉尔养精蓄锐伺机再战，一想到这种可能性，千百万人就恨得咬牙切齿。只要感觉到政府有丝毫的软弱，撒切尔夫人就心绪恶劣。很多人感到迷惑，

---

1 时至今日，人们仍没有放弃这种尝试。例如，“欧格里夫真相”和“正义运动”等组织借正式司法调查指责政府和警方，仿佛那个事件可以与1972年伦敦德里郡的“血腥星期日”相提并论。

不明白她为什么看上去行动踌躇。7月16日，罗尼·米勒递交给撒切尔夫人一份讲稿，后附了一张便条表达自己的沮丧感觉："我能肯定，这个国家在等着你把这位先生（斯卡吉尔）撕成碎片。"[93]撒切尔夫人是幸运的，在这个问题上，内阁中没有意识形态方面的深刻差异，斯卡吉尔这个敌人的政治观和个性暴露得无处遁形。她自己的政党内没有反对她的派别，但是在如何处置这个人的问题上，却实在左右为难。

7月初，沃克和麦格雷戈与撒切尔夫人单独讨论所有相关问题。彼得·格雷格森提交给她一份内容广泛的备忘录，表达了进退维谷的感觉。政府内部有个"共同认识"，那就是"在9月底之前应当迅速瓦解全国矿工工会的态势，入冬的前景会让斯卡吉尔占得重要心理优势"。[94]目前，"我们还没有看到任何创新观点……据此将这个问题推向对我们有利的一面"。在这种情况下，格雷格森建议采用三管齐下的策略。政府应该让更多的人上工；通过通情达理的谈判以及让斯卡吉尔表现为一个"居心叵测的反民主土霸王"让政府保持受公众的支持；[95]尽一切可能谨慎地将维持期延续到1985年。假如这个策略失败了，或许就有必要在9月份改变战术，开始关闭矿井，让罢工工人失业，进口煤炭供应电厂（这是政府迄今一直避免采用的方案，以免损害上工的矿工）。格雷格森还微妙地提到如何让伊恩·麦格雷戈发挥最大作用："他讲话十分简洁，往往随便说出自己的想法，你最好一开始就倾听他对这场战斗的看法。"[96]人们从字里行间能体会到，撒切尔夫人往往自己滔滔不绝，让官员们感到恼怒。

1984年7月9日，码头工人几乎在毫无征兆的情况下爆发了罢工。所有关于战略和战术的讨论便深化了。运输与普通工人工会称，英国钢铁公司雇用合同工从伊明赫姆港的堆栈向斯肯索普市的钢厂运输铁矿石，这违背了"国家码头工人计划"保护码头工人劳动权宜的规定。从表面上看，这次罢工与矿工纠纷无关，但运输与普通工人工会的领导层与全国矿工工会关系密切，唐宁街立刻明白了事态的内在联系。约翰·雷德伍德写道："这是极左派在议会以外向政府发起的一次重大挑战"，[97]其中包括煤炭工人、码头工人罢工和地方政府等多条战线。他接着写道："只有一件事比控制产业混乱更糟糕，那就是为了不切实际的结局向动用武力的工会屈服……摇摆不定、进退踌躇是危险的。"雷德伍德表示，在关闭矿井方面，任何逃避式的借口终将失败。必须重新回到"消耗战"。

政府的优先考虑是不惜一切代价让码头恢复运作。7月15日，撒切尔夫人与大臣们讨论了部署军队保持码头运输的可能性。国防部预计，部署2800人的部队，每天可保证运输1000吨矿石（50卡车）。[98]大臣们担心，这个估计值太低，于事无补。[99]总之，人们对这个提议没有多少热情。撒切尔夫人意识到，这么做没有策略上的益处，只会造成不利的宣传。[1]其实，政府的注意力焦点并不是破坏码头工人罢工，而是解决它。格雷格森提醒撒切尔夫人，煤矿工人罢工造成的政治和经济风险要大得多，因此政府应当“尽快结束码头工人罢工，煤矿工人的纠纷则需要维持多久就维持多久”。[100]

不过，大家讨论了多种应急计划，讨论本身显示出政府处于危急状态。另一个截然不同的工会问题再次出现，让形势变得更加严重。就在撒切尔夫人召集会议，研究码头工人罢工问题的当天，对取缔政府通讯总部工会进行的司法审查发现，政府没有事先协商就强行取缔，这个行为超越了其权限。撒切尔夫人是在与罗宾·巴特勒一道乘车经过报摊时，从堆积的报纸上瞥见这条标题的：

> 她对我说：“我们当然要上诉，不过，如果我们被驳回，就必须接受。法律就是法律。”我钦佩她这个第一反应。尽管在这个问题上失败会对矿工有利，但她认为法庭的判决必须受到尊重。[101]

眼下的形势实在太难堪了，里根总统也采取步骤，致函撒切尔夫人。这完全属于盟国内部的政治困难，他这一步实属异乎寻常。他说，在最近几周，“我关注矿工和码头工人工会的行动，常常怀着强烈的同情心想到你。我知道他们给你的政府造成了一系列困难”。[102]他表示了自己热情的问候，最后表示，“我一贯深信，你和你的政府会妥善处理这些事务”。1984

1 2014年，政府的有关文件解禁，导致一些错误的报道，称撒切尔夫人曾制定了一个秘密计划，要在煤矿工人罢工的严重时刻动用军队镇压。（参见《卫报》2014年1月3日，http://www.theguardian.com/politics/2014/jan/03/margaret-thatcher-secret-plan-army-miners-strike）但动用军队的可能性仅仅是在讨论码头工人罢工的场合提到过。

年7月18日，就在里根发出信函的当天，形势开始发生有利的转变，起码撒切尔夫人有了这样的感觉。首先，国家煤炭局与全国矿工工会在是否关闭没有经济效益的矿井问题上谈崩了。后来，撒切尔夫人在回忆录中写道："我必须说，我感到是极大的安慰。"[103]她在内阁会议上说："这标志着一个新阶段的开端"，政府应当施加更大压力，迫使工人复工，并推动"持续的宣传运动"。[104]第二天，码头工人罢工因缺乏运输与普通工人工会成员的支持而失败。7月23日，撒切尔夫人致函里根，感谢他的来函，并请他原谅自己迟迟没有答复，称自己在等待码头工人罢工结束。至于全国矿工工会的罢工，她对里根说："我相信，坚韧和耐心必将赢得胜利，这将是英国传统力量源泉中节制与常识的胜利。"[105]

消耗战在持续，但撒切尔夫人的不安感觉减弱了。她信赖的沃尔特·马歇尔曾向她保证说，按照目前的趋势，维持期可以维持到1985年6月份。中央电力局各工会的领导人"私下对他说，假如全国矿工工会强硬左派领导人获胜，将彻底破坏他们的温和领导能力"。[106]平时在这个领域比她还谨慎的沃克在建议中鼓励她说，[107]政府应当支持诺丁汉郡两名矿工的法律诉讼，他们指控全国矿工工会企图非法迫使他们参加罢工。但她不断得到忠告称，"假如她与上工的矿工保持秘密联系，将会破坏他们的地位"。[108]她十分理智，接受了这个看法，不过在感情上渴望为这些英雄们多做些贡献。得知那场法律诉讼的消息让她感到欢欣，于是通过戴维·哈特给了一些秘密支持。哈特设立了一个上工矿工的流动协调员，代号叫"银柳树"（但后来得到个"流泪垂柳"的绰号，因为他常常伤心落泪）。[109] 8月初，"银柳树"接受报纸采访，披露出自己的真实身份：诺丁汉郡毕弗谷煤矿的矿工克里斯·布彻。

撒切尔夫人决心不重蹈爱德华·希思的覆辙，此外，她深知阿瑟·斯卡吉尔的意图。自从20世纪70年代以来，她同意一些人的看法，认为极左翼认真发起半组织性质的行动，企图颠覆英国议会民主。她担心这种现象表现在许多事务中：缓和国际紧张关系、地方政府、教育政策、政策改革、工党、情报工作、制裁南非、爱尔兰共和军的恐怖主义行动、工会的好斗性等。她在1983年大选中取得压倒性胜利后，左翼从自己败北的议会政治中转向。斯卡吉尔在全国矿工工会大会上对会员们称："工人阶级和劳工运动只能走超越议会的行动路线。"[109]按照原先的意图，此次煤矿工人罢工是更广阔斗争的一部分。斯卡吉尔的路线与地方政府工党活动分子的路线平行。那些活动分子中的著名人物有利物浦的德里克·哈顿和大伦敦市区的肯·利文斯通。煤矿工人罢工的持续过程中，政府按竞选时的承诺撤销大伦敦市议会和大都市郡议会[1]的立法工作也在进行中。利文斯通回忆说："斯卡吉尔和我忙得不可开交。我们将矿工罢工和大伦敦市竞选合在一起搞。"⑩ 8月份，利文斯通和另外三个人辞去在大伦敦市议会的职位，抵制补缺选举，表示抗议。斯卡吉尔在地方政府的同盟者尽自己所能帮助罢工的矿工，拿出议会资金提供救济，有的资金是不合法的。在一些地区，左翼警察当局试图惩罚与大规模纠察分子做斗争的警察。例如在发生欧格里夫斗争的南约克郡，警察当局试图让警察局长停职。由于斯卡吉尔公开宣称罢工在必要时要推翻民选的政府，这让撒切尔夫人得到她争取的权限，利用英国安全局监督罢工者的活动。后来成为安全局局长的斯特拉·里明顿从监督名单中发现了斯卡吉尔，他的电话多年来一直受到监听，因为他与苏联支持的英国共产党有联系，是个"非直接的危险分子"。⑪

这让撒切尔夫人明白，假如她的政策不能获胜，英国将发生什么情况。暑假前在1922委员会传统的期末会议上，她作为保守党领袖向后座议员演讲时，充分发泄了自己的情绪。这种场合从来是私密的，但她的演讲细节迅速泄露出去。从保留下来的撒切尔夫人手写的讲稿（没有正式文本）看得出，她的方向十分明确。的确，她简短的笔记传递出撒切尔夫人的本质特征，这比完整的讲稿表现力更强。她是在国家煤炭局与全国矿工工会谈判破裂后那天晚上讲这番话的，她当时讲话口吻意气风发："在不满之冬我们终于返回议会至上支持法治的轨道。"她当时的演讲要点手稿开始是这样写的：

上任以来
外部的敌人——被消灭

---

1 详情见第四卷第1章。

强化了国防
内部的敌人——
矿工首领
利物浦和某些地方当局
同样危险
在某些方面更难与之斗争
但是对自由是危险的
是我国面孔上的一道伤疤

接着她引用了沃尔特·惠特曼的诗句：“人民若失去至关重要的自信，失去自己的坚韧和反抗精神，暴政要征服这个国家，不消一周、一天、一个钟头。”⑫

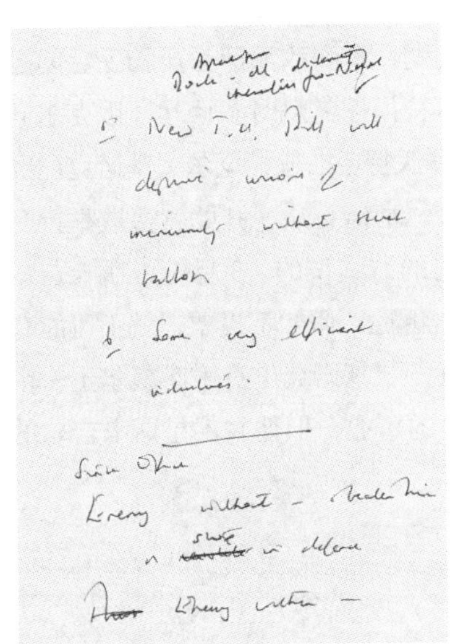
New T.U. Bill will
deprive unions of
immunity without secret
ballot
Enemy without
Enemy within —

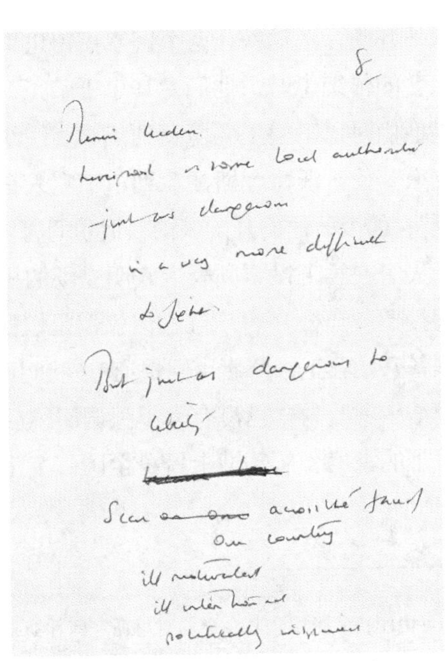
8
Miners leaders
Liverpool & some local authorities
just as dangerous
in a way more difficult
to fight
But just as dangerous to
liberty
Scar across the face of
our country
ill motivated
ill intentioned
politically inspired

1984 年 7 月撒切尔夫人在 1922 委员会演讲的要点手稿。她写的“内部的敌人”几个字在左页末行。

她的演讲受到议员们依传统拍桌子喝彩（按照惯例，威斯敏斯特宫禁止鼓掌）；但是，并非所有在场的保守党议员都喜欢她演讲的语气。“内部的敌人”这个说法让批评家们当成她分裂做法的缩影。[1]虽然她仅仅指出矿工领导人（还有左翼地方当局）是内部的敌人，但这一点很快受到反对党滥用，泛指所有矿工，证明她对有组织的工人阶级有敌意。此后，这一说法一直被用来反对她。

然而，她的说法其实与陈述的事实相差并不远，而且阿瑟·斯卡吉尔本人并没有反对意见。矿工的主要领导人为自己被定性为政府的敌人而自豪，公然开始推翻政府的行动。会员们按宪法规定要求在罢工前举行投票，但他们一贯拒绝。他们还采用暴力和威胁手段，试图阻止其他矿工上工。此外，以斯卡吉尔为首的某些领导人与革命分子联合，在后来的事态中显示出，他们与敌视英国的外国政权有联系。他们的的确确是内部的敌人，当然，被玛格丽特·撒切尔政府宣布为敌人并不能让这些人成为危险分子。

让撒切尔夫人壮起胆子猛烈演讲的一个因素是工党的激越情绪。从纠纷一开始，工党就让两个因素搞得进退两难。一个因素是工党在本能上对工会的传统忠诚，他们尤其忠于矿工，特别反对保守党政府；另一个因素是他们对矿工罢工环境感到焦虑。纠纷初期，资深政治评论员和工党问题专家艾伦·沃特金斯注意到，工党人在富特担任党魁时多谈起“迈克尔问题”，如今，他们开始谈论“尼尔问题”。⑬沃特金斯说，尼尔·基诺克已经错失了在罢工投票问题上表明立场的机会。基诺克从一开始就赞成举行全国投票，还公开表示过，但仅仅是以圆滑的方式说的。3 月份，斯卡吉尔准备开始罢工，基诺克回忆道：“我明确告诉他，假如不投票，就不可能有团结……我为自己没有大声强调深感后悔。”⑭基诺克出身于南威尔士一个矿工的家庭，从感情上投身全国矿工工会的事业，但他并不是斯卡吉尔的

1 玛格丽特·撒切尔基金会的克里斯·柯林斯指出，“内部的敌人”这个说法是撒切尔夫人熟悉的，因为她有卫理公会教派的背景。例如，这个说法在韦斯利布道辞第13章《信徒的罪孽》中出现过，还用在许多卫理公会教派的赞美诗中。（http://www.margaretthatcher.org/archive/1984cac1.asp）当代，这个说法曾在政治语境中使用。工党首相克莱门特·艾德礼在警告共产主义向工会的渗透时曾说过“内部的敌人”。(《泰晤士报》1950年7月31日)20年后，因诺克·鲍威尔曾用“内部隐蔽的敌人”描述左翼煽动分子破坏英国民主。撒切尔夫人熟知鲍威尔这番演讲：她赞同他当时的情感。据推测，她也记得艾德礼的那番话。

朋友，而且非常清楚罢工会给这个行业、给工会的团结、给他自己政党的团结造成潜在的灾难。罢工开始后，他同情矿区的人们，感到公开抨击他们没有制定策略，等于是攻击矿区人。[115]他拿不准该采取何种路线了。

撒切尔夫人利用了他这一点。撒切尔夫人每周两次要在议会下院作“首相问答”，这原本是基诺克因罢工引起的种种问题责难她的好时机，结果恰恰相反。她在唤起他回忆时丝毫也不迟疑，到头来因罢工问题在国内政治上感到难堪的却是基诺克而不是她。她一再提起基诺克 4 月 12 日欢迎就罢工进行全国投票的言辞，他曾说过，那将是“一种更加清晰、更加亲切的景象”。然而，7 月份争斗加剧，不同态度更加两极分化，他说：“现在别无选择，只能斗争。”[116]她奚落基诺克：是什么让你改变了主意？基诺克便不愿继续发起进攻了。尽管她在 1922 委员会提出挑衅性的“内部的敌人”说法，他也没有就此抨击她，暑假前的三次首相问答提到罢工问题，他也没提起这个问题。在这几次会议上，他提到的是商业船运问题、美国公司投标问题、标准电话电报公司问题、抵押贷款限制问题。基诺克明显逃避罢工问题让她受到鼓励。议会下院在 1984 年 7 月 31 日不信任案辩论中，她因基诺克拒绝呼吁就罢工投票，指责他的“绥靖主义”。[117]

那天，撒切尔夫人在议会战胜了基诺克。在码头工人罢工的危机阴影下，首相感到鼓舞，出发去度假。

撒切尔夫人从来不喜欢度假，这次照例像以前几次一样，去了格洛弗夫人在瑞士那座湖畔的弗罗伊登贝格城堡。然而，她并没有享受这次休假，脑子里仍然在考虑着煤矿工人罢工。8 月底，彼得·格雷格森正登在梯子上照料自家的苹果树，忽然电话铃响，唐宁街 10 号的一位官员嚷道：“她要回来了！午饭时就到。她担心一切都会出岔子。快来安慰她吧。”[118]格雷格森连忙照办。结果发现并没有什么具体事让她担忧，只是像往常一样，唯恐有些事自己不了解。她核对了维持期问题：“我必须听沃尔特（马歇尔）亲口对我说。”[119]

撒切尔夫人感到焦虑是对的。7 月份以来复工的进程放缓了，会议季节产生了让人眼花缭乱的各种和平计划，但这些计划往往暴露了煤炭局的弱点。彼得·格雷格森回忆说，伊恩·麦格雷戈是个“非常好的经理，但是他不懂英国煤炭政治”。[120] 1984 年 9 月 3 日，政府内部的“每日煤炭报告”记录称，麦格雷戈刚刚证实，国家煤炭局与全国矿工工会正在安排进一步谈判：“他说，全国矿工工会看来要采取‘比较现实’的路线”，但撒切尔夫人在这几个字下面画了曲线，表示怀疑。[121]她和她周围的人都怀疑彼得·沃克在玩阴谋诡计，担心麦格雷戈上当出错。安德鲁·特恩布尔建议说，她应当要求他们解释“基于谅解重新开始谈判”是什么意思。[122]他接着说，沃克声称斯卡吉尔现在愿意谈论关闭无经济效益矿井，但麦格雷戈的公开声明中并没有明确提到关闭矿井的事，“什么能防止重复上次会议的情况？……国家煤炭局上次的提议十分危险，已经接近出格了”。

第二天，阿瑟·斯卡吉尔宣布，国家煤炭局取消了谈判，但真实情况并非如此。当天，撒切尔夫人在与沃克和麦格雷戈开会时坚持要画一条底线，“在关闭无经济效益的矿井方面，国家煤炭局不能让步”。不过彼得·沃克坚持认为，要赢得公共舆论的好感，就该表现出谈判的意愿。撒切尔夫人对此感到怀疑，甚至提出：“今后，这种谈判最好通过书面进行。”[123]不过，谈判和会见仍在进行中。国家煤炭局与全国矿工工会原本打算进行一轮秘密谈判，地点在爱丁堡附近的诺顿大厦酒店。但媒体听到了风声，麦格雷戈去参加谈判时，有人在酒店外的车道上认出了他。他下车时用一个绿色塑料袋挡住面孔。这成了这次秘密会谈的一个笑料，媒体的照片和视频让他“显得像个脱离实际的人”。[124]那些照片让公众感到，麦格雷戈是该行业一个奇特的领导人，而唐宁街对他在纠纷中的行为越来越感到失望。舍伯恩回忆起当时的感觉，说：“真的很恐怖”。[125]

其实，在整个罢工期间，引发“最危险时刻”的正是煤炭局。[126]在彻底工会化的采煤行业中，除了强大的全国矿工工会，还有一些小的工会。其中有一个比其他中小工会规模略大，名称十分奇妙：“煤矿督察代理爆破手全国协会”，这是由于其成员主要是负责安全的人员。如果矿井失去了安全保护，按法律就不得不停工，阿瑟·斯卡吉尔很可能获胜。8月中旬，煤炭局似乎没考虑后果就向该协会成员发布通知，命令他们全部穿过纠察线，否则将扣发工资。在这一点上，各地区的政策有差异，在许多地区，煤矿督察代理爆破手全国协会的人罢工期间可以离开矿井，但仍领取全额工资。在4月份的一次投票中，该协会的人投票赞成举行罢工（不过没有达到启动罢工的三分之二多数），这是个危险的行动。这个协会的领导人肯·桑皮和彼得·麦克纳斯特里（对两人有个合并的诨称：“虾皮土豆片”）比大多数成员更同情阿瑟·斯卡吉尔。如今他们把握住了崭露头角的时机。9月28日，他们要求就是否罢工举行投票。强硬左翼认为自己有机会获胜。肯·利文斯通回忆起当时的情况，说：“我从来认为，矿工能击败撒切尔。照我看，煤矿督察代理爆破手全国协会就能完成这桩任务。”⑫⑦

唐宁街认为，眼下这个乱局证明，煤炭局不善于处理纠纷。麦格雷戈对煤矿督察代理爆破手全国协会的做法太凶狠，对全国矿工工会则态度太不坚定。9月13日，约翰·雷德伍德向撒切尔夫人递送备忘录，提出自己的看法。他认为国家煤炭局高级管理层应该更多地关注煤矿督察代理爆破手全国协会的问题，“避免他们密切关注目前与斯卡吉尔的谈判，让他们分心是至关重要的”。⑫⑧麦格雷戈相当紧张，似乎感到迷惑，不能相信他的很多同行。就连与他密切配合工作的戴维·哈特也对撒切尔夫人说，国家煤炭局这位董事长是个“精明的商业谈判者，但他没完全明白自己现在扮演的是政治大角色……他像你一样，周围有自己的‘湿派’，有可能向他们屈服”。⑫⑨哈特警告撒切尔夫人说，“这一点对你有极大的危险性”。⑬⓪[1]达勒姆郡的新主教戴维·詹金斯博士是个左翼神学激进分子，他在大教堂就任典礼的布道中称，罢工双方都不可能获胜。他呼吁麦格雷戈辞去董事长之职，斯卡吉尔放弃“绝对要求”：“让一位美国长者离去，给当地人留下和解机会，这无疑既不失荣誉，也不失得体。”⑬①他的建议并没有让许多人当回事，但激起一阵公开辩论的喧嚣。这类辩论往往是圣公会主教们干预政治的特色，不过此次的方向不仅将注意力集中在麦格雷戈的缺点，还让斯卡吉尔得到了“道德对等地位”，这让撒切尔夫人难以认同。人们都希望看到妥协，但他们惊慌地发现，双方互不相让。

罗宾·巴特勒在向撒切尔夫人提交的一份备忘录中归纳了当前的形势：斯卡吉尔最近“有了进展”，他声称自己的论点给国家煤炭局和政

---

1 哈特继续寻求直接与撒切尔夫人接触。斯蒂芬·舍伯恩前一年在党的大会上与哈特遭遇后，对他保持着警惕。“我对他说，他可以始终通过我传递消息，要拜访唐宁街10号，会有危险的。他要前往布莱顿（保守党大会举行地点），但是，由于举办大会的饭店有‘温室效应’，我相信在那里他必须与你保持距离。”［舍伯恩致函撒切尔，1984年9月28日，CAC: THCR 2/6/3/56（http://www.margaretthatcher.org/document/136253）］

府施加了压力，这是“迅速结束纠纷的最佳方式”。巴特勒接着写道：“包括工会会员在内的大多数人极度希望斯卡吉尔被击败，但也许对我们是否有这样的能力开始感到怀疑”。[132]两天后的事态似乎印证了他的观点，煤矿督察代理爆破手全国协会的成员投票，以压倒性多数赞成罢工。

这个协会的领导人要求国家煤炭局撤销原来的通知，这一要求很容易答应；他们还提出了自己对无经济效益矿井的解决方案，但是，与全国矿工工会的所有谈判都是基于这个问题。他们提出，关闭任何矿井的建议提出后，要由独立的机构进行仲裁，仲裁结果对双方有约束力。他们表示，如果自己的条件不能满足，就要在 10 月 8 日开始举行罢工，这将是保守党大会召开的前一天。政府的反应是让煤炭局与这个协会单独谈判。保守党人在布莱顿市聚集时，没有与这个协会达成协议。

这个协会的罢工开始日期推迟了，但是威胁依然存在。政治气氛极度不安。

1984 年 10 月 12 日星期五凌晨，爱尔兰共和军对布莱顿市大饭店实施了炸弹爆炸，保守党的这次大会以此深深留在人们的记忆中（完整的叙述参见第 10 章）。爆炸发生时，撒切尔夫人当时还在饭店房间里研究自己在大会的最后演讲稿，她幸免于难而且未受伤害，但是有五个人丧生，许多人受伤，有些人伤势非常严重。撒切尔夫人抵达布莱顿市时公众支持率原本相当低，这时公众的同情骤然转向她这一边。她果断决定，继续召开党大会。星期五早上，她按计划来到大会会场时，受到广泛的赞颂。由于事态和人们的情绪发生了变化，她作为党魁的年度演讲内容也改变了。

从原先准备的演讲稿看，她原打算做一次“不同的大会发言……不是标准的演讲，而是单一主题的论述”。[133]没有发表的演讲稿比她真正演讲的内容更富党派性质，也比较具有煽动性，本来准备将大部分篇幅集中在矿工罢工问题上。按照原讲稿，撒切尔夫人打算首先在大会上警告说：“自从我们上次开会后，自由就笼罩在阴影中。”[134]虽然讲稿中并没有用“内部的敌人”几个字，但讲稿在这个主题上作了发挥，评论说：“有影响的人们组织的团体甚至否定议会和法治。”⑬这些“观点和声音”如今出现在工党中，[1] 工党“非常乐意鼓吹目前全国矿工工会领导层的事业，鼓吹其极端主义毫不妥协的目标”。

在发生炸弹爆炸的这一天，她在演讲中将矿工罢工放在很次要的地位，而且删除了攻击工党的内容。尽管撒切尔夫人删除了绝大部分党派性质的元素，但她在谈到煤矿工人罢工时，口气仍富有斗争性，保留了几个最强烈的词语。她谈起上工的矿工：“说他们是工贼？不，他们是勇猛的雄狮！”她甚至将保守党刚刚经历过的恐怖主义袭击与阿瑟·斯卡吉尔及其支持者的极端主义含蓄地联系在一起。她谈到“出现了有组织的少数革命分子”准备利用劳资纠纷，在其要求背后威胁使用暴力手段。她引用了吉卜林的诗句：“我们决不缴纳丹麦税赋，不论那金额多么微不足道，因为那条路的尽头是压迫和耻辱，缴纳了税赋，国家便已名存实亡。”在她看来，正在发生的事情是“维护法治的战斗”，是维护“投票权遭否认的工人上工的权力”。最后，她说：“我国面临着也许是这个时代最棘手的危机，面临着极端主义分子与其他人的战斗……这个国家将奋起面对这个挑战。民主必将获胜。”⑬极端主义分子在人民心中当然首先是爱尔兰共和军，但她指的也包括了阿瑟·斯卡吉尔和他那帮好斗分子。

矿工的罢工在持续，仿佛根本没有发生过炸弹爆炸事件，这符合劳资纠纷中固执排外的特点。撒切尔夫人在这场严峻考验中几乎无法获得片刻的喘息。从政府的角度看，形势变得越来越糟。爆炸发生后的这个周末，撒切尔夫人在首相别墅查看与煤矿督察代理爆破手全国协会的来往信函。这个协会与全国矿工工会会谈后，与国家煤炭局会谈：“那是个艰苦的谈判，协会扮演了全国矿工工会突击部队的角色，声称自己得到了罢工的坚定授权，不能长时间约束其会员。”⑬伊恩·麦格雷戈迫不及待要找到某种解决方案，甚至同意考虑从所有协议中删除“关闭矿井”这个字眼。撒切尔夫人与彼得·沃克和汤姆·金紧急商谈后，星期日下午打电话给麦格雷戈。布莱顿市那场爆炸后，她的嗓音仍然虚弱。她告诉他：“大臣们

1 撒切尔夫人特别标出“工党”这个字眼，还在旁边潦草批注：“他们的本来面目。”

完全支持他抵制删除这个字眼。”[138]首相在通话结束时再次强调，不能采取进一步行动。[139]政府可以同意由一个独立的机构对煤矿做审查，审查后的建议对双方有约束力，不过不能同意那个协会要求的机构。大臣们私下认为，“假如需要，应该面对那个协会罢工的可能性”。[140]预期罢工将于1984年10月25日开始。

政府这时严重感到焦虑，不相信麦格雷戈能正确应对谈判，也不相信他能组织好谈判。麦格雷戈面临着尴尬局面，在公众眼中，他态度太强硬毫不妥协，但在知情者眼中，他太容易犯错屈服。戴维·哈特在自己与撒切尔夫人10月14日的电话记录中写道：“麦格没意识……是上了年纪还是完全缺乏政治意识……我不知道。”[141]政府明白，必须就协会做出最终决定，但仍担心卷入过深。这时发生了一系列慌乱的行动。彼得·沃克写信给麦格雷戈，告诉他说，煤炭局广告代理的工作毫无用处，他们雇用这个代理为的是在罢工的事情上影响公众舆论，并搭建与矿工进行交流的公共平台。麦格雷戈答应另雇一家代理。内部新闻发布人员也发生了变化。态度和蔼可亲、抽着烟斗的北约克郡地区经理迈克尔·伊顿被任命为煤炭局的公共发言人，他取代麦格雷戈在电视节目中介绍情况；但即使这一变化也产生了不良效果，公众认为，任命伊顿代表了煤炭局政策在软化。协助麦格雷戈的蒂姆·贝尔还挑选了戈登·里斯协助他。沃克本人试图更多地参与谈判，这让唐宁街10号感到焦虑。人人都在为发生的事情责备别人。

撒切尔夫人在议会也感到难堪，在历史上的罢工期间，这种情况通常会发生。在10月23日的首相问答环节，尼尔·基诺克指责她有一个关闭矿井的“暗杀名单”并阻碍达成合理的解决方案。撒切尔夫人既不愿放弃，又不愿通过愤怒反对刺激煤矿督察代理爆破手全国协会，只好用公事公办的平淡语言回答，显得有气无力。

10月24日，出乎政府悲观预料之外，煤矿督察代理爆破手全国协会的领导人决定取消罢工。协会领导人意识到，没有得到会员的必要支持，既然他们的主要要求已经得到满足，会员们便不再有领导人的左翼倾向。政府的每日煤炭报告口吻也是心满意足，语言失去了白厅的风格：“今天下午宣布的消息是对斯卡吉尔的沉重一击。”[142]情况的确属实。这个协会原本是全国矿工工会扩大纠纷的最后希望，另外，由于全国矿工工会迄今尚未削弱上工矿工们的决心，他们便寄希望于协会罢工后关停所有矿井。从这时开始，与协会谈判的方式就变成合理解决这场纠纷的参照基准，不过，全国矿工工会坚决拒绝接受。

煤矿督察代理爆破手全国协会不再是个问题后，对全国矿工工会的法律罗网开始收紧。在整个罢工过程中，就连撒切尔夫人也勉强承认，“保守党法律”不该成为纠纷的核心。对此曾有过担忧，认为使用这类法律会让工会运动更加团结，刺激他们设法摧毁这种法律。特德·希思制定的《劳资法案》就遭遇过这样的下场。撒切尔夫人的许多支持者从一开始就有不同意见。1984 年 7 月，安德鲁·特恩布尔向撒切尔夫人报告了杰克·皮尔的看法：政府“错过了一个机会。他们本该援引民法”。[143]皮尔是个左翼工会分子，不过撒切尔夫人对他态度友善。特恩布尔对她承认说：“假如我们原来知道上工的矿工会这样可靠，知道我们能通过陆路运输这么多煤炭，知道罢工能维持多久，我们本来几个星期前便可做出不同的判断。”[144]

在漫长的夏季，对全国矿工工会提起过各种诉讼。7 月底，高等法院判决全国矿工工会西南地区分会违反了先前取缔非法纠察的命令，该分会因阻止两家运输公司为英国钢铁公司运输煤炭和焦炭，受到 5 万英镑罚款。9 月底，高等法院判决两名上工的矿工胜诉，宣布罢工非法。那两名矿工名叫罗伯特·泰勒和肯·福尔斯通。继而，斯卡吉尔因反抗法庭这一判决，受到藐视法庭判决，判处他个人为藐视罪缴纳 1000 英镑罚款，工会缴纳 20 万英镑罚款，如不缴纳，将扣押工会的资产。泰勒的父亲去世后，他去诺丁汉郡的曼顿看望母亲时，曾有人企图暗杀他。全国矿工工会当地秘书后来受到“威胁杀人”指控。戴维·哈特使用个人募集的资金和号召力，帮助“全国上工矿工委员会”起诉，他说这些诉讼就像“格列佛的绳索”将全国矿工工会紧紧捆住，“斯卡吉尔有巨大的能量。这些法律诉讼的首要目标，就是让他的能量衰竭”。[145] 10 月 25 日，颁发了一个扣押全国矿工工会资产的命令。后来，扣押令执行者发现，全国矿工工会冻结的资金中，有 800 万英镑藏匿在都柏林、卢森堡和苏黎世。反抗法庭判决或许在狂热的罢工者中受欢迎，却让全国矿工工会变成个贫穷的非法组织，成为一群危险的朋友。

1984 年 10 月 28 日，《星期日泰晤士报》揭露称，全国矿工工会的行政长官罗杰·温莎等访问利比亚，会见了那个国家的独裁统治者穆阿迈尔·卡扎菲上校，向他寻求支持罢工的资金。该报后来证实，有 20 万美元资金通过这个渠道汇入全国矿工工会的账户。那次访问是在斯卡吉尔支持下进行的，但其他全国矿工工会执行领导人并不知情。鉴于卡扎菲政权的性质，这次披露的消息极具毁灭性。众所周知，利比亚向爱尔兰共和军提供武器支持，4 月份一名枪手从圣詹姆斯广场的利比亚大使馆向外面反卡扎菲的示威者开枪，监控抗议活动的女警官伊温妮·弗莱彻中弹身亡。英国情报机关已经掌握了斯卡吉尔的行为，知道他们如何调动资金。[146]撒切尔夫人了解这个情况，还了解这项活动的内线是什么人。情报机构内部发生一个争论。军情五处认为，这个情报不能透露给媒体，而秘密情报处则认为应该让媒体知道。最后秘密情报处的看法占了上风。[147] 11 月 5 日，罗伯特·阿姆斯特朗通知罗宾·巴特勒说，“已经采取步骤，提示新闻界了解”全国矿工工会与苏联和东欧集团的联系。[148]不久，媒体揭露出，斯卡吉尔本人前往巴黎，参加一次秘密会晤，为的是得到苏联的金钱。苏联批准汇付 140 万美元。[149]这个事态给未来的苏联领导人米哈伊尔·戈尔巴乔夫下个月来首相别墅拜会撒切尔夫人蒙了一层阴影（参见第 8 章）。全国矿工工会还从捷克斯洛伐克、保加利亚、苏联占领的阿富汗获取金钱。[1] 对于反斯卡吉尔的宣传者，这些铁的事实让他们得到无比有利的论点。矿工领袖竟然与自己国家的敌人秘密勾结——国内外敌人相互勾结。

随着全国矿工工会的立场变得越来越软弱，上工的矿工们获得了自信。利比亚内幕暴露后的第二天，绰号“银柳树”的克里斯·布彻请求带一批上工的矿工会见撒切尔夫人。对此，沃克提出坚决反对的建议。他担心“银柳树”与上工矿工委员会之间会因此产生嫉妒。特恩布尔对撒切尔夫人说：“他认为那个委员会强大得多，而‘银柳树’不过是《每日邮报》提供资金炒作起来的一个题材。”[150]然而，撒切尔夫人对上工的矿工们充满热爱，并不在意别人谨慎而且可能比较有理性的建议。她常常禁不住想按戴维·哈特的建议去拜访上工矿工们，表示与他们团结一致。她在

---

1 撒切尔夫人也赢得了铁幕后面的支持，不过不是财务方面的支持。《星期日镜报》引述了波兰团结工会主席莱赫·瓦文萨的话：“她是如此睿智而勇敢的女人，英国将会找到解决罢工问题的办法。”（《星期日镜报》1984年7月29日）

这个建议上批注:“很难拒绝这样的建议,难道不能两个组织的人都见一见?——分别会见。”⑮

后来,她并没有见过“银柳树”。[1] 很容易看得出,她是以博爱主义态度而不是政治方式在这种事情上支持上工的矿工们。她既写信给上工矿工们的妻子,也接见她们的代表。9月中旬,她会见过由三位妻子组成的一个代表团,她们分别来自威尔士、德比郡和肯特郡(来自肯特郡的这位妻子是艾琳·麦吉本太太。在接下来的那个月,她在保守党大会上发言,赢得全场喝彩)。她的客人们告诉她自己曾受到怎样的威胁,罢工结束后,不得不从动乱的地区迁出;英国广播公司对她们毫无帮助;国家煤炭局某些地区的经理人员支持全国矿工工会,等等。撒切尔夫人手写的会见记录揭示出她对听到的事反应强烈:

恐惧
威胁
双手双膝——石块
……完全绝望
……全国矿工工会“行贿基金”
对生命构成危险
教堂——给矿工提供金钱
骗局999……
……纠察——在住户的屋外⑯

听了那些故事,撒切尔夫人对罢工者义愤填膺,与违抗罢工的人们团结一心。在整个纠纷期间,上工的矿工和他们的家人不断受到可怕的袭击,

1 1985年6月,布彻直接写信给撒切尔夫人,提出要交给她工会威胁上工矿工的证据。(布彻致函撒切尔夫人,1985年6月16日,CAC:THCR 2/2/4/26)能源部再次出面阻止这次会见,罗宾·巴特勒写道:“我们预料不是令人信服的不利于布彻先生的文件,但是国家煤炭局和诺丁汉矿工工会不信任他。”(巴特勒对达特致函巴特勒的评论,1985年7月16日,CAC:THCR 2/2/4/26)撒切尔夫人同意让迈克尔·艾利森代自己会见布彻,但会见一再推迟。

一位上工矿工的妻子被纽尼顿市的几个年轻人按倒在地，其他人用钢丝球擦磨她的面孔（称之为洗刷工贼面孔）；一位矿工复工两周后，因受威胁自杀身亡；暴徒们不断围攻上工矿工的家。布莱顿市爆炸案后不到一个星期，因《晨星报》有意公布了麦吉本太太家的地址，她家遭到几枚油漆炸弹的袭击。也许由于性别的缘故，撒切尔夫人比男性同僚更能体会到上工矿工家属受到的影响。关于这场纠纷的政府文件中满是她划的惊叹号、下划线，对斯卡吉尔的支持者们虐待平民冲击警察表达了强烈的反感。对整个纠纷，她不仅认为全国矿工工会必然失败，还深信上工的矿工们必将获胜。

1984 年 11 月 30 日，暴力活动达到了可怕的高潮。伯纳德 · 英厄姆在向撒切尔夫人提交的新闻摘要中写道："我们刚收到煤炭纠纷中一个事件的报道。"⑬有人从一座路桥上把一个三米长的混凝土灯柱座扔向一辆出租车，出租车里载着一名上工的矿工，正赶往南威尔士的默瑟谷矿井。矿工没有受伤，但司机戴维 · 威尔基身亡。英厄姆接着说："我已经向媒体表示，你深感惊骇，并强烈谴责这次谋杀活动。"⑭阿瑟 · 斯卡吉尔从来避免批评暴力行为，如今也被迫谴责这次袭击。他是在一个会场上做此表示的，当时在主席台上的还有尼尔 · 基诺克。斯卡吉尔说出"谴责"这个字眼时，基诺克跳起身鼓掌，把斯卡吉尔说的这句话的后半部分淹没在掌声中了。其实他说的完整意思是：谴责"纠察线以外"发生这种袭击事件。[1] 就在这次袭击发生的当天，碰巧高等法院指定了一名收款员，处理全国矿工工会的罚款事务。威尔基被杀事件降低了暴力活动水平，法庭判决两名行凶矿工无期徒刑，后来将谋杀确认为过失杀人，改判八年徒刑。这一事件让罢工工人变得更加绝望了。到了 1984 年 12 月 4 日，在整个纠纷期间共有 8688 人被捕。如今，这已经不再是他们的斗争了。

广泛的舆论走向仍然令人厌恶，[2] 暴力活动并没有阻止复工。煤矿督

---

1 基诺克勋爵证实："我和斯坦 · 奥姆（影子内阁的一名成员）立刻跳起身鼓掌喝彩"，为的是尽量避免斯卡吉尔将谴责限制在一定范围内。（基诺克勋爵访谈）

2 12月7日公布的一项民意调查结果显示，公众的大多数相信，全国矿工工会施暴是有预谋的。工党的受访者反对与赞成的比例是49：41，大多数认为暴力是自发的。（英厄姆向撒切尔夫人提交的"新闻摘要"，1984年12月3日，THCR 3/5/41）

察代理爆破手全国协会宣布取消罢工后，复工的规模在扩大。到了 11 月 7 日，上工的人数达到 7.2 万，比罢工开始时约增加了 3 万人。在接下来的一周里，国家煤炭局规定了圣诞节前希望得到假期薪酬的最后复工期限，于是另有 6000 人复工。这时，政府第一次感到形势已经明朗，认为自己几乎肯定会获胜。尼尔·基诺克记得当时想过，“矿工们要失败了”，不过他安慰自己说，“我要确保不让斯卡吉尔逃避责任”。[155] 11 月 8 日，撒切尔夫人对美国大使查理·普赖斯说，她相信罢工将以土崩瓦解而告终；这将是最佳结局，因为它会抑制上工的矿工与刚复工者之间的敌意。[156] 11 月 15 日的内阁会议记录显示：“大臣们应当避免在任何场合为复工不断增加表现出欣喜。”[157]经撒切尔夫人举荐，哈罗德·麦克米伦受封斯托克顿伯爵，进入议会上院。11 月 13 日，他以 90 岁高龄在上院首次发言。他为煤矿纠纷感到惋惜，称矿工是“世界上最好的人们。他们曾打败过德国皇帝的军队，还打败过希特勒的军队。他们从不屈服”。[158]不论麦克尼斯关于历史的说法是否正确，人们已经意识到，矿工们不会打败玛格丽特·撒切尔。

然而，撒切尔夫人并不认为取胜的道路会是平坦的。复工的趋势没有像洪水般涌来，煤炭局仍可能因为解决方案不当而失败。另外还有一种抵消性危险，公众可能认为，任何胜利都是付出高额代价获得的，便会转而责备撒切尔夫人太严酷。在政府内部，对采用的策略有不同看法。政策组成员及其他一些人认为，这个问题应该干脆尖锐化，应该撤销不对罢工工人强制裁员的承诺。尽管撒切尔夫人依本能支持强硬路线，但她也看到了这样做的危险。后来特恩布尔书面告诉她说：“我认为大棒取代红萝卜的时机现在还没到……撤销工作保证和裁员条件对国家煤炭局和政府都构成了重大的路线变化。”她潦草批注：“我同意你的意见。”[159]春天到来前，凡是威胁这个行业产量维持期的行动都不能采取。

全国劳工联合会极其渴望在不明显让工会蒙羞的前提下结束这场罢工，他们和一些工会的领导人单独采取行动，试图与政府达成协议。伯纳德·英厄姆对工会运动很感兴趣，他与戴维·巴斯尼特举行了一次秘密会晤。巴斯尼特是个温和的领导人，他领导的大型工会名叫“普通工、市政工、锅炉制造工同盟工会”。彼得·沃克与全国劳工联合会举行了私下讨论。但政府意识到了种种危险。撒切尔夫人在沃克出席的一个会议上说，

“凡是危害上工矿工地位的事都不能同意”，另外，“要防止全国矿工工会声称：关闭矿井的计划已经撤销。这一点非常重要”。[160]彼得·沃克还指出，斯卡吉尔反正什么也不会答应。在每一个转折点上，全国矿工工会毫不妥协的态度都向政府提供了方便。1984 年 12 月 20 日，能源大臣的私人办公室向撒切尔夫人的私人办公室发了一封信，内容是：“祝大家圣诞快乐——灯光依然明亮！”[161] 1985 年 1 月 17 日，电能的需求量超过了英国历史上的任何时期。中央电力局轻而易举满足了全国的需求。

在那个月，出现了更多重开谈判的尝试，有些尝试是基于全国劳工联合会的文件。照例有故作姿态、有让步的传言，结果并无其事。撒切尔夫人写信给上工矿工的一位领导人的妻子宝琳·林顿，向她保证说：“我本人已经表达得很清楚，我们在核心问题上决不含糊，决不背叛上工的矿工们，我们对他们无比感激。”[162]国家煤炭局写信给全国矿工工会，表示说，由于斯卡吉尔没有改变对无经济效益矿井的态度，因此没什么可谈了。安德鲁·特恩布尔描述这封信说：“终于写了封内容正确的信。”[163]

戴维·哈特在一个有他典型特色的信函中，绘声绘色归纳了当前形势，他用的措辞也许让撒切尔夫人不无喜悦，她在一些文字下画了横线：“如同面对一场降雪，这场纠纷的最后几个星期也必须鼓起勇气忍受。我们不会在最后时刻放弃，因为我们已经接近了一场伟大胜利的边缘。这场胜利比马尔维纳斯群岛战争的胜利更恢宏，因为要战胜内部的这些敌人更加艰难。”[164]看来，他是第一个向她书面提到罢工结束的“最可能”方式。他预测说：“全国矿工工会将在没有解决方案的情况下带领他们的人复工。这对我们是最佳选择……也是一种明确的胜利”，因为这证明“这场罢工毫无意义”。

哈特的预测是正确的，其中提到罢工还会维持几个星期，这个预测也是对的。撒切尔夫人同意在 2 月 18 日与全国劳工联合会会面，但会见的目的只有形式上的意义——表明政府愿意找到好的解决方案。伯纳德·英厄姆事先为她写了个备忘录，指出这次会见有可能是个圈套，她的话有可能遭歪曲：“全国劳工联合会抓住最微不足道的软弱表现或弱点，认为你动摇了（事后若谈崩便指责你）……你不能相信来见你的任何人。”[165]从宣传的角度看，主要目的是“自信而坚定地向他们传递我们的信息”。撒切尔夫人在会谈讲话提纲中添加了自己对协议性质的想法：“语言——要让普通人明了，意思清晰，没有歧义。”[166]会谈中全国劳工联合会称全国矿工工会有了松动的迹象，但政府丝毫也没有发现这种迹象。会谈后，全国矿工工会执行管理层立刻拒绝了国家煤炭局的最后立场。尼尔·基诺克抱怨说，政府通过消耗战而不是谈判寻求复工是“愚蠢的，导致了不和”。但是，到了这个阶段，“消耗战”已经不再适用了。2 月 25 日，又有 3807 名矿工复工，这是个新的纪录。两天后的每日煤炭报告称，“9.3 万名全国矿工工会会员不再罢工，占到总人数的 50.25%”。[167]这是上工人数首次超过罢工人数。

1985 年 3 月 3 日，全国矿工工会的一个特别代表大会投票，赞成在没有解决方案的前提下复工。斯卡吉尔称，要继续打“游击战”。人们返回矿井，有些人在煤矿乐队的伴奏下大跨步走向工作岗位。3 月 8 日，每日煤炭报告称，97% 的人已经不再罢工，“由于形势已经稳定，煤炭报告不再以每天一次的间隔发布”。[168]安德鲁·特恩布尔写道：“我们怀念你！”

撒切尔夫人赢得了自己事业中最重要的一场胜利。她自然没有这么说。她在唐宁街 10 号外面说：“要说什么人获胜了，那就是留在岗位上干活的矿工，还有所有让英国保持正常生活的人们。”[169]

这场罢工过后内部所做的分析是在彼得·格雷格森董事长指导下进行的。叙述形式简单的分析报告于 5 月下旬提交给撒切尔夫人。报告表示，1984—1985 年发生的这场罢工造成的直接经济损失占到了 GDP 的 1.25%，罢工造成公共开支增加 25 亿英镑。煤炭库存保持高位，到罢工结束时，维持期达十个月，比罢工开始前还高。对全国矿工工会提起 26 项民事诉讼，获得了法庭颁发的 47 项禁令；按照“保守党法律”和普通法使用了救济法。在英格兰和威尔士，1390 名警察负伤，提出了 10372 项刑事指控。报告提出全国矿工工会遭挫败的三个主要原因：存煤的维持期长、全国矿工工会没有得到其他工会和自身会员的足够支持、各地警察“相互援助”。[170]

特恩布尔把报告传递给撒切尔夫人时评论说，这份报告没有反映出“政府在有些时候多么接近灾难”。[171]撒切尔夫人表示同意，说这份报告“太浮夸”。按照她实事求是的角度，她的注意力主要集中在上工的矿工身上。她要政府向煤炭局发“指示”：保持上工的矿工如果想要调动到另一座矿井工作（避免遭到报复）可以调动，调动费用由矿井报销，而且在罢工期间上工不应在经济上承担任何损失。在纠纷的余波中，这种事让她耗费了绝大部分精力。她觉得麦格雷戈总的来说没有足够关心这个问题，便直接干预麦格雷戈。她支持菲耶尔伯格一家——菲耶尔伯格太太是访问过唐宁街10号的三名矿工妻子之一，她因而在上工矿工的妻子中间成了个名人，但她因饱受骚扰想从威尔士迁往诺丁汉郡。撒切尔夫人去圣约翰林市的伍德罗·怀亚特家秘密出席了一个晚餐会，会见了总部在诺丁汉郡的上工矿工委员会会长柯林·克拉克，以及其他地区的工会领导人。大家讨论了设立自己的全国工会的最佳方案，后来这个工会在12月成立，名称是“民主矿工工会”。罗宾·巴特勒当时也陪同出席晚餐会，他记得有人把他介绍给一个上工矿工的领导人，那人也有个用树名起的绰号：“孤松”。[172]

到了晚年，撒切尔夫人对自己的一个想法耿耿于怀，她认为“人们广泛认为，政府让上工的矿工失望了”。[173]从某种角度看，这个想法是对的。让他们失望并不是故意的，整个罢工期间的政府文件中有无数个计划和建议，要在那场战争结束后建立起蒸蒸日上的煤炭工业。但是，为了赢得罢工斗争的胜利，并没有清楚表明罢工结束后将如何进行。撒切尔夫人的几位顾问提出大胆的新政策，这尤其以政策组顾问提出的最显著。有的提议大大增加露天矿开采，有的提议拆分国家煤炭局，开创一个现代化的、重经济效益的、分散化煤炭生产新时代。但彼得·沃克与伊恩·麦格雷戈这时相互失去了信任，无心仔细考虑新的商业计划。回顾起来让人感到奇怪，不过当时人人都忧心忡忡，生怕大胆的行动激发另一场罢工。罢工一结束，沃克便公开制止了私有化的想法。[1]关闭矿井在继续进行，当时，为了避免斯卡吉尔再次动员罢工，并没有按照可觉察到的策略来进行。

另外，整个行业的经济状况比政府原先想象的还糟糕。按照特恩布尔回顾当时情况的看法，1986年原油价格体系崩溃，每桶石油价格降低到了十美元，这最终挫败了维持大规模采煤业的努力：

> 人们看到采煤的社会成本巨大，都想用天然气。深井采煤是一种原始的能源生产方式……经济效益必须占主导地位。人不能一方面为了原则性运作有经济效益的矿井，另一方面因为喜爱上工的矿工而继续保留无经济效益的矿井。[174]

1 私有化最终在约翰·梅杰的任期内于1994年展开。

到了 20 世纪 90 年代，阿瑟·斯卡吉尔的预测或多或少变成了现实，他曾预测说，采煤业将走向消亡。假如不是他反对经济矿井的理念，让那场自杀式的罢工付出巨大代价，采煤业本来不会消亡，但他绝对不承认这一点。他抱怨矿工团体遭到破坏，这种破坏是真实存在的，但本来是可以缓和的。假如他原先同意就是否罢工举行全国投票，上工和罢工的矿工之间的仇恨与分裂本来可以防止。

罢工结束后，撒切尔夫人面临的政治心理形势紧张。即使是胜利者也有悲哀的感觉。虽然她确信斯卡吉尔必然在道德上和政治上被击败，但这并不能缓解对全体矿工的同情。约翰·雷德伍德回忆道："那是我参与过的最悲惨的事情。我看得出，矿工们像煤炭局一样，都有自己的道理。"[175]对斯卡吉尔不感兴趣的千百万人民却为矿工们感到不安，也讨厌在分裂的压力下不得不支持一方。另外还有语气的问题。撒切尔夫人赢得了战后时代劳资关系的重要一战，但她感到自己不能公开宣称获胜。包括蒂姆·弗莱舍和斯蒂芬·舍伯恩等政府成员认为，这是个错误。夏洛克对她说："我们需要用某种方式明确表达政府已经获胜，当然用不着向失败者夸耀。"[176]4 月份，撒切尔夫人在马来西亚做过一场演讲后，在回答问题时说，政府"肢解"了罢工活动，工会终于"学到了生活的基本常识"，[177]不过人们认为这番话麻木不仁，令人悲叹，她因为在国外说这话受到抨击。为此伯纳德·英厄姆致函撒切尔夫人，陈述了处理这一事务的主导性意见。他说，他自己"深深地怀疑"：

> 这时候激怒全国矿工工会是否明智，但我们必须逐步传递出全国矿工工会失败的事实……我还认为，如果有规律地向公众提起工党和全国劳工联合会在罢工期间的表现，这在下次大选中（对工党）将是严重的不利因素。[178]

这种考虑是基于公众为斯卡吉尔被击败感到宽慰，不过也为招致如此大规模的冲突感到沮丧。假如撒切尔夫人明确宣称胜利，公众会被激怒，会认为撒切尔夫人是个极其好斗的人物。这种观点是有道理的，但是也许没有考虑到一种情况：如果不在政治方面做一些重要的表示，往往会让人解释为自我怀疑或内部意见分歧。撒切尔夫人及其同僚没有充分解释自己取得的成就，左翼便得到了一个空间，对这次罢工作神话般的发挥，就像一部描述矿工罢工的电影《跳出我天地》高潮时取得的那种效果。30年后，人们对那场罢工旧话重提，却忽略了其显著的核心特点：罢工发端与持续都未经投票同意。

此外，在矿工的罢工事件中撒切尔夫人实际上并没有表现出令人讨厌的性格特点。她没有像处理欧洲经济共同体事务那样放纵自己，没有像对待政府通讯总部事务一样让人指控为复仇心强烈，没有像对待内阁大臣那样不顾情面，没有像在她自己党内一样搞分裂。她的确渴望强有力地干预，不过在整个罢工过程中，她个人和政府都保持着克制，她倾听彼得·沃克和其他人的陈述和意见，往往表现出极度谨慎。她掌管着局面，但并未卷入其中。如果使用战争做比喻，人们可以说，在打这场持续了整整一年的战争时，她认为这是一场必要而并不受欢迎的战争。斯蒂芬·舍伯恩回忆道："她像个好指挥官一样，指挥了每一场小战役，为斗争中的一切注入力量。"[179]尽管伊恩·麦格雷戈与她有很多分歧，但他丝毫也不怀疑她的领导能力。罢工结束后，他对蒂姆·贝尔说："要打一场战争，就要有一位伟大的将领。她就是一位伟大的将领。"[180]蒂姆·弗莱舍的结论是："没有哪位英国首相能赢得马尔维纳斯群岛战争的胜利，也没有哪位英国首相可能在矿工罢工中赢得胜利。她表现出了绝无仅有的果敢与睿智。她鼓舞人心的能力极强。假如她没有获胜，我们就会沦为希腊的现状了。"[181]彼得·沃克对撒切尔夫人没什么好感，但就连他在罢工期间也说："我觉得身后一直有一位首相在支持我。"[182]这些说法当时并没有公开。在诸如私有化等某些政策领域，撒切尔夫人得到的个人荣誉其实名不副实。但她在矿工罢工中的行为，却没有得到恰如其分的赞誉。

在这一事件的整个过程中，撒切尔夫人将激情倾注在了上工的矿工身上。罢工结束一个月后，她写信给斯塔福德郡的哈克特太太。哈克特太太的丈夫特里·哈克特是拒绝罢工的矿工之一，曾与撒切尔夫人在伍德罗·怀亚特举办的晚餐会上见过面。在这封引人瞩目的信中，她写道，她曾向哈克特先生表示过感谢，但还要向她表示感谢，因为她知道："他多么珍视你在整个艰难时期给予他的帮助和支持。"[183]她补充道："对你的勇气，我无比赞赏，无比崇敬。"这封信表现出她对特里·哈克特一样的人们有怎样的想法：

在煤矿纠纷期间，矿工们勇敢地坚持自己工作的权利，这是在捍卫自由人民的基本权利。我们为他们感到非常自豪。他们持续经受着最极端的威胁与恫吓，他们表现出的勇气为我们所有人树立了榜样。国家感谢他们。

撒切尔夫人阅读了这封信，签了名。接着她想象着收信人收到来自“唐宁街10号”的信会有什么效果，那可是个对政府有潜在敌意的采煤社区哪。她以男性首相难以想象的体贴和对细节的关注写了个便条附在信函上：“请用普通信封邮寄。”[184]

世纪大销售

"告诉锡德"

批评家们抨击保守党 1983 年的竞选宣言，指责它太平淡乏味。撒切尔夫人的许多密切支持者和她本人认为，[①]给第二届任期设定明确方向是浪费机会。但宣言其实明确设定了政府的整体经济路线，只是没有具体说明。这包括了税制改革、进一步对工会的改革、为创造工作机会消除障碍、向公众出售国有企业等。矿工罢工引起的震动实在太大，在罢工持续的整整一年里耗费了撒切尔夫人太多的时间和精力，让人难以记起，私有化正在大张旗鼓地进行。尼格尔·劳森的 1984 年预算案是在 3 月 13 日向议会提交的，那是矿工宣布罢工后的第二天。

自从前一年 7 月就公共开支发生争论以来（见第 4 章），新财政大臣做的事情似乎都不对。在公众心目中，他与撒切尔主义的惩罚性方面相关联，却与其有抱负的方面无关。用他自己的话说，他 10 月份在保守党大会上的发言"颇为冷漠"。[②]英国公众认为，他似乎是个睿智的人，但他的睿智让别人显得愚蠢，因此让人恼怒。谁也不怀疑他的能力，但他不因循政治路线。由于他公布第一份预算案之前没有充足的准备时间，便没有机会做出决定性的醒目方案。

不过，尼格尔·劳森充分利用了时间。按他自己所说，他 1983 年 9 月 28 日在美国参加过一次会议后，在飞机上就开始准备预算案了。他后来说，在飞机上曾记下八个税制改革的想法，其中六个用在了他的第一份预算案中。[③]唐宁街 10 号与 11 号之间没有完全达成一致意见，例如，撒切尔夫人的阁僚认为，公共部门借贷需求应该更加紧缩，但两个部门的共同使命感当时十分强烈。劳森在思考税制想法时，约翰·雷德伍德鼓励他，还请艾伦・沃尔特斯从大西洋彼岸给予支持。[1] 雷德伍德写信给撒切尔夫人时，表示支持劳森将焦点放在企业税制上的计划，消除对个体企业和创新活动的税务障碍："这是个大胆的预算案，应成为本届议会激进税制措施的一个标杆。"④贸易工业部的诺曼・特比特钦佩劳森的财政部搞改革的"伟大决心"，也加入到劳森一边，例如他提出，应当取缔工党强加给雇主的国民保险附加费，因为这项费用毁掉了很多就业机会。他回忆道："我对首相有合理的信心，而且与尼格尔友情甚笃，所以可以好言劝说他们。"⑤特比特与劳森的组合是强有力的。特比特回忆说："我把提交的文件放在支持尼格尔意图的文件中。我当然知道，这些文件会受到首相的关注。"⑥杰弗里・斯特林是撒切尔夫人所有贸易工业部国务大臣的特别顾问，他认为："如果诺曼和尼格尔携手合作，他们几乎总是能成功说服她。"⑦

对于 1984 年预算案中的大多数紧要事务，撒切尔夫人并不需要很多说服工作。劳森认为，在产生一个比较合乎逻辑的税制方面，撒切尔夫人的兴趣与他不同："她对取消种种特别优惠的税务中立性原则不感兴趣。"⑧她并不像劳森一样在意对市场不偏不倚。她有一种本能的倾向性，要利用税务制度积极支持她同情的人群，最显著的是私房业主或潜在的业主，还有靠养老金生活的人们。但是她也热心支持降低企业的负担，为创造就业机会减少障碍。因此她支持财政大臣的愿望，一方面削减公司税，另一方面"修剪"五花八门的补贴和优惠，并取消国民保险附加费。只要有削减收入所得税这个最终目标，尽管不一定是个立即能实现的目标，她就愿意投身研究劳森起草的第一部预算案。劳森对她说，在她的第一届任期中，"我们的主要成就是降低了通胀"，但未能设法"对营业税做彻底的结构改革……现在有了一个难得的机会"。他制定了一个向议会提交的计划，该计划继而会产生选举上的优势："有了 1984 年的中立预算案和 1985 年大规模财政调整（部分由于资产出售）的前景，在个人税收方面进行改革就有了余地，前提是我们保持公共开支平稳。"⑨她在"前提"和"平稳"几个字下面画

---

1 在这个阶段，沃尔特斯扮演向撒切尔夫人提供经济建议的角色并没有让劳森感到难以忍受。在向撒切尔夫人提交文件中，劳森赞成为不同的货币措施（M_3和 M_0）分别设定不同的目标，他表示说，沃尔特斯"非常支持狭义货币的新范围"。[劳森致函撒切尔夫人，1984年2月20日，TNA: PREM 19/1197（http://www.margaretthatcher.org/document/134139）]

了好几条横线，表示敦促他精确表达。

按照英国的体制，预算案不是内阁能做决定的，不过在形式上要向内阁咨询通报，然后向议会提交。预算案要完全由财政大臣制定，“财政大臣唯一有义务咨询的人就是首相”。[⑩]劳森在这方面比态度缓和的杰弗里·豪更加看重财政大臣的这项权利。他从一开始就明确表示，他是自己家的主人。科克菲尔德勋爵自从当选后，一直是兰开斯特公爵领地的大臣，也成为撒切尔夫人事实上的财政和商业问题顾问，撒切尔夫人曾希望由他独立搞税制改革。劳森无情地粉碎了撒切尔夫人的这一希望。他还很少向内阁透露自己的预算思想，让阁僚们感到恼火。撒切尔夫人通过伯纳德·英厄姆得知，约翰·比芬对劳森的态度深感烦恼，竟向拥挤在前厅的记者们说：“今天上午（2 月 9 日）内阁会议极其乏味，我从来没感到如此失望无聊。简直糟透了！没有活跃的辩论，只有令人焦虑的自鸣得意。有人称‘形势令人满意’，但失业率仍然居高不下。”[⑪]虽然比芬的坦率显得危险，但轻率爆发并不是内阁的典型做派，他也许反映出阁僚们遭排除在外的不快。

在为预算案履行咨询首相的义务方面，劳森不像杰弗里·豪那么拘泥形式。他喜欢的讨论方式是星期日晚上在唐宁街 11 号请客，请丹尼斯、玛格丽特、尼格尔的妻子特蕾丝共进晚餐。餐后，财政大臣与首相退到休息室，两人单独讨论各项计划。[⑫]这种方式可以避免走漏消息，撒切尔夫人对保密事务格外谨慎。劳森还相信，她在这种环境中精神比较放松，但她其实感觉有点不安，因为她宁愿通过书面方式讨论严肃的政府事务。口头方式讨论不能清楚透彻，过了一段时间，劳森将闲聊作为避免重要分歧的方式，这让撒切尔夫人愈发感到怀疑了。[⑬] 1984 年的情况还不是这样的，但已经造成了一些困惑。例如，劳森的私人办公室称，在财政大臣与首相多次单独会谈后，已经同意了扩展增值税范围，安德鲁·特恩布尔不得不寻求撒切尔夫人的指示：“这一说法与你在会议中的说法是否一致？如蒙确认，将非常有益。”[⑭]她确认是一致的。后来几年发生的困惑却不像这次容易应付。

然而，在 1984 年预算案的准备过程中，撒切尔夫人和劳森之间的分歧绝大多数对两人的共同利益有好处。她以自己的政治敏感确认他的改革热情，称他是“我们的人”。撒切尔夫人建议他放弃他提出的消费信贷税（不过沃尔特斯支持他），[⑮]她还为增值税扩展到房屋修缮方面感到烦恼。日产汽车公司受到投资免税额的诱惑进入英国东北地区的制造业，如今因拟议的改革而处于减少投资状态。撒切尔夫人同意个人出面安抚该公司的情绪。[16]她还特别听从了伯纳德·英厄姆的警告：劳森将增值税扩展到报纸的想法会把一切都搞砸的。

> 也许他会表示反对，说舰队街能够自行解决（接纳印刷工会），他们付得起增值税。这无疑是对的，而且我对舰队街也没有多少同情或耐心。但是，这仍然不是与舰队街做对的好理由。回顾一下麦克米伦先生当时的情况就知道了。[17]

英厄姆提醒她：舰队街的业主往往拥有当地重要报纸。他的话让撒切尔夫人印象强烈，他说："我深感担忧，唯恐你让潜在的或真实的支持者转而反对你。"撒切尔夫人在这句话下面批注："请让尼格尔·劳森看看这个文件。"她亲自对财政大臣说，他的"精彩预算案"会得到"精彩的反应"，别在其他方面损害这种反应。[18]结果，增值税没有扩展到报纸。如果仅从政治角度考虑，撒切尔夫人和英厄姆无疑是对的，劳森错了。

《卫报》在这份预算案提交前两个星期便公布了初稿的全文，[19]尽管在预算史上这次预算案提前全面泄露出去属于空前的情况，但提交后仍然让人感到吃惊，给政治市场带来了困惑。由于劳森担任财政大臣初期遇到的困难，媒体忘记了他对这个主题的把握能力，忘记了他的抱负产生的力量。他在预算案中的第一句话是："这份预算案将为政府设定本届议会的方向。"[20]他接着陈述了两个主题——进一步降低通胀率和改革营业税，以及这些措施如何为减税铺平道路。创造了中期财政战略的这位先生在主动向议会进一步陈述时，似乎带有权威性。

劳森十分乐观，将公共部门借贷需求设定在仅仅 72.5 亿英镑（沃尔特斯心怀更大的希望，曾建议 60 亿英镑的额度），[21]不过，前一年这个项目曾达到 100 亿英镑。然而，他提出的税制改革最引人关注。他将印花税削减了一半，取消了人寿保险费的所有新减税税种，取消了"投资收益附加税"，这一税种对"非劳动所得"的收入额课以较高的税率。他改变了投资优惠税，旨在阻止公司在工业建筑、机械和工厂方面逃避税收，在未来数年中将税率从 52% 降低到 35%。小公司的税率更降低到 30%。股票期权买卖不再征收收入所得税，并取缔国民保险附加费（“这是对工作机会征税”）。他将增值税扩展到建筑改造和外卖热熟食方面，导致媒体大声疾呼，强烈反对炸鱼和土豆片遭沉重打击。劳森带有点戏剧性地抱怨欧洲的一项裁定，迫使他对啤酒和红酒以同样的税率征税。他将收入所得税保持在现有水平上，不过起征点定在大大提高的通胀率以上。

提交所有这些内容时，劳森怀着自信，语言干脆而简洁，抑制着写作时内心可能产生过的激动。经过多年撰写，他这部巨著的第一卷终于问世了。在人们的印象中，他是个精通自己业务，明确前进方向的人。媒体的赞誉评论蜂拥而至。《观察家》的标题是：“明星诞生了”；[22]《卫报》的评论是：“展示出的经济与金融能力让人目不暇接。”[23]撒切尔夫人感到欣喜，未受邀请便激动地来到劳森在唐宁街 11 号为职员们举办的答谢聚会上。约翰·雷德伍德受到感动，一个星期后致函撒切尔夫人：“由于保守党强有力的激进预算案，政府重新获得了动力。”[24]他评论说，劳森成功助推了激进派，却并没有疏远稳健派。激进主义必须继续受到鼓励，否则“风帆就缺少了风的推力”，但是保守党必须记住，“既得利益者”往往是他们的基本支持者。政府的任务是将明显的对立面“团结在各种目标下”。撒切尔夫人看到了自己认为正确而且受欢迎的预算案，这对她是个新奇而愉快的经历。撒切尔夫人情绪稳定下来后说，尼格尔·劳森的第一个大成就让他的地位“不容置疑”。

让大多数激进派和稳健派愿意团结起来的一个重要因素是私有化。在一般认为过分谨慎的保守党 1983 年竞选宣言中，这个主题也成为一个相当明显的预兆。那份宣言曾吹嘘说：“我们已经使许多国有企业重返自由企业行列，为的是向消费者提供更好的服务，并节省纳税者的金钱。”宣言罗列出当时已经实现销售并由雇员拥有股权，因而“真正成为公共所有”的企业名录。更加重要的是，宣言承诺将大大深化这一改革。“私有化”这个字眼终于露面，不过有点低调，是在“国有化产业”的标题下出现的。宣言称，改革这些产业是“经济复苏的核心”。

大的品牌受到公开点名：英国电信、劳斯莱斯、英国航空公司、英国钢铁公司的下属企业等。另外承诺销售英国造船公司和英国利兰公司，以及英国天然气公司的近海石油股份。保守党人说，他们要“寻求其他途径”

刺激在天然气和能源工业中的竞争和投资。他们还表示："以私有垄断取代国有垄断将是浪费历史的机遇。"为了实现销售，已经制定了明确的政策目标和明确的日程表。这并不是个"伟大的意识形态变革"，[25]而是政府决心解决难以应付的众多问题，寻找"快刀斩乱麻"的途径。

在此过程中，撒切尔夫人和尼格尔·劳森在经济的大多数问题上成了撒切尔主义意识形态的灵魂伴侣。杰弗里·豪担任财政大臣时，虽然她与那位前财政大臣的关系至关重要，而且总的来说是成功的，但那种关系主要是基于不得已，而不是共同的热情。劳森比杰弗里·豪年轻，因此在就任大臣初期更像是撒切尔夫人的助手，而不是地位平等的同僚。他也自视为撒切尔夫人的第一支持者。对于撒切尔夫人的思想，劳森做了更加系统的梳理开发，甚至超越了她本人。在她的第一届任期中，他作为财政部的金融秘书和能源部的秘书，领导了私有化进程。

撒切尔夫人撤销智囊团后，戴维·帕斯卡尔从智囊团调任政策组。他立刻体会到政府核心中的共同目标感："这是最富有创造性的时期，我们（政策组）是策略的管理人。"[26]虽然帕斯卡尔是从工业角度给予支持，并不直接从政，但他对首相极为钦佩。她既有"策略深度，又关注具体细节，还有着永不满足的好奇心。她自成独立体系"。这时加入了政策组的鲍勃·杨格有类似的感觉，认为他们见证了一个"重要的经济与社会运作的变革"。[27]他将这个时期描绘为"黄金年代"。

唐宁街 10 号政策组认为，"大攻势"是国家将股权让位给公众的紧迫日程。[28]其实，政策组比撒切尔夫人本人更全神贯注于这些主题。私有化是其核心。撒切尔夫人对国有企业有一种"永恒的憎恨"，[29]因为它们耗费了政府太多的时间和金钱，它们的劳资关系紧张得令人震惊，以现存的形式根本无法为得到适当投资而集资。1983 年竞选在即时，她说："我真希望让人们认识到私有化才有效。私有化比公有化更有效率，因为人们知道……他们得自负盈亏，国有企业的人却会想：'嗨，赔了钱没关系，反正纳税人会给我们补贴的。'"[30]她渴望能在商业层面做决定，而不是在政治层面。[31]彼得·沃里在 1984 年夏天加入了政策组，他先前曾是英国利兰公司一家子公司的执行总经理，他说，贸易工业部以及财政部在一定程度上"让国有企业绑架了"。[32]撒切尔夫人却没有遭到"绑架"：她认为国有企业的大多数管理机构都无能或懦弱。她对具体国有企业的情况非常了解，对那些“大烟囱”企业尤其了解。沃里相信，丹尼斯给了她很好的忠告：“我与她讨论英国利兰公司时，我十分在行，她听得津津有味。有时候，我没有读到的情况她都了解。”㉝特比特从不同的角度表示赞同：“我心存疑惑，觉得在英国利兰公司问题上，丹尼斯给了她非正式的残酷建议。”㉞

财政部热衷于出售国有资产，主要关心的是出售过程能让公共财政受益。[1]撒切尔夫人对这个问题却有更加开阔的视野，她从政治、社会、工业、财政等层面看待这个问题。唐宁街 10 号与财政部在这个问题上的侧重点有差异，不过主流是和谐的，一方侧重功能，另一方侧重观念。毕竟劳森对私有化的整个理念作过比较系统的思考。在这一点上他胜过了撒切尔夫人。奥利弗·莱特文回忆道：“我们认为劳森对全局有深入的理解。他完全站在市场一边。”㉟莱特文在 1983 年底接替费迪南德·芒特担任政策组的领导人，他毫不谦虚地称，自己是政策组“私有化的领袖”，不过他这话一点儿也不错。㊱芒特推荐他担任这一职务，部分原因是看出这个领域的政策日益重要。㊲芒特参与撰写了保守党 1983 年竞选宣言，在雷德伍德担任领导时，政策组有一种感觉，认为那份宣言“在具体政策方面太空泛”。㊳政策组自我指定的新角色是促使政府更加积极主动，尽量避免在与全国矿工工会或工党“疯狂左派”的冲突中受束缚。㊴这个政策的推动精神对全部所有权问题做出了贡献，尤其对所有私有化问题做出了贡献。

雷德伍德的部分工作内容是与约翰·摩尔联络。摩尔是劳森遴选的财政部低级官员，负责实施私有化计划。摩尔的父亲是工厂的一名钳工，他年轻英俊，自力更生，后来当了一名收税员，在实践中是个撒切尔主义者的典范，当时被广泛视为撒切尔夫人“心爱的孩子”。他感觉获得了一种权力，不仅藉撒切尔夫人的宠爱，还凭借劳森本人对私有化的热情——“他是个与我有真正同感的老板”。㊵他认为，唐宁街 10 号的雷德伍德是他“非常重要的关系”。㊶他回顾往事，认为 1983 年 6 月到 12 月是整个私有化计划中的关键时期。假如没有在所有相关部门支持下迅速起步，到下次大选前就实现不了多少进展。政策组也有相同的感觉：“假如我们不加紧推动，大家便会

1 由于出售资产可视为公共负开支，因此对降低公共部门借贷需求和直接进项都有益处。很长时间以后，财政部进而得到了更大的收益——私营公司支付的税金。

淡化此事。”[42]鲍勃·杨格认为，他们制定政策或办事都会采取舒缓的方式。[43]但核心动力是首相的决心，是她无止境的鞭策和她在政府上下的独特权威性。摩尔回忆说：“没有她的支持，这些事我们什么也不可能做。”[44]

在私有化方面，并不能从进程中推断出撒切尔夫人是政府中最老练最自信的成员。虽然第一阶段取得了成功（参见第 2 章），但她总是心怀疑惑和恐惧，担心民意调查显示不受欢迎，不利于选举。她对市场和政治上遇到的困难极其敏感，对这二者之间可能有的关联有强烈的意识。按照约翰·雷德伍德的看法，撒切尔夫人即使到了第二届任期时，学习仍然迟缓，没有认识到“我的中心论点”：私有化将“立刻打开聚宝盆”，因为私有化会让工商企业“立即使用现金”。[45]他认为，撒切尔夫人已经“准备接受私有化，但她并不是个私有化的传道者”。她往往询问：“那倒很好，可我们该怎么做呢？”雷德伍德明白了自己的角色：“我来到唐宁街 10 号，凭空创造了一个计划。”[46]他这话实在是夸大其词，劳森早已彻底考虑过这个问题，而且比撒切尔夫人考虑得更周全。毕竟一年前杰弗里·豪便劝说撒切尔夫人，请她写一份个人备忘录，在下一届议会推动私有化进程。撒切尔夫人的确不是这个活动的领导人，也没有参与制定私有化的时间表。但这基本上是有好处的。政策组的戴维·威利茨密切观察着她的工作方法，回忆说，她在“大战略方面总是非常谨慎，但是在战略与战术之间从来处理得游刃有余”。[47]她的一种工作方法“很像电影中的连续镜头：向后拉看到全景，然后拉近聚焦在微小的细节上”。在每日的决策讨论中，采用的策略并不明确表达，而是隐含在讨论中。她仔细倾听，并不轻率表示反对。她坚持自己喜爱的一个格言：“花在侦察上的时间从不会浪费”，事实证明这是对的。

撒切尔夫人在 1983 年竞选中取得的压倒性胜利自然增强了她的自信心，让她热心与以前不可能接受的事物相处。这也让私有化从试验活动变成政治上的核心事务，并成为工业和财政上的重大事件。让约翰·摩尔感到遗憾的是，政府“仅仅开了个头”。[48]并没有彻底改变国有企业的性质或打破垄断，而是应付了边缘的一些问题。尼格尔·劳森在 1983 年 7 月致函撒切尔夫人，表示：

> 迄今，我们出售的主要是在竞争领域运作且有利可图的公

> 司。将这些公司私有化……其结构变化相对较小。从现在起，我们要更多地应对公共贸易领域的核心，既要应对庞大的公司结构，也要应对无利可图的公司。㊾

他提议为私有化制定一个计划和时间表。[1]她立刻采取行动。

雷德伍德和摩尔按照这个提议行动，在这年夏天到秋天的大部分时间中，两人在政府的各部之间穿梭忙碌。摩尔回忆说：“我们四处走动，从一个部到另一个部，但人们都说：‘这简直是一场政治灾难。’”㊿10月份，劳森归纳了同僚们的反应：“对他们的反响，我们无法感到满意。我们在上届议会的许多人中考虑候选人。然而在几种情况下，有些原则问题仍待解决。我们必须加快实施计划。”(51)他再次陈述私有化的重要意义。简而言之，私有化对公共部门借贷需求有明显的益处，“但对整体经济的主要优势在于它能刺激竞争，改善资源配置，帮助消除低效现象”。撒切尔夫人对所有论点做了下划线，表示赞许。劳森补充表示，政府对消除垄断没有足够重视——这是含蓄地批评能源部的彼得·沃克，因为他不愿看到天然气工业或电力工业被拆解。英国电信在议会出演了前半场，接下来轮到天然气和电力登台献演了。劳森说：“因此，尽早为这两种工业的未来做出决定是至关重要的。”

恰好在这个节骨眼上，费迪南德·芒特（当时仍担任政策组主管）致函撒切尔夫人，推荐了劳森的文章，并敦促她：“现在，你授权并支持私有化计划是必不可少的。”(52)劳森感觉芒特对阁僚可能有所偏倚，但芒特在信函中写道：“我们不能允许彼得·沃克等人在这项行动中例外……我们不能在协调计划中遗漏能源工业。”芒特附上约翰·雷德伍德更加坦率的备忘录，将贸易工业部提交的汽车制造商英国利兰公司描述为“产能严重不

1 尽管撒切尔夫人支持这个想法，但她对泄露消息怀着典型的戒心，对劳森的一些做法感到恼火。他告诉她说，已经将自己给她的备忘录抄送给了所有阁僚。她在这句话下面画了曲线，并批注道：“今后关于经济委员会的这类事务……不要通过备忘录形式提交……我要与财政大臣直接交谈。”［劳森致函撒切尔，1983年7月25日，TNA: PREM 19/989（http://www.margaretthatcher.org/document/128139）］

足”。雷德伍德敦促说，捷豹（著名汽车品牌）应该在1984年整体出售。这时市场上出现一份招股书，称1990年以后会向投资者出售奥斯汀路宝（量产汽车制造商），结果证明是“虚假的”。贸易工业部和英国利兰公司都表现出“对政策缺乏承诺”，拖延的危险显现了：“我们正进入一个创纪录的最糟糕贸易年份，而且没有缓解的迹象。”[53]政策组没有提到名字的反派角色是诺曼·特比特，尽管他与撒切尔夫人关系接近，但政策组认为他受到“生产厂商拉拢”，[54]因为他热爱英国汽车制造，却要付出惩罚性的补贴（估计1983年为2亿英镑）。

大臣们感受到了压力。到圣诞节前，沃克采取行动稍稍向前推动了一下。他致函撒切尔夫人说，英国天然气公司的私有化应该先于电力工业，因为相对比较容易，而且阿瑟·斯卡吉尔制造的麻烦也比较少。[55]然而，雷德伍德保持着警惕，并不买账，他仍然认为沃克不过是在耽搁时间：“整个计划没有就能源工业做出确定的计划，这如同演《哈姆雷特》却没有王子，成了个没有中心人物的行动。”[56]

1月中旬，劳森向撒切尔夫人提交了完整的私有化计划，列出了实施日期。计划中提到了23个企业，包括了竞选宣言中承诺的所有企业，另外增加的企业名单中包括英国天然气公司、国家煤炭局和英国电力公司（英格兰、威尔士和苏格兰电力局）等。这是提交给英国内阁的最雄心勃勃的立法计划。[1]约翰·摩尔是制定具体计划的低级官员，他应邀参加撒切尔夫人主持的内阁小组委员会会议，会议讨论并同意了劳森的计划。摩尔说，撒切尔夫人瞪大眼睛盯着墙上图表列出的销售企业名录和上市时间，说道：“这真是妙极了。对不对？有问题吗？”会议室里鸦雀无声。这张图表变成了政策。[57]监督实施私有化的一位主要官员是格里·格林斯通，他认为，在这次会议和后来举行的类似会议上，撒切尔夫人的角色是至关重要的。与她在第一届任期中的情况不同，如今私有化已经让执行这个计划的政府“理智地概念化了”。[58]劳森是个极其重要的人物，因为“他懂得市场”，但撒切尔夫人是唯一有权力维持私有化步伐的人：“她从来没把自己当成这个

1 从立法角度看，私有化计划太广泛了，因此需要财政部通过一个单项授权法案，让计划中的项目无须通过一个个单独的法案。但是，由于其他政府部门反对，这个授权法案遭到否决。

团队的领导人，而是当成鞭策马匹的车夫。”格林斯通补充说，雷德伍德“在她的鞭子里编进了金属丝”。[1] 撒切尔夫人的车夫角色尤其重要，因为私有化的企业数目众多，具体情况非常复杂。这让官员们有很多降低速度的借口，因此撒切尔夫人常常需要抽鞭子。

出售英国电信公司是对政府的决心和能力的极大考验。这家公司有将近 25 万名雇员，全都是工会会员，但据称只有一名称职的会计师。这家公司比先前出售过的任何一家公司的规模都大六倍。英国电信的服务几乎每一位公民都要使用。在移动电话和电子邮件出现前的时代，这事实上是一对一通讯的唯一方式（不过在撒切尔夫人的第一届首相任期中已经通过自由化的立法，允许创立一个竞争公司——墨丘利公司）。电信对撒切尔夫人追求实现的商业和技术革命也至关重要，在金融服务方面尤其重要，因此，这个行业的资本化与管理必须适当。这家公司在国有化形式下无法满足正常的需求，更不用提创新发展了。[2] 假如英国电信的私有化获得成功，所有其他公司的私有化事实上将畅通无阻。假如不成功，就几乎不可能发生显著的变化了。要销售这家公司，唯一必须避免的就是失败。

要避免失败，将英国电信这样一家垄断企业整体出售就可能是个错误。撒切尔夫人在第一届任期时就反对这样做，后来被迫改变自己的态度。因为选举前时间不足，英国电信私有化法案 1983 年没有在议会通过。1984 年向新一届议会提交时，法案的实质内容并未改动。科克菲尔德勋爵清晰地指出了其中的问题。他致函撒切尔夫人时，援引了温斯托克勋爵的观点。温斯托克勋爵是一位了不起的实业家（也是个不避讳的垄断者）。科克菲尔德写道：“我们要做的是销售一家垄断企业，在一定程度上，如果我们限制

1 这个对角色的比喻性描述比较准确，而劳森的描述带有点偏见，他说撒切尔夫人本人在私有化进程中没做多少工作，只是“交给我去办”。（劳森勋爵访谈）

2 1981年，本书作者购买了自己的第一所房子。房子里没有电话，他申请安装一部电话时，英国电信称，需要等待六个月，理由是：“号码不够。”缩短安装周期的唯一办法，就是请作者在《每日电讯》的雇主跟公司董事长乔治・杰弗逊爵士打个招呼。诉诸这个办法后，电话十天后就装好了。这是个经典例子，说明国有企业如何对幕后操纵而不是对普通消费者的需求做出反应。

垄断，就减少了销售收入，财政部对金钱的需要显然是最重要的，因此我们做的其实是维护垄断。”[59]在科克菲尔德看来，“温斯托克的论点是相当正确的。在竞争与财政部的愿望之间有一个无法逃避的冲突……当我们开始将天然气公司和电力公司私有化时，将面临完全相同的问题”。

撒切尔夫人和有关的官员们对这个问题非常清楚。她对此感到心神不宁。她在关于私有化的许多备忘录上批注，常常抱怨垄断在价格和竞争上造成的恶劣影响。比如在针对英国利兰公司的路线上，她始终反对将英国利兰公司搞成“国家冠军”的策略，设法将它整体销售掉，“她认为一只坏苹果会污染篮子里所有好苹果”。[60]但政府从来面对着国库对金钱的需要和紧迫的“插着翅膀的时间战车”。如果官员们总是追求最佳结果，像私有化这么复杂的活动可以一再推迟。撒切尔夫人在上一届议会中已经遭遇过这个难题。她于 1982 年曾试图避免将英国电信提交给垄断与兼并调查委员会。她在写给费迪南德·芒特的一个文件中表示：“我有一个主张：去国有化进程不能受到危害。”[61]选举的尘埃落定，塞西尔·帕金森担任了贸易工业大臣。他向议会二读英国电信法案时作了解释：要让英国电信的业务具有可说明性，最快的方式就是将它推向私营领域，“这是我决定反对英国电信拆解后向公众销售的一个理由。否则将需要耽搁许多年，才能将英国电信的账目整理清楚，然后才有可能拆解处置”。[62]

一个类似的实用主义观念认为，应该向国有企业不情愿的高级管理人员支付大笔资金，以便让他们将企业推向市场，尽管支付的资金在所有情况下都不值得称赞。在 20 世纪 40 年代，将医疗卫生业国有化时，安奈林·贝文说服顾问们的手段是他所称的“用黄金填堵他们的嘴巴”。[63]如今，撒切尔夫人的政府要使用类似手段在一系列工业领域中逆转这个过程。重要的是，“大部分利益攸关方都认为自己有份”。[64]具体到英国电信公司，董事长乔治·杰弗逊爵士在私有化不久后加薪 70%，达到 16 万英镑。[65]

尽管撒切尔夫人在英国电信的销售上做了让步，但她仍然希望未来避免再把垄断企业整体销售，大然气公司和电力公司尤其要避免这种方式。就在科克菲尔德致函撒切尔夫人的那个星期，《金融时报》报道称：“（内阁经济委员会）同意，英国天然气公司不应以目前的形式整体出售，不过英国天然气公司董事长丹尼斯·鲁克爵士敦促做整体出售。”[66]这话把彼得·沃克激怒了。他支持鲁克，认为如果要出售，就该整体出售。他认为鲁克是一位杰出的工程师和天生的垄断经营者，鲁克经营英国天然气公司就像经营自己的封地采邑。如今，沃克怀疑自己受到了政策的胁迫，而这项政策只是经媒体公布的，自己对此与唐宁街10号有分歧。他对那则报道感到“非常震惊”，写信对撒切尔夫人称，报道“完全不真实”。[67]他抗议说，内阁并没有同意这个问题。他显然暗示说，她该控制这种内容泄密。他接着说：“我希望你立即追查这些消息是哪里提供的，指出这样做造成的严重损害。”这项抱怨中有一些讽刺的成分，因为在内阁大臣中沃克最可能泄露有害撒切尔夫人的消息，这也是她不愿向全体阁僚提供具体消息的主要原因。她的私人秘书安德鲁·特恩布尔及时向她汇报了这条报道的消息来源（财政部发布的消息）。他在汇报中增加了对沃克的一句挖苦：这位国务大臣说“天然气公司和电力公司的私有化问题没有进行过集体讨论，这话当然是对的。沃克的能源部还没有提出建议”。[68]

政府未能拆分出售英国电信，便要防止垄断势力购买，转而采取调控手段。劳森强势提出一个论点，称私营垄断比国有垄断好得多，因为“如果调控者就是被调控的企业本身，便会受利益冲突的影响”。[69]私营企业可以由独立的机构调控。一个名叫电信局的国有机构建立了，其部分职能是防止收费过高。为此，斯蒂芬·利特柴尔德教授开发出一个简单的算式：RIP-X，用于确定英国电信未来的价格上涨额度。RPI代表零售物价指数（这是广为接受的通胀率），X变量代表电信局判定的百分比。经过很多争论后，这个变量最后确定为3%。按照这个构思，私有化的新企业取得的生产率增长应该比整体经济增长率快。价格增长低于通胀可以通过提高效率来实现：消费者必须少花费多得到。另外，（在强加的价格限制下）公司运营效率越高，获得的利润就越高。这并不能成为回答垄断问题的最终答案，但是在充分培养起竞争之前，也算一种权宜之计。然而，这种方式堵上了大量的漏洞，成为其他企业私有化过程中价格调节的模式。撒切尔夫人喜欢它还有另一个原因，随着时间的推移，这个模式帮助压低了通胀率。

出售英国电信的最大挑战是该企业的庞大规模。当年这是全世界有史以来最大规模的单笔证券发行额。部分由于这个缘故，人们始终认为第一期只能售出51%。尽管如此，人们还是感到严重焦虑，担心伦敦金融城无法应付这么大的销售额。雷德伍德认为，由于这项任务的规模，就更加有必要保证将股份出让给一般公众。他对撒切尔夫人说："如果公众购买，就不会受到很多批评。"⑩他把这次销售视为开创"业主社会"的机会。撒切尔夫人已经越来越多地谈到这个想法。雷德伍德对她说："这等于是又一次出售公屋。"

伦敦金融城的热心人士对此有相当类似的看法，负责这次销售的德利佳信资产管理公司的马丁·杰科姆就有同感。出售英国电信"可与英国整体经济进行类比——这是参与一家成功公司的途径"，⑪而且这是向广阔的世界开放市场，尤其面向美国的投资者。1983 年秋天，在这项预定的销售一年之前，伦敦金融城曾极度怀疑，担心出售的股份得不到足够多的认购。人们认为，"我们不向散户推销，就无法募集到足够的资本"。⑫因此，出于融资原因，既寻找理想的大股东又向大众推销股权。在雷德伍德极力推动下，让散户参与其实是对德利佳信公司的威胁做出了回答，德利佳信公司曾威胁说，出售英国电信必须以谨慎适度的小规模进行，向投资者出售的比例应远远低于业务的一半，但这一来就构不成真正的私有化。⑬戴维·威利茨回忆道："正因为此项销售有众多个人投资者，我们才能卖出那么多。此外，假如我们仅仅向伦敦金融城的机构出售，我们必将受他们摆布。"⑭投资散户的参与还产生了进一步的效果，保证让撒切尔夫人密切介入整个活动，因为"向公众出售股票后看着公司崩溃，在政治上是绝对不可接受的"。⑮

良性循环诞生了。出售英国电信是个大事件，必须得到所有参与者提供的资金支持，这家公司的所有职工和领取退休金的人员都必须从中获益。原始股发行价绝对不能太低，免得让投机认购者全部套走，上市后立刻炒买获利。[1]然而，更加重要的是，原始发行价不能高得让公众望而生畏不敢参与购买，或者因投资而遭受损失。基于这些原则，接着诞生了各种市场刺激机制，例如采用给电话租赁费打折的代金券等。在股金分配上，刻意给予小投资者优惠，并允许他们分期付款：摩尔在芝加哥当经纪人时掌

---

1 在撒切尔夫人的第一届任期中，放射化学试剂公司"阿默山国际"在私有化过程中曾发生这种引人注目的现象，原始股发行时认购额24倍于发行额。摩尔将这种情况描述为"炒作盛宴"，但这一事件也让伦敦金融城看到，市场确实存在。（摩尔勋爵访谈）

握了“大众股民心理”，他提倡采纳“少投入多得到”的政策。[76] 1984年7月，随着季度报表发布了“报表附页”，公布即将发行的股票。这时出现了众多公关广告，内容不是直接推动发售股票，而是在避免破坏股市规则的前提下，宣传英国电信是一家规模宏大的电信公司（称作“按键背后的力量”）。在那个股票被看作神秘事物的时代，大多数人根本不懂如何购买股票，因此这些宣传活动就非常重要。销售英国电信开启了一个新时代，申购其股票十分简单，只要填写大小报纸上的表格后寄回就可完成。独特的发售规模问题也得到了关注。例如，德利佳信公司的戴维·克莱门蒂意识到，需要有几座特别的库房，及时处理公众寄来的支票。建房互助协会警告说，随着人们大量购买英国电信股票，预料人们会大量提取存款，撤走建房资金。在此过程中，杰科姆与撒切尔夫人密切配合。他对她以及他与财政大臣的合作给予非常有利的评论：“她真正处于权力的巅峰——倾听和征求意见时足够自信，绝对掌控着全局，但绝不采取独裁手段。”[77]

1984年11月20日，英国电信公开发售，每股发行价格为130便士，终止发行日期为11月28日。城市各机构（如养老基金）购买了总发行额的45.8%，公众购买额占34%，海外投资购买额占14%，本公司雇员占3.8%。英国电信的雇员不顾其工会的诅咒，95%的雇员购买了股票。凡是申购400股或较少股份的人都百分之百得到了自己想要的股票。凡是申购10万股或更多股份的人，遭到百分之百的拒绝。这个规定在伦敦金融区引起了争议，但对公众理解这次销售的目的有利。这次销售的总收入为36.15亿英镑。约215万人购买了英国电信的股票，大致与撒切尔夫人初次担任首相时持有各种股票的英国公民人数相当。撒切尔夫人于1985年2月在美国国会讲话时说：“仅仅几年前，英国人认为私有化只是个白日梦，如今，这已经成为现实，而且是个大众公认的现实。”[78]其实，她还可以补充说，这是在全世界的首创。出售英国电信终结了先前占主流的怀疑论调，认为伦敦金融区无法应付如此大规模的销售。尼格尔·劳森愉快地意识到，向人数如此众多的公众出售，让私有化变得“不可逆转”，他说：“我们目睹了人民资本主义的诞生。”[79]撒切尔夫人听了“人民”这个字眼感到不舒服，因为这让她联想到共产党国家往往称作某某“人民共和国”。她喜欢用“大众资本主义”这个字眼。[80]但是首相与财政大臣的观念其实完全一致。

※ ※ ※

每一个企业的私有化过程都不同。尽管有一个共同理念，但并没有一个统一的模式。正如撒切尔夫人自己所说：“英国引领了工业革命，所以知道得很清楚：在改革中打先锋有个不利条件，那就是你可以借用的唯一经验就是自己的经验。”[81]撒切尔夫人意识到，这个领域太广大，各种情况太繁杂，在所有情况下，自己都无法参与，她对一些企业干预较多，对另一些企业则干预很少。英国电信尽管是私有化尝试中最大的企业，但许多年里却没有让政府损失资金。但英国利兰和英国航空等公司却让政府损失了大笔的资金，而且这类损失往往在政治上引起争议。而这些公司却是她最感兴趣的，让她觉得插手干预会有更好的结果。

英国航空公司的私有化进程是个好典型，证明私有化的道路往往痛苦曲折，也让撒切尔夫人引人瞩目地表现出按自己方法行事的欲望。这家公司属于撒切尔夫人政府经立法（1980 年通过的民航法）搞私有化的第一批企业，但公司的亏损程度公布后，初期销售就变得不可能了。该公司在 1980—1983 年的预期收益是 1.8 亿英镑，但外部会计调查的结果是不但没有收益，反而有 4 亿英镑的亏损。

1981 年 2 月，政府委任约翰·金爵士[1]为公司董事长。他接受这一职位时心里明白，只有他能出售这家公司。金是个外表迷人，内心残忍，嗜好冒险的人。他目光锐利，在大多数与车轮和翅膀有关联的行业中都是个专家。他是个利己主义者，也是个能激励雇员的领导人，与撒切尔夫人关系亲密。金出身卑微，但隐瞒了自己父亲的身份，还隐瞒了自己的真实年龄（为的是避免被迫退休）。他最初干的行当是汽车销售员，战争时期搞国防工程颇有成就，后来靠制造滚珠轴承发了一笔小财，1970 年成为巴布科克国际公司的董事长。他还是个猎艳老手，娶了一位子爵的女儿，以善于拉关系网而著名。在 20 世纪 80 年代的经济衰退中，金对商业情报中心的

1 约翰·金（John King, 1917—2005），1981—1993年任英国航空公司董事长；1993—1997年任英国航空公司总经理、名誉总经理；1970—1994年任巴布科克国际集团董事长；1994—2005年任该集团总经理；1958—1972年为贝尔沃狩猎学校教师；1979年受封骑士；1983年受封沃特纳比的金勋爵。

反撒切尔立场感到厌恶，带领巴布科克公司退出商业情报中心，加入比较持自由市场态度的英国董事协会。巴布科克公司向保守党贡献了相当可观的资金，金本人在幕后帮助组织了一个城市工业保守党资金募集网。他长期以来与其他支持撒切尔的商业人士有伙伴关系，其中有著名的汉森勋爵和戈登·怀特爵士。

在撒切尔夫人担任首相的第一届任期中，金与她联系主要通过她的私人秘书伊恩·高，因为高是他家的律师。通过高，金很快了解到，如何绕过阻拦他的内阁官员见到撒切尔夫人本人。他还了解到，英国航空公司的董事长对议会议员有极大的影响，这样做只需采取让他们免费乘机的简单策略就成。在那些规则不严的岁月里，这样做可以找到振振有词的理由：这是一种促进立法工作的方式，但受到各党派议员的广泛抨击，他们要求对度假目的地的旅行加强购票控制。然而，这种做法引发的小丑闻往往不会影响到金，只会影响显得贪婪的议员。金培植起一个重要的议会关系网，支持他那个公司的利益，这一点他也许比当时的其他工业家做得更成功。在英国航空公司私有化运动的高潮期，公司组织了一次大型游说午宴，据认为规模在英国历史上空前宏大，在萨沃伊酒店的河畔观景厅宴请了151位保守党议员。

金给撒切尔夫人出了道私有化中典型的难题。他正是她想要的国有企业领导人，她钦佩他的理性和进取心，媒体还把他称作“撒切尔夫人最喜爱的商人”，她对此从不否认。但是，他又有工业家本能的愿望，想要扩大自己的公司，压垮所有对手，并尽一切可能争取让政府授予各种特权。因此，尽管他会完成公司转型，最后实现她想要的销售，但要他这样做是要付出代价的。

1982年4月，金去会见撒切尔夫人，对她说，他还需要两年时间，才能将英国航空整顿成一家成功的航空公司。他要求得到“行动自由”，意思是要求有权像私营领域一样支付薪金，聘用人员整顿公司。科克菲尔德勋爵就任贸易大臣第二天，便拒绝了英国航空公司的要求，认为这是个巨额亏损的公司，向经理人员超额支付报酬会给国有企业树立一个恶劣榜样。但是撒切尔夫人以轻快的口吻称：“应该允许约翰爵士得到他想要的这三个人。”[82]她对所谓公共领域“反射性效果”的危险感到怀疑。她说，看看英国钢铁公司向伊恩·麦格雷戈支付大笔金钱的益处吧。

在接下来的一周里，贸易部继续试图阻止加薪建议。金奋力抵抗，还向高通报情况。高致函撒切尔夫人：

> 尽管我对这个薪金额有相当大的保留（英国航空公司拟聘请的新财务经理年薪 55000 英镑，远远高于女王的首席大臣），但我对约翰·金极为尊重，我们应当让他按自己认为最佳的方式管理英国航空公司，期待尽早开始私有化进程。[83]

金得到允许，招聘他的新人。两个月后，撒切尔夫人以赞成的方式标注了彼得·格雷格森的建议。格雷格森表示，尽管私有化不得不推迟到1984 年下半年，但假如临时目标继续维持在 1983 年下半年，[84]“也许对保持约翰·金爵士显然已经创造的上升势头有帮助”。经济委员会对此表示赞同。

然而，到了 9 月份，英国航空新公布“非经常性项目”亏损 6 亿英镑，撒切尔夫人看了大吃一惊，对裁员的高额补贴不满（金接任时的 51000 名雇员裁减为 35000）。接着，她插手了：“为什么要提高薪金？凡是私营公司无力承担的数额要求，我们就不能同意。”[85]她的态度与早先对金的纵容显然发生了矛盾，她支持减薪，至少也要冻结工资水平，并尽可能减少裁员补贴。这时，科克菲尔德感觉有责任支持英国航空的立场：“我们没有准备好在其他企业强行冻结工资，不能单单挑出英国航空来冻结。”[86]撒切尔夫人在这句话下面画了曲线表示反对。她在批注中反驳道：“为什么不能？难道他们没有亏损？而且还是巨额亏损……我感到他给我们开了张空头支票。”

显然英国航空公司在大选前极不可能上市销售，撒切尔夫人也开始意识到，在私有化前加强英国航空的地位会削弱其主要竞争对手英国金狮航空。这难道不会破坏她珍视的竞争？她的办公室主任戴维·沃尔夫森对她说，英国航空私有化后 80% 股份上市，“随时有能力摧毁英国金狮航空”。[87]英国金狮航空董事长亚当·汤普森爵士乞求她，让他得到英国航空的更多航线。虽然她常常在批注政府文件时书面表达对英国金狮航空命运的焦虑，却任凭约翰·雷德伍德说服自己。雷德伍德提出的论点是，英国航空的真正竞争者是外国航空公司，而英国航空私有化以后“距离私有或政府垄断的替代公司还远在很多光年之外呢”。⑧⑧她随时愿意会见金，与他讨论这些问题，同时却避开了汤普森。

金向她游说，反对由民用航空管理局将航线重新分配给小航空公司，还通过致函所有看法相同的议员，争取赞同意见。此后，在白厅内外发生了激烈的争论，金勋爵[1]利用与有势力的麦卡尔平勋爵家族极力游说撒切尔夫人，毕竟麦卡尔平是保守党的财务司库。8月1日的内阁备忘录有一条异乎寻常的记录，称内阁在航线分配方面“无法做出决定”。对此事负责的交通大臣尼古拉斯·里德利赞成给英国金狮航空多分配几条航线。威利·怀特劳也有相同意见，因为他的女婿戴维·科尔特曼是英国金狮航空的总经理。劳森和特比特支持金的立场。安德鲁·特恩布尔赞成让出几条航线，但是反对雷德伍德和政策组的意见，撒切尔夫人听了他的建议一时拿不定主意。9月份，在一次大臣级别的会议上，她归纳这个问题，说：民用航空管理局对航线的复审“触及了政府观念的重要组成部分——希望鼓励竞争和进取精神，并缩小公共领域的范围”，但她以反常的模糊口吻承认说，“这些目标有的相互抵触”。⑧⑨宣传战这时变得颇为险恶。金威胁要辞职，让撒切尔夫人感到恼火。他还游说解雇里德利——这一步走得过头了，塞西尔·帕金森代表首相向他提出谴责。⑨⓪

最后，在1984年底，一个折中解决方案拼凑出来，英国航空和英国金狮航空接受了“交换航线”。这对英国金狮航空有利，但不及民用航空管理局最初建议的改变更有利。这个决定清除了私有化道路上这个具体障碍，并没有严重伤害英国航空。[2]

然而另一个性质不同的障碍仍然拦住了去路。在1984年8月1日的内阁会议上，官员们得知美国方面对英国航空提起几项法律诉讼，第一项诉讼是雷克航空公司破产后提出的，这可能耽搁其私有化进程。美国对这个案件态度强硬得让人吃惊，但撒切尔夫人的态度更加强硬。

1982年3月，服务“价廉物美”的雷克航空公司在一场与大垄断航空

1 他前一年受封勋爵。

2 这项交易最终对英国金狮航空造成致命的危害。英国航空私有化后第二年，以2.51亿英镑的价格兼并了英国金狮航空。

公司的价格战中破产。美国司法部有理由怀疑几家航空公司合谋，便考虑按照反垄断法起诉英国航空公司。民事诉讼箭在弦上。英国航空公司面临潜在的毁灭性威胁，私有化看来已经不可能了。[1]

撒切尔夫人参战了。她也许为雷克航空破产感到愧疚，因为她从来支持弗雷迪·雷克价格低廉、没有多余服务项目的跨大西洋航空服务，他们首次为低收入顾客开辟了前往美国的航线。在 1981 年的保守党大会上，她发言时称赞过雷克航空。这家公司开始走下坡路时，她还考虑过出手营救，（“我的乘客们！我可怜的乘客们！”）[91]后来她发现，营救成本是个无底洞。（“天哪！是个无底洞的形势！我不愿让我可怜的纳税人们承担。”）[92]刚刚毁掉雷克航空公司的雷克像金一样，都是撒切尔夫人崇拜的一类商人。她厌恶美国人对治外法权的要求。更重要的是，她无法忍受私有化受到无限期的耽搁，考虑到政治时间表的要求，耽搁等于放弃。时任英国驻华盛顿大使的奥利弗·赖特说：“我认为英国航空肯定败诉，但玛格丽特出面调停了。”[93]

美国司法部最终要向总统负责。于是，撒切尔夫人在 1983 年 3 月致函里根，请他“个人出面，紧急阻止”即将宣布的反垄断调查，并通过业已存在的航空协议处理此事。她写道：“我为此感到极为担心。”[94]里根在回答中表示拒绝。虽然总统在技术上有可能干预，但这实际上是干涉一个公认的诉讼程序。美国政府官员向英国大使抱怨称：“这会把我们推向尼克松般的处境。”[95]里根向撒切尔夫人表示：“你知道我高度重视我们之间的个人友谊……不过在这个问题上，我觉得自己的活动范围没那么大……”[96]

1983 年 6 月，撒切尔夫人在大选获胜后立即做出报复，有效禁止英国各航空公司与美国调查合作。美国政府感到不安。国家安全委员会的一位成员在备忘录中写道：“司法部往往反应过度，也许我们可以帮他们刹车。”[97]后来达成一项折中方案，调查要以更加谨慎的方式进行。但这团乌云依然笼罩时，英国航空的私有化就无法展开。雷克公司的资产清算方努力在英国法院斡旋，反对禁止英国航空合作，1984 年 7 月，议会上院做出

---

1 英国航空公司是一家国有企业，人员办事欠考虑，竟然对这个问题上的众多电话交谈做了记录，因而不正当行为留下了白纸黑字的证据，可供法庭采纳。

不利于英国航空的判决，宣布这个案件可以在美国受审。一个美国大陪审团便考虑对英国航空及其雇员进行一系列公诉。

撒切尔夫人在所有层面发起攻击，派遣大臣前往华盛顿，并向华盛顿发出一条条信息。里根总统在 1984 年 11 月顺利连任总统后，撒切尔夫人在伦敦接见了美国大使查理 · 普赖斯。那次接见让他浑身战栗："她证实了我们最严重的担忧确实不假，我们一直担忧她和她的内阁大臣对起诉决定会作何反应……假如今天之前我们对撒切尔本人如何看待此事有所疑惑，现在这种疑惑肯定已经烟消云散了。"[98]普赖斯是总统的密友，一直在努力培育里根 – 撒切尔之间的关系，他敦促白宫的顾问劝说司法部转向，却并未成功。美国国务院与普赖斯深有同感，国务院的官员谁也不愿看到里根 – 撒切尔为西伯利亚管道激烈冲突的事件重演（见第二卷第 6 章）。然而，美国司法部不容调和。

11 月 16 日，就雷克公司的争论摆到了总统面前。国务卿乔治 · 舒尔茨的论点是放弃起诉，而副检察长卡萝尔 · 丁金斯表示反对。国家安全顾问巴德 · 麦克法兰先前向里根提示说："这个问题展示出总统的两种相互冲突的宪法义务，一种是你执行法律的义务，另一种是你引导国家外交事务的职责。"[99]麦克法兰建议里根向舒尔茨的态度倾斜，命令司法部放弃调查。

开会时，舒尔茨提出自己的主张，丁金斯则坚持她自己的主张。后来有竞选总统野心的白宫办公厅主任吉姆 · 贝克说："总统先生，这是个罕有的时刻，此时这间屋子里谁也不想坐你这把椅子！"国家安全委员会的总顾问罗伯特 · 金米特回忆说："总统听后笑了一声，稍加停顿后说，'……我们生活在一个非常危险的世界上。我们没有比玛格丽特 · 撒切尔更好的盟友了。假如这对她很重要，就连我这个注重法律与秩序的人，为了美国的国家安全利益，也不能让调查继续进行。'"[100]里根刚刚竞选连任获胜，做出这个决定并没有显得特别为难。他在日记中写道："撒切尔首相坚持得真够强硬……听过双方的论点后，我最后决定重视外交关系——此案了结。"[100]

总统否决了司法部正式建议的一项刑事检察，这个决定不但令人吃惊，而且几乎是史无前例的。司法部感到愤怒，感觉两三年的工作白费了。里根的决定证明，他与撒切尔夫人的关系牢不可破。

不过，他也期待得到回报。负责经济事务的副国务卿艾伦 · 沃利斯受命前往伦敦，向撒切尔夫人通报总统的决定。他得到指示，要假装引用“总统一位助手的话”，称：“他从未见过总统做一项决定时如此忧心忡忡”。[102]按照要求，他还要告诉撒切尔夫人说，尽管各项指控涉及“明知故犯，一再违反美国反垄断法的本质要求”，但里根总统仍站在她这一边。英国方面今后应在跨大西洋航线的价格和容量方面表现出更大的灵活性，并保证未来遵守美国的反垄断法：“美国需要看到英国方面在行动上表现出极大的克制，增进严格的执法机关在这个案件中原本要维护的利益。”[103]

撒切尔夫人原以为会听到坏消息，因此，沃利斯将里根的决定告诉她后，她“表现得热情洋溢，说自己感到‘非常兴奋’……并以手势和体态强调表现出真诚的感谢”。[104]然而，她没有做出实质性的让步：“只是表示，英国不接受我们的结论。”[105]同一天，她致函里根，在常用的套话之后（“我钦佩你表现出的勇气”），[106]同意为使双方满意“完成谈判”。

然而，英方对里根慷慨的决定实际上没有做出任何回报，反而提出进一步的要求：如果美国方面想要就价格、运力等问题作任何调整，美国政府必须让英国航空在所谓“三倍损害条款”中受到豁免，该条款允许民事诉讼中的受害方起诉要求得到三倍于实际损失的赔偿。美国政府在先前与英国方面的谈判中搁置了这个问题，但里根放弃起诉后，撤回了这一豁免权。撒切尔夫人就这个问题致函里根，称自己感到“非常失望”，[107]而且是美国人的前后不一致导致了愤怒情感。查理·普赖斯书面对总统表示：“由于你就起诉案做出的勇敢决定，我们不是前进了一步，反而倒退了……我们撤销起诉后，他们对我们表示感谢，但我们迄今什么也没有得到，只有一肚子怨气。”[108]双方为撒切尔夫人在圣诞节前访问戴维营做准备时，这个问题像一团不愉快的乌云压在人们心头。

※　※　※

12 月 22 日上午，撒切尔夫人在英国驻华盛顿大使馆准备出发前往戴维营。她是前一天从香港飞到美国的（见第 4 章）。她的预备会谈主题是里根的战略防御计划，但她花费了 55 分钟向大使馆的航空航运顾问罗杰·梅纳德询问雷克公司案。“她在伦敦得到一份简报，她在上面写满了批注……最后，她说：‘非常感谢，我要跟总统谈这事。我得制止这事。私有化必须向前推进。'"[109]

在戴维营，总统与首相的谈话主要集中在东西方关系和战略防御计划上（见第8章）。这项讨论内容花费了整整一个上午。但是，里根提议午餐休息时，撒切尔夫人要求先讨论民航问题，接着便不屈不挠重复双方已经熟悉的论点。她感谢里根否决了大陪审团的公诉，还"为总统的决定没有给他造成严重压力感到宽慰"。[110]这个说法不够圆滑，仿佛暗示说做这个决定并不像美国人声称的那么困难。接着，她严词责备美国政府撤销了取消三倍损害赔偿的建议，说这像一团"乌黑的云团"笼罩在英国航空公司头上：美国的行动"破坏了她让英国航空去国有化的努力"。里根的回答口吻中带着同情，不过对她说，国会肯定否决取消三倍损害赔偿的提案。乔治·舒尔茨回忆道："人们看到，她为英国的经济利益而奋战时有多凶猛。她真是太凶猛了。"[111]在鸡尾酒和午宴过程中，撒切尔夫人为这事担心的模样活像叼着骨头的狗儿。"撒切尔夫人提起刚才讨论的这桩事，希望马上回到民航问题上。"[112]接着她再次开始滔滔不绝地争论。这一次，里根什么也没说，是舒尔茨和普赖斯跟她争论。最后没有取得任何进展。

我们应该记住，在之前的六天里，撒切尔夫人首次（在首相别墅）会见了米哈伊尔·戈尔巴乔夫，飞到北京签订香港问题协议，接着飞到香港向那个殖民地的人民介绍协议签署情况，然后才经夏威夷飞到华盛顿；我们还应该回忆起，在戴维营讨论的冷战问题正在紧要关头，既非常重要又耗费精神，在这种情况下，要打起精神一再跟她的东道主争论英国航空－雷克公司的案子几乎是令人难以置信的。假如换了任何其他英国领导人，都难免为这桩让人厌倦的事务觉得尴尬，也往往会随和强大的东道主，不由表现出礼貌。但是，只要撒切尔夫人认为一个问题重要，尤其是为了让英国的贸易得到优势，便绝对不会觉得厌倦或烦恼，而且她几乎从不认为一再重复是个错误。查尔斯·鲍威尔说："我看玛格丽特·撒切尔从来是想要什么就必须实现什么。专注执着是她的一种了不起的力量，她绝对不接受任何问题还有另外一面。"[113]她的东道主对她从世界历史角度谈论冷战和战略防御计划问题非常感兴趣，对她谈起贸易问题的态度感到同等程度的吃惊和恼怒。

撒切尔夫人意识到无法在三倍损害赔偿讨论中占上风，便改变策略，放弃法律途径，追求以比较非正式的方式解决这桩民事诉讼。2 月份，她要求里根帮助，同意英国航空与其最大的债权人美国进出口银行达成有利的庭外和解。“总统评论说，进出口银行有操作自主权，不过我们与其行长保持着联系。普赖斯大使……正在设法制定一种方案，他（总统）在必要时可出面。”[114]

僵局终于打破了。各方同意了一个解决办法，进出口银行收回其本金，但放弃原来要求的惩罚性利息。[115] 1985 年 7 月达成了一项涵盖范围广阔的解决方案，其中包括雷克公司绝大部分未决赔款，以远远低于原债务 11 亿美元的数额解决。英国航空公司的私有化进程在相当大程度上要归功于撒切尔夫人与里根总统的关系。

1987 年 2 月，英国航空公司最终 100% 上市出售，政府并不持有用于紧急时刻回购的“黄金股”（或“特别股”）。[1] 英国航空自豪地称之为大众资本主义的时刻，这个说法真正是实至名归。这是当今英国成功的航空公司，人民热心拥有其股份。上市价格偏低，认购股份 11 倍于销售股。这次销售募集到 9 亿英镑资金。整个私有化活动耗费了七年时间。

1984 年 7 月，约翰·雷德伍德急躁地致函撒切尔夫人称：“应当敦促财政部向行动缓慢的部门施压。能源部尤其该采取更加紧急的措施，以同样的思路处理英国天然气公司。”[116]他召集内阁相关小组委员会开了一次特别的进度跟踪会议，激励落后的部门奋起追赶。保守党 1983 年竞选宣言已经校准了开放天然气和电力工业的方向。即将出售英国电信这个半垄断、半公用机构，已经显示出政府准备向公有企业的核心发起进攻，准备应对上市牵涉的大规模资金。长期以来，财政大臣就想要拆分英国天然气公司，在英国电信公司之后上市出售。首相的意图也完全一样。然而，整个过程后来却极为困难。

撒切尔夫人认为，这个难题是英国天然气公司董事长引起的。丹尼斯·鲁克爵士是典型的国有企业成功的领导人（大部分国有企业领导人干得不成功）。鲁克是从这个行业的一名工程师升任领导职务的，20 世纪 60

---

1 由于英国航空并不属于公共设施，因此认为没必要设保护公共利益的黄金股。

年代北海发现天然气后，他一直负责改造民用燃气，将原来通行的（有毒害）“民用煤气”改造为大规模天然气供应。照尼格尔·劳森说，他是个霸气十足的家伙，而且是个“妄自尊大的人”，⑪⑦自以为只有自己懂得这一行，“对待大臣和官员们的态度都一样不信赖，不喜欢，不尊重。”⑪⑧鲁克将有些相关的公司拢到自己旗下（譬如英国唯一陆上油田维奇法姆油田），于是扩大了自己的实力。他以火爆脾气而著名，为了避免冲着人们吼叫，不得不服用药物。⑪⑨[1]他是“一棵遮天的大树，树荫下任何树苗无法成长”。⑫⓪

尼格尔·劳森于1981年担任能源大臣后，照他自己所说，曾竭力试图“削弱鲁克的帝国”。⑫①他宣布对英国国家石油公司（后来的“英石油”）的石油生产业务和英国天然气公司的近海石油业务实施私有化，并取消英国天然气公司对销售天然气的垄断，取消该公司对内陆天然气管网的控制。他尝试出售英国天然气公司的燃气产品陈列室，但失败了。鲁克和工会以组织有序的方式进行反抗。劳森担任能源大臣时采取的最后行动是签署给鲁克的一封信，强制他出售近海石油资产（后来称作“安特普莱斯石油公司”）。在竞选期间，劳森将这封信交给他的私人秘书保管，指示秘书说，如果保守党获胜，要把信寄给英国天然气公司董事长。在劳森被任命为财政大臣的前一天，这封信寄给了鲁克。⑫②

然而，撒切尔夫人出于与此无关的原因，任命彼得·沃克接替劳森担任能源大臣（见第6章）。沃克与劳森的立场不同，与首相的关系也不密切。他认为丹尼斯·鲁克是“我见过的国有企业董事长中的佼佼者”。⑫③虽然沃克并不坚决反对各种形式的私有化，但他也不怎么反对英国天然气公司的垄断势力。他支持鲁克将该公司培养为“国家冠军”的想法，还确实想把它变成欧洲的经济实体，有点像法国电力集团后来的模式。⑫④他认为，如果必须出售英国天然气公司，也一定要整体出售。

劳森和撒切尔夫人原则上并不同意这个立场，但在他们后来面临的困难形势中，原则并不是唯一的考虑。安德鲁·特恩布尔就约翰·雷德伍德提交的上述备忘录写道:“我认为约翰的判断也许有些严厉。关于天然气公司，沃克先生已经向丹尼斯·鲁克提出了这个问题，但考虑到他的建议可

---

1 据报道，他服药后并无效果。

能引起争议，他感觉采取行动需要谨慎。我觉得进度追踪会议应该能做更多事情，而不是激怒大臣们。沃克觉得，提到英国天然气公司的私有化对他从事的敏感任务没有帮助。”[125]撒切尔夫人并未咨询政策组，她听从了私人秘书的建议后写道：“目前不开会。”

所谓“敏感任务”是应对处于惊恐状态的鲁克。鲁克“掌控着”一切事务，沃克与他达成一个“灵魂契约”。[126]大臣们相信，鲁克得到这个契约为的是破坏对该行业的私有化信心，因此处理时必须极度谨慎。彼得·格雷格森于 1985 年 5 月成为能源部的常务秘书，他记得撒切尔夫人“有时倒吸一口冷气说，要是能除掉这个丹尼斯，事情该有多顺利，但她看出，他是一股自然的力量”。约翰·雷德伍德建议她“更换这个董事长”。[127]她不愿冒这个风险。迁就鲁克的策略奏效了，至少在表面上奏效了。格雷格森注意到，这位董事长逐渐认识到，“只要能行使更大的权力”，私有化或许能让他得到更多东西。[128]沃克应付鲁克十分老练，他作为一名大臣，“行动果断，还是个政策的推行者和执行者”。

考虑到撒切尔夫人和劳森的组合力量，在平常环境中或许可能摧垮鲁克和沃克的“邪恶组合”（戴维·杨格语）；[129]但当时的情形非常极端。只有在英国电信的私有化彻底完成后，才有可能进行英国天然气公司的私有化。英国电信是在矿工罢工的高潮期上市销售的，但对英国天然气公司私有化的讨论是在罢工之前开始，到罢工结束后才完成。撒切尔夫人感到，自己不能与沃克发生争吵，因为在罢工过程中，这位大臣处在与阿瑟·斯卡吉尔斗争的最前线，而且成功结束罢工后，也不该惩罚他。她也不能违背他的意愿撤换鲁克。沃克建议说，天然气公司的私有化是可行的，但是在矿工罢工的背景下，电力公司搞私有化就不可行。他坚持私有化要整体出售。撒切尔夫人意识到自己别无选择，只能接受沃克的建议，不过这就要不顾雷德伍德和政策组对她提出的建议。她将鲁克视为政府意图的一块“大墓碑”，[130]但她感到，一旦私有化进程起步，就无法摆脱他了。

安德鲁·特恩布尔伤心地回忆起 1985 年 3 月底自己患皮疹休病假期间发生的两个重大事件以及做出的不愉快决定。第一个事件是原则上同意征收人头税（见第四卷第 1 章）；第二个事件是“财政部与彼得·沃克敲定了天然气公司私有化的形式”。这第二件事是由撒切尔夫人、劳森、约翰·摩尔和沃克在 1985 年 3 月 26 日一致同意的。英国天然气公司要整体完全出售，条件是不能耽搁。“沃克的支持比无休止的辩论要好。”[131]撒切尔夫人在回忆录中为自己的决定做了辩护，理由是必须在下次大选前进行这宗销售，因此不拆分这家公司的最重要原因是“议会时间不足……这可够奇怪的”。[132]这个理由有道理，但并不是全部理由。她还感到了害怕。

不拆分这家公司还另有一个原因。劳森不愿承认，但他担任财务大臣，渴望让这次私有化行动的收益最大化。撒切尔夫人也难免受这种心理的影响。英国电信成功上市销售后，她问格里·格林斯通：“我们对两倍于英国电信规模的公司该怎么处理？”[133]毕竟垄断势力越强，出售价格就越高。如今真正需要敦促销售，再以后，由于英国航空、英国电信、供水、皇家军械工厂在私有化进程中出于不同原因受到耽搁，或停滞不前，敦促销售的需要就愈发强烈了。戴维·诺格罗夫接替特恩布尔担任了撒切尔夫人的私人财政秘书，这位秘书向她建议说：“最好放弃，因为你以后随时都可以改变规则。”[134]她接受这个建议是可以理解的。

不过，在这种处理过程中，有些“不光彩的成分”，[135]按照撒切尔夫人非常高的勤勉标准，有些东西被疏忽了。马丁·杰科姆注意到，在涉及英国天然气公司的问题上（他是该公司的一名主管），“能感觉到撒切尔夫人缺乏掌握具体细节的愿望”。[136]最大的问题在于，出售一家垄断企业不能靠新的监管做出恰当补偿。虽然政府意识到实际和立法都需要一位监管者，但政府对此采取了颇为谨慎的做法，唯恐进一步激怒丹尼斯·鲁克。彼得·格雷格森回忆道：“沃克说：‘挑选一名监管者比什么都难。’”[137]不能严格监管会给未来留下众多极大的困难，对私有化产生某种幻灭感，起码对这个企业是这种情况。虽然在整个这一时期的股票销售继续向好，但特恩布尔注意到出现了一种奇怪的现象：“每次私有化活动似乎都不及上一次受欢迎。”[138]

然而，一旦英国天然气公司整体出售的想法得到同意后，政府便投入全部精力，至少要保证销售不出错。销售中在严格定价方面付出极大的注意力，并做出巨大的努力向人数破纪录的普通公众尽量多售出股份。罗思柴尔德银行在网络高手迈克尔·理查森领导下负责这宗销售。扬罗必凯广告公司策划了一场满意的销售活动，他们巧妙地利用了限制夸耀股票的种种规则，创造出一个名叫锡德的无形角色，这个角色可能了解这宗销售，也可能不知情。这个广告只关心销售的事实，并不表现其细节。广告语称：

“要是你见到锡德，告诉他。”结果，“锡德”成了私有化中所有普通购买者的代名词，“锡德式的”这个形容词时而被当成毁谤语，指诱惑买方的行为。市场调查显示，98% 的成人听说过英国天然气公司发售的消息。⑬⁹在1986 年 11 月到 12 月间，英国天然气公司整体售出（政府保留了其黄金股份）。销售过程十分成功，因为仅仅几个星期前，伦敦金融区对股票市场作了“大爆炸”革新，这次销售是在一个新的交易环境中进行的。销售中收到 450 万件购买申请，英国天然气因而成为世界有史以来股东人数最多的公司。这次发售为政府募集到的资金达 54.34 亿英镑。投机炒作没有以前严重。有 200 万购买者以前从未购买过股票，因此，这次销售是大众股权政策的一次巨大飞跃。不无巧合的是，这也是预定在第二年举行的大选中为保守党获得选票的好方法。

1986 年 10 月 27 日，伦敦金融区经历了所谓的“大爆炸”。[1] 仅仅一天之内，股票交易市场便改革一新。这个比喻十分恰当，因为那天发生的变化的确像一场大爆炸，但这个现象开始的规模却很小。

起初，这个问题似乎仅仅是技术上的。撒切尔夫人 1979 年就任时，继承了工党政府时期由公平交易局做出的承诺：要对证券交易所的限制竞争协议做调查。按照公平交易局的估计，这种协议有 80 多个，⑭⁰但其中三个有问题。证券交易所的会员受到严格控制，所有外国企业都排除在外；交易员操作收取固定佣金；“单一身份”的规定意味着经纪人自己不能做股票交易，必须通过有权做交易的“证券经销商”为委托客户买卖股票。单一身份的规定是 1911 年在道德基础上引进的，因为它避免了利益冲突，但限制的其实是交易活动本身。交易活动让证券交易所保持得像个老朋友俱乐部（传统上由主要公立学校毕业生支配），其成员交易得很顺利，但是收费高昂，排斥新人。

由于人们认为保守党是伦敦金融机构的盟友，便广泛假定保守党政府会逆转工党的决定，使证券交易所免受公平交易局的调查。但正由于这个

1 据认为，首位使用宇宙创始理论为伦敦金融区命名的人是英格兰银行的道格拉斯·道金斯。虽然这并不是个正式名称，但立刻像宇宙大爆炸理论一样被广为接受。

原因，政府才不愿这么做。其实，发生逆转的是正常的政治局势。审查金融机构功能的一个委员会主席是工党前首相哈罗德·威尔逊，他于1980年秋天致函撒切尔夫人，请求她解除针对证券交易所的调查。她表示拒绝，称出于“体面”的原因，难以从法律程序中撤出一个案件。[141]由于相同的原因，撒切尔夫人在这一阶段没有参与讨论此事。公平交易局的局长戈登·博利也拒绝与证券交易所达成一项和解交易。于是，调查继续进行。

然而，参与者们渐渐明白，假如不达成和解，将不可避免地诉诸法庭裁决，那对证券交易所将是灾难性的。因为只要有一桩法律案件持续悬而未决，这个系统未来的不可靠性将对伦敦金融区造成损害。这对政府也是危险的，因为交易所是发售政府债券的市场。英格兰银行的戴维·沃克和撒切尔夫人在1983年大选前的贸易秘书科克菲尔德勋爵等人意识到了危险。证券交易所董事长尼古拉斯·古迪森爵士也看出了危险，他担心“法庭可能做出突然死亡裁决，会造成混乱”。[142]“他知道法庭可能判决证券交易所的规则手册不合法，而不说什么是合法的。”[143]尽管许多更加保守的成员表示反对，但古迪森爵士相信，证券交易所不该一味对抗，应自行采取行动改革，而不是等待法院强制后再做改变。所有人都称，改革不仅不可避免，而且是合乎大家心愿的。未经改革的证券交易所将伦敦拖入停滞状态。当时在伦敦交易的寥寥几支外国股票是南非黄金股和澳大利亚矿业股。[144]证券交易所的英国小公司募集不到多少资本金。伦敦支配着外汇交易和商品交易等市场，但“证券业务是一个薄弱环节。由于采用老式的合伙人系统，所以没有足够的资本金，而且看来永远不会有”。[145] 20世纪70年代中期，纽约进行了证券交易改革，将伦敦远远甩在身后。1982年，纽约的股票流通量是伦敦的15倍以上。杰科姆雅各·罗斯柴尔德在首次宣布改革时的讲话中指出，1982年纽约仅所罗门兄弟公司就获利5亿美元，而“我敢说，伦敦证券交易所的利润总和也低于此数”。[146]全国只有七位英国金融机构的总经理领取六位数的工资。要么改革，要么消亡，这种压力是不可抵御的。

然而，在1983年大选前，任何问题都没有得到解决。其实，暗中左右决策的政策混乱状况直到1982年才变得清晰，当时财政部和贸易部的官员们发现，准备提交给公平交易局指控证券交易所的证据与英格兰银行准备的辩护证据完全相反。[147]

撒切尔夫人在大选中赢得压倒性胜利后，形势迅速发展，制止公平交易局将案件推向无法逆转的道路。尼古拉斯·古迪森和新任财政大臣劳森认为，情况十分明显，假如这事提交给法庭，“证券交易所必败”。[148]古迪森爵士匆匆致函新任贸易工业部大臣塞西尔·帕金森，请求他防止就此事提起诉讼，作为回报，他承诺对证券交易所进行改革。[149]“我说，如果这事闹到法庭，我就不能保证市场能正常运行。”[150]帕金森支持改革，根据他自己60年代在伦敦金融区当会计的经验，“如果他们不喜欢你身穿的制服，就会把你挡在证券交易所门外。”[151]帕金森感到一种“创意的激情”[152]——这倒不是他故意说俏皮话，因为他清楚自己有萨拉·凯斯的问题悬而未决，认为自己或许无法继续留在内阁里。

帕金森还发现，新任财务大臣尼格尔·劳森比杰弗里·豪的改革热情强烈得多。劳森以前做过金融记者，对伦敦金融区管理人员的动机持冷嘲热讽态度。他受过良好的教育，信赖自由市场。戴维·沃克回忆说，他搞改革“活像一枚超音速导弹”。[153]大选后，迈克尔·斯科拉担任撒切尔夫人的私人财政秘书，他回忆说，在1983年夏季，她让新任命的财政大臣“套上了项圈。我真不懂她说的到底是什么”。[154]劳森是1979年废除外汇管制的主要支持推动力量，他理解，也认为这会导致终结证券交易所的限制做法。全世界都想来伦敦，而且应当鼓励人们来。劳森的真正问题是他想要的速度太快，“不信赖证券交易所会做出任何承诺”。[155]不过，他赞成最好避免通过繁杂的法庭案件促成变化。他帮助帕金森说服心怀疑惑的内阁同僚接受其论点。

撒切尔夫人本人并没有深深投入这桩事务，也没有深入了解伦敦金融区经营的具体情况。[156]戴维·威利茨回忆说：“要想在她安排紧凑的日程中扼要向她汇报这事，可得做一番真正的斗争才成。”[157]她不断感到担忧，唯恐保守党政府出面干预会很糟糕，因为在法律案件中似乎在支持证券交易所。但是她的确有些强烈的重大偏见，这让她很容易争取到支持。她厌恶垄断，不喜欢金融区只关心自己利益的人们。[158]其实，她脑海中已经有个改造那个世界的念头（一个好念头），要拆散金融区那帮人。[159]她在金融区有极为坚强的支持者，其中包括罗斯柴尔德公司的迈克尔·理查森，他当年在嘉诚证券公司工作时，曾安排公司为反对党领袖撒切尔夫人支付办公室的费用。但在整体上，撒切尔夫人不相信金融区的心态是为经济做积极贡献，而且她常常感觉受到金融区人们的蔑视。帕金森回忆说，她1979年首次获得大选胜利后，在一家大银行午餐后返回来开会。“他们对待她的态度非常轻蔑。她深感沮丧。我说：‘别担心，他们会投票支持你，而且会忘记这次的态度。’玛格丽特说：‘他们或许会忘记，可我不会。’”⑯⓪

对金融区改革如何能为广泛的经济日程服务，撒切尔夫人就像搞私有化时一样，未能迅速透彻地理解清楚，但她的顾问们很愿意帮助她。约翰·雷德伍德看到这个机会，也掌握了应对金融区技术问题的必要知识，加上他还有撒切尔主义的“大众资本主义”观念。⑯①按照雷德伍德的想法，与金融区改革密不可分的是私有化、撤销管制规定、大众所有权、大众股票市场、个人“可携带”养老金、首相与迈克尔·赫塞尔廷在第一届任期中开始的恢复伦敦码头区活力、更富竞争力的国际化英国。他后来说，她并没有询问，“这是我向她介绍的内容”。⑯②这正是她追求的“大规模企业革命”。

7月份，帕金森迫切想要接受古迪森的提议，抢在公平交易局之前采取行动。撒切尔夫人支持帕金森的行动。她同意立刻在议会发表声明，陈述政府的意图：根据《限制交易行为法》豁免证券交易所，条件是证券交易所要在同意的三年期限内改革自身系统。她无意保护金融区不做改变。她在帕金森写的议会声明讲话稿上，针对他保证维持“单一身份”[1]的内容批注道：“为什么？”她草草写道：“促进竞争和对投资者的保护。”⑯③[2]然而，帕金森在议会发表声明时，忽视了撒切尔夫人的批示。他说，他希望“暂时保留目前的单一身份形式”。

作为对公平交易局放弃起诉的交换条件，帕金森还在10月份辞职前公开承诺说，要提交一个“金融服务法案”使证券交易所的改革创造一个新环境。约翰·雷德伍德尽管受到公平交易局的威胁，但考虑到眼下的形势

1 奇怪的是，在这时候坚持“单一身份”的不是证券交易所，而是政府，原因是单一身份形式是最近引进到劳埃德的保险市场，目的是降低利益冲突，因此政府唯恐显得前后矛盾。英格兰银行也认为这个形式有利于金边债券市场。古迪森比帕金森眼光明亮，他看出，取消最低佣金后，单一身份形式必须取消。

2 按照马丁·杰科姆的看法，撒切尔夫人“立刻明白了”单一身份形式为何有约束，因为她得到丹尼斯对这个问题的“很好介绍”。（马丁·杰科姆访谈）

在政治上占有优势，是个值得庆祝的理由。他致函撒切尔夫人："我们应该为打破一个舒适的垄断局面而庆贺。"[164]她在"舒适的垄断局面"几个字下画了两道横线，表示赞成。

在唐宁街 10 号内部，给撒切尔夫人引导最多的是雷德伍德。1984 年 4 月证券交易所制定出自己的详细建议书后，雷德伍德从赞成自由化的角度向她提出忠告："你不必太担心外国人来收购英国金融系统的可能性……美国人无疑要在适当的时候进入这个市场"，也许是通过他们的银行业务。"……这完全是个健康的发展"，[165][1] 而且贸易从交易所转向计算机屏幕后，这是个自然的活动。有了他的建议后，撒切尔夫人的私人办公室将她的立场传达给贸易工业部："她欢迎这份交易咨询文件的激进主义精神，这完全证明对公平交易局的决定是正当的，并评论说，文件认可了结束最低佣金最终意味着单一身份形式将不受到支持。"[166]她将技术变化与市场改革联系在一起："她建议说，证券交易所现在应当尽快向建立处理交易的适当电子系统方向发展……准备转换为双重身份形式。"这将在单一身份形式终止后为保护投资者提供最佳保证。[167]

大多数人理解，终结证券交易所类似俱乐部的形式要求更加正式的不同管制。劳伦斯·高尔教授关于投资保护的新报告讨论的就是这个方向。雷德伍德担心，这会把压力转向政府："人们会期待政府向他们提供救济，会指望政府保证没有不正当的操作。但政府在这两方面都没有能力。"[168]撒切尔夫人在这几个句子下面画了横线，表示赞成。雷德伍德以传统的保守态度造势，提出要依赖习惯法，而不是政府控制。撒切尔夫人凭本能与此看法有同感。雷德伍德对高尔的报告内容感到担忧，她做出同样的反应，担心"如果发生不法行为，最终政府会受责备"。[169]

其实，撒切尔夫人的政策组对监管的看法没有受到广泛赞同，并未盛行。英格兰银行和贸易工业部接受了高尔在报告中的敦促：设立一个法定

---

1 这也是个极为有利可图的发展。证券交易所的成员限制取消后，包括外国企业在内的大公司将自由购买上市公司的股票。这让"几乎任何公司可以按高得可笑的价格将自己公司的股票"卖给美国和其他国家的银行，它们往往错误地认为，自己需要这些公司的股票，以便接近具体经营活动。（尼古拉斯·古迪森爵士访谈）

监管机构，并说服金融区设立同样的监管机构。金融服务法案创建了一个新的证券投资委员会，第一任主席是前智囊团领导人肯尼思·贝里尔爵士。撒切尔夫人认为他不是跟自己志趣相投的人（但是，与她意气相投的马丁·杰科姆拒绝担任此职）。证券投资委员会开始时陷入颇为尴尬的局面，后来戴维·沃克出面救援。在尼格尔·劳森看来，撒切尔夫人“并没有真正参与”监管。[170]戴维·诺格罗夫在“大爆炸”时曾任她的私人财政秘书，他认为她“在这个问题上有点力不从心”。[171]从政府文件中看得出，她是在各种行动准备就绪时，才了解到完整的建议。她在金融区具体改革中一直担当着一个配角。

在她、劳森和几乎所有关心伦敦金融区金融竞争能力的人看来，改变不可避免，总的来说，她追求的是对所涉风险有一种平衡的适当控制。1986 年 4 月，随着“大爆炸”即将到来，布赖恩·格里菲思和戴维·威利茨按撒切尔夫人要求提交了一份报告，向她汇报整个项目的最新情况。他们除了指出明显的优势外，也警示出可能的危险：“难道我们能预见到繁荣与萧条吗”？会不会有“更多令人尴尬的舞弊案件”？[172]他们特别担心在不景气时期众多新的公司可能禁不住要“将自己的损失转嫁给客户”。他们指出，美国按照《格拉斯－斯蒂格尔法案》[1]强制区分清算银行和投资银行，他们表示：“将来有一天，假如我们发生了肮脏的丑闻，也许被迫要走同样的路。”撒切尔夫人重笔标出这篇文章。风险得到了承认，但是在一种不习惯这种监管的文化氛围中，这种水平的立法干预被视为不受欢迎。

不过，总的来说，政府感到自信，认为方向是正确的。早在 1984 年夏季，雷德伍德便喜悦地向政策组同行提出金融区改革的想法，当时感觉有点像个童话故事，称作“掀动城堡”。他带着讽刺口吻将证券交易所比喻为一座“巨大的城堡”，里面住着“贵族和一群豪侠骑士”，[173]各种证券经纪人心怀“友好的敌意”共处。骑士们“拥有自认为很好的规则：绝不允许证券交易所以外的人降低价格……”他们便可享用无尽的豪宴与比武。随着故事的继续，公平交易局后来用大炮威胁这座城堡了。再后来，原先统治

1 该条法律后来在克林顿政府时期被废止，这个废止决定被认为是导致2008年金融危机的主要因素。

不良的国家落到“一个睿智的统治者手中”，她派出“最大胆的战士”（帕金森）与骑士们谈判，与此同时一门门大炮瞄向城堡。城堡派出“最冷静的骑士，名叫尼古拉斯爵士”，他同意改进他们的方式。

接着，“邪恶的体制男爵”（商业银行、养老基金）对购买证券交易所可以提供的技巧发生了兴趣，因为他们“都不很精明”，[174]便向骑士们（其公司和技巧）“支付大笔金钱，为的是永远能享用豪宴”。但少数极为大胆的人们意识到，“最好的情况莫过于领导贫民”（小投资者）——“所有人往往没想起还有贫民”，结果证券交易所的骑士们开始设想，也许不得不让“外国人、体制男爵、多年来受到禁止的暴民”加入进来。

雷德伍德承认：“对事件进程的叙述如今变得支离破碎了。有些文本评论人已经提供了不同的故事结局。”[175]他建议设置一个突然的愉快结局：

> 所有贫民终于明白，他们其实受到了明智的统治……政府对所有人心怀善意地发动了一场伟大的革命……所有人都赞同，在男爵们规范自己行为并听命于贫民的世界上，生活会好得多；证券交易所的骑士们不再属于特殊社会阶层……人民可以自己选择如何处理自己的财富。

雷德伍德说，这样大众资本主义便取得了胜利。撒切尔夫人也看到了他这个童话故事的副本。她天生不习惯这种体裁，但这个故事相当忠实地概括出她想要的目标。

她得到这个结果了吗？这个童话故事与现实相符吗？即使到了这时，要能准确回答也许还太早。据说，有人问周恩来对法国革命影响的看法，他说，现在回答还为时过早。对于撒切尔夫人开放资本主义的效果，引起了一阵阵争议的漩涡，但实际发生的情况是比较混乱的。看上去似乎不费力气就取得了冷战后繁荣，但不久便让 2007 年开始的西方债务危机取代了。

但撒切尔夫人创造的私有化和金融改革让世界发生了变化，这一点是毋庸置疑的。金融区“俱乐部”确实不复存在了，伦敦的确变成了国际市场和银行的中心城市，这是伦敦自第一次世界大战前夕以来从未有过的地位。这成了撒切尔政府的显著标记。尽管国有企业有种种众所周知的缺陷，但在她之前，对工业在 20 世纪中叶形成的势力，谁也不曾尝试放弃国家的控制。这也成为政策成功的标记，证明任何国家只要开始搞私有化，就从来没有真正尝试逆转这一进程。英国发明的私有化成为影响别国的政策（除非可以将议会民主或法治描述为一种政策），而且继续保持着对其他国家的影响。

奥利弗·莱特文离开政策组后加入了罗斯柴尔德公司，他发现，全世界都来伦敦了解撒切尔夫人的政府取得的成就，询问自己国家能否仿效。[1]在某种程度上要感谢“大爆炸”，伦敦金融区的各机构如今有能力帮助回答这些问题了。在 20 世纪中叶，国有化似乎曾是重工业问题的“结构性解决方案”，但如今已经失去了动力和金钱：“有人曾表示说，逆转这个过程是可能的，这也是个结构性解决方案。”[176]莱特文在罗斯柴尔德公司工作的十多年中，就私有化向以下这些国家提供过咨询意见：加拿大、美国、哥伦比亚、墨西哥、智利、洪都拉斯、肯尼亚、坦桑尼亚、刚果（布）、摩洛哥、南非、象牙海岸、新加坡、马来西亚、澳大利亚、新西兰、西班牙、意大利、法国、爱尔兰、葡萄牙、荷兰、瑞典、芬兰、波兰、捷克共和国、斯洛伐克、匈牙利、摩尔多瓦、俄罗斯，甚至还有古巴。[177]撒切尔夫人是在 1986 年初注意到这一势头的。她宣称：“人们不再担心传染上英国病，他们为了得到英国这剂良药排队等候。”[178]她个人并不该为发明这项政策得到赞誉，但只有她领导的政府能让这项政策顺利通过。全世界对此的认识也许超过了她的英国同胞。

1985 年 11 月，也就是在英国天然气公司上市销售前大约一年，当时 91 岁高龄的哈罗德·麦克米伦发表了一段著名的讲话，将私有化比作不情愿地拍卖前贵族的家当：“首先卖掉的是乔治王朝时代的银餐具，接着，大会客厅中的精美家具全都搬走了，最后连枝形大吊灯也没了。”[179]话讲得很俏皮，但反映出麦克米伦看待私有化现象的家长式作风。在他心目中，他

---

1 早在1988年，莱特文出版了一本薄薄的书，书名叫《让世界私有化》（卡斯尔出版社，1988年），向读者介绍私有化如何运作。约翰·雷德伍德为这本书作序，描述这本书是“全世界经济新宗教的第一本圣经”。这个夸张说法听起来有些荒诞，但值得注意的是，莱特文在书中就这个信条传播提出的预期太保守，大大低于实际发生的情况。

或他的朋友们曾经拥有这个家族的银餐具，现在已经沦落到他人之手。餐具离开这个家便是个损失。然而，从广阔的视角来看，银餐具并没有卖出去。正如撒切尔夫人所说，她是“将这些银餐具卖回给这家人”[180]——也就是这个国家的人。如今，这些餐具擦得更加光亮，也得到更好的使用。这是个收获。在同一次讲话中，麦克米伦不知何故对电报与无线电公司和英国电信耿耿于怀，仿佛“两幅伦勃朗的画作”给卖掉了。对这两桩私有化销售，不可能争论称“伦勃朗的画作”没有落入好人手中。说真的，他以名画、餐具、家具做的类比并不恰当，因为私有化后的公司不但仍然具有资本价值，而且还有收入和利润。在绝大多数销售案例中，这些企业不仅让人数更多的投资者从企业再投资的新利润中获益，而且更多消费者也从更有竞争力的价格和更好的服务中受益了。

凡是私有化的公司或者从联合企业中拆分开放的公司，几乎全都发生了彻底的转变。这些公司变成了“资本主义制度中功能正常的组成部分”，大部分保持到今天仍然如此。[181]但也有严重的失败。有些垄断企业的问题没有解决。就连约翰·雷德伍德也承认：“我们在竞争方面的能力比应有的能力弱。只有竞争才能产生神奇的力量。”[182]有些严重的问题没有采取恰当的预防措施。例如在“大爆炸”后商业“大街”银行与商业银行（后来称作投资银行）的合并。没有对出现的所谓综合银行采取禁止措施，尼格尔·劳森谈到金融区改革时称，这是“我的一个遗憾”。[183]这成为 2008 年信贷紧缩灾难的一个构成原因。尽管如此，以老规则经营的证券交易所要想维持下来仍然是无法想象的，无法想象拥有垄断势力的国有英国电信公司可能主持电信革命，也无法想象靠国家补贴的英国利兰公司在不拆分的情况下能实现 2015 年创造英国历史上出口汽车最多的局面。

私有化的公司如今由数百万人拥有股份，这绝对不是个有名无实的数字，而是个真实的状况。然而，为广大公众拥有股份的运动并不是绝对的成功。1979 年英国有 300 万人拥有公司股份，到撒切尔夫人离职的 1990 年，股民人数达到 1100 万，在许多情况下，他们拥有的股份就像耶稣对播种的比喻，起初茁壮成长，后来却受到了野草的抑制。约翰·摩尔说：“我们没有坚持创造一个人民的市场，让金融区折返回精英态度的老路上了。”[184]机构很快恢复了其统治。安德鲁·特恩布尔深深卷入其中，按照他的看法，锡德拥有股份“结果变成一场彻底的失败”。[185]这话言过其实。大多数英国人并没有成为认真的长期股票持有者，但撒切尔夫人的口号“人人拥有人人赚钱”在她那个时代是有意义的。自己拥有住房、拥有股票、拥有可转移退休金、员工持股、有更好的机会以较小的初始投资创办公司、对个人信用放松控制（尽管引起高度争议），所有这些都帮助创造了繁荣，给英国各阶层公民提供了更好的金融自由，这是英国历史上空前的现象。在私有化和开放金融区的成功基础上，尼格尔·劳森于1986年大胆开创了个人股份计划。该计划允许持有股份较小但并非微不足道的人免缴股份收益税，并且以每年免税金额增持股份。这个做法后来经过改革，但1997年新工党上台后仍未取缔。这仍然是许多人为退休生活做资金准备的重要组成部分。有些人指控撒切尔夫人鼓励人民“迅速致富”的政策，尤其指控80年代末期的劳森繁荣中销售过多，这些虽然不无道理，但她的大部分成就并没有消失。此外，让人们致富，不论是快是慢，对国家来说总比慢慢致贫的好。撒切尔夫人的政策要纠正的正是贫穷的状况。

尽管尼格尔·劳森与撒切尔夫人后来发生了龃龉，但他直白地提出：“虽然大多数账目还没有充分统计完成，但撒切尔夫人在经济战线上的巨大成功是对经济的改革和转化。”[186]最终，这一点超越了后来就利息和汇率的种种争执。这才是最有影响的成就。

苏联领导人光临奇尔特恩[1]

“天哪，干吗不挑个年轻的俄国人！”

由于乔治·奥威尔的一部著名小说书名叫《一九八四》，在西方人眼中，1984 年便具有了象征意义。奥威尔那部小说是在 1948 年写的（他故意颠倒了最后两个数字），他在书中想象出冷酷的未来景象：世界让少数好战的极权霸主统治，自由遭到扼杀。虽然奥威尔属于左翼作家，但包括撒切尔夫人在内的许多右翼人士也非常崇拜他，赞赏他对苏联共产党粗鲁本质的看法。随着 1984 年临近，人们不由想知道，奥威尔的警告性预言是否真的会实现。撒切尔夫人将连任首相视为自己得到的圣诞礼物，写下《奥威尔年即将来临》一文。①这是人们评估冷战的时刻，人人都想知道，未来谁是赢家。

撒切尔夫人持有盟国美国的观点，感觉自身此时比 60 年代以来任何时候都强大，但同时感到肩负着继续取得进步的责任。苏联人丝毫也不促进这种进步，他们不参加在日内瓦举行的军备控制谈判，抗议在欧洲部署中程核导弹。1983 年圣诞节前夕，撒切尔夫人宴请亨利·基辛格，席间她抱怨称：“我不知道不接触怎么能产生信任感。”②然而，里根的态度让她受到了鼓舞，她想要做出尝试。基辛格对她说，欧洲人对里根的理解“大错特错……他根本不是个有君主做派的没头脑牛仔，其实他比尼克松还稍稍温和一些”。③前一年 9 月份在首相别墅举行过讨论会后（参见第 5 章），撒切尔夫人觉得探究苏联的下一代领导人是自己的责任。她的这种探究在 1984 年取得了引人瞩目的成功。

---

1 英国首相别墅所在地区。地理名称：奇尔特恩丘陵。

1984年1月16日，里根总统的敌对口吻软化了。他在向全国发表的讲话中称，威慑力仍然是根本，“但威慑并不是我们对苏联政策的起点，也不是终点。我们必须与苏联人进行尽可能认真而富有建设性的对话”。[④]这番讲话被视为美国政府内部态度的一个转折点。撒切尔夫人公开表示热烈欢迎，并向里根本人致函：

> 也许我可以这么说：你的讲话在恰当的时机奏响了恰当的音符。我们已经进入了1984年，苏联中断了在日内瓦和维也纳的军备控制谈判，公众感到焦虑，在这个背景下你表示愿意与苏联建立建设性的讲求实际的工作关系，这非常好。如你所说，这是个长期政策。我们不能期待骤然发生变化。苏联对你的讲话做出的最初反应显示出，他们的体制太刻板，不可能迅速发生变化。但我能肯定，尝试是正确途径，与苏联展开对话是最佳途径，可以讨论一系列的广泛问题——双边与地区问题、政治与经济问题。[⑤]

2月2日，撒切尔夫人前往匈牙利访问，这是她担任首相后首次访问华约国家（除了1979年在莫斯科机场中途停留）。1983年，她会晤匈牙利副总理约瑟夫·马尔亚伊取得意外的成功（见第5章），那次会晤对选择此次访问很有帮助。她选择匈牙利是因为这个国家在所有苏联卫星国中拥有的经济自由最多。“我认为她开始感觉到，谈论‘苏联集团’不是个合适的方式。这些国家有重大的差异，我们应当认识到并区别对待。”[⑥]她还意识到，匈牙利领导人卡达尔·亚诺什可以成为向安德罗波夫传递信息的渠道。外交部撰写的简报提供了“在布达佩斯私下交谈可以使用的各种观点”，其中许多内容反映了撒切尔夫人的立场。这些观点包括：

> 我们如何让苏联领导人摆脱孤立处境？安德罗波夫身患重病，不能接待访客，更不用说旅行访问西方国家了。苏联外交部部长安德烈·葛罗米柯给人一种印象，好像他至少十年前已经就所有国际问题有了自己的成见。那么我们还能与

什么人谈？如何谈？⑦[1]

杰弗里·豪的办公室在准备向莫斯科传递的信息建议前面附了一页说明，便于撒切尔夫人让卡达尔有个心理准备：“在一段时期内，英国在这个领域相对不活跃，现在要再次在东西方关系方面扮演重要角色，由于我们与美国的特殊关系，首相出面尤其表现出这种重要角色。”这个说明建议，撒切尔夫人应强调，尽管表面上的迹象完全不同，但里根其实是个“和平主义者，和平事业要求苏联找到一条途径……返回在日内瓦和维也纳的谈判桌旁”。⑧

撒切尔夫人与卡达尔会谈后，立刻将会谈情况向里根做了通报。卡达尔对她说过，他确信“西方国家可以与苏联做生意”，⑨但是他明确表示说，匈牙利的试验是在非常严格的限制下进行的：一党政治、受到控制的媒体、有名无实的议会、公有制下规模极小的经济，但首先是与莫斯科密切的联盟关系。卡达尔……清楚明白地指出，这些都无法改变。“我相信，在这一前提下形成我们的政策才是务实的。在能够预见到的未来岁月中，不论共产主义体制多么令人厌恶，我们都必须找到一种方式与之共存。”⑩

1984 年 2 月 9 日，就在撒切尔夫人的信摆上里根办公桌的时候，安德罗波夫去世了。两年前，撒切尔夫人拒绝参加勃列日涅夫的葬礼，但这时她却启程前往莫斯科。她出发前对美国副总统布什说：“这次葬礼是个天赐良机。”他们的会谈记录接着显示：现在的问题是“下一步该怎么做”。⑪撒切尔夫人出面给东道主留下了一个好印象。在室外的追悼会上，她坚韧地忍受了严酷的低温，藏在衣服里面的热水袋对她有所帮助。她的保镖帕克警长也给人们增添了刺激：

---

1 另一个“可使用的观点”以设问方式预测到了一个问题，很久之后，这个问题让撒切尔夫人怒不可遏：“匈牙利人是否注意到了科尔总理强调的德国统一主题？我们认为，我们此时在受到苏联反对的情况下促进德国统一，这一行动在世界上会大受欢迎，胜过日后德国在得到苏联允许后的统一。”后来的历史记录显示，撒切尔夫人对这个论点没有给予多少关注。

保镖是个身躯高大的人。在这个严寒的冬日，他如影随形般罩着她，他的几个衣袋鼓鼓的。苏联保安人员以为他藏着多种武器，不由对他肃然起敬。追悼仪式后，他们走进克里姆林宫参加招待会。她脱下外套，然后拉开拉链脱掉长筒靴，帕克警长从衣袋里掏出一双高跟鞋。苏联人见了颇感失望。⑫

葬礼结束后，撒切尔夫人像其他国家的领导人一样，要会见安德罗波夫的继任人康斯坦丁·契尔年科[1]。人们广泛认为，在下一代接班人出现之前，他是一位年长的候补人选。在会见前不可避免的等候时间里，她得到个罕有的参观克里姆林宫内部的机会，但她拒绝了，称利用这段时间研究自己的简报文件更有价值。“你们当我来这儿是旅游的？”她从来宁愿工作也不休闲。⑬她见到契尔年科时，发现这是个病入膏肓的人。为撒切尔夫人做翻译的托尼·毕晓普回忆说：

契尔年科以冗长正式的陈词滥调开始了谈话，他语速急促，声音单调，含糊不清，缺乏连贯，与这天在安德罗波夫葬礼上的讲话一个样……在简短会晤结束前，契尔年科一再为撒切尔夫人能前来参加安德罗波夫的葬礼表示感谢，他的声音里出现一丝罕有的热情。可她觉得，这就像会见她父辈的一位病弱老人……⑭

布什副总统向里根汇报他与契尔年科的会谈时，感到颇为乐观，但撒切尔夫人的感觉与他不同，她的感觉是“索然无味”。⑮她“以周到的礼节对待他，竭力引他深谈，结果没有取得什么成功”。⑯不过，她确实传递了双方取得进展的愿望：“我们有一个机会，甚至可能是最后的机会，应该为了加强安全而把握这个机会确立基本的裁军协议。”⑰在外交部提交的简报材料上，撒切尔夫人在有关米哈伊尔·戈尔巴乔夫的介绍文字下面画了横

---

1 康斯坦丁·契尔年科（Konstantin Chernenko, 1911—1985），1984—1985年任苏共中央总书记。

线，表示自己的兴趣，但她并没有会见他。[1] 在返程的飞机上，她与自己一小批顾问人员讨论这次旅行，明确表示对契尔年科感到失望。她喊起来："天哪，干吗不挑个年轻的俄国人！"⑱

外交部已经在着手做这个工作了。安德罗波夫尚未去世时，1984 年 2 月 2 日，外交部向莫斯科发出了邀请。为了避开政府间直接交往的礼仪障碍，外交部安排邀请函通过议会渠道发出（也就是由英国议会人士向苏联对应的人士发出）。邀请函并没有提到苏联官员的名字，仅仅提出邀请一个苏联代表团访问英国。⑲安德罗波夫去世让搜寻可能的"年轻"俄国领导人变得更加紧迫。英国官方将希望邀请的苏联领导人名单缩小到三位：列宁格勒市长格里戈里・罗曼诺夫、与契尔年科关系密切的副手维克托・格里申、米哈伊尔・戈尔巴乔夫。⑳他们最终很快确定了不贰的人选是戈尔巴乔夫。他在苏联领导集团中地位仅次于契尔年科，是事实上的第二把手。[2] 他还在最高苏维埃外交事务委员会中担任受人尊敬的主席之职。这样，他便顺理成章成了应邀访英的"议会"代表团领导人。致他的邀请函上明确提出，戈尔巴乔夫不但要会见议会议员，还将会见政府高级人物。邀请函在 6 月中旬发出，很长时间都没有收到答复。

在同一个月，杰弗里・豪出访莫斯科前，代表撒切尔夫人提议邀请契尔年科访问伦敦。查尔斯・鲍威尔致函他的上司，表示不赞同。他表示，应该邀请的是戈尔巴乔夫和他在政治局年轻的同僚盖达尔・阿利耶夫，应

---

1 最近的文献显示，撒切尔夫人当时会见过戈尔巴乔夫，甚至有这样的记录：为了逃避严寒，他"殷勤地陪伴她走向一个温暖的房间"，（乔纳森・艾特肯，《玛格丽特・撒切尔：权力与个性》，布卢姆斯伯里出版社，2013年，p.478）她还亲自邀请戈尔巴乔夫访问伦敦。（理查德・奥尔德斯，《里根与撒切尔：困难的关系》，诺顿出版社，2012年，p.167）这些说法完全是根据苏联驻英国大使列昂尼德・扎米亚京的证言，但他的说法多年来渲染增添的内容越来越多。当时陪伴她的人们和了解她想法的人们都证实，这些说法皆为不实。（本书作者与约翰・科尔斯爵士、巴特勒勋爵、阿奇・布朗、鲍威尔勋爵的通信）

2 当时在外交部苏联处任处长的尼格尔・布鲁姆菲尔德回忆说，他和自己的团队提出这一选择时，完全不了解阿奇・布朗早先曾努力让撒切尔夫人关注戈尔巴乔夫（参见第5章）。（作者与尼格尔・布鲁姆菲尔德爵士的通信）

该邀请他们次年来访，因为“他们届时有机会前来，这对他们有益”，㉑但邀请契尔年科显然是个“例行姿态”。糟糕的是，这个姿态当时显得有点无礼，因为撒切尔夫人正在竭力支持苏联持不同政见者安德烈·萨哈罗夫[1]和阿纳托利·夏兰斯基[2]。这两个人士都在遭受残酷折磨，夏兰斯基当时还受关押。撒切尔夫人在鲍威尔的文件旁边批注：“不邀请契尔年科先生——现在还为时过早。”杰弗里·豪抵达莫斯科后，他要求会见戈尔巴乔夫，却遭到拒绝。

在公开场合，苏联人在对话问题上的敌意在持续，这主要是因为憎恨美国的战略防御计划。但是，到了夏季结束时，美国收到一些来自个人的信号，暗示出或许可以恢复接触。里根便邀请葛罗米柯于 1984 年 9 月 28 日访问白宫。这是苏联入侵阿富汗以来的头一次。葛罗米柯接受了邀请。双方会谈前四天，里根在联合国大会上发表讲话，比以前更加强烈地敦促对话，他呼吁与苏联进行“定期部长级或政府级会晤”。㉒里根正在竞选连任，试图以此为第二届任期定下基调。两天后，里根在致函撒切尔夫人时表示，注意到“你迫切希望改善美苏关系，我与葛罗米柯会晤的主要目的，是要让苏联政府切实了解，将两国关系纳入积极的轨道是我强烈的个人愿望，尤其要让他们了解，我承诺通过谈判达成可证实的公平、平衡裁军协议”。㉓撒切尔夫人当天写了回信：“我完全认可你在信中概述的东西方关系路线。我看了你的电视讲话，觉得精彩极了。”㉔

虽然里根与葛罗米柯会谈没有取得重大突破，但他对这次谈话感到喜悦。他对撒切尔夫人说：“我个人对未来心怀希望，过去这个星期与葛罗米柯先生对话时，我们提出的想法和建议最终会实现的。”撒切尔夫人回答

---

1 安德烈·萨哈罗夫（Andrei Sakharov, 1921—1989），核物理学家。苏联持不同政见者兼人权运动积极分子；1975年诺贝尔和平奖得主；由于他公开抗议苏联在1979年干涉阿富汗，于1980—1986年遭国内流放。

2 阿纳托利·夏兰斯基（Anatoly Shcharansky, 1948—），作家。出生在苏联的人权运动积极分子；在为苏联犹太人移居以色列的斗争中，他是最重要的活动分子；因据称为美国搞间谍活动在苏联受到九年监禁（1977—1986）。出狱后移民以色列，后在1996—2005年的四届以色列政府中担任部长职务。

说："……我准备好耐心等待了。"[25]她赞同里根的信念："冷静的现实主义态度、坚定的决心与耐心"，还以她的典型习惯添加说，另外还需要"仔细准备"。她认为，"鉴于契尔年科的无能，即使是领导人更迭也不可能即刻产生影响"。但她也相信，"只有与苏联最高领导层直接对话，才可能取得进展"。[26]

1984 年 10 月中旬，在布莱顿市的爆炸案刚刚发生后，撒切尔夫人收到查尔斯·鲍威尔一纸手写的短简文字。他写道："有件事我觉得你可能感兴趣。戈尔巴乔夫刚才接受了访英邀请，希望在 12 月份来访。"[27]后来，外交部发来的函件正式确认接受邀请的事宜，鲍威尔在函件上写道："你愿意在这里（唐宁街）接见他，还是邀请他去你的乡间别墅？"撒切尔夫人愿意在乡间别墅接见他，在函件上批注："在首相别墅午餐。"[28]撒切尔夫人召开内阁会议讨论这条消息，后来在议会就女王 1984 年 11 月 6 日演讲的问题做了辩论。

戈尔巴乔夫接受邀请本身对撒切尔夫人有利，而且接受的时机也对他非常适宜。戈尔巴乔夫接受访英邀请显然受到里根－葛罗米柯会谈的影响，这表现出，新一代苏联领导人认为，英国是试探西方态度的最佳地点。里根在 11 月 7 日的全国大选中以压倒性胜利获连任，苏联领导人接受访英邀请的事给他锦上添花了。撒切尔夫人利用这一时刻的动作毫不迟缓。她第二天向里根致函："多么漂亮的胜仗！我简直无法向你表达我深深的喜悦……我最真诚的希望是，我们能像过去四年一样继续密切合作，在所有重要国际问题上完全坦诚地私下商议。"[29]她在祝贺中插进一项要求：她要在 12 月 20—21 日在北京签署香港问题协议，"如果你当时碰巧在加利福尼亚州，我可以在 12 月 22 日返回伦敦途中在那里停留一两个钟头"。[30]

外交部提供的路线对这项请求不利（从香港返回伦敦的路线并不经过加利福尼亚州），另外，外交部得知里根行程的消息也不利。他届时不在加利福尼亚，而是在戴维营。麦克法兰建议里根："我认为我们不该鼓励她这时候来华盛顿。"[31]里根婉言谢绝了她的请求。英国官方试探性地询问，撒切尔夫人是否可以来戴维营，美国方面连忙打消他们这个念头。国家安全委员会高级成员杰克·马特洛克回忆道："说实话，我们全体人员都害怕她来。"

> 那是里根的私人时间。他们从不邀请外人来戴维营。但里根得知这一想法后感到欣喜……于是这几乎变成一种家庭互访，让我们感到这次访问不仅仅是政治性的。里根夫妇确实喜欢撒切尔夫妇。㉜

毋庸置疑，尽管撒切尔夫人的友谊之心是真诚的，她对单纯的“家庭”拜访不感兴趣。她来戴维营拜访有两个目标。第一个是寻求应对战略防御计划的最佳途径，以便支持里根，并说服他设法安抚欧洲人。第二个目标是向总统报告她与戈尔巴乔夫会晤的事，这次会晤要提前几天举行。

由于戈尔巴乔夫这次访问的重要意义，戴维营这趟旅行便意义非凡。到了 11 月底，戈尔巴乔夫访英的重要意义愈发受人重视，人们有一种强烈的感觉，认为苏联准备走出冷战围城。这时，莫斯科建议舒尔茨与葛罗米柯于 1985 年 1 月会晤，为范围更加广泛的核谈判内容达成一致。这是个完美的时刻，可以帮助形成美国未来的方针。在东西方事务中，撒切尔夫人取得的显著地位超越了她首相任期中的任何时候。

撒切尔夫人为戈尔巴乔夫访问做了集中准备，其中包括与学者们再次举行简要的情况研讨会。这次研讨会是在戈尔巴乔夫访英前一天在唐宁街 10 号举行的。[1] 顾问们好像唯恐大家和她都过度激动，不断提醒她说，尽管戈尔巴乔夫有意搞改革，但他仍然是苏联老集团的一分子，再说还不能肯定他一定成为下一任领导人。撒切尔夫人在外交部提交的简报上画了很多横线，其中描述戈尔巴乔夫“聪明而自信”，同时还评论说，“不能认为他不是个笃信共产主义的人，也不能认为他有意（或有能力）对体制本身做根本的改变”。㉝简报警告称，假如宣传他会成为下一任领导人，或许会让他遭受同僚们的伤害：“我们应当把他当成个体来对待，而不能公开

1 在这次不太正式的会议上向撒切尔夫人和杰弗里·豪介绍情况的是四位学者：阿奇·布朗、迈克尔·卡泽尔和亚历克·诺夫参加过1983年在首相别墅举行的研讨会（见第5章），另外还有一位来自伦敦国王学院的劳伦斯·弗里曼教授。

宣传他有可能成为什么人。”㉞会晤的主要目标应当包括“让他了解西方民主是如何运作的，自由市场经济可以实现什么效果”。具体的目标主要是强调“在武器谈判方面，西方国家普遍的真诚愿望，以及里根总统的愿望”，将范围设定在核武器、化学武器、外太空武器方面，在这些方面可以有所进展。查尔斯·鲍威尔指导在首相别墅组织的午餐会，可以最大限度地进行自由讨论。[1]

从苏联人的角度看，他们认为撒切尔夫人是美国最得力的助手，可以通过她与美国沟通。戈尔巴乔夫还意识到，应邀访问英国是一个重要机会。安德烈·吉拉切夫后来成为戈尔巴乔夫的发言人，他回忆道：这是“他未来扮演外交角色的一次彩排。戈尔巴乔夫选择访问撒切尔夫人，认为这是向华盛顿发信息的最便捷途径。他完全了解她对苏联‘强硬派’的声誉，他还相信，这是个优势，而不是个障碍”。㉟戈尔巴乔夫会见了英国驻莫斯科大使伊恩·萨瑟兰爵士，对他说，他希望“免去外交礼节，与首相坦率地做政治讨论”（撒切尔夫人在这句话下面画了道横线）。他还“谈起自己对学习过的英国历史和英国法律体系感兴趣”。㊱珀西·柯利达接替安东尼·帕森斯担任撒切尔夫人的外交政策顾问，他努力为她解读苏联人的意图：“在苏联人看来，空间（即战略防御计划）将是个关键……如果我们对空间做出保证，他们便愿意做出回报，就进攻性导弹谈判。”㊲他建议，不能允许苏联人在英国和美国之间打开缺口：“假如他们认为可以对我们分而治之，会感到鼓舞。”

英国人还利用了他们的间谍奥列格·戈德尔维斯基。自从他在“优秀射手”演习问题上提供了重要情报后（见第5章），白厅便非常重视他提供的情报，部分原因是撒切尔夫人自从担任反对党领袖以来一直对英国情报机构极为敬重。艾雷·尼夫曾在1975年担任她竞选保守党领袖的竞选经理，后来成为她的主要工作人员。尼夫在第二次世界大战期间从事情报工作，与情报部门有很好的关系。尼夫曾安排撒切尔夫人会见前情报官员，

1 原来没计划邀请戈尔巴乔夫的夫人赖莎，但丹尼斯宣布说，他届时要在别墅，因此要出席午餐会，撒切尔夫人便指示鲍威尔，邀请戈尔巴乔夫的夫人一道来。［鲍威尔致函撒切尔夫人，1984年12月7日，TNA: PREM 19/1394（http://www.margaretthatcher.org/document/134716）］

其中包括尼古拉斯·艾略特[1]。艾略特曾是秘密情报处的一名官员，他性格古怪，在后来出版的几本书中暗示自己做过的工作，书名都很滑稽，其中一本叫《用我的小眼睛看》。㊳艾略特和其他人向撒切尔夫人介绍了情报机构的工作，往往想要让她知晓苏联对西方的渗透程度产生恐惧感，外交部则想要淡化这种效果。

撒切尔内阁之前的工党政府对情报机构敬而远之。由于1976年前任首相的哈罗德·威尔逊庇护情报机构，他们便对情报工作感到多疑和畏惧。但是撒切尔夫人既对苏联存有疑心，又渴望更多了解它要做什么，在冷战最严酷的时期，情报机构能提供外交渠道无法获得的这类信息。在国内，军情五处还能密切监视共产党人的颠覆活动，这是工会遭瓦解的一个重要因素。她对此非常关注，早在刚担任首相时，她便召集两个情报机构的领导人，设法说服他们修改1952年的《安全服务指令》，允许军情五处从事的行动不但包括阻止颠覆国家的行径，也包括制止对工业领域的破坏。㊴军情五处的处长霍华德·史密斯表示拒绝，撒切尔夫人和罗伯特·阿姆斯特朗便通过其他渠道实现这一目标，他们将史密斯排斥在规划会议之外，提升军情五处一位名叫约翰·德弗雷尔的高级官员进入内阁，监视工业领域的颠覆活动。㊵

总之，撒切尔夫人认为情报服务机构强健而精准。柯林·麦科尔爵士从1988年起担任秘密情报处处长，他说："她认为我们跟军队一样，属于国防的组成部分。我们认为这好极了。我们知道她会支持我们。"㊶[2]麦科尔在20世纪80年代初首次见到她，注意到她对倒向自己的人做宣传时表现出迷人的质朴："这个女人管理着一个非常复杂的国家。她在会议上花费很多时间对我们说，共产主义是个非常模糊的东西。她真可爱。"㊷她还会

1 尼古拉斯·艾略特（Nicholas Elliott, 1916—1994），毕业于伊顿公学和剑桥大学三一学院。1940—1945年在情报部队任少尉；1945—1953年任伯尔尼秘密情报站站长；1953—1956年任维也纳秘密情报站站长；1960—1962年任贝鲁特秘密情报站站长。

2 她表示支持的一种方式是亲临情报服务机构的办公室。她担任首相之初，在首次参观秘密情报处时，问坐在她旁边的一个人："你们使用伪造手段吗？"他回答说有时候会用的。她接着问："你怎么知道他们文件的真伪？"（私人信息）

对秘密活动感到激动，对间谍活动的浪漫色彩感到兴奋。因而，戈德尔维斯基开始报告时，他提供的情报通过撒切尔夫人的国外事务私人秘书（约翰·科尔斯和后来的鲍威尔）以“仅供她阅读”的形式提交给她，便像种子落在肥沃的土壤里。过去，英国特工策反的克格勃人员主要根据其提供的反情报得到评价，但是，更让撒切尔夫人激动的是，戈德尔维斯基的“价值是他提供的政治情报。这可是个大事件”。[43]戈德尔维斯基发送的情报让她了解到，苏联领导层对西方和她的表现做何反应，这是其他情报不能提供的情况。他报告称，苏共政治局对她在安德罗波夫葬礼上的表现极为赞赏——“潇洒、庄重、高贵、衣着得体。她不仅仅是位铁娘子”。[44]戈德尔维斯基本人评论说：“由于她一开始就了解我，便开始认为，他们（苏联人）并不是机器人，而是人类。”[45]他的情报中开始主要集中报告的人类是米哈伊尔·戈尔巴乔夫。

随着戈尔巴乔夫访英日期临近，戈德尔维斯基受命向莫斯科提交一份书面报告，内容是英方在会晤时有可能提出的议题。戈德尔维斯基回忆说，他本人“并不知道，就去找（秘密情报处的）朋友，请他们帮忙”。[46]这是个向他的苏联上司证明其价值的重要机会。英国人决定向戈德尔维斯基提供简报要点，这些要点是杰弗里·豪在会见戈尔巴乔夫时会提出的。戈德尔维斯基后来相信，这份报告的高质量引起了克格勃对他的怀疑：“我写这份报告时，非常聪明的反谍报上司说：‘嗯，这是对杰弗里·豪的精彩报告。听着像外交部的文件。’我顿时感觉心抽紧了。报告写得太好，好得过头了。”[47]

即将进行的会晤史无前例，十分重要，人们除了为此感到的种种焦虑，还体会到一个颠覆的次要主题。戈尔巴乔夫这次来访时，矿工罢工已经进行到第九个月。罢工工人、阿瑟·斯卡吉尔、全国矿工工会领导人在法律上和财务上困难日增，他们便从敌视英国政府的国家寻求援助。首先，他们与利比亚的接触曝光了。与此同时，戈德尔维斯基报告说，全国矿工工会与苏联沟通的渠道已经打开。军情五处报告称，11 月初，苏联外贸银行试图通过瑞士和伦敦的几家银行向全国矿工工会支付 120 万美元，但瑞士银行起了疑心，撤销了这些操作。[48] 10 月份，戈尔巴乔夫曾批准向全国矿工工会提供 140 万美元（见第 6 章）。对于如何阻止苏联政府提供报告中提到的资金，撒切尔夫人向同僚们征求意见，也许可以利用苏联人显然希望避免公开此事的愿望。㊾ 她要不要向戈尔巴乔夫直接提起这事？[1]

1984 年 12 月 16 日，米哈伊尔 · 戈尔巴乔夫和夫人赖莎抵达首相别墅出席午餐会。英方出席的人员有撒切尔夫人和丹尼斯、怀特劳、杰弗里 · 豪、赫塞尔廷、马尔科姆 · 里夫金德、保罗 · 钱农[2]，还有农业大臣迈克尔 · 乔普林（因为戈尔巴乔夫的领导生涯大半是在管理农业）。午餐前饮酒谈话过程中，戈尔巴乔夫"只愿谈论农业"，这让非常不精通农业的撒切尔夫人颇感难堪，㊿但是，大家坐在餐桌旁后，按照戈尔巴乔夫的回忆，"我们的谈话换成了争论口吻"。51[3] 英方翻译托尼 · 毕晓普说，撒切尔夫人"谨慎而咄咄逼人地……开始对他做了一系列盘问，谈起苏联集中计划经济制度的劣势和自由企业与自由竞争的优势"。52当时的录音全盘记录下这些内容。撒切尔夫人问戈尔巴乔夫，"在集中而刻板的经济下"，人民怎么可能改善自己的生活呢？53他回答说，在苏联，工作机会问题"已经得到了解决"。撒切尔夫人接着攻击苏联的五年计划："我本人可不希望享有指挥别人的权力，为别人决定该在哪里工作，拿多少报酬。"戈尔巴乔夫说，他理解英国的体制不同，但"苏联的制度是优秀的"。他邀请撒切尔夫人去亲自看看，她会看到"苏联人民是怎样生活的，他们生活得很愉快"。撒切尔夫人后来在阅读谈话记录时，在最后这个字眼下画了一道横线，还在旁边画了个惊叹号。

接下来，首相抱怨苏联虐待安德烈・萨哈罗夫、阿纳托利・夏兰斯基等持不同政见者，并拒绝犹太人移民以色列。戈尔巴乔夫拒绝就此做答，这让她想到，"他们还没有充分讨论两种不同的经济体制问题"。54撒切尔夫人以此为线索开始谈论矿工罢工。她说，罢工过程中有大量恐

---

1 因戈尔巴乔夫的代表团成员中有伊万・斯特列利琴科，苏联参与英国矿工罢工的事态加剧了。斯特列利琴科是顿涅茨克一座煤矿的工长，他来的目的是要表现出与英国全国矿工工会团结一致。

2 因诺曼・特比特在布莱顿市爆炸事件中受伤，钱农代理他在贸易工业部的职责。

3 伯纳德・英厄姆常常向人们（包括本书作者）说，撒切尔夫人对戈尔巴乔夫说的头一句话就是："我憎恨共产主义。"虽然这的确是她讲话的精神，但双方见面时的书面记录和其他回忆录都不支持英厄姆的这一说法。

吓与暴力行为，“最近甚至发生了谋杀”。[1] 她接着说：“共产主义与通过暴力实现自己的目的在意义上相同，因为共产主义的口号是：‘弟兄们，为了自由，要听命行事。’”她说，斯卡吉尔和他的共产党人副主席迈克·麦加希[2] 等人“败坏了苏联共产党的名声”。㊺她指控在英国的共产党人渗透进工党，“以工党的色彩”掌控工会组织，因为他们不能以自己的旗帜在议会赢得席位。

戈尔巴乔夫自然认为这是对苏联的攻击：“我还是头一回听到这样的事。”他问，首相是否真的认为，他的国家可以控制英国的矿工罢工，并操纵英国舆论？苏联坚定的政策是“不输出革命，也不输出反革命”。撒切尔夫人回答道，她“并不在乎外国的宣传，因为她可以证明，英国的体制更好。但是苏联的共产党朋友不能通过选票获胜，就只能选择暴力”。接着，她向戈尔巴乔夫发起几乎是直接的挑战：“他们还得到外部的资助。”㊻戈尔巴乔夫坚决而虚伪地否认了这一指控：“苏联从未向英国矿工工会提供过资金。”关于这一点，正式记录补充道：“他斜视了一眼苏联代表团的中央委员会的国际宣传首长扎米亚京先生，修改说：‘就我所知。’”㊼接着他继续发起进攻：“对这个局面，首相应该归咎于英国，而不是外国共产党。《资本论》是在英国写成的。”撒切尔夫人突然插嘴说：“在一个自由社会中，写这本书并且出版是完全可能的。”戈尔巴乔夫说，他意识到“首相有防御能力。但俄国社会民主党第二次大会[3] 也是在伦敦举行的”。撒切尔夫人禁不住问戈尔巴乔夫：“我什么时候可以考虑在莫斯科召开英国的党代表大会。列宁无法通过选举获胜，只好选择暴力，树立了一个悲剧的例子。”戈尔巴乔夫的挑战性与她旗鼓相当，他对撒切尔夫人说，要“面对现实”：他回想起彻头彻尾的反共分子丘吉尔先生明智地选择了与苏联人联合作战。

---

1 她指的是在威尔士因运送不参加罢工的矿工去上班而遭杀害的出租车司机戴维·威尔基（见第6章）。

2 迈克·麦加希（Mick McGahey, 1925—1999），矿工，工会会员，1974—1987任全国矿工工会副主席。

3 俄国社会民主工人党第二次大会于1903年8月在伦敦夏洛特街举行。在这次大会上，该党发生分裂。列宁领导的布尔什维克派最终在1917年的俄国革命中获胜。

后来戈尔巴乔夫回忆说，在一个时刻，谈话变得激烈，他和撒切尔夫人都把脸转向一旁："这时我看到餐桌对面赖莎的眼睛，她的嘴唇在无声地说：'完了！'我一时拿不准是不是该起身离席。"[58]但撒切尔夫人突然转变了腔调，"她说，这番讨论中的困难部分到此结束"。[59]托尼·毕晓普认为，她在向戈尔巴乔夫发出信号："他通过了第一阶段的面试。"[60]他做出个回应，对她的评论表示欢迎，回忆起"两国合作的好范例，其中包括在能源领域签订合同（指为西伯利亚天然气管道与里根发生争执）"。他举杯祝酒，感谢这个"家庭环境"和餐桌上占主流的好气氛。[61]午餐会结束后，主要人物们在主客厅进行小范围非正式交谈。丹尼斯离去，赖莎在官员们陪同下参观这所房子。[1]

午餐会上撒切尔夫人与戈尔巴乔夫的这次谈话没有落入任何外交俗套，是有史以来最引人瞩目的餐桌情景之一。会谈除了争论几乎没有产生任何结果，激烈的语锋超越了外交部对粗暴、争执使用"坦率"或"直率"之类委婉语描述的程度。双方似乎都坚守己方的意识形态战壕，狠狠回击对方。然而，双方立刻认识到，这次会晤显然又是一场胜利。撒切尔夫人认为，戈尔巴乔夫的马克思主义是一种标准的形态，"但他的个性却与普通苏联共产党官员的呆板僵硬形象截然不同"。[62]戈尔巴乔夫以自己的说法对撒切尔夫人做了类似的恭维，不过正式记录中并没有证实他的话：[2]"我对撒切尔夫人说：'我了解你是个有坚定信念的人……这本身就该受到尊敬。但是请你考虑，坐在你旁边是与你一样的人。我向你保证，政治局没有指示我劝你加入共产党。'听了这番陈述，她放声开怀大笑……"[63]英国在场人士被戈尔巴乔夫的活力所打动。查尔斯·鲍威尔回忆时评论说："他不属于那群苏联老人，这一点特别明显。他身材不高，精力旺盛，步履轻快，让

---

1 赖莎毕业于莫斯科大学哲学系。当时为她做翻译的外交部官员马丁·尼科尔森回忆说，赖莎"想要我们都知道，她并不是个身材矮胖脑袋裹着头巾的寻常俄国妻子。引导我们参观的人在图书室在一个古老的地球仪上殷勤地指给她看俄国。她突然说：'我知道我们国家在哪儿。'"（马丁·尼克尔森，未出版的手稿，承蒙他让笔者阅览）

2 部分交谈内容很可能没有载入正式记录。查尔斯·鲍威尔尽自己所能做了记录，但考虑到交谈是在餐桌上进行的，他很难听到所有交谈内容。[鲍威尔勋爵，英国外交口头历史项目，剑桥大学丘吉尔学院（https://www.chu.cam.ac.uk/media/uploads/files/Powell.pdf）]

大家都吃了一惊，她肯定感到吃惊。”㊹戈尔巴乔夫没有表现出过度自信，但他的举止仿佛肯定自己将是下一任苏联领导人，言谈就像处在最高领导地位的人一样轻松。[1]

在客厅里，撒切尔夫人和戈尔巴乔夫坐在相邻的两张扶手椅上，两人不再争论，开始进行军备控制讨论，英方参加讨论的人还有杰弗里·豪、鲍威尔和毕晓普。大家围坐在炉火前，撒切尔夫人不时凑近壁炉，往里面添根木柴让火烧旺。双方摈弃午餐时的论战，同意撇开事先准备的文件，直接交谈。㊺撒切尔夫人解释说，她曾在 15 个月前在别墅举行过一次研讨会，决定必须做出某种努力，与苏联接触。㊻她说：一种体制试图改变另一种体制是毫无意义的，关键是“减少敌意，降低军备水平”。提出这些论点时，她自豪地称，英国对美国的影响力超过任何其他北约国家。乔治·舒尔茨在日内瓦与葛罗米柯会晤时，会寻求平衡而不是单边优势。她感到担忧地说：“除非双方在应对外太空武器方面达成一致，否则会开启新一轮的武器竞赛。”㊼基于这一点，她提出为缩小欧美差距常提的论点：战略防御计划保留在研究阶段没问题，但将它转化为武器生产则完全是另一回事。

戈尔巴乔夫的回答颇有点耸人听闻，他谈到要“避免浩劫”，提起相互发射导弹造成“核冬天”的可怕景象。他取出《纽约时报》刊登的一幅图表，上面描述的是全世界核武库的毁灭能力。他抱怨称，在里根执政的四年间，苏美关系一步都没有向前迈出，因而苏联难以想象如何返回（在日内瓦的）谈判。尤其让他感到担忧的是“温伯格先生和珀尔先生那个小集团的活动”。[2]撒切尔夫人如何能说她对美国的评价是正确的？撒切尔夫人在回答中坚定而微妙地捍卫里根。她说：美国并不想主宰世界，两国关系冻结的主要原因是苏联入侵阿富汗。在里根眼中，苏联既富有强烈的爱

---

1 当时的翻译托尼·毕晓普注意到，戈尔巴乔夫的语言在使用苏联术语方面“健全得无可指责”，但他也使用许多让人耳目一新的新俚语，例如 :“chepukha（胡扯、废话）”。[1984年12月15—21日，戈尔巴乔夫访英期间对他个人的评估，TNA: PREM 19/1394（http://www.margaretthatcher.org/document/134739）]

2 理查德·珀尔当时是美国国防部助理部长，与温伯格关系密切，是五角大楼著名的反苏鹰派人物。

国主义精神，又想要让共产主义制度在全世界取得胜利。他自然会感到恐惧和怀疑，但“他最不想要的就是战争”。他只希望恢复美国的信心，使之“足够强大，能够捍卫其生活方式”。她说，里根曾深感失望，因为他就任总统初期便亲笔写信给勃列日涅夫，要求双方会见，但勃列日涅夫并未友好地回复。现在他准备“再做一次尝试”。

撒切尔夫人接下来说的话有点冒险，她说：里根还有一个梦想，“想要通过战略防御计划消除世界上的核武器。可悲的是，这个梦想不可能实现，因为获得弹道导弹防御能力的过程不可避免地要导致新一轮的武器竞赛……总之，制造核武器的知识既然已经掌握，就不可能忘掉”。⑱

戈尔巴乔夫在回复中说，他不同意撒切尔夫人关于美国有友好意图的说法，但同意她关于对话价值的评论。他看出在战略防御计划问题上，美国与她的观点有差距，便奉承她的英国独立价值观，为此引用了帕默斯顿勋爵的格言：英国没有永久的朋友，也没有永久的敌人，只有永恒的利益。[1]他这是在暗示，英国可以对苏联比较友好，而疏远美国。戈尔巴乔夫对她说，听了首相刚才提到里根总统关于空间武器系统的白日梦，他感到担忧。他就此话题深入谈论，对她说：“与西欧的立场相比，美国关于战略防御计划的立场任性而自负。”⑲提出这个论点后，会晤也要结束了。戈尔巴乔夫说：“现在我们需要的是一种程序。”他提议双方继续进行对话。按照托尼·毕晓普的话说，“这话让首相觉得像音乐一样动听”。⑳她与苏联接触的努力显然结出了果实。

午餐后的会谈远远超过了原定时间，直到6点钟，戈尔巴乔夫才离开别墅去伦敦，他出席苏联大使馆的招待会迟到了近两个小时。撒切尔夫人与官员们短暂盘桓后忽然喊起来：“明天要去中国，我还没有做头发呢！”她奔上楼梯，消失了。㉑

那天陪撒切尔夫人的人们注意到了她的激动。查尔斯·鲍威尔回忆道：“最后，她感觉兴高采烈，这可是从来没有过的。”㉒托尼·毕晓普记录了“他们之间可感知的异性魅力”。㉓他以口译人员的眼光看待这个事件：“我不仅是个旁观者，还是个必须充当她的声音反映她音调的人，有些时候我

1 撒切尔夫人将这番话记录在她事先准备的谈话稿上，却把这位19世纪首相的名字拼写错了。

感到吃惊，因为我感觉到的情况近乎调情，两人为此要得到并付出很重要的东西：这种调情令人感到愉快和刺激，但最终却是‘安全的’，是纯精神性质的。”㉔[1]

戈尔巴乔夫离去后，伯纳德·英厄姆来询问撒切尔夫人，该如何向媒体通报。查尔斯·鲍威尔记得：“她喋喋不休地谈起他与前面几代苏联领导人完全不同，说她可以跟他好好谈判。我表示赞同，说：‘不错，他是个可以打交道的人。’伯纳德说：‘的确如此。是个可以打交道的人。’”㉕然而，英厄姆一口咬定说，当时听了撒切尔夫人叙述谈话过程，是他而不是鲍威尔用了“可以打交道的人”这个说法，还说服她对媒体使用这个说法。㉖不论这个著名说法源自何人，英厄姆那天晚上的确公布了这说法。撒切尔夫人在第二天的采访中也重复了这个说法。

戈尔巴乔夫对会谈有几乎相同的看法。首相别墅会晤后，在议长为他举行的晚宴上，他与理查德·卢斯交谈时宣称：“与首相的谈话让我深感满意。首相对苏联的态度与我预想的完全一样。但她的看法是错误的。让我感到极为喜悦的是，双方有了很好的理解。”㉗他认为，她在各国捍卫自身利益方面有很好的理念：“在这个基础上，人民可以从事商业贸易。”[2]这次访问对提升戈尔巴乔夫在国内的地位也起到了帮助作用。他通过了吉拉切

---

1 撒切尔夫人难得有时间关注世界领导人的妻子们，但这次对衣着考究的戈尔巴乔夫夫人稍加留意。她敏锐地审视了霍纳小姐写的一份报告。霍纳小姐是外交部官员，全程陪同戈尔巴乔夫夫人在伦敦购物和文化活动。报告中提到赖莎在豪华的麦平韦勃珠宝店购买了750英镑的“宝石耳坠”，撒切尔夫人在这行字下面画了横线。这揭示出赖莎“习惯的生活水平”。撒切尔夫人对苏联领导层的特权生活条件从来非常警惕，而苏联人民却没有这种特权。［阿普尔亚德致函鲍威尔，对霍纳小姐备忘录的摘要，1985年1月21日，首相文件，苏联，英苏关系，第4部分（在内阁办公室查阅的文件）］

2 一件奇怪的事情显示出戈尔巴乔夫对访英感到的激动。戴维·巴克利是撒切尔夫人的一位私人秘书，撒切尔夫人飞往中国时，他留在伦敦。1984年12月19日，他报告说，这天下午5点钟，戈尔巴乔夫和他的随从从议会返回苏联大使馆时途径唐宁街。他突然“表达了想从外面观瞻唐宁街10号的愿望”。政治保安处与栅栏前执勤的警察协商过（却没有通知我们），结果放他进了门，还允许他走进前厅。“没等任何一位私人秘书赶到，他们已经离去——据说他心情很好。”［外交与联邦事务部电报，编号25201984年12月19日，首相文件，苏联，英苏关系，第4部分（在内阁办公室查阅的文件）］

夫所谓的“撒切尔考验”。鉴于她有个坚定反共的名声，人们便认为，既然戈尔巴乔夫“能在伦敦站住脚，任何其他地方都难不倒他”。⑱

奥列格·戈德尔维斯基在苏联大使馆有独特地位，他对撒切尔夫人对戈尔巴乔夫的热情持批评态度。他当时认为：“英国人梦想会有变化，对未来极度夸大。”⑲撒切尔夫人觉得戈尔巴乔夫“迷人，有魅力”，但是照戈德尔维斯基看来，大多数苏联人认为他长着一双“鞑靼人的眼睛”，是个“东方魔鬼”。他是个“听自己讲话自得其乐的共产党官员”。不过他回顾起往事，承认“英国人原来的直觉是对的”，⑳因为戈尔巴乔夫周围有很多真正的改革者，其中一位是陪他去过首相别墅的亚历山大·雅科夫列夫[1]。然而，从戈德尔维斯基从苏联大使馆发出的报告看得出，戈尔巴乔夫让苏联官员们感到兴奋。戈尔巴乔夫访英时，约翰·斯卡利特已经不再是与戈德尔维斯基接头的情报官员，不过他回忆说，苏联统治集团已经表现出“式微的征兆和势力上落后于美国的懦弱性：并不清楚苏联人对老人政治有怎样的理解。但有一点从来是清楚的：戈尔巴乔夫是个开明的改革者。他看上去与众不同”。㉑戈德尔维斯基还报告了莫斯科对首相别墅会晤的热情反馈。“戈尔巴乔夫（关于核对峙）的口头禅是‘我们不能这样生活’”。㉒与撒切尔夫人的会晤让他感到，双方可以朝所需的变化迈进。

在这些反应和媒体热情报道的鼓励下，撒切尔夫人对戈尔巴乔夫的来访只有一个紧迫问题要解决：如何让华盛顿接受。她对自己向戈德尔维斯基谈起战略防御计划的说法也许稍有些愧疚。她在回忆录中大谈她反复重申对美国的支持，不过也许谈得有点过分了：“我在这个问题上持坦率态度尤其重要，因为我同样坦率地认为，总统的无核世界是个不现实的梦想。”㉓她对里根“不现实的梦想”向戈尔巴乔夫表达了“同样坦率”，但这等于将弹药拱手交给了敌人。首相别墅会晤后第二天，鲍威尔致函外交部，建议向北约盟国提交的会晤报告应为轮廓性的，将具体细节留给撒切尔夫

---

1 亚历山大·雅科夫列夫（Alexander Yakovlev，1923—2005），1944年加入共产党。1969—1973年任意识形态与宣传部部长；1973—1983年任苏联驻加拿大大使；1987—1991年任政治局成员；他是（机构）改革的主要支持者之一。

人在周六与里根会见时详谈。他补充写道："在处理空间武器控制问题上首相提到与里根总统的分歧应特别谨慎。"[84]其实她本人对此的做法正是"非常谨慎"的。

关于美国是否该同意与苏联讨论战略防御计划，美国政府分裂成两派，舒尔茨派与温伯格派。华盛顿的传言沸沸扬扬，称撒切尔夫人做得过火。《华盛顿邮报》称："里根总统热切希望，本周末在戴维营会晤时，伦敦这位谈话直率的保守同盟能从克里姆林宫风度翩翩的继承人背上跳下……让白宫内部人士感到震惊的是，有两项内容并列提出：一个是撒切尔夫人'可以打交道'的承诺，另一个是戈尔巴乔夫主张放弃'星球大战计划'是严肃军控谈判的前提。"[85]舒尔茨和麦克法兰都提醒总统，在战略防御计划问题上，他与撒切尔夫人立场不一致。美国驻伦敦大使查尔斯·普赖斯也向里根提交了自己的书面评论："我到伦敦任职的第一年中，大约会见过首相 15 次，每次都是她自己说个没完。但是关于战略防御计划，她该倾听才对。"[86]

1984 年 12 月 22 日，里根收到了撒切尔夫人自己写的会晤报告。她用人们已经熟知的措辞写道："我确实发现他是个可以打交道的人。我的确颇为喜欢他。"[87]不过她补充道："我得到一种印象，他在某种方面把我当成你的一匹护卫马……同时他也密切留意你我间可能有的分歧。"她对战略防御计划问题轻描淡写，但报告称，戈尔巴乔夫将《反弹道导弹条约》作为自己方针的一块"拱顶石"。"我警告他，不要试图在我们盟国间挑起不和。"她描述称，苏联人为武器竞赛中占技术优势要付出的代价感到真心的畏惧，因此，假如他们相信你在政治上承诺裁减，便准备认真参加核武讨论。[88]她并没有提起对戈尔巴乔夫说过里根有个无核世界的"梦想"。

如果仔细观察 1984 年圣诞节前那个星期发生的事件，便能体会到撒切尔夫人的心理和身体有多么惊人的承受能力。12 月 16 日星期日，她在首相别墅会晤戈尔巴乔夫，这六个小时的遭遇需要做大量准备工作。星期一晚上，她出发去北京，要在 12 月 19 日与中国签订香港协议。接着要飞往香港，为的是鼓励这个殖民地做出积极反应。然后，她让杰弗里·豪飞回伦敦（没有他陪伴，她感觉旅途更愉快），自己飞往华盛顿，准备参加 12 月 22 日在戴维营的会见，第二天一大早返回伦敦。

香港到华盛顿的飞行持续24个小时，其中包括两次停留，还有12个小时的时差。她乘坐的VC-10机型远算不得豪华，但是在帘子隔开的空间为她准备了一张床。飞行了一段时间后，罗宾·巴特勒说，他要去睡一会儿。撒切尔夫人说："可我不睡。我要24小时保持清醒，研究《反弹道导弹条约》和温伯格关于战略防御计划的声明。"[89]她果然在整个航程中一直待在自己的座椅上。黎明时分，飞机降落在夏威夷加油。首相一行受到基地指挥官们的迎接，其中有一位"睡眼惺忪的海军上将"。撒切尔夫人历来渴望充分利用时间，表示说很遗憾没时间参观珍珠港。天色还很暗，东道主似乎颇感释然。他们对她说，珍珠港就在机场另一侧，不过去那儿要乘车从基地外围绕过，行驶挺长时间。撒切尔夫人眼睛一亮，说："啊，既然就在另一侧，我们步行走过去不好吗？"人们回答道："可现在一片黑暗。"她说："我手提包里有个手电筒（这年10月布莱顿市发生爆炸后，她总是随身带着手电）。"于是，这群人步行出发了。后来巴特勒回忆道："她脚上穿着高跟鞋，那位海军上将和空军基地的指挥官们慢吞吞跟在她身后。我们步行到机场边缘（这时已经破晓了）眺望珍珠港。"撒切尔夫人的视察结束后，一行人步行返回。"我们再次登上飞机，她接着研究《反弹道导弹条约》和温伯格的讲话。"[90]

她抵达华盛顿的英国大使馆后，下令晚上11点钟召开情况介绍会。次日早上6点钟，她赴约做头发，其后参加另一个情况介绍会，然后与布什副总统共进早餐。上午10点30分，她乘直升机抵达60英里外的戴维营。大使馆事先向她通报："总统将穿开领衫、毛衣和宽松长裤……我们表示，由于首相离开戴维营要立即举行记者会，我们不知她是否愿意身穿便装。"他们还提醒撒切尔夫人，预料戴维营的气温比华盛顿低，"首相可能希望身穿得体的服装，尤其因为总统要驾驶高尔夫球车去戴维营的直升机停机坪迎接……安排高尔夫球车迎接是白宫想趁机展示圣诞节前令人难忘的轻松画面。"[91]不出所料，撒切尔夫人走下直升机时身着正装，登上高尔夫球车时，旁边的总统身着便装，她则是潇洒的浅褐色女套装。

撒切尔一行做环球飞行过程中，查尔斯·鲍威尔在访问中国的正式计划书背面草草写下在美国会谈的关键想法。这些想法的标题是"总统"，以

“东西方——戈尔巴乔夫”开头，就军控列出六点内容。他草草写道，这将是“日内瓦会谈前提出各种想法的最后机会。（舒尔茨与葛罗米柯将重开谈判）需要与各种谈判挂钩……核心因素是美国准备讨论排除战略防御计划的一些因素”。⑫这就是撒切尔夫人这次议程的本质。

撒切尔夫人与里根在戴维营的会见以闲聊开场，在场的只有记录人员，然后两人走向聚集在一起的人们，其中有舒尔茨、麦克法兰等人，但值得注意的是没有温伯格[1]——会议持续到工作午餐时间。撒切尔夫人在与里根单独会见时，传递了她对戈尔巴乔夫的印象：“他是个非同凡响的苏联人，主要在于态度和思想不拘泥，比较有魅力，讨论和辩论态度开放，并不恪守准备好的材料。他妻子也同样迷人。”首相评论说：“她常常自忖，对手越是有魅力，就越危险。”⑬她向里根和参加会议的所有人保证说，她“向戈尔巴乔夫强调指出，想在英国和美国之间搞分裂，那将是徒劳”。⑭

私下交谈时，提出战略防御计划问题的是里根，而不是撒切尔夫人。他说，他认为苏联攻击这个计划是为日内瓦会谈做的宣传准备。他捍卫自己对战略防御计划的立场。其目的完全是强化威慑力……假如（研究）证明是成功的，他愿意将这项新技术在盟友间共享。总统说，我们并没有违反《反弹道导弹条约》……新的战略防御计划也符合道德情境。我们必须为构建更加稳定的和平寻找途径。我们的目标是减少核武器，最终消除核武器。⑮撒切尔夫人后来写道：“这番话让我感到紧张。”⑯不过她当时保持不动声色，还明确表示说，她告诉戈尔巴乔夫，“英国支持战略防御计划，而且，这一计划与先发制人战略毫无关系”。⑰这是实话，但不是全部真情。她还向里根传话说，戈尔巴乔夫请她“告诉你的朋友里根总统，不要继续发展空间武器”。⑱她传递这话并不是赞成戈尔巴乔夫的立场，而是要里根理解战略防御计划对苏联领导层造成的冲击。她与戈尔巴乔夫不同，并不希望里根放弃自己的努力。英方的记录明确显示出，她强调了研究这种武

1 显然是故意将温伯格排除在外。国家安全委员会一位成员会前向麦克法兰提交备忘录称，“柯林·鲍威尔（温伯格的军事助理）对我说，他的上司非常渴望参加会议。”但这一请求遭到忽视。（无标题备忘录，CO167: 270790—289999, WHORM File, 里根图书馆）

器与部署它们之间的区别。她全心全意支持研究，但她预见到部署这种武器会有极大的困难。[99]

正式会谈时，撒切尔夫人重申她支持研究战略防御计划，不过表达了更多了解这一主题的愿望，要求派一位专家到伦敦向她做介绍。接着她迅速转向自己焦虑的核心问题："我……理解，要确定战略防御系统真正可行，还需要一些时间。假如已经到了可以开始生产的阶段，我们就要做一些严肃而困难的决定。已经存在《反弹道导弹条约》和几个外太空条约……必须考虑需要的应对策略……"[100]按鲍威尔的话说，她觉得"里根浓厚的反核情感……是个非常棘手也左右为难的事，因为她打心底不同意。其次，在英国国内，与核裁军运动和基诺克就单方面裁军问题进行辩论时，这会给她造成极大的难堪"。[101]她就核武器问题陈述了自己不变的立场："核武器的作用不仅能防止一场核战争，而且已经让欧洲享受到 40 多年前所未有的和平。"她接着说："既然核武器已经防止了核战争和常规战争，放弃一套威慑系统便是不明智的。[102]我们感到一些真正的担忧，特别担忧战略防御计划对威慑系统造成冲击。卑鄙的媒体竭力爆料，称我们之间有重要差异。这绝对不是真的，但我们确实感到，在战略防御研究计划尚未完成时，就决定战略防御计划的方向，那是不明智的。"她对这个计划是否可行感到怀疑："以前，科学天才们一直要开发一套反制系统。即使能证明战略防御体系有 95% 的成功率……仍然会有 6000 万人死于未能成功拦截武器的攻击。"[103]

她这番话产生了相当大的冲击力。巴德·麦克法兰说："里根吃了一惊。虽然他听我们说起过撒切尔夫人的这个想法，但是由会议桌对面的首相亲口说出来，仍让他惊讶。这绝对不是做个姿态而已。他头一次体验到，他最敬重的人情绪激昂、咄咄逼人，表达的理由非常充分。他变得非常冷静了。"[104]他承认，撒切尔夫人的许多论点都需要应对，但他要坚持自己的看法。这番论证变得更加具体，到头来却变得比较间接了。里根的助理人员见上司开始走神，便自己参与讨论。当时在场的伯纳德·英厄姆注意到，"在那座木房子里，有时候人们似乎根本默不作声"。[105]

午餐前人们起身喝饮料的时候，撒切尔夫人抓住这个机会对鲍威尔说："把这些论点记下来，就是我们讨论的这些论点，写在纸上，我们看看能不能让他们同意。”[106]鲍威尔和驻美大使约翰·克尔连忙去旁边的屋子工作。[1]他们拟了一份向媒体发布的声明草案，列出英美同意的四点内容。按鲍威尔的看法，这个声明不能“显得非常非常聪明……只是反映了她说的主要内容，而且里根也没有对此表示反对”。[107]这份草案称，里根和撒切尔夫人在军备控制谈判和战略防御计划方面“观点非常一致”，警告苏联“挑拨离间不会奏效”。草案用了撒切尔夫人的说法：“我告诉总统说，我坚信战略防御计划目前仅仅是个研究项目，应该继续推进。”草案列出了双方同意的四点。第一，美国和西方的目标是实现平衡，而不是占据优势；第二，与战略防御计划相关的试验和部署在条约义务方面必须谈判；第三，整体目标是保持威慑力不受侵蚀；第四，恢复美苏军备控制谈判的目标是“双方降低进攻性武器系统的水平，实现安全”。[108]第一、三、四点基本反映了英国同意的美国观点。第二点则代表了英国力促而美国尚未反对的观点。在任何阶段的讨论中，美国都没有承认战略防御计划受到条约义务的限制。第二条对撒切尔夫人和更多的盟国将是个重要安慰。

趁人们还没有走进餐厅，鲍威尔把拟出的草案交给撒切尔夫人。“她读了一遍，说：‘很好。’说完递给总统。总统草草看了一遍，还点了点头，递给乔治·舒尔茨。这是他们头一次看到这个草案。”[109]麦克法兰和其他美国官员这时也凑过来看这个草案，迅速做了极少几处修改。鲍威尔描述战略防御计划仅仅是个研究项目，他们将“仅仅”两个字删掉了。对于第二点，他们删去“试验”二字，将“部署”改为“谈判的问题”。

这“四点”一致意见是撒切尔夫人取得的一项成功，在记者会上，她便有明确的内容可表达，这可以平息关于她与里根有不同看法的报道。更加重要的是，她得到了一个多用途的文字形式。按照鲍威尔的说法：“戴维营的四点意见成为一种《圣经》，是一个基础的章程文本。由此产生的立场还可以得到盟国广泛的支持。在当时，很多欧洲人（也包括英国人）两手一摊，说（战略防御计划）意味着军备控制终结了。”[110]

这四点意见并不要求里根从战略防御计划的立场上后撤。但是，华盛顿时而称作《戴维营条约》的这个文件确实改变了政府内部的势力平衡，

1 鲍威尔和克尔口授，后来成为驻美大使的尼格尔·斯恩瓦德用一台老式打字机敲出文本。

让五角大楼感到不安，却让国务院感到喜悦，因为它促进了谈判。舒尔茨后来在回忆录中写道：“这是个出色的陈述，它将太空防御武器的研制与部署区分开来，让我在日内瓦得到了一些回旋余地。由于总统已经签署，给我的指示便反映了已经同意的意见。不同意见来自温伯格和国防部的一些人，他们认为我们不该以任何方式讨论战略防御计划，但他们的意见被忽视了。”⑪国务院的一位官员理查德·伯特当时参加了会谈，他解释了这个条约的影响：“谁也不能回过头来表示不赞同，说：‘你们怎么能同意这么做？’因为回答很简单：‘是总统和撒切尔夫人同意的。’”⑫

撒切尔夫人对戈尔巴乔夫的看法在华盛顿激起了不安，同时对政府产生了影响。许多人担心她受到了欺骗，或者像个“女学生一样迷恋上那个俄国人的微笑了”。⑬亨利·基辛格说，他们相信，“玛格丽特也许轻易落入了麦克米伦式的英国角色，在两方面做斡旋”。⑭五角大楼的理查德·珀尔描述了他看出的危险：“有些人渴望从根本上改变美国的政策，用更加缓和的政策取代总统击败苏联的政策。于是他们便抓住‘打交道’的说法用于自己的目的。这个陈述不容易让人透彻理解，更不用说那种方式了。”⑮

在另一方面，撒切尔夫人因为会见过其他人感兴趣的一个人，便立刻得到了一种优势。美国人对苏联领导人的情况了解极少，因此感到恼火。美国驻莫斯科大使阿特·哈特曼回忆道：“我们了解戈尔巴乔夫，只因为他额头上有块红斑（胎记），我看我们外面的人谁也说不上政治局里面到底在发生什么事。”⑯因此，他们对撒切尔夫人报告的情况深感兴趣。里根怀着敬意聆听她的讲述时，已经在考虑对话的可能性了。他后来回忆说：“她告诉我说，戈尔巴乔夫与克里姆林宫的其他领导人不同。她相信有机会打开通道。结果证明，她的话完全正确。”⑰撒切尔夫人提出自己的看法，里根愿意听取，这些让政府中赞成与莫斯科对话的人提振了信心。从1985年起领导国务院欧洲局的罗兹·里奇韦说：“我们有必要团结起来支持撒切尔夫人和罗纳德·里根。”⑱恰恰因为撒切尔夫人是冷战时期鹰派认为唯一可靠的外国领导人，照舒尔茨说：“她的看法就连怀疑对话是否有益的人也觉得很有分量。”⑲当时担任温伯格军事助手的柯林·鲍威尔后来描述说：“戈尔比（戈尔巴乔夫的昵称）来了，他与我们以前了解的苏联人全然不同，他身穿漂亮西装，扎着法国领带，带着与他一样潇洒而令人倾倒的妻子。他接受的第一个邀请发自玛格丽特……而且还是在他担任总书记之前。人们有一种感觉：'天哪，既然亲爱的玛格丽特认为他与众不同，那我们最好看一看。'"⑳

撒切尔夫人在格林纳达事件余波中曾感到不快，而她在戴维营表现出强大的优势，对比之下，她在 1984 年的形象显得极为不同。起初，她对最重要的盟国心怀怨气，对共产党集团有阴郁的成见。如今这两种情绪都发生了变化。在短短一个星期中，她与可能的未来苏联领导人举行了有深远意义的重要会谈，与共产党中国签订了一个协议，说服了美国总统在军备控制问题上采取新的公开姿态。她还就增加与莫斯科对话在华盛顿强势加入跨机构辩论。在与戈尔巴乔夫和里根的会谈中，她既不失礼仪，又态度坦率，甚至有点大胆。她对战略防御计划的干预有可能出灾难性的错误，她对戈尔巴乔夫的热情还有可能让她显得受了苏联的欺骗。结果，她的策略得到了回报。绕着地球旅行一周回家过圣诞节时，她可以告慰自己说，她的国家在全球的影响力超过了苏伊士运河危机以来的任何时期。

纽约为独立战争击败英国后建立美英外交关系 200 周年举行庆祝活动。美国政府向撒切尔夫人赠送了一对银质蜡烛台的复制品，原件为签订《美英凡尔赛和约》两国建立外交关系时约翰·亚当斯所有。查尔斯·鲍威尔向外交部致函说："首相建议，这对蜡烛台置于内阁会议桌上，与已有的蜡烛台并列放置（不过我们先看看它们放在那儿是否适宜再说）。"㉑尽管这次访问的戴维营邻近华盛顿，但撒切尔夫人坚持原先的计划，要在 2 月份举行纪念仪式时再去访问华盛顿。1985 年 2 月 20 日，她站在白宫草坪上，聆听里根总统称颂两国建立 200 年来的外交关系："在这些岁月中，两国关系有着非常特别的品质。非凡而特殊。美国人为我们与英国同盟的关系感到骄傲，在密切合作方面，我为有玛格丽特·撒切尔这样的朋友感到自豪。"㉒

他的这位朋友除了心怀真诚的善意，照例为这次访问做了一丝不苟的彻底准备。这次访问中规模最大的正式场合是撒切尔夫人在参众两院联席会议上做演讲，自从温斯顿·丘吉尔以后，这项殊荣尚未给予过任何一位英国首相。撒切尔夫人为此做的排练即使按她自己的标准也过于耗费精力了。查尔斯·鲍威尔说："我记得，这次访问中很大一部分时间用于准备这次该死的演讲。"她首次使用台词提示器，便"练习演讲直到清晨 5 点钟，我们抓紧时间睡了一个小时，然后她便在电视早间新闻中露面。这拉开了一整天日程的序幕。我们昨晚深夜才抵达，那是我经历的最乏味夜晚之一”。⑫³撒切尔夫人的演讲自然要恭维东道主：“欧洲对这个国家的自由人民亏欠巨大，这个国家却愿意慷慨分享其力量保护弱小国家，这些都是无法估量的价值。”⑫⁴她引用丘吉尔的一段话时，并不仅仅出于崇敬，也为了支持自己目的明确的论点。她说：“温斯顿·丘吉尔比任何人都明白威慑的重要性，他在最后一次对你们演讲时（1952 年）曾说：‘最重要的是，只要你手中还有维护和平的其他手段，就千万不要动用原子武器！’33 年后，那些武器仍然维护着和平，但是在那以后技术在发展，既然我们必须保持威慑力，我们的研究和能力就绝对不能落后于苏联（掌声）。因此我坚定支持里根总统的决定，从事防卫弹道核导弹的研究——即战略防御计划（掌声）。”⑫⁵

她的声明受到听众兴高采烈的欢迎。报纸纷纷将她的话作为对战略防御计划的认可，这也正是她的初衷，但是她将战略防御计划置于保持威慑力的框架内，并不认为它是让世界免除核武器的手段。像以往一样，她将修饰词语的焦点集中在“研究”而不是“部署”。

在白宫，她与里根在午餐后的军备控制“研讨会”上展开讨论自己的观点。[1] 从戴维营会谈后到这次讨论之间，双方有过很多跨大西洋往来。1 月初，里根派巴德·麦克法兰向撒切尔夫人详尽介绍战略防御计划的情况。陪同麦克法兰访英的有战略防御计划局局长詹姆斯·亚伯拉罕森[2]。尽管美英同意了四点意见，但里根仍对撒切尔夫人的态度感到不安。

---

1 大多数作者（包括奥尔德斯，《里根与撒切尔》，p.201；艾特肯，《玛格丽特·撒切尔》，p.490；约翰·坎贝尔，《玛格丽特·撒切尔：铁娘子》，乔纳森海角出版社，2003，p.292）引用了杰弗里·史密斯的说法（《里根与撒切尔》，鲍利海出版公司，1990年，p. 165），认为这次研讨会是在1987年7月举行的。其实，1987年夏天她访问华盛顿时，因里根手术后疗养，两人并未会面。

2 詹姆斯·亚伯拉罕森中将（James Abrahamson, 1933—），毕业于麻省理工学院和奥克拉荷马大学。美国空军中将（退役）；1967—1969年被选为载人轨道实验室计划的宇航员（未上过太空）；1981—1984年任美国太空总署副行政官，负责美国航天飞机计划；1984—1989年任战略防御计划局局长。

美国人派出亚伯拉罕森是个明智之举。撒切尔夫人喜欢这位“亚伯（亚伯拉罕森的昵称）将军”，他的光临满足了她的虚荣心。查尔斯·鲍威尔回忆道：“她自视为科学家，认为比别人更理解这些问题。她喜欢与这位专家谈论‘太空武库’和用于拦截敌方武器的‘小精灵’导弹。”⑫在1月份的会谈后，两人开始通信、会面。麦克法兰还利用这次访问让东道主认识到，战略防御的研究计划可以给英国公司带来生意。这让撒切尔夫人感到激动，并帮助让英国国防部持支持态度。美国人在设法将她纳入这个计划。

然而，她对战略防御计划和核武器方针仍然没有与里根靠拢。更糟糕的是，里根不断谈起反对接受核教条。那次戴维营会见几天后，里根写信给她称“（我们）必须寻求遏止战争的其他方法。这在军事上和道德上都是必要的”。⑫他对道德的谈论让撒切尔夫人感到担忧，因为这等于是支持英国主张单方面裁军的单边主义者。撒切尔夫人在为会见手写的演讲卡片上写道（其中的引号似乎有点随意）：

> 警惕“核邪恶的导向”
> 单边裁军
> 为何部署巡航导弹——我们需要时
> 为何将北极星导弹更新为三叉戟
> 未来数年仍需依赖核威慑。⑫

在白宫的“研讨会”上，她提出论点称，苏联有可能将核裁军当成“人质”限制对战略防御计划的研究，她建议西方扭转局势：美国应警告莫斯科当局，除非他们同意裁军，否则战略防御计划将抓紧进行。[1]接着，她按照自己的讲稿解释了在欧洲推动战略防御计划有多困难，因为目前需要保持公众支持巡航导弹和潘兴导弹，并更新英国自己的核导弹：“我们千万不能让人民认为核武器是邪恶的、不道德的，不能通过开发防御系统让人民认为核武器不久将淘汰。”⑫

里根向她保证说，英国可以“信赖盟国和北约核武器的全方位保护”，不过他评论说，战略防御计划“旨在废除基于对人口核毁灭的战略。这不

1 这个“反转人质”的概念最初是由查尔斯·鲍威尔向撒切尔夫人提出的。

能当成个讨价还价的筹码”。撒切尔夫人回应道，她深信，在可预见的未来，核武器将继续是“遏止战争的根本”。里根没有就此争论。虽然他的最终目标是彻底废弃核武器，但这一天到来之前，他无意让苏联在武器竞赛中占上风。他提醒撒切尔夫人：“美国决心提升其实力，与苏联抗衡……正因为意识到这一点，他才相信应该谈判。”⑬⓪这是双方的一致观点。

撒切尔夫人在启程前的公开陈述中称，这是一次“真正的思想聚会”。⑬①但以她个人的说法，这次会见并不很成功。撒切尔夫人似乎感到有些不安，查尔斯·鲍威尔认为这是由于“她带杰弗里·豪和迈克尔·赫塞尔廷参加了全体会议，他们在会上不合时宜地开口讲话！她不喜欢这样。她认为在与总统对话时，自己是政府的唯一真正发言人”。⑬②到这时，她已经对赫塞尔廷产生了敌意，这年年底将会在韦斯特兰危机中爆发出来。她的反应就像她感到急躁时那样，说话一再重复，声音尖利刺耳。她不停地说啊说，大约这么过了十分钟，肯·阿德尔曼注意到里根“像是吸了一口气，准备开口说话，玛格丽特·撒切尔说：‘罗尼，等一下，我就要说完了。’她接着说下去”。⑬③会见结束后，阿德尔曼注意到，“大家沿走廊走去时，有人转向里根说：‘天哪，她不善于倾听，对不对？’里根露出笑容，转向那人说：‘没错，可她惊人地健谈！’”⑬④

然而，那天晚上在英国大使馆举行了晚宴，撒切尔夫人在研讨会上的表现并没有给晚宴气氛弥漫挫折感。这是个热情洋溢充满真挚情感的场合，宾客们享用菜名叫“南希”的水煮三文鱼、菜名叫“特殊关系”的小牛肉片、菜名叫“玛格丽特”的覆盆子奶油冻。⑬⑤里根并不顾忌总统不在外国大使馆用餐的一般规则，携夫人南希一道赴宴。他们渴望前来，按照麦克法兰的说法：“这是个家庭。总统有这样的感觉，里根夫人也有同感。他们喜欢丹尼斯。他们喜欢首相。[1] 在他看来，她就像丘吉尔的女儿。他觉得自己能在总统任期内了解她实属享有特权，他还相信，这个人将在历史上占有持久的地位。凡是有机会提升撒切尔首相地位的事，他都会做。”⑬⑥

---

1 里根夫人是否像丈夫一样喜欢撒切尔夫人也许值得怀疑。那天晚上，里根与撒切尔夫人一直交谈到很晚，人们注意到里根夫人因此恼火。（私人信息）按照查尔斯·普赖斯的看法，若不是里根夫人和撒切尔夫人都崇拜里根，这两个女人“根本就不会成为亲密的个人朋友”。（查尔斯·普赖斯访谈）

武器和女人

“陛下，你信赖密特朗还是撒切尔夫人？”

1985年3月11日，就在英国矿工的罢工刚刚瓦解后，莫斯科宣布康斯坦丁·契尔年科逝世。他的短命统治没有产生什么效果。没出四个小时，官方就宣布他的继承人是米哈伊尔·戈尔巴乔夫。撒切尔夫人前一年曾出席安德罗波夫的葬礼，此次决定再次参加葬礼；[1]她第二天便从伦敦启程。她异乎寻常地手写了一篇这次访问的札记，标题是“重返莫斯科”，是在她刚返回伦敦就动手撰写的。①[2]撒切尔夫人在文中记录下自己的回忆和印象，口吻活像个纯真的女学生，仿佛在写一篇题为“假期生活”的散文，随意使用的标点符号增加了她的表达效果。她记录道：

> 在飞机上，我阅读并分析戈尔巴乔夫先生接受任命的演讲——（没有偏离既定政策，但提到需要更加主动——这是他们的根本困境！）——还读了他最近在基辅的一个讲话。一切都证实了我前一年12月在首相别墅得到的印象是对的：即使他希望改变现状，也不知道该怎么做，因为刻板的共产主义制度是他唯一了解的制度。②

---

1 然而，里根总统决定不参加，他说：“我的直觉告诉我，不去。”（罗纳德·里根，《里根日记》，1985年3月11日，哈珀柯林斯出版社，2007年，p.307）

2 并不清楚撒切尔夫人为什么写下这么一篇叙述文字。其中没有多少政治分析，从头到尾没有她与戈尔巴乔夫的实质性会谈内容。她很可能打算记录下整个旅行过程，但到头来没有时间完成。

撒切尔夫人一行抵达莫斯科后，一个车队来迎接他们："他们请我坐一辆非常大的汽车，大使（伊恩·萨瑟兰爵士）上车坐在我旁边，我向他做了个手势，用手在空中画了个圈，意思是：在这车里有可能受到窃听吗？他点了点头，于是我们的交谈十分谨慎！"让撒切尔夫人感到奇怪的是，沿途商店灯光昏暗，街道污秽遍地。他们抵达大使官邸后，好心的首相向职员们赠送了"大量新鲜蔬菜、水果、英国奶酪，这正是他们最想要的"。她对大使官邸的建筑和奢华装饰感到惊讶——"那是一所华丽的房子，是个靠通婚成为贵族的男爵为新娘建造的房子"。③

在第二天的葬礼上（"葬礼是会见政府领导人的重要场合"），她献了一个花圈，然后会见契尔年科的家人：

> 有些家人在哭泣，所有人都深陷悲伤。这对他们的确是个可怕的考验。契尔年科夫人是个慈祥的好女人。我与她握手，她指着旁边正在哭泣的人们，用英语说"她妹妹"，然后说"女儿们"。尽管共产党国家的领导人不同情持不同政见者，却有家人为他伤心。④

接着，她像往常一样关注自己的尊严仪表，在倾听悼词和葬礼行列经过时默然肃立。按照她的翻译托尼·毕晓普的话说，撒切尔夫人"在苏联电视观众眼中得到了英雄般的地位，在葬礼仪式缓缓进行中……她冒着零下12度的气温，毫不畏缩地庄严肃立在红场上"。⑤她自己写道：天气寒冷得"感觉刺痛。我没有暖和的毛皮衣服，也没有毛皮衬里的长筒靴。我衣袋里装着几个蓄热包，对我有所帮助"。她记起参加安德罗波夫的葬礼时，曾见到甘地夫人，"唉，我们谁也没料到，她不久后竟遇刺身亡"。⑥[1]

葬礼上，最让撒切尔夫人着迷的是士兵："非常英俊的年轻人，头戴灰色毛皮帽，身穿剪裁得体的灰色大衣，戴着白色手套，脚上穿着黑色长筒靴。他们列队肃立，纹丝不动。"虽然她赞赏葬礼秩序，却注意到缺少了一种元素：

---

1 撒切尔夫人也许在对比甘地夫人与她自己的命运。甘地夫人于1984年10月31日遇刺身亡，而她自己同一个月在布莱顿市遭遇爆炸，幸免于难。

> 我头一回参加共产党人的葬礼时（铁托的葬礼），为没有任何形式的宗教元素深感吃惊。当然人们凭知识懂得，那只是最终的政治仪式，但仪式不能让人感到安慰，只是个形式而已。契尔年科的葬礼给人的感觉，就像完成一个流水线的程序。[⑦]

撒切尔夫人接着写道："开始致悼词了。戈尔巴乔夫先生的声音充满魅力，与一年前契尔年科在安德罗波夫葬礼上缓慢含混的语调截然不同。"葬礼过后，"气氛骤然变化，乐队高奏进行曲，士兵列队通过，所有士兵正步走（让人联想到纳粹，让我们讨厌，但他们仍然采用），每一列的士兵身高都完全一样"。

接下来，宾客来到圣乔治大厦参加招待会。撒切尔夫人深受触动：

> 圣乔治大厦漂亮得令人难以相信，让人感觉崇高。随着长长的队伍走进大厦，只见极为豪华的一盏盏枝形大吊灯上，千百个蜡烛形状的电灯泡射出光芒，把大厦内照得雪亮。没发现一盏不亮的灯泡，每一盏灯都放射出光芒！人流缓缓登上长长的楼梯，在上楼梯时经过相当精彩的一幅油画，上面画着列宁在青年代表大会上演讲。

幸运的是，撒切尔夫人没有很多时间考虑列宁，因为礼宾官员走上前来说："女士优先。来，撒切尔夫人，我们请您到前面来。"菲律宾的伊梅尔达·马科斯也受到同样的优待，"我们'插队'首先进入圣乔治大厅，心里稍感愧疚，因为我们英国人不喜欢插队。我们与接待方、戈尔巴乔夫先生、总理、葛罗米柯一一握手"。[⑧]在这个场合，她没有与戈尔巴乔夫交谈，只是礼节性地致哀并道贺。这天晚上，她会再次见到他的。

他们单独会面的预定时间是 15 分钟，结果持续了将近一个小时。查尔斯·鲍威尔为她准备的讲稿试图反驳苏联人的看法：自从在首相别墅会面后，她坚定了对战略防御计划的支持。鲍威尔写的讲稿上有这样的句子："我在首相别墅曾对你说，那是他（里根）的一个梦，但是就像所有的梦一样，谁也不知道能否实现。"[⑨]她应该强调里根将战略防御计划作为"东西双方”核武器的替代物，并在《反弹道导弹条约》框架下谈判部署问题。[1]在这份文件上，撒切尔夫人批注：“新形势教会我们承担新责任。”这是引用她最喜爱的詹姆斯·拉塞尔·洛威尔写的赞美诗，这首赞美诗是这样开头的：“一旦一个人和一个国家到了选择从善或作恶的决定时刻……”

果然不出所料，会见一开始，戈尔巴乔夫就提出了战略防御计划问题，对核武器运送到外太空会导致的“极大危险”提出抗议。这是个无意义的指控，因为战略防御计划并不打算运送武器到外太空。但是，撒切尔夫人渴望表明自己的枢纽作用，没在意这个错误，她解释说，在戴维营达成的协议改变了局面；那是“第一次让美国人公开接受，部署任何武器都需要谈判”。⑩两位领导人强调了未来进行个人对话的重要性。撒切尔夫人说：“假如戈尔巴乔夫先生希望发给我信息，我将非常乐意接受。”戈尔巴乔夫对此表示认可，表示说：“我与首相讨论的大方向……让我感到喜欢。”⑪他想要“扩大对话范围”。托尼·毕晓普记录道：“葛罗米柯插话说，也许对话最好以交换信息的方式进行，戈尔巴乔夫针对性地接着说……与首相讨论让他深受触动……‘我们必须继续会面，相互讨论，交流看法。’”⑫

撒切尔夫人露出自己最迷人的神态。苏联翻译苏霍德雷夫向戈尔巴乔夫的助手阿纳托利·契尔尼亚夫提交了自己的记录：

> （她）对他使出了全部魅力，让他着迷，让他陶醉，他也以同样的方式响应。这显然是她“搞政治”的手段，在米哈伊尔（戈尔巴乔夫）帮助下，她想要在世界事务上挫败科尔和密特朗，甚至里根本人。她特别喜欢用自己女人的伎俩与戈尔巴乔夫做游戏。⑬

作为对撒切尔夫人手段和心态的分析，这个说法算是有点领悟力，但是，不论她如何运用自己的个人魅力，她肯定不愚蠢，不会在任何问题上抛开美国。会见戈尔巴乔夫前，她见过代表美国参加葬礼的副总统乔治·布什，协调双方的对苏策略。布什私下对她说，他要向戈尔巴乔夫递

1 其实，部署战略防御计划需要就《反弹道导弹条约》进行一些谈判（尽管并不是完全废除这个条约）。

交一封里根的信，建议两人会晤，这是里根入主白宫以来第一次提出举行正式峰会的建议。乔治·舒尔茨当时在场，对她说，关注戈尔巴乔夫是由她最先发起的。他还建议说，戈尔巴乔夫在会见时向她提出战略防御计划问题，她应当强调在戴维营达成的四点协议："这是个坚实的基础"。⑭她曾向美国方面介绍了对戈尔巴乔夫的看法。她说过："他是那个制度的产物……他很可能会走安德罗波夫的老路，试图让现存的制度运作得更好。"不过她补充说，他支配着政治局："他有能力，有个性，有意志。"⑮

毫无疑问，她在英美关系方面以及在盟国获得广泛声誉方面，戈尔巴乔夫担任苏联领导人对她帮助极大。查尔斯·鲍威尔相信："理解撒切尔夫人和戈尔巴乔夫的关键在于，她感到自己很早以前便为他做了大笔投入。她就像个避险基金的经理。她决定购买戈尔巴乔夫股份，从中获益。她非常渴望让他继续发展。"⑯戈尔巴乔夫似乎也有同样的热心。两个月后，萨瑟兰大使报告了他与戈尔巴乔夫办公室一位官员的交谈内容："撒切尔夫人让戈尔巴乔夫深受触动。他不断地谈起她。虽然英国和苏联的差异的确造成许多困难……但这是个人关系可以左右历史进程的一个实例。"⑰

然而，撒切尔夫人从莫斯科返回后，由于她的显著地位，要维持这种个人关系并非易事。虽然东西方情绪有所改善，但是在核武器谈判中英国并不直接扮演角色。苏联人保持着高度怀疑态度，美国人则迟疑不决。包括英国在内的西方强国都没有与苏联集团联系的好渠道。[1]

苏联人意识到，他们与伦敦的关系远比与华盛顿的关系密切。在这方面，撒切尔夫人的感染力起到了重要作用。但对她而言，这有一个危险，她要么试图运用自己并不真正拥有的巨大影响力，结果至少会激怒两个强

1 凡是从莫斯科发来的信息都会受到研究，这种情况可以从对一个细节的反应中看出。戈尔巴乔夫夫人在访问首相别墅七个多月后寄给农业大臣迈克尔·乔普林一封信，故意用滑稽口吻写道："尊敬的乔普林先生：在首相别墅时，我对你说，在白俄罗斯我们有300种土豆烹饪方法……我该为当时的说法不精确向你道歉，其实烹饪土豆的方法有500种之多，而不是300种。"戈尔巴乔夫夫人随信附上一本菜谱。查尔斯·鲍威尔将这封信送交给撒切尔夫人，说："新风格的迷人证据！"［赖莎·戈尔巴乔夫致函乔普林，1985年7月19日，首相文件，苏联，英苏关系，第4部分（在内阁办公室查阅的文件）］

国中的一个，要么不能发展自身的实力。毕竟，她如果成功说服里根应对苏联，按照逻辑，英国就成为多余：起到介绍作用后，双方便会请撒切尔夫人离开。虽然撒切尔夫人公开宣扬自己是个“有坚定信念的政治家”，但她对苏联的方针以及她展现自己能力在说服华盛顿时扮演的角色，在理论上蔑视了外交方面的规则。这些都将在未来几个月中经受考验。

她与自己的外交大臣发生意见分歧对她可不是件好事。从莫斯科返回途中，查尔斯·鲍威尔审读杰弗里·豪准备在皇家三军联合研究所发表的演讲稿。鲍威尔的任务是审查后代表唐宁街10号批准该文件，但是他说：“我十分惭愧，看了两页就睡着了，后面的内容再也没有读。”⑱他向杰弗里·豪发信称，首相已经“过目并批准”了这个讲稿。这对鲍威尔十分不幸，因为讲稿的内容其实谁也没有过目。杰弗里·豪决定抨击战略防御计划。

也许因为杰弗里·豪对撒切尔夫人往往忽视他而感到恼火，他警告说，即使战略防御计划如预想的一样能拦截所有弹道导弹，也不能应付其他种类的核武器。杰弗里·豪的讲话中让人难忘的一个说法是：“建造一道21世纪的新马其诺防线[1]并无优势可言，因为很可能让相对简单而且可证明更为廉价的对策从侧翼挫败。”⑲杰弗里·豪的观点并不完全与撒切尔夫人的看法相左，但是在戴维营四点协议达成之后，他决定公开这样表达“就等于对她与总统达成的交易搞了个釜底抽薪”。⑳美国人自然对英国人是否真诚产生了怀疑。理查德·珀尔出席在伦敦那次大会时感到怒不可遏。他回忆道：“这是偷偷摸摸搞破坏……不但不正当，甚至是怯懦的表现，让我深感震惊。”㉑珀尔没有与华盛顿联系便修改了自己在大会上的讲稿，补充了一句著名的抨击，称杰弗里爵士讲话“证明了一个几何学的古老定理：长度不能取代深度”。㉒

撒切尔夫人对杰弗里·豪大为光火，还严厉斥责查尔斯·鲍威尔，鲍威尔一时觉得自己要遭解雇。㉓《泰晤士报》的编辑查尔斯·道格拉斯霍姆和撰稿人戴维·哈特了解撒切尔夫人的想法，将杰弗里·豪的作为描述为“拐弯抹角，混淆概念，态度消极，一知半解，活像强烈反对机械化的勒德分

---

1 马其诺防线是20世纪30年代法国抵御德国的手段，后来证明毫无用处，因为希特勒于1940年绕过这道工事从比利时攻入法国。

子”。这份报纸接着评论说，那番讲话对苏联人大有帮助，简直可以描述为“戈尔巴乔夫做的修改”。㉔撒切尔夫人在致函里根通报契尔年科葬礼情况时，在末尾补充了一个段落：“随着谈判的进程，我盼望与你保持最紧密的接触。我向你保证，我们将继续支持你。不论你听到或读到什么内容，我们的立场并无改变。”㉕她亲笔在“不论”和“并无”两个字眼下面画了横线，向美国人清楚表明自己的立场。㉖里根便在记者会上说，虽然他为杰弗里·豪的讲话感到吃惊，但“我确实知道，撒切尔首相支持我们，因此英国政府支持我们战略防御计划的研究”。㉗这场风波造成的损害很小，而且有助于再次澄清：英国政策的制定者和执行者是撒切尔夫人本人，而不是她的任何一位大臣。因此，这事没有让她在华盛顿的盟友中受到伤害。

在继续追求与苏联人对话的过程中，撒切尔夫人遇到的极大困难不是来自本国政府，而是美国政府。有些人担心里根动作太快，给他施加压力，他在与戈尔巴乔夫举行峰会方面，表现得仿佛要放慢步伐。他对舒尔茨说，11 月份举行峰会在任何地方会晤好像都显得有点早。1985 年 6 月，在俄裔美国石油商人阿曼德·哈默敦促下，他要在莫斯科与戈尔巴乔夫“面对面”会晤。里根在日记中写道：“他（哈默）深信‘戈尔比’（戈尔巴乔夫的昵称）是个与以往苏联领导人不同类型的人，也是个我们可以与之相处的人。可我对此持怀疑态度。”㉘然而毋庸置疑，里根的确一直想要举行这次会晤。撒切尔夫人的角色是推动他朝自己追求的方向迈出一步，帮助他缓和与保守派支持者之间的立场。亨利·基辛格说：“里根决心与苏联领导人会晤，撒切尔夫人的看法给了他道德上的力量，并鼓励他进行这次会晤。舒尔茨无疑也想看到这样一次会晤。所以，我们不能说，是她将辩论的调门从‘反对’改变成了‘赞同’。但是，在钟摆连续摆动中，她在一次摆动时推动他向会晤靠拢。”㉙ 7 月 3 日，里根与戈尔巴乔夫将于 11 月在日内瓦会晤的消息公布了。

与此同时，戈尔巴乔夫渴望接受撒切尔夫人的公开邀请，给她写了回信。1985 年 5 月 7 日是欧洲胜利 40 周年纪念日，戈尔巴乔夫致函撒切尔夫人，回顾了他的祖国为反对“法西斯暴行”做出的“巨大努力”。他写道：“苏联人民对勇敢的英国人民心怀敬意，因为英国人民为取得这一胜利做出了很大贡献。”㉚他接着写道，如今有必要在“防止太空军事化”（苏联对战略防御计划的称谓）方面制止新的战争，“苏联准备好与反希特勒联盟的前盟国英国合作，实现这个崇高的目标”。当然，撒切尔夫人不难看出，这是用华丽辞藻挑拨离间，也很容易抵制其目的，不过这个信息也证明，要在这一领域牵头与戈尔巴乔夫接触，具有内在的危险性。在追求和平的先锋与“受利用的白痴”之间，只有细微的差别。

不过，戈尔巴乔夫发来信息时，撒切尔夫人对战略防御计划日益热心，因此他的信息丝毫也不能抵消她的热情。美国人为讨她喜欢，向她介绍该计划的科学设计内容，这一策略奏效了。他们还向她提出，英国公司可以在需要时承包部分研究项目，这一策略也奏效了。她在1月份与亚伯拉罕森将军的首次会谈十分成功。7月下旬，她再次访问华盛顿，但没有见到里根，因为他做了第二次癌症手术，正在康复中。人们便感到，他的支配能力在减弱。在她出访前夕，英国大使奥利弗·赖特爵士向她报告说：“总统受大众欢迎，他态度优雅地避开一些责任，然而人们普遍认可他作为国家元首的角色，但是他作为政府领导人却无法实施自己的政策——这一切不一致得令人奇怪。”㉛撒切尔夫人在后半句下面画了一道横线。他拜访布什副总统时，通过电话与里根交谈。事后，她对媒体说：“他的声音听上去十分有力，非常强健有力。”㉜[1]但双方的交易却需要在别的地方做。

她见到了亚伯拉罕森和卡斯帕·温伯格。与亚伯拉罕森的会见是一次“高度保密”的情况介绍，效果却是让撒切尔夫人感到激动。亚伯拉罕森回忆起来感到愉快：

> 撒切尔夫人在我们会见时做出的反应既有理解，也感到极大的好奇，她一开始就想知道战略防御计划的走向和进展速

---

1 查尔斯·鲍威尔私下报告说：“首相评论说，里根的声音听上去十分坚定，显然精神很好。里根夫人也接听了电话，她的声音显得忧心忡忡，感觉心理负担沉重。”布什证实了这个说法：“总统夫人让总统感到担忧。她总是唠唠叨叨，怀疑总统的恶性肿瘤是不是真的除掉了。她还认为，总统的工作人员没有必要给他施加压力，敦促他回去工作。”［鲍威尔致函阿普尔亚德，1985年7月29日，首相文件，美国：首相1985年7月23—26日访问美国（在内阁办公室查阅的文件）］

度。当然，她也有些疑惑。但她让人感到愉快。她提出一些很好的问题，范围从威慑基础到如何实现等。她很喜欢关于如何实现的这部分。在介绍结束时，她说："我想要你为我们计划每年会见至少三次。我想了解这事。"㉝

温伯格和亚伯拉罕森当然非常乐于从命。他们看得出，这非常有帮助：

她建立起一个我们每次会见的模式。她传出话去，说我要带中央情报局的一个人来，这就是我们的全部情况介绍团队了，而且她从不邀请国防部的人（或政府其他部门的人）。你可以想象出，后来我成了这里最受欢迎的人。她是故意造成这个效果的。她从来没有直说，但显然她非常熟悉自己政府的官僚机构。㉞

她自己的官僚机构虽然不乐意，却只能同意。外交部的约翰·韦斯顿写道：

美国人感觉到在我们的体制中有各种不同的态度。于是，他们决定，采取的方法是绕过外交与联邦事务部的障碍，直接找她。他们觉得，如果能让亚伯拉罕森（一个灿烂迷人的男人）与撒切尔夫人和谐相处，就能把所有那些材料都塞给她，直到再也塞不下为止。㉟

撒切尔夫人自己觉得，那些情况介绍让她像美国人一样得到了更多的背景知识，获得了更多力量。亚伯拉罕森回忆道："她想要理解它，还要塑造它。我绝对珍视她提供的看法，对此，总统也同样重视。我经常见到总统，往往利用这些场合说'……是撒切尔夫人提出这些论点的'，他就会说：'嗯，有意思。'"㊱撒切尔夫人从来对自己在牛津取得的科学学位感到自豪，也许她往往夸大了自己对学术性的把握，也夸大了自己在塑造这个项目上的影响。这肯定对里根和他的同僚们有利，对她提出的某些想法，他们即使不赞同，也往往表示："哇，那可真有趣。"拉她加入变得容易了。但亚伯拉罕森所做的对话只是一部分努力，他们在更广阔的范围和过程中利用撒切尔夫人的信赖和知识，使她获得了超越非美国公民的更多政治影响力。

撒切尔夫人访问华盛顿与温伯格会晤时，这位国防部长向她通报说，在战略防御研究计划中，“一道道障碍都已攻克”。[37]在英国可以参与的研究工作方面，有一个研究领域的列表。也许她对自己与温伯格的关系和双方相互的崇拜感到放心，便采用了一种几乎有些专横的口吻，说：“你可不能用几个无关紧要的小合同搪塞英国人……应该明确，与其他国家相比，英国属于不同类别。”温伯格冷淡地回答道：“国会有些人或许不知情，未能认识到这一点。”首相说，这就该由政府告诉他们了。[38][1]温伯格还对峰会谨慎表达出担忧。他说，苏联人提出，以减少进攻性战略武器作回报，要求美国将战略防御研究局限于陆基反弹道导弹体系。这将是极为不利的，他担心国会接受。他对撒切尔夫人说，他认为里根和戈尔巴乔夫举行的峰会不可能产生大的进展，只不过是“一次‘探索性’会晤”。撒切尔夫人认为那将是不适当的。目前谈判中遭遇的问题“使峰会取得成功变得更加重要，可以给谈判提供新鲜动力”。[39]

撒切尔夫人此次访问华盛顿的正式目的是参加国际民主联盟的会议，国际民主联盟是她和里根创建的，目的是“聚集世界不同地区的保守党派，并与欧洲民主联盟抗衡，因为欧洲民主联盟的成员大多数是基督教社会主义党的党员，在她看来并不是真正的保守派”。[40]她利用在会议上公开发言的机会警告说，峰会准备过程可能出错：

> 撒切尔夫人说，里根先生和戈尔巴乔夫先生将于11月在日内瓦会晤，她声称，今年秋天“我们的人民将得到一种诱人的未来景象”。那么美国是不是要放弃里根总统的战略防御计划……法国和英国是不是要放弃他们的核威慑？首相誓言：“我们不会放弃！”激起观众最响亮的掌声。[41]

---

1 尽管撒切尔夫人提出过警告，但截至1990年，英国在战略防御研究的承包项目总额只有8190万美元，在数十亿美元的大蛋糕上，这是个微不足道的份额。（引用斯坦利·奥尔曼，《信仰上帝：核武器时代的稳定》爱思唯尔出版公司，1991年，p. 96）

在1985年的大部分时间里，尤其是确定于11月举行日内瓦峰会后，撒切尔夫人认为自己的任务是继续与苏联接触。夏天，这些努力面临着迄今最严峻的考验，因为撒切尔夫人卷入了她任职以来最严重的间谍对抗。4月底，奥列格·戈德尔维斯基被任命为驻伦敦的克格勃领导，但5月16日他突然被召回莫斯科，表面上的目的是向高层做情况介绍，但实际上因怀疑他是英国间谍受审。[1]尽管受到克格勃审讯，还对他使用了多种药物，但戈德尔维斯基始终没有承认，后来让他休假（克格勃对他密切监视）。英国情报部门意识到，这是唯一的机会。幸亏有精心准备的计划，他从克格勃的看守下逃脱，"溜过"芬兰边境，不过没有带出妻子和子女。他于1985年7月22日抵达希思罗机场。此后，他做了两个月的事后情况说明。苏联人并没有马上得知他背叛的消息，克格勃怀疑他自杀身亡了。㊷在8月15日，英国向莫斯科正式通报：戈德尔维斯基叛变，但没有公开宣布，希望苏联官方能允许他妻子和子女与他团聚。克格勃按这种情况的惯例，拒绝了英国的要求。

截至当时，撒切尔夫人与戈尔巴乔夫在这个问题上根本没有联系过。但是到了8月下旬，撒切尔夫人在继续租用的肯特郡斯科特尼城堡公寓房度假时，苏联临时代办向她通报称，戈尔巴乔夫有一封给她的"紧急个人信函"，他想要亲自递交。㊸背景情况让这个事件的严重性加剧了。戈德尔维斯基在英国，戈尔巴乔夫希望传递什么"紧急个人"函件？撒切尔夫人说她愿意会见这位临时代办，按照惯例，她收到戈尔巴乔夫信件的预发件。她很快便发现，这封信函的内容既不紧急，也不是特别给她个人看的。这封信的目的与他在欧洲胜利日发的信一样：在伦敦与华盛顿之间挑拨离间。这次的内容是与戈尔巴乔夫最近呼吁暂停核试验有关。他寻求美国做出积极的相应，现在请求撒切尔夫人帮助。㊹她没有就戈尔巴乔夫的信做答，她了解到英国驻莫斯科大使得知戈尔巴乔夫要召见他，便准备接见这位临时

1 迄今仍不清楚是什么激起了莫斯科的怀疑。有人认为最先出卖戈德尔维斯基的是苏联安插在中央情报局的间谍奥尔德里奇·埃姆斯。不过，戈德尔维斯基坚持认为，揭穿他的是"英国情报圈以外一个尚未识别的渠道"。（克里斯托弗·安德鲁，《捍卫王国：军情五处正史》，艾伦莱恩出版社，2009年，p. 726）

代办。英国人开始意识到，这些花招是拖延时间的组合计划，为的是让英国政府感到不安和迷惑，而苏联人则策划应付戈德尔维斯基背叛事件。英国大使布赖恩·卡特利奇等待预先通知过的召见，但等了好几天都没有音讯。㊺

包括卡特利奇在内的英国外交人员觉得，戈德尔维斯基让人分心也让人恼火，但撒切尔夫人对他的重要性深信不疑，决心为他的利益着想。当时任秘密情报处处长的克里斯托弗·柯温说，“首相有个间谍，能告诉她苏联人下一步要怎么做，这几乎是独一无二的情况”，㊻撒切尔夫人因此也重视戈德尔维斯基，亲自下令协助戈德尔维斯基出逃，而不是按惯例由外交大臣安排这种事。尽管知道这会给她与戈尔巴乔夫的关系造成困难，但她毫不犹豫同意了逃离计划。当时任柯温副手的柯林·麦科尔回忆道：“我们丝毫没想过撒切尔夫人会制止我们。”㊼ 8月份，戈德尔维斯基在英格兰南部一个情报站做事后情况说明，他情绪十分低落时，收到了撒切尔夫人写给他的一封信，要他振作起来，对妻子儿女返回自己身边不要放弃希望。㊽在她后来几次与戈尔巴乔夫会面时，她总是积极请求释放戈德尔维斯基的家人，她还在会见里根时不断鼓动他提出同样的要求。[1]她8月份写给戈德尔维斯基的信中对他说：“你知道我们对付的是什么样的人。”㊾他对此十分感动，这封信向他证明，她对戈尔巴乔夫不再抱乐观态度。

9月初，政府准备公开宣布戈德尔维斯基叛逃，同时计划驱逐已知为间谍的所有苏联官员，仅留下克格勃的安全官员。[2]被驱逐的苏联官员一共有25位。等到需要撒切尔夫人批准这项计划时，她正在巴尔莫勒尔陪着女王。出于保密原因，不可能使用电话，于是查尔斯·鲍威尔只好飞往苏格兰，闯进撒切尔夫人在皇家胜地的休息处。鲍威尔回忆说：“我驱车到巴尔莫勒尔，跟侍从武官争论了约一个钟头，最后才得到允许走进去，来到撒切尔夫人休息的茅屋，[3]得到她的授权，然后出发返回伦敦。”㊿在执行这

1 撒切尔夫人离职将近一年后，1991年9月，戈德尔维斯基的家人终于得到允许离开俄国赴英国。

2 大多数人认为，这个情报直接来自戈德尔维斯基，但他坚称，秘密情报处已经了解克格勃特工的身份。他说：“由于我逃走后政治局势的变化，他们用我做了个借口。”（奥列格·戈德尔维斯基访谈）

3 是这个领地上的一座小房子。

项计划前，罗伯特·阿姆斯特朗提醒撒切尔夫人说，与苏联的关系必将因驱逐人员而恶化，但是，“假如反应不太激烈，则既不正确，又令人无法理解”。[51]他说，戈德尔维斯基叛逃“对我们安全和情报部门将是一次极好的反制机会”。第二天，戈德尔维斯基叛逃的消息公开宣布了（不过他本人在英国并没有露面）。苏联媒体没有提到叛逃的事，不过报道了驱逐间谍的消息。阿姆斯特朗预料得没错，苏联立刻做出了回击，从莫斯科驱逐了 25 名英国国籍的人士，这些人并不全是情报官员。1985 年 9 月 15 日，撒切尔夫人会见杰弗里·豪和新内政大臣道格拉斯·赫德，为下一步做决定。杰弗里·豪请求她仅仅再驱逐四名苏联人，但撒切尔夫人认为“再驱逐四个人，这个行动本身并不能构成恰当的反应”，[52]决定再驱逐六个人，莫斯科也再次做出反应，驱逐了数目相同的英国人。外交部建议她为新任命的苏联总理发一封祝贺函，她拒绝了，因为“在目前的关系背景下，发这样的信息不合时宜”。[53]

很多人担心，因戈德尔维斯基发生的争执会让撒切尔夫人降低与戈尔巴乔夫“打交道”的能力。布赖恩·卡特利奇从莫斯科发了一封信函，他自述这封信的内容“有点悲观”。他说，两国关系现在可以超越“政治界限”，还引述了苏联中央委员会一位成员的话抱怨说：“你们首相以为可以像对待阿根廷一样对付我们。”[54]撒切尔夫人本人意识到了这个问题。戈德尔维斯基认为，她表现出良好的“平衡”感，尽管她想与戈尔巴乔夫接触，但为了他的倒戈，她愿意“将一切都搁置起来”。[55]不过，尽管此事让两国的关系变得冷淡，还让她与戈尔巴乔夫发生争斗，但是也提高了她的声望，突出了英国在冷战过程中的地位。[56]约翰·斯卡利特说，这有助于证实人们的一种看法，认为撒切尔夫人是“我们的一张王牌，是美国以外著名的西方国家领导人”。[57]戈德尔维斯基叛逃特别让美国人感到激动。日后戈德尔维斯基写道，这事公布后仅仅第四天，“美国中央情报局资深领导人比尔·凯西就乘直升机来到情报站，因为他要就 11 月在日内瓦与戈尔巴乔夫举行峰会向里根总统作情况介绍”。[58]凯西仔细对他的提问和戈德尔维斯基的回答录了音，最重要的一些问题涉及战略防御计划。戈德尔维斯基向凯西透露说，苏联人绝对不会同意讨论这个技术，因为他们会视为一个诡计。他补充说，假如美国人放弃战略防御计划，将会赢得苏联人在军备控制方面做出重大让步。凯西说，这是根本不可能的，因为战略防御计划是“总统的宠儿”。戈德尔维斯基说：“好吧……我认为从长远看，战略防御计划能摧毁苏联的领导层。”[59]

撒切尔夫人给里根总统发出一封长信，时间选择在公布戈德尔维斯基叛变的 1985 年 9 月 12 日。据推测，她选择这个时机的意图是表明，“接触”仍然在进行中。信中提到峰会的准备阶段，她担心戈尔巴乔夫有可能在峰会中占上风：

> 你我都预料到，从戈尔巴乔夫的表现看，他是个机敏的行动者。他正在不惜一切代价熟练玩弄西方舆论……只有揭穿他无法永远掩盖的傲慢态度，才能破坏他的表演。当然，他的目的是为欧洲反对美国定下舆论基调，让人觉得苏联充满了新颖想法，非常积极主动，而美国既笨拙又缺乏想象力。[60]

她表示，抵御戈尔巴乔夫的进攻是重要的，但更重要的是，“你与戈尔巴乔夫会谈一开始，你就提出自己诱人的提议”。她盼望日内瓦会谈成为一次实质性的会谈。“现在的事态发展让我感到不安，因为你将这次会谈视作‘相互了解的场合’……”[61]

对这次会谈，撒切尔夫人主要关心的是军备控制问题。她模仿内阁大臣提出引导会议走向建议时的官腔，建议里根：“你一定要当面向他（戈尔巴乔夫）解释战略防御计划的基本原理”，她敦促里根在阐述时要基于戴维营达成的四点协议。她从未向总统建议过放弃战略防御计划，但她却建议限制这一计划的自由，以此为诱饵吸引苏联人做出让步。这样可以奠定一个详细谈判的基础。她还以自己的经验指出，与戈尔巴乔夫谈话在什么情况下可能出错：

> 我们发现，他常常做出的反应是抨击西方生活中所谓的阴暗面，这很容易导致就两种政治制度的本质发生争执，另外是在应对具体指控方面。根据我的经验，就这两种情况发生争执都不可能得出任何结果，苏联人的举止也不会因此变得好些。我发现，最佳策略是向戈尔巴乔夫阐述两个平行的信念：
>
> 我们西方人无意破坏苏联政体……

> 不过，苏联的人权问题却是我们的责任：这不仅是因为东西方在赫尔辛基都做出过承诺，[1]而且因为一个国家内部的正义问题很有可能对外国的稳定和责任行为产生影响。[62]

信函结尾，她努力灌输一种紧迫感：

> 我深信，在你们会谈前我们必须阻止戈尔巴乔夫的乐队花车跑得太快，为此要清楚表明，美国对于在日内瓦取得最大程度的进展是认真严肃的；而且我们必须为这次会议的内容本身设定明确的目标，让大西洋两岸的我们两国人民都能认同。[63]

撒切尔夫人未得到里根的请求便在这封信函中向总统写了如此具体的看法和忠告，这件事本身就十分独特。其他盟国领导人通常只有在得到请求时才会提建议，而且不会如此详细。这些信件是她对里根怀有信心的证据，也证明两人关系亲密无间。官员们回忆说，里根从来都完整阅读她的信函，而不是像应对其他信函那样看秘书写的摘要。[64]里根对这封信迅速写了热情的回信。“你的看法一如既往地抓住了眼下的挑战与机会，而且表达出这些会议该如何设定通往长期稳定的路线。”[65]他维持了自己对战略防御计划的决心：“我不能也不会危害这一研究项目，这个项目对整个人类意味深长。”他接受了撒切尔夫人关于处理人权问题的观点，并赞成她在峰会上取得真正进展的愿望，赞成她关于有能力“就具体问题做出决议”[66]的看法。

里根随后构思出他的日内瓦战略，粗略手写出来。现存文件显示，他采纳了撒切尔夫人的大部分论点。他写道，戈尔巴乔夫的“主要目标将继续是割断我们与欧洲朋友的关系。这意味着要将我们视为对和平的威

1《赫尔辛基最终议定书》(1975年) 作为回报苏联对尊重苏联集团内部人权的承诺，承认了苏联对东欧的统治。当时，撒切尔夫人对这一交易感到怀疑，但她现在打算要苏联履行在交易中的义务（参见第一卷第12章）。

胁”。[67]他接收到她在电话中就实质性问题提出的意见：“有人认为，假如我们把在文化交流、我们想要设立的领事馆、渔业和贸易等问题上达成协议就算是这次峰会的成功，那我们就是在装饰橱窗；[68]主要的议题应当是军备控制、地区冲突、双方普遍的猜疑和敌意。”

里根在一封单独的信中向撒切尔夫人道贺，祝贺她在戈德尔维斯基问题上的做法。“我崇拜你上周采取的强有力行动……”他还赞同她的看法，认为需要以“我们建立与苏联建设性关系的愿望”来平衡“不宽容苏联在国际上的敌意行动”。[69]

如今，距离具有开创意义的日内瓦峰会只剩下一个月了，撒切尔夫人与里根的关系始终富有成效。与此同时，她先前与戈尔巴乔夫关系中的困难似乎已经烟消云散。这位苏联领导人选择 1985 年 10 月 13 日撒切尔夫人 60 岁诞辰这一天向她发函祝贺。他表示，在首相别墅和莫斯科所做的讨论均“采取了正确的政治基调”。他希望双方在那些会议上的相互谅解“继续有效”，为此“需要极大的努力、政治智慧和良好的愿望”。[70]撒切尔夫人为自己在这些艰难浅滩和激流中的导航感到相当喜悦。可以照常打交道了。

两天前，撒切尔夫人在向保守党大会做的年度演讲中，公开表达了自己的信心：“我们的愿望是看到实质性地裁减核武器，前提是平衡裁减，可查证。我知道，这将是里根总统与戈尔巴乔夫先生会谈时的目标。他前往日内瓦时，会得到我们的支持和良好祝愿。西方没有比他更勇敢的优秀战士了。”[71]虽然由于其他原因，她在国内遇到一些风浪，但她在国际外交的海洋上导航却十分自信。

与此同时，撒切尔夫人也在说服里根对苏联采取不同的方针。开始时，她采取与处理中东关系类似的谨慎手法。她在本能上亲以色列，但巴勒斯坦问题上缺乏进展让她感到不耐烦，感觉美国人需要推动一下。在这方面，她对约旦国王侯赛因[1]的崇敬对她产生了主要影响。侯赛因国王是与英国关

---

1 约旦国王侯赛因（1935—1999），毕业于英国哈罗公学和桑德赫斯特皇家陆军军官学校。1952—1999年为约旦国王。

系最密切的中东统治者。[1] 在她心目中，侯赛因是一位“勇敢的小国王”。㉒ 1985 年，她对他的支持戏剧性地短暂成形了。

撒切尔夫人于 1979 年就任首相时，对阿拉伯 – 以色列冲突的观点主要产生于两种相关的看法。第一种是她的强烈信念：犹太民族具有英雄气概，而且以色列亲西方，这一信念由于她在芬奇利选区与犹太人的联系而得到加强；第二种是她对恐怖主义的憎恨，因此她对亚西尔·阿拉法特[2] 领导的巴勒斯坦解放组织感到极度怀疑。

她与外交历史悠久的阿拉伯主义迅速发生了冲突。她的第一任外交大臣卡林顿勋爵使这一冲突具体化了，他公开宣称“她不代表我的观点”。㉓他从一开始就敦促她采取一些有利于巴勒斯坦人的行动，1979 年 8 月，还力劝她支持联合国安理会对巴勒斯坦自治的呼吁，建议她采取适度的语句表达支持。撒切尔夫人在外交部这个文件背面概略写下自己的方法。开始她写道：“请卡林顿勋爵自行处理此事，”但是她又写道，“但我对建议的行动路线仍然感到担忧。”㉔她接着写道：“我们投票的唯一决定因素应该是考虑巴勒斯坦是不是一个民族。假如由于美国或东德（往往是苏联在这一地区的代理人）作为或不作为……产油国立场发生变化，受到苏联直接或间接的控制，唯一真正坚持立场进行斗争的国家就是以色列。假如最终发生东西方战争，以色列将是我们的盟国……现在以色列的问题是贝京（以色列总理）。另外，有人真正彻底考虑过新的巴勒斯坦‘家园’问题吗？”

撒切尔夫人还意识到，美国除了涉及冷战的责任外，还承担着中东问题的安全负担。她因此对欧共体甚至英国外交干预感到怀疑。当时卡林顿勋爵推动欧洲对中东的政策，支持巴勒斯坦作为实体的存在，她写道：“我对这个路线感到非常不快。我认为，假如我们在谈判中承担主要角色，就需要为这一地区的安全承担主要责任。按照现状，我们预

1 撒切尔夫人还对侯赛因国王心存谢意，因为在马尔维纳斯群岛战争期间，他向她致函，表示“我们对你立场的全面支持”。[侯赛因致函撒切尔，1982年5月19日，（http://www.margaretthatcher.org/document/123328）]

2 亚西尔·阿拉法特（1929—2004），1968—2004年任巴勒斯坦解放组织主席。

料这在很大程度上要由美国人承担，而参加谈判的却是我们。这不成怪事了吗。”⑮

尽管撒切尔夫人表达了自己的担心，不过她尊重卡林顿和外交部在这一方面极其丰富的知识，自己缓缓顺从了他们的方向，但并不完全一致。政府文件显示，在她任首相最初六到七年中，她总是反对与巴勒斯坦解放组织的代表会面，但是最后却屈服了。早在 1980 年 6 月，欧洲理事会在威尼斯开会时，批准了一个呼吁巴勒斯坦人自治的声明，并承认以色列在安全边境内生存的权利，撒切尔夫人勉强表示同意。这一立场不言自明的逻辑是，应该与巴勒斯坦人的代表接触。但这种接触不与巴勒斯坦解放组织打交道是不可能的。在五年中，撒切尔夫人得到敦促，应该与这个组织“温和”的成员进行直接官方的甚至政治的接触。[1]

外交部十分幸运，由于撒切尔夫人厌恶恐怖主义，所以这两种接触都没有进行过。她上任时，对以色列总理梅纳赫姆·贝京[2]特别抱有偏见，还有他的利库德党继任人伊扎克·沙米尔[3]，因为在 1948 年以前英国对巴勒斯坦托管时期，这两个人参与过对英国部队的恐怖主义袭击。[4]她就

---

1 实际上，撒切尔夫人是会见亚西尔·阿拉法特的第一位高层英国政治家，但这是她的一个错误，而不是阿拉法特出了错。1980年5月，在铁托元帅的葬礼上，阿拉法特拍了她肩膀一下，她礼貌地与他握手，然后才意识到是什么人。她不喜欢阿拉法特，一个原因是这人从不刮干净胡子。（丹尼斯·沃尔特斯爵士访谈）她甚至喊道：“他就像个恐怖分子！”（卢斯勋爵访谈）

2 梅纳赫姆·贝京（1931—1992），出生在波兰。1943—1948年任伊尔根（秘密犹太复国主义军事组织）的指挥官；1948—1973年任自由党领袖；1973—1983年任利库德党领袖；1967—1970年任不管部部长；1977—1983年任以色列总理；1978年诺贝尔和平奖联合获奖人。（另一获奖人是安瓦尔·萨达特）

3 伊扎克·沙米尔（1915—2012），出生在波兰。1973年作为自由党成员当选以色列国会议员；1980年任外交部部长；1983—1992年任利库德党领袖；1983—1984年任以色列总理。1984年大选后，他与工党的西蒙·佩雷斯轮流担任外交部部长（1984—1986）和总理（1986—1992）。

4 贝京当时是伊尔根的指挥官，该组织于1946年对耶路撒冷的大卫王宾馆实施爆炸袭击，杀害了91人，其中许多是英国士兵。沙米尔策划了1944年对英国中东事务大臣莫因勋爵的暗杀以及1948年对联合国特使和大屠杀营救者贝纳多特伯爵的暗杀。

任首相的同一个月里，她在唐宁街会见了贝京。会见中，贝京攻击西方盟国让她感到烦乱气恼，他指责说，盟国“在战争末期未能……轰炸通往奥斯威辛集中营的铁路……以色列有一支勇敢的军队，必要时可以投入战斗”。⑯撒切尔夫人向埃及副总统穆巴拉克[1]描述说，她与贝京的会谈是她经历过的一次最困难的会谈。⑰按照首席私人秘书克莱夫·惠特莫尔的话说：“她恨贝京。”⑱ 1981 年，她与加拿大总理皮埃尔·特鲁多讨论时，她叙述犹太复国主义恐怖分子在 1940 年前后设陷阱诱杀两名英国士兵，叙述间竟放声痛哭。⑲

因而，在以色列政治方面，撒切尔夫人的做法与她对其他国家不同，她不支持比较右翼的政党，而青睐西蒙·佩雷斯[2]的工党。在贝京领导下，以色列于 1981 年轰炸伊拉克在奥西拉克的核反应堆，次年又入侵黎巴嫩，但她不愿持缓和态度。假如是佩雷斯的政府或其他友好国家面临严重安全威胁时采取行动，她很可能会表示支持。她喜欢与之对话的中东领导人是埃及总统穆巴拉克（于 1981 年在安瓦尔·萨达特遇刺后成为埃及总统）、沙特阿拉伯和阿曼等海湾国家的统治者，尤其是侯赛因国王。

在冷战或工会改革等核心政策领域，撒切尔夫人在一小批“非正规军”协助下向正统观点挑战。但在中东问题上，她却得不到这种协助。而她与犹太人的牢固联系让她具有深深的犹太情结，最显著的联系是内阁的基思·约瑟夫、她自己办公室的戴维·沃尔夫森，还有她的芬奇利选区。但这些联系渠道都不能提供持久而理智的政策性意见。像埃利·凯杜里等著名

1 胡斯尼·穆巴拉克（1928— ），1975—1981任埃及副总统；1981—1982任埃及总理；1981—2011年任埃及总统。2011年2月在开罗和埃及其他城市发生大规模群众抗议后下台。经过一系列审讯，穆巴拉克和他的几个儿子被判腐败罪获刑。

2 西蒙·佩雷斯（1923—2016），出生在波兰。1959—2007年为以色列国会议员；1969—1970年任移民吸收部部长；1970—1974年任交通运输部长；1974年任信息部长；1974—1977年任国防部长；1977—1992年和1995—1997年任工党领袖；1977年任代总理；1984—1986年和1995—1996年任总理；1986—1990年任副总理；1986—1988年和1992—1995年任外交部部长；1988—1990年任财政部长；2007—2014年任以色列总统；1994年获颁诺贝尔和平奖联合获奖人。（另外两位获奖人是亚西尔·阿拉法特和伊扎克·拉宾）

犹太学者偶尔发表一篇论文，由休 · 托马斯或伦纳德 · 夏皮罗寄来，由约瑟夫交给她，但远远不足以抵御官方的正统观点，尤其是她在 1982 年任命主要的阿拉伯主义者安东尼 · 帕森斯爵士担任了她的外交政策顾问。在中东问题上，撒切尔夫人得到或寻求的外部支持甚至少于北爱尔兰问题（参见第 10 章），在北爱尔兰问题上，她本能的立场也与官僚观念不同。按照戴维 · 沃尔夫森的看法，这是由于中东问题“不是个主要问题，人人都知道她的观点”：⑧⁰以色列的朋友们可以信赖撒切尔夫人。从她的感情上判断这是对的，但是，也许这样判断她的理智就不一定正确。[1]

撒切尔夫人处理中东关系的主要目的是帮助美国，必要时约束美国，警惕苏联，另外阿拉伯国家的市场可增进英国出口。这意味着可以温和地责备美国对以色列的态度不够严厉，但是在要求团结时也坚定地支持美国。比方说，按照埃及和以色列在戴维营签订的协议，[2] 需要一支多国部队（称作多国观察员部队）监督以色列在 1981 年从西奈半岛撤军。那并不是联合国主持的，因为《戴维营协议》惹恼了其他阿拉伯国家，但美国又不愿独自承担这份责任。美国请求英国参加那支部队，当时还没有请求其他欧洲国家，卡林顿勋爵称之为“最肮脏的把戏”。里根个人致函撒切尔夫人寻求她的帮助。英国驻华盛顿大使尼古拉斯 · 亨德森爵士在写给卡林顿的一封信中陈述了外交部的看法：“我们接受这项请求的困难，在于《戴维营协议》的作用，以及美国政府日益显得偏袒以色列，当我们希望与沙特阿拉伯交往并与阿拉法特交往时，这些困难尤其让人担忧。”⑧¹不过，撒切尔夫人与卡林顿不同，她无意跟阿拉法特交往。撒切尔夫人不欢迎里根的邀请，她要避免损害与阿拉伯国家的关系，因为这些国家是英国防御设备的好顾客。她唯恐英国军事义务扩展过度。

---

1 在她利用中东的非正式犹太关系方面，沃尔夫森只能回忆起一个事例。1982年，以色列政府有意任命埃利亚胡 · 兰金担任新的驻伦敦大使。兰金有个反英恐怖主义案底。撒切尔夫人派沃尔夫森去以色列拜访贝京，代表她非正式要求不派兰金来伦敦。沃尔夫森此行完成了任务。（沃尔夫森勋爵访谈）

2 这些协议是1978年在吉米 · 卡特总统斡旋下达成的，埃及和以色列同意了“土地换和平”方案，埃及承认以色列，以色列从1973年斋月战争中占领的埃及土地上撤出。

撒切尔夫人在黑潭市出席保守党年度大会时，内阁同僚就公共开支问题发生反叛，这时，里根的电话打到了开会的帝国饭店。他一再说“天哪，我妨碍你了”，以及“我要再次惹你讨厌了”等，恳求她派员参加多国观察员部队，这样，欧洲大陆国家、澳大利亚、加拿大也会响应。撒切尔夫人对他说，英国在所有情况下都打头阵是极不公平的。“我会见了（沙特阿拉伯）王太子法赫德，在唐宁街10号请他赴午宴时直截了当问他，这在阿拉伯世界中会产生什么影响……他认为影响是非常不利的……我不能冒险丢掉那里的生意。”[82]假如她同意，“法国便会把订单整个抢走，那我就失业了”。考虑到萨达特几天前遭暗杀，里根也许意识到，撒切尔夫人承受着很强的道德压力，不可能接受他的要求，便优雅地退却了。后来，撒切尔夫人还是同意了，因为法国和意大利也参与，英国向多国观察员部队提供了一个人数非常少的指挥部。让人吃惊的是，结果在很大程度上没有引起争议。撒切尔夫人对待里根政府的请求宁可答应，指望日后得到回报，而不是断然拒绝。

类似的动机支配了撒切尔夫人不愿参加更加危险的一种冒险。以色列于1982年6月入侵黎巴嫩以后，为了打击巴勒斯坦解放组织，他们包围了该组织在贝鲁特的总部，将全部人员劫持为人质。以色列最终被说服，允许巴勒斯坦解放组织在专门为此组建的新国际部队监督下撤离。这支简称作MNF的多国部队由美国牵头，得到法国和意大利的协助，但英国没有参与。但是，就在巴勒斯坦解放组织撤离后第二天，黎巴嫩当选总统贝希尔·杰马耶勒遇刺身亡，多国部队在黎巴嫩政府请求下返回。这一次，美国请求英国以小规模部队参与。撒切尔夫人又一次极不情愿，但她再次屈服了。在1983年，事态恶化了，虽然以色列最终同意撤军，但叙利亚部队却拒绝撤走。到了8月份，多国部队几乎被视作黎巴嫩政府军，受到亲叙利亚派系的火力攻击。厮杀形势恶化后，撒切尔夫人更加担心卷入得越来越深，在9月份访问华盛顿时将担心告诉了里根。10月23日，一枚巨大的汽车炸弹在贝鲁特的美国海军陆战队军营爆炸，炸死241名美方人员。同时对法国军营发动的袭击让58人丧生。两天后，美国入侵了格林纳达（参见第5章）。

美国自然想为爆炸搞报复，撒切尔夫人则不想这样做。英国代表团没有遭到爆炸袭击，但她恐怕难免有同样遭遇。她认为这一切都会助长两败俱伤毫无意义的争执。她对里根的特使肯尼思·达姆说：“多国部队此刻没有明确的目标。”[83]言外之意要撤回英国部队。由于入侵格林纳达，她还表现得特别神经质。乔治·舒尔茨会见杰弗里·豪讨论了这事，此后她致函里根：“乔治·舒尔茨明确表示，美方不准备为袭击美国海军陆战队做出轻率的报复性反应，我对此稍感安慰。我知道你采取任何行动前都会三思，免得危害和解进程，也免得对多国部队造成进一步危害。”[84]

由于格林纳达产生的尴尬，美国人被迫向撒切尔夫人请教，但并没有遵循她的忠告。为了“自卫”，里根签署命令，轰炸黎巴嫩阿卜杜拉酋长的兵营，这个兵营由伊朗革命卫队驻扎，也许是个恐怖分子的大本营。美国政府内部发生了争执，一时陷入混乱，他的命令没有得到执行，留给法国人独自去执行这次袭击。多国部队在不安中继续留在黎巴嫩。1984 年 2 月初，黎巴嫩政府崩溃，里根接受了助手们的意见，将海军陆战队部署在近海海面，让士兵们待在相对安全的美国军舰上。撒切尔夫人对他说，自己受够了：“我们在现场的人最近提出的看法是……我们的部队现在实际上不可能扮演有用的角色，发生伤亡的风险在急剧增加。”[85]她准备与美国协调撤军的时间，以免有人趁机“离间我们”，不过仅此而已。

事态最终以闹剧形式结束。她致函里根的当天，里根向她通报称，他这天晚上要重新在近海部署军队。因此英国在同一时间准备撤离。接着里根改变了主意，要求撒切尔夫人先不行动。撒切尔夫人向他发了一份文字礼貌但内容坚定的电报。她理解这有多么困难，但她已经决定，在 24 小时以内“我们必须行动。我抱歉不能满足你‘保持中立’的要求，坦白地讲，现在提出这个要求太迟了”。[86]里根出尔反尔重新部署的消息泄露给了媒体，于是他硬着头皮重新部署。乔治·舒尔茨在回忆录中写道：“我们的部队匆匆撤出陆地，受到法国人的嘲笑，也让黎巴嫩人深感失望甚至绝望。”[87]美国部队仿佛要留下临别赠言，从“新泽西”号军舰上向亲叙利亚阵地发起炮轰，导致广泛的谴责，但撒切尔夫人缄口不语。她为离开那里感到宽慰，遏制住努力帮助里根时感到的恼怒。

几年过后，撒切尔夫人的自信心逐渐增强，她对中东的观点也逐渐发生了变化。先前她仅仅是向美国报告对阿拉伯地区温和的关心，后来她开始形成自己的政策。1981 年她向里根转述了沙特阿拉伯王太子法赫德、科威特和巴林的统治者们的评论：

他们向我表达的主要意思是对美国的疏远感到极大的失望。我对此深感不安，但觉得必须让你知道。我有一种感觉，认为这些温和的阿拉伯人犹豫不决，不愿直接向你和你的政府表达他们强烈的情感，因此你也许无法得到完整的信息。与我交谈过的人们争论说，你的政府完全倒向以色列一边，忽视了巴勒斯坦人的合法要求，结果给温和的阿拉伯国家领导人制造了极大的困难。[88]

她越来越努力使自己成为西方对这些温和派人士的支持者，尤其是侯赛因国王的支持者。

撒切尔夫人选择侯赛因国王作为她在中东的主要对话者，这符合英国政策的主流。约旦国家以及侯赛因对约旦的君主统治是英国殖民时代的产物，这个国家的安全与英国的保护密不可分。撒切尔夫人对这位国王还有强烈的个人喜爱。侯赛因的几位妻子之中有一位是英国人。他（像马克·撒切尔一样）曾在哈罗公学就读，还是桑德赫斯特陆军军官学校的军校生。他的立场非常亲英国，能讲一口地道的英国英语。西方领导人往往觉得难以与阿拉伯国家的统治者交谈，但与侯赛因交谈就不是个问题。他像撒切尔夫人一样，维护着一套尊严的礼数，却并不傲慢自大。他富有实干家的魅力（是个熟练的飞行员），他的勇气让他战胜了无数次反对他的阴谋，他很有幽默感，这一切都让她崇敬。侯赛因对她极为尊敬。约翰·科尔斯是她的外交事务私人秘书，后于 1984 年任驻约旦大使，科尔斯说，她还对“他介绍事态的说法感到着迷”，[89]因为他与叙利亚的哈菲兹·阿萨德、伊拉克的萨达姆·侯赛因等领导人保持着关系，而这些人在很大程度上在她的联系范围之外。侯赛因国王理解撒切尔夫人与里根的亲密关系，视她为穿过华盛顿的迷宫直接与其最高层联系的渠道。

撒切尔夫人在任首相初期便在培育和侯赛因的友谊。1981 年，侯赛因国王交给她一份文件，陈述自己对该地区的想法（“为彻底的和平而彻底撤军”），她在文件最上面写道：“这是阿拉伯世界迄今提出的最强有力的论点，它不同于美国人的根本理念。”[90]她向里根推荐了这个文件。撒切尔夫人在 1983 年大选中赢得压倒性胜利后，花费了一些时间考虑她的中东政策，9 月份在首相别墅召开会议讨论。会议做出一般性结论：“最重要的是集中关注事态的现实，而不是仅仅考虑改善我们的姿态。”[91]会议同意了几个目标，其中包括：在1984年美国总统大选结束前，不可能指望美国做出重大举措；撒切尔夫人应当在这个问题上多与里根总统讨论；海湾地区需要给予更多关注；“约旦的稳定比任何时期都更加重要”。

撒切尔夫人在接下来一年中采取的行动一般都遵循了这些优先考虑。1984年6月，她致函侯赛因国王，表示她已经私下要求里根，一旦连任，要考虑在中东采取新的方案。人们广泛预测到，里根会在竞选连任中获胜（这个预测结果是正确的）。1984年9月，西蒙·佩雷斯接替沙米尔任以色列总理后，她认为这个变化中孕育着机会，便于12月在戴维营向里根提出建议。[92]次年2月，她反对欧共体的一项行动建议。她对侯赛因与阿拉法特达成一项协议的消息更加感兴趣，她是在这条消息公布之前先收到的。巴勒斯坦解放组织第一次承诺，为“公正和平解决”以色列–巴勒斯坦争执与约旦合作。

撒切尔夫人积极支持侯赛因国王的倡议。她2月底在华盛顿见到里根时，在公开和私下场合都支持这个倡议，还致函侯赛因，称总统的态度“非常令人振奋”[93]（侯赛因通常将他与里根交流的信函抄送给撒切尔夫人），侯赛因便情绪激昂地向美国总统呼吁道：就在此刻，“美国在整个阿拉伯世界的公信力”处在危险中。“可以想象到，这（一种解决方案）只能在罗纳德·里根的第二届总统任期起作用。”[94]撒切尔夫人对他表示支持。她致函总统时表示：“侯赛因国王显然受到相当大的压力，感觉……他在寻求你支持他那项倡议的证据。”她分析说，下一个步骤，应当是由相关的美国助理国务卿理查德·默菲[1]同意约旦–巴勒斯坦代表团参加华盛顿会谈的资格，以便让承受着压力的巴勒斯坦人按照美国可接受的路线参加谈判。这个安排比里根的计划更大胆，里根原先想要“默菲会谈”在约旦首都安曼举行。撒切尔夫人最后表示：“我们必须牢记对这些阿拉伯国家影响力衰退产生的影响，因为他们会随时倒向苏联求助。”[95]

---

1 理查德·默菲（Richard Murphy, 1929— ），1971—1974年任美国驻毛里塔尼亚大使；1974—1978年任美国驻叙利亚大使；1978—1981年任美国驻菲律宾大使；1981—1983年任美国驻沙特阿拉伯大使；1983—1989年任助理国务卿负责近东和南亚事务。

起初，一切似乎进行得很顺利。侯赛因对撒切尔夫人表示，他与里根进行了“非常有成果的交谈”。⑯他说，第一次约旦人和巴勒斯坦代表团的会谈将在安曼举行，这将确定产生约旦人与巴勒斯坦解放组织的代表团，该代表团将公开接受关键的联合国安理会 242 号和 338 号决议。[1] 然而，听了侯赛因建议在伦敦接待约旦与巴勒斯坦解放组织代表团，她迟疑了。这一步骤涉及对代表团合法性的认可，没有得到美国的支持，她感到犹豫。她便争辩称，不论代表团组成如何，首先应得到华盛顿的认可，然后再来伦敦。她对侯赛因表示，美国不久后会见约旦－巴勒斯坦解放组织代表团将“十分抢眼”。⑰然后她把对国王说的话告诉了里根。英国会见这个代表团不应当抢了里根与侯赛因会面的风头。

查尔斯·鲍威尔迅速强化了她对伦敦会见建议的谨慎态度。他对撒切尔夫人说：“这样的会议是我们的一张王牌，过早打出去是个极大的错误。”⑱他补充说，外交部忽视了代表团中的约旦人与巴勒斯坦人的差别，也忽视了约旦人与巴勒斯坦解放组织成员的差异。撒切尔夫人向杰弗里·豪重复讲出鲍威尔的“王牌”这个措辞，不过她本人建议说，侯赛因国王向她建议的两位温和的巴勒斯坦解放组织成员可以单独接见，不能作为巴勒斯坦解放组织代表，一位是约旦河西岸城市的市长，另一位是个圣公会的主教。给侯赛因的回信准备了两个草案，一个是外交部准备的，另一个是鲍威尔撰写的。撒切尔夫人在鲍威尔的草案上批注：“我最赞成你的版本”。⑲发出的是这个版本，信中对国王表示，如果他挑选的巴勒斯坦解放组织人员到了伦敦公开表示拒绝暴力，并遵守安理会 242 号和 338 号决议，撒切尔夫人将很高兴安排杰弗里·豪会见代表团中的这些人。⑳

进入夏季后，白宫对侯赛因的建议感到越来越紧张。美国继续坚持说，他组合起来的代表团不能代表巴勒斯坦解放组织。里根还对侯赛因说，“若不能保证迅速而切实地朝直接与以色列谈判迈进”，他就不能授权在任何地

1 这两项决议，第一项是1967年6月战争后通过的，第二项是1973年斋月战争后通过的。决议呼吁以色列退回1967年的边界，但同时也支持该地区所有国家尊重“安全和认可的边界”。［安理会242号决议，1967年11月22日。（http://unispal.un.org/unispal.nsf/0/7D35E1F729DF491C85256EE700686136）］

方举行默菲会谈。[101]侯赛因愤然答复道，美国“从未对我的任何一条建议做出反应或提出反对”。他感到“心情沉重”，不能接受默菲会谈的新条件。[102]

美国人的回绝是在撒切尔夫人拟访问埃及和约旦前收到的。这是有史以来英国在职首相头一回访问约旦。她同意这次访问的部分原因是，1984年年中前担任她的私人外交事务秘书的约翰·科尔斯刚刚成为驻约旦大使，另外一个原因是她为侯赛因没有实现目标感到生气。1985年9月19日，她在安曼纳德瓦宫与国王会见时，见他情绪激昂。他说，一切都“完了”。他接着说，美国人不切实际地指望有个独立的巴勒斯坦人，但“根本找不到一个不是巴勒斯坦解放组织挑选的巴勒斯坦代表”，所有人“都为自己的生命担忧”。[103]白宫提出“与以色列直接和可见的接触”，在目前情况下简直是不可能的。对他的情绪，撒切尔夫人有同感。她对侯赛因说，她要正面告诉里根总统，侯赛因的倡议若失败会造成“巨大”的后果，还要在第二天于安曼举行的记者会上公开表示：“她来到这里却号召其他人承担实现和平的风险是不对的，英国准备承担起自己的责任。”[104]她要努力推进侯赛因的倡议。

那天晚上，在英国大使馆为国王和撒切尔夫人举行的晚宴场面上极富有戏剧性。宴会主人约翰·科尔斯回忆说，约旦首相扎伊德·里法伊“大部分时间在餐桌与我书房的电话之间来回奔波”。他在试图说服代表团中的巴勒斯坦解放组织成员同意访问伦敦的声明，“明确他们要承诺进行和平谈判”。[105]“我们在餐桌旁落座时，还没有就代表团访问伦敦达成协议。但是到了喝咖啡时间，协议达成了。”

这事迅速确定了。撒切尔夫人发电报向里根通报。电文直率地说：“我想让你知道，我为侯赛因国王的和平倡议没有后续响应感到非常担忧。”[106]她接着说，在“你的人”为方向设定条件之前，一切进展顺利，约旦－以色列和约在望。她提醒总统注意，国王的先父阿卜杜拉曾于1951年遭暗杀。假如侯赛因的计划如今受挫，“可能再次给这个勇敢而坚定的家族造成致命的打击。我看不出会见这个联合代表团会产生任何损失”。英国政府将准备在伦敦会见他们，巴勒斯坦的代表将是“两位著名的温和派人士”。他们到伦敦后，要通过电视公开宣布同意的声明。她对里根表示，她建议在第二天的记者会上宣布这一切。第二天，她按计划宣布了。

按照查尔斯·鲍威尔的看法，撒切尔夫人同意接受这个代表团是做出

“一个大的让步”。她其实接受了让一位资深的英国大臣会见巴勒斯坦解放组织，可她一直就说不会见。她这是为侯赛因做出了让步。她的浪漫天性起了作用。“看到这位殷勤的小国王，她两眼充满了喜悦。”[107]约翰·科尔斯同意这个说法，而且这正是他的意图：“我的主要目标是，她应当支持国王。”侯赛因驾驶直升机，只带了撒切尔夫人一人，飞越辽阔而壮观的佩特拉古城废墟，俯冲到玫瑰红色的峡谷中飞行了40分钟。科尔斯回忆说：“她走下飞机时，脸变得煞白。”但这让她感到激动。[108]在事后写给科尔斯的致谢函中，她说，她和丹尼斯“认为，那次约旦之旅简直是我们最美妙的一次旅行”。[109]科尔斯说：“假如她没去约旦访问，我不知道是否可能发生这些事。”[110]

鲁珀特·默多克的《太阳报》平时热心支持撒切尔夫人，但这天的头版头条文章标题却是：“不欢迎。”[111]英国议会中保守党的以色列朋友批评她，[112]以色列的佩雷斯和沙米尔也都批评她。伯纳德·英厄姆注意到其所谓的撒切尔夫人“选民的兴趣”，敦促她接受以色列媒体的采访，以便“以你自己的说法向以色列读者、听众、观众陈述你的看法”。[113]美国人感到不悦，不过理查德·默菲“觉得有希望奏效”。[114]各种事态也在与她作对。巴勒斯坦恐怖分子在塞浦路斯杀害了三名以色列人，10月7日，巴勒斯坦解放阵线捕获“阿基莱劳伦”号游艇，杀害了名叫利昂·林霍夫的美籍犹太残疾人。10月1日，以色列对塞浦路斯杀害案做出报复，轰炸了巴勒斯坦解放组织在突尼斯新建立的总部。阿拉法特幸免于难，但71人被炸身亡。查尔斯·鲍威尔提示外交部说，撒切尔夫人感到担心，不知道联合代表团中那两名巴勒斯坦人抵达伦敦后会说什么。鲍威尔向他们提供了一个要求遵循的文本。戴维·沃尔夫森罕有地进行了干预，他像鲍威尔发出一封短信，随附的背景材料称巴勒斯坦代表团的那两名成员是恐怖主义的支持者。他警告说，假如政府以为巴勒斯坦解放阵线中的阿拉法特派没有参与袭击“阿基莱劳伦”号，“结果很可能证明我们是错的，要么证明我们太天真，或者二者兼而有之。我主要关心的是不能造成不必要的尴尬局面”。[115]

尴尬局面并没有完全避免。10月13日，鲍威尔向撒切尔夫人通报了一个“大挫折”。如约来伦敦参加会议的两位巴勒斯坦代表中，有一位（穆罕默德·米勒海姆市长）这时提出要求：从他的公开讲话中删去一切有关以色列的内容。鲍威尔接着通报说，“这显然是完全无法接受的”，[116]会议这时已经开始了。人们想方设法向国王通报，但国王当时待在苏格兰的罗克斯伯勒公爵庄园。假如会议照常举行，他便会取得相当大的胜利。第二天，撒切尔夫人写信给他称，“我深感失望”。[117]她给中东争取机会的尝试颇带空想色彩，最终失败了。第二年 2 月份，侯赛因宣布，他完全放弃巴勒斯坦解放组织的计划了。

从长远看，撒切尔夫人的这次冒险并未损害与美国的关系，甚至没有损害与以色列的关系。她的良好愿望得到了认可。此后直到 1987 年大选，她在寻求阿 – 以冲突的解决方案方面参与十分有限。不过，她在 1986 年 5 月访问了以色列，这与访问约旦一样，是所有的英国在职首相第一次访问以色列。按照查尔斯・鲍威尔分析，她访问的动机一方面是“对英国犹太人的压力做出反应，他们渴望她去访问”，[118]另一方面是表示支持佩雷斯。

这次访问的时机是她准许美国战机利用英国基地轰炸利比亚，作为对卡扎菲上校搞恐怖活动的报复（参见第四卷第 5 章），因此撒切尔夫人受到热烈欢迎。不过，她在以色列国会举行的晚宴上讲话时，维持了自己关于巴勒斯坦的立场。她赞扬以色列“热爱自由与正义”，但转而利用这一点为己所用：“由于你们的高标准，人们对以色列的期望就高于对其他国家的期望，所以世界期待在以色列……拥有的未来中，两个阶级的人民必须共存，而两种不同权利和不同标准当然不是以色列可以接受的。”[119]她还接见了巴勒斯坦领导人——并非巴勒斯坦解放组织的人；这是西方领导人利用对以色列的访问头一次这么做。[1] 她呼吁约旦河西岸举行选举。

这些都没有损害与佩雷斯的关系。她与佩雷斯交谈过四个小时。据佩雷斯的顾问尼姆罗地・诺维克说，撒切尔夫人与他的关系“十分独特，她与佩雷斯交谈的气氛亲密，胜过了她与科尔、密特朗或其他人”。[120]查尔斯・鲍威尔也有类似的印象：“从内盖夫到特拉维夫驱车途中，给我留下了

---

1 受接见者包括：哈吉・拉沙德・沙瓦（加沙市遭罢黜的市长）、伊莱亚斯・弗雷吉（伯利恒市市长）、伊扎特・阿尔・阿鲁尔（纳布卢斯市代市长），以及许多律师和记者。（为首相举办的晚宴，1986年5月26日，CAC: THCR 1/10/104）

愉快的记忆……她和佩雷斯坐在后座上。他们不久打起了盹，她的头靠在他肩膀上。那幅景象令人感动。”[121]英国驻以色列大使威廉·斯夸尔发给外交部的电报几乎带有狂喜的口吻：公众对撒切尔夫人的热情欢迎是她的一次“个人胜利”，“访问第一天，首相在拜谒大屠杀纪念碑和英联邦战争墓地时表现出真挚的情感，引起了真正的共鸣”。他说，以色列人相信她是个真诚的对话者，她的表现显示出，她已经克服了长期以来对委任统治时期猜忌的“心理障碍”。英－以关系处在“空前密切的程度”。[122]尽管撒切尔夫人立场坚定，但人们认为她处理中东问题十分老练，并没有表现出一边倒。在 1987 年宣布大选日期前，查尔斯·鲍威尔致函外交部，指责他们试图支持联合国秘书长的一个新倡议，考虑与法国采取联合行动：千万不应“失去我们仔细斟酌的平衡立场，这是我们过去两年来她与双方交往良好的结果”。[123]撒切尔夫人清楚，她在这个地区的影响力有限，但在整体上她利用得十分精明。她在全球的个人威望日益增长有赖于这个地区，这胜过了英国利益的传统诉求。

撒切尔夫人与阿拉伯和伊斯兰世界交往的另一个重要因素是英国贸易，特别是销售防卫设备。她是英国公司最孜孜不倦的销售员。她在向阿联酋销售武器的文件上以典型的命令口吻潦草批注：“告诉财政部和国防部，不要争论，把合同拿到手。”[124]实在的和潜在的客户包括与英国有历史联系的国家：约旦（非产油国，财力有限）、埃及、最富有的海湾国家（科威特、巴林、卡塔尔、阿联酋、阿曼），另外还有富有争议的国家伊拉克与伊朗（当时正处在两伊战争时期）和叙利亚。[1] 以色列于 1982 年入侵黎巴嫩后，英国冻结了原本有限的向以色列军售。迄今，这个市场上的最大买家是沙特阿拉伯。

撒切尔夫人对这些问题的态度十分简单，简单得能引起争议。她认为，如果一些国家想要武装自己，最好由英国人提供武器。这样既能让这些国家与英国有比较好的关系，又能为英国人创造更多就业机会。她这条规则甚至对潜在有敌意的国家也适用：假如他们依赖苏联供应武器，那对英国有什么帮助？她还十分明白，在阿拉伯世界，个人关系比官场的关系更重

---

1 有关向伊拉克销售武器及相关问题将在第五卷中讨论。

要，首相要培育市场统治地位，主动销售的影响是巨大的。她反对人们的直觉，认为自己的性别在完全由男性统治的阿拉伯世界绝非劣势：这让她更加迷人。她与传统的英国统治阶级不同，从不为极力推销而感到难堪。她的文件中充斥着试图向阿拉伯统治者销售成套装备的信件和会议记录，那些销售往往是成功的。

虽然撒切尔夫人从地缘政治角度考虑，担心苏联的影响，但是最让她感到不安的是，西方盟国在中东市场比英国的销售成绩好，其中尤以法国为最。1980 年，国防部低级官员杰弗里・帕蒂私下发给她一份国防部内部报告，内容是法国在该地区的国防销售情况。报告引述了前一年国防销售负责人与海湾一位潜在客户的交谈。那位酋长对他说："我们原来贫穷的时候，你们在这里，你们甚至教我们英语，好让我们听懂你们的话。如今我们富有了，却再也见不到你们的影子，结果我们不得不学习法语。"[125]撒切尔夫人在这两句引用语下面画了几条黑线，表示重视。

英国最重视的国家是沙特阿拉伯。1981 年 2 月，内阁相关委员会（国防委员会）原则上同意，英国向海外客户销售狂风战斗机。这是英国宇航公司（飞机制造商）与德国和意大利联合开发的机型。起初，销售努力集中在约旦，但最终没有成功。到了 1983 年 9 月，国防部向撒切尔夫人报告称，准备以更高的价格销售给沙特阿拉伯。沙特人对这种飞机感兴趣，是因为他们害怕受到伊朗的攻击，准备以必要的"重拳"回击。[126]国防大臣迈克尔・赫塞尔廷请示撒切尔夫人，是否可以继续谈。她写道："同意。希望我们成功。"[127]赫塞尔廷在回忆录中，只用了区区一个句子描述撒切尔夫人在这桩交易中的角色："在这个过程中，撒切尔夫人扮演了她的角色。"[128]这是历史记载中众多低调陈述之一。

国防部觉得能够赢得狂风销售合同。1983 年秋天，赫塞尔廷参加了艾特肯为美国前总统理查德・尼克松举行的晚宴。艾特肯安排赫塞尔廷坐在瓦费克・赛义德[1]旁边。赛义德是一位叙利亚商人，为沙特王室处理许多商业事务。赛义德回忆道："赫塞尔廷对我说：'我刚刚去过沙特阿拉伯，

---

1 瓦费克・赛义德（Wafic Said, 1939—），商人、企业家、慈善家，赛义德基金会创始人兼主席，牛津大学赛义德商学院创始人。

我们不久便能得到一个项目。’我从秘密情报网得知，苏丹亲王正在与法国谈判，但还没有谈定。我就对他说：‘我想劝你千万别以为生意已经十拿九稳了。’他看着我，那神情好像在说：‘你到底是个什么人？’”[129]但不久之后，国防部武器销售处的负责人詹姆斯·布莱斯便与赛义德接触，要求面见他。赛义德得知，沙特国防大臣苏丹亲王偏爱法国人，而且谈判正在进行中。国防部的常务秘书克莱夫·惠特莫尔回忆说，这个意外消息“让我们吃了一惊”。[130]后来，赛义德向他的密友沙特驻华盛顿大使班达尔亲王询问。班达尔确认，向法国购买幻影2000型战机的谈判已接近完成。虽然班达尔是苏丹亲王的儿子，但他不赞成这项购买交易。他对赛义德说，简直是“发疯”。[131]他喜欢英国产品。赛义德返回伦敦后，向布莱斯报告了这个消息。会见时布莱斯带着宇航公司的理查德·埃文斯。埃文斯感到惊慌，安排赛义德非正式会见了撒切尔夫人。赛义德对她说，沙特政府倾向于购买法国的幻影机型。她对法国人捷足先登感到“非常愤怒”。她问赛义德：“难道沙特人是在误导我？”她提醒他说，英国曾在1959年向沙特阿拉伯提供闪电式战机，还教会沙特皇家空军如何使用：“我们训练了你们的飞行员，赛义德先生。这是我们关键的国家利益。对你的国家，这是个信赖的问题：我们是忠实的同盟，这一点将得到证明。”[132]赛义德建议撒切尔夫人与班达尔亲王讨论这事。很快，赫塞尔廷得到消息，法国人的进展比我们快。他宣布：“我们这个周末要去沙特，纠正这个事态。”[133]他飞往利雅得时，带去撒切尔夫人致法赫德国王的一封信，推动这笔销售。尽管1986年1月因韦斯特兰的事发生激烈争吵导致赫塞尔廷辞职，但在整个武器销售过程中，他与撒切尔夫人的关系是“完全融洽的”。[134]尽管赫塞尔廷在争取这项合同时精明而主动，最终国防部“在很大程度上要依赖她”。[135]这项谈判极其漫长复杂，沙特人期待在最高层面进行接触。

班达尔亲王是个异常的人物。他是苏丹亲王的儿子，却是一位在王宫当女佣的未婚非洲妈妈生的。由于这个缘故，班达尔受到沙特王室家族其他成员的歧视。他长到八岁都没有跟父亲正常接触过。然而，由于他能力超常，精力十足，尽管沙特有老人统治的风俗，但他仅仅34岁时便受命担任驻华盛顿大使。他还受过飞行训练，对军用飞机尤其感兴趣。他的飞行技能在林肯郡克伦威尔的皇家空军基地训练得炉火纯青，碰巧在这个空军基地，战争时期年轻的玛格丽特曾陪着飞行员们一道跳舞。他的飞行生涯在一次车祸中画上了句号。詹姆斯·布莱斯回忆道:“他是个开朗愉快的年轻人,常常对我们说:‘我不过是个受伤退休的战斗机飞行员。’[136]班达尔的父亲是个亲法国的人,但班达尔却极端亲英。他对法国人没什么兴趣,觉得他们‘全都像糊涂警察克劳西欧(法国喜剧影片主角)’。”[137]

这其中有代沟差异:“苏丹是个上了年纪莫测高深的人,显然让我们无法接近。班达尔却性格开朗,十分西方化,于是我们发展与他的关系。”[138]他是个飞机专家,认为狂风机型“飞行距离远、有效载荷大”,[139]比幻影机型优越。班达尔是沙特宫廷政治中逐渐崭露头角的人物,他心里清楚,如果沙特阿拉伯购买英国战机而不是法国货,自己的影响力会得到提高。他还清楚这个问题在战略上的意义。他认为,这是个“三边关系问题,而不仅仅是沙特与美国的关系。里根、法赫德国王、撒切尔夫人曾推心置腹地举行过会谈,并就战略前景达成了一致。我们都在与共产主义做斗争”。[140]他还意识到,法赫德比撒切尔夫人年长四岁,觉得她是个非常漂亮的女人,出于这个原因,国王渴望与她做生意。[141]

由于他父亲苏丹亲王的见解,这位年轻亲王的地位微妙,但是他知道,两年前继位的法赫德国王厌恶前国王哈立德给予苏丹王子的国防权力。法赫德的愿望是从苏丹亲王手中夺取控制权,班达尔看出在这方面帮助他的办法。他知道法赫德不喜欢法国人。[1]与此同时,由于班达尔在华盛顿的地位,他比其他沙特人更了解美国的态度。其实,坚定亲美的法赫德国王派他去美国,是想要让他尽可能密切与里根政府的关系。班达尔知道,美国国会支持以色列,很可能阻止向沙特销售美国的 F-15 攻击战斗机。按照班达尔的看法,购买法国的幻影战机要依赖 F-15 攻击战斗机的交易,这两种机型可以让沙特获得“合理的高低空组合空中力量结构”。[142]一旦美国的选择从这个组合中撤走,法国的销售机会将减弱,英国的机会便可增加。

班达尔首次去见撒切尔夫人是在 1984 年 12 月。她被这位英俊而精力

---

1 法赫德会见弗朗索瓦·密特朗时,要求让他在法国建一座清真寺,密特朗的答复让他感到恼火:“陛下,如果你允许在沙特阿拉伯建一座教堂,我就让你在法国建一百座清真寺。”(私人信息)

充沛的年轻亲王所打动，[143]称他“很有魅力和闯劲”。[144]他也同样为这个金发女政治家着迷。撒切尔夫人坚持要在唐宁街10号门口迎接他，向他行屈膝礼致敬。“我还以为她滑了一下呢。”[145]但是，她尊重他的王室血统并没有表现得奴颜婢膝：“她的个性实在太强势了。她喜欢让你尝点味道，帮你了解她。·可她简直像个男子汉！”谈话结束时，撒切尔夫人坚持带班达尔亲王到唐宁街10号的圣诞树旁照相。班达尔向她赠送了一只水晶制作的英国斗牛犬模型，眼睛是用蓝宝石镶嵌的，他说，这是为了赞赏英国的斗争精神。他告别后，她对站在一旁的詹姆斯·布莱斯说：“这真是件可爱的礼物！”布莱斯说：“是啊，首相。不过，不幸的是，这是一只法国产的斗牛犬。”撒切尔夫人嚷道：“我不在乎他的斗牛犬是打哪儿买来的，只要他们向我们购买战机就行。”[146]

这是一段美好友谊的开端。撒切尔夫人任首相期间，与班达尔会见一共有23次，这也许超过了与任何外国人的会见次数（其他外国领导人和美国大使查尔斯·普赖斯除外）。他们的交往几乎完全是私人性质的。在大多数情况下，唯一在场的是查尔斯·鲍威尔，“这让外交部感到愤怒”。[147]在班达尔鼓励下，撒切尔夫人开始向法赫德国王写信，常常不止一个月写一封，内容是评论世界局势和中东事务，还向他报告她与世界领导人之间的对话。有时，班达尔亲自递交这些信件。[1]

撒切尔夫人与班达尔第一次见面时，以及在1月初比较长的一次会见中，都讨论了狂风战机交易的前景，还就销售策略做了争论。按照班达尔的说法，他向撒切尔夫人通报了里根总统的看法，说美国国会想要阻止向他的国家出售F-15战机。“她感觉敏锐，一直在思索。”[148]她建议说，她本人可以劝说里根推动这笔销售，还可以要求他同意让她为此游说国会。假如这不能奏效，F-15战机交易受到阻止，“那我就会对国会议员们说，这种合同千万不能让苏联或中国拿走（沙特阿拉伯威胁要与中国做交易），而应该让我们得到。”关于沙特的需求，她贪婪地听取班达尔通报的所有信息，

---

1 打印的信件得到了保留，但有些信看来是手写的（没有复印）。法赫德国王收到第一封信时，感到吃惊，问：“难道没有人替这位女士打印信函？”有人向他解释说，在英国文化中，手写的信是个性化的标志。（私人信息）

还不断地敦促："告诉我数字。还有呢？还有呢？还有呢？"⑭⑨

与撒切尔夫人会见让班达尔深受鼓舞，他向法赫德国王提出购买英国货。他分析道：幻影和狂风都是"好飞机。重要的是，陛下，'你信赖密特朗还是撒切尔夫人？'他说：'撒切尔夫人。'我说：'既然这样，这个问题就解决了'"。⑮⓪法赫德同意，现在与英国洽谈购买狂风战机交易。1985 年 2 月 18 日，就在撒切尔夫人飞往华盛顿会见里根总统之前，她与班达尔再次会见。访美归来后，撒切尔夫人写信给法赫德，对他说，班达尔向她通报了国王最近与里根交谈的情况。她巧妙地补充道："我明确告诉总统我对中东局势的关心。我提到你访问华盛顿时你们双方发布的联合公报非常重要，就此主题我表示，英国支持这个联合公报。"⑮①撒切尔夫人还意识到，由于班达尔起的作用，里根本人站在她这一边。假如国会不允许里根向沙特阿拉伯销售美国战机，他宁愿让撒切尔夫人得到这个利益，而不支持弗朗索瓦·密特朗。里根私下建议法赫德国王购买英国产品。[1]

3 月底，班达尔打电话给撒切尔夫人，传递法赫德国王的邀请。由于她不久要在访问马来西亚、新加坡、文莱、印度尼西亚、斯里兰卡和印度后途径中东，国王邀请她回国途中在利雅得停留并设晚宴。她同意 4 月 15 日与国王会面。陪同她的罗宾·巴特勒记得，那是一次令人难受的场面，因为"法赫德滔滔不绝，远远超过了计划的时间"，她的随行人员都渴望继续飞行。⑮②但是，这次晚宴对撒切尔夫人十分值得。晚宴过程中，法赫德国王转向她说："首相，这笔交易归你了。"⑮③

敲定细节与得到这笔交易同样艰苦。英国宇航公司向皇家空军供应狂

---

1 按照班达尔的话说，密特朗风闻英国人发起反击，连忙派他弟弟罗伯特·密特朗将军去向法赫德国王求情。法赫德对班达尔说："这帮法国佬，脸皮可真厚。密特朗总统的弟弟递交的信中对我说，赶紧签署幻影战机合同，因为这对法国的利益很重要！"国王对密特朗将军说："去年，贵国未向我们通报就撤销了50% 的石油合同，那对我们的利益也很重要。可我们并没有表示反对，因为那是一个主权国家的决定，眼下这也是我们这个主权国家的决定。"（班达尔·本·苏丹亲王访谈）

风战机任务已经够繁重，问题是能否按沙特阿拉伯要求的时间和数量生产出战机。撒切尔夫人主意已定，便命令将原本供应皇家空军的第一批战机迅速运往沙特阿拉伯。[1]

8 月份，班达尔要求会见撒切尔夫人。她当时正在度假，不过同意在返回英国前在萨尔斯堡会见他。班达尔对她说，法赫德国王想要 48 架狂风战斗轰炸机、30 架鹰型快速喷气训练机、30 架皮拉图斯 PC-9 训练机，还要一个各环节的技术培训计划。9 月底，苏丹亲王和班达尔共同打电话给撒切尔夫人，确认了由迈克尔·赫塞尔廷正式签署的这项购买协议。事先得知这笔交易即将达成也许让撒切尔夫人增加了底气，在关于侯赛因的约旦－巴勒斯坦倡议方面采取了大胆行动。她知道自己与非好战的阿拉伯人站在一起，因此比美国人占有一些优势。这项合同最初的价值是 52 亿英镑，但是考虑到未来需要补充更新并提供相关的服务，还包括建筑设施，这让位于兰开夏郡沃顿的英国宇航公司有了未来保障，也让该公司最终能生产欧洲战机。这一合同的第二阶段协议是 1987 年 10 月签订的。在 20 多年的跨度中，这项交易的估计值为 420 亿英镑。[2] 此外，在这个王国还开始了各种英国－沙特合资项目。按照詹姆斯·布莱斯的判断，这是“英国有史以来签订过的最大一笔交易。在与国王交易过程中，是撒切尔夫人按下了开启这扇大门的按钮”。⑭

苏丹亲王与撒切尔夫人会见时说，法赫德国王想要签订这份合同是因为他“对首相极其尊重”，这项交易不仅与具体物质有关，更是对“和平与稳定”的贡献。⑮他为撒切尔夫人积极主动支持侯赛因国王向她道贺：约旦－巴勒斯坦代表团即将在伦敦的会议“受到阿拉伯世界的热情欢迎”。次年 1 月，商业条款确定了，这项合同命名为“阿尔亚玛玛”，阿拉伯语的意思是鸽子（和平）。第一批狂风战机于 3 月份交付。1986 年 5 月，撒切尔夫人感觉，应该致

---

1 关于这笔被称作“阿尔亚玛玛”（阿拉伯语，意思是“鸽子”）的交易，乔纳森·艾特肯有完整的描述。（艾特肯《玛格丽特·撒切尔》，第25章）他一口咬定说，尽管战机“已经布好了核武器线缆”，但撒切尔夫人得到国王不为战机找到核炸弹的保证后，批准向沙特阿拉伯发运了这批战机。这个说法受到詹姆斯·布莱斯和查尔斯·鲍威尔的矢口否认。鲍威尔说，由于所称的线缆根本不存在，因此没有这种可能性。

2 经过仔细协商，这笔交易的安排是石油换战机。

函法赫德国王，感谢他个人在这笔交易中表现出“深深的兴趣”。⑯

就这样，撒切尔夫人为英国与最重要的产油国建立起信赖与利益关系。这对她未来开展各种国际外交大有裨益，最终证明，这对那个年代之末结束海湾战争是十分重要的。“阿尔亚玛玛”合同也证实了她如今在世界事务中取得的独特成就。按照班达尔亲王的观点：“在她出现之前，谁也没有真正在意英国有什么想法，或者英国做过什么事情。在她的任期里，全世界的人们都在问：‘撒切尔怎么想？英国要怎么做？’”⑰

撒切尔夫人对自己取得的成就感到自豪。考虑到这些成就的规模，或许当时和后来的人们都会感到惊讶，因为她几乎对这些成就缄口不语。她在回忆录中根本没提到“阿尔亚玛玛”合同，也没提起销售狂风战机。媒体对她 1985 年 3 至 4 月间访问马来西亚、斯里兰卡等国的访问用了整整三大版做报道，但对她在同一趟旅程中访问利雅得却缄口不提。[1] 这大概有两个原因。第一个是撒切尔夫人向来在情报、武器销售和个人外交事务上保持极度谨慎。她的忠诚信条是极其重视信赖，她知道沙特文化也是一样：夸耀会危害到关系，也会在国内制造争议。[2] 第二个原因是她有难处，这涉及她的儿子。

马克·撒切尔常常受到指控，称他利用母亲的地位追求利益。在原则上，这是撒切尔夫人不能原谅的事情。卡萝尔回忆说，一次，“妈妈就免费赠品对我们俩说教。她坚决反对接受”。⑱但这个问题并不总是黑白分明。1984 年，《观察家报》揭露马克参与了 1981 年在安曼建设一座大学的合同，这事影响极坏。那份报纸称这是一桩丑闻。⑲

1980 年 11 月，撒切尔夫人在没有告知首席私人秘书的情况下，⑳不

---

1 值得注意的是，“阿尔亚玛玛”合同、狂风战机、班达尔亲王、法赫德国王，甚至沙特阿拉伯这些名称在杰弗里·豪的回忆录中并未占重要位置。这显然是出于谨慎，但是也证实撒切尔夫人在这个问题上将外交部排除在外。

2 到了21世纪，据称“阿尔亚玛玛”是个高度腐败的合同，包括班达尔本人在内的几位亲王从中捞取了巨额回扣。假如这种情况属实，撒切尔夫人也不可能了解真相，因为这种安排不可能由英国政府做出。昔日与当今不同，按照武器销售规则，允许代理商得到酬金，而且向阿拉伯世界销售武器没有代理商就不可能实现。

明智地手写了一封给阿联酋酋长扎伊德的信，交给她当年27岁的儿子。[161]通过这位酋长，马克受雇于阿布扎比一家名叫嘎拉达瑞的公司。他在嘎拉达瑞公司的工作本身并没有什么争议，但他升职中扎伊德起的作用却引起了批评。与此同时，马克还从撒切尔夫人与（维克多）马修斯的关系中受益。马修斯是《每日电讯报》的董事长和特拉法加置业公司英国建筑、财产、工程集团的常务董事。他得到了特拉法加置业公司在阿拉伯世界的子公司"水泥国际"的顾问工作。通过扎伊德的介绍，并且由于母亲的关系，马克受到亲英国的阿曼苏丹卡布斯的一次接见。由于这次引见，马克最终在"水泥国际"游说成功，得到在阿曼建设新大学的合同。

1981年4月，撒切尔夫人前往印度从事一项贸易使命，丹尼斯和卡萝尔陪伴她前往，为的是游览。这趟旅程包括访问马克的工作地阿布扎比。他显然没有事先通知就来见母亲和家人。他们从那里经过迪拜到了阿曼首都马斯喀特，那正是马克工作的地点。他再次来见母亲。"讨厌的马克来了"，卡萝尔坐在游泳池边对撒切尔夫人的私人财政秘书蒂姆·兰基斯特说。[162]马克单独行动，设法完全躲过了媒体的注意。而媒体并不知道他在这个国家。私人秘书们感到惊愕，害怕他通过母亲推动自己的商业利益。这之前，撒切尔夫人的私人外交事务秘书迈克尔·亚历山大听说，马克有可能在马斯喀特来找母亲，便私下告诫她，不要见马克。但"受到她的斥责，他出来时非常懊恼"。[163]同年9月，阿曼政府将建筑合同给了"水泥国际"公司。其他投标方抱怨称，他们没有得到公平的机会。

人们指控撒切尔夫人利用自己对苏丹王的影响力为马克服务的公司得到了这个合同。1984年3月，《星期日泰晤士报》在《观察家报》的报道后做了后续报道，还利用计策搞到马克的银行资料，揭示出丹尼斯·撒切尔是马克一个账号的联合签署人。该报纸暗示丹尼斯也从"水泥国际"公司获益。报纸的大标题是："丹尼斯与马克共用阿曼账号"。[164]虽然关于丹尼斯的报道并无任何影响，[1]但这两件事合起来给撒切尔夫人一连几个月造成相当大的困难。

---

1 马克·撒切尔坚持说，让丹尼斯签名为的是便于马克不在时签支票，而且那个账号与"水泥国际"公司并无关系。（马克·撒切尔访谈）

《观察家报》报道的影响并不容易消除，因为部分内容来自普通官员。马克的行动让英国驻阿曼大使馆很多人感到恼火，艾弗·卢卡斯大使向白厅发出警告，称马克在那里是个“潜在的尴尬源”。⑯马克出其不意来与撒切尔夫人、丹尼斯、卡萝尔和其他人相聚。苏丹王在距离首都700英里外的海滨散发着浓郁香气的塞拉莱夏宫举行私人午餐会，他也露面参加。午餐后，撒切尔夫人与苏丹王退出去私下交谈。在此过程中，正如她在《观察家报》爆料后公开说的：“我得到建议，向阿曼政府提出整个大学的工程合同，我照办了。我坚信应该提出，因为我想要英国拿到这个合同。”⑯她并没有具体提到哪家英国公司，她说：“我是为英国争取的”。⑯[1]

《观察家报》的报道并非不容辩驳，而且也不能证明存在不公正。马克·撒切尔坚称，他没有做错任何事：“那又怎么样？我起码是在为英国的公司工作。父亲从来对我说，要注意只能为英国公司工作。难道批评这事的人宁愿让我为德国或塞浦路斯公司工作不成？要是那样，会有更多的批评，当然肯定批评得对。那才是错误的。至少我是在为英国的经济利益工作。”⑯他拒绝了在阿曼宫廷办公室为苏丹王工作的机会，宁愿在阿联酋工作。⑯然而，马克确实与苏丹王的密友蒂姆·兰登准将[2]关系密切，两人有时一道来首相别墅见撒切尔夫人。1985年8月，撒切尔夫人在奥地利度假时，马克还曾带兰登来与她共进午餐。这种关系难免让人们怀疑他滥用他母亲的地位。撒切尔夫人的私人办公室向撒切尔夫人提出参与这种活动的风险，但无果。蒂姆·兰基斯特回忆起道：“只要他们属于为英国而奋斗的范畴，她就无法理解利益上的冲突。”⑰

克莱夫·惠特莫尔从1979到1982年担任撒切尔夫人的首席私人秘书，那次阿曼之旅他没有去。但是他却常常应付马克“试图利用母亲名义”的

---

1 撒切尔夫人在促进英国贸易方面极其认真。在她访问期间，卢卡斯将她介绍给武官处的官员们，解释说他们负责促进武器销售。她大声说：“嗨，才不是呢。他们的工作干得太糟，我不得不替他们干这活计。”（与艾弗·卢卡斯通信）

2 蒂莫西·兰登（昵称“蒂姆”，Timothy Landon, 1942—2007），毕业于伊斯特本学院和桑德赫斯特陆军军官学校。军人兼商人；在英国和阿曼军队服役；持有加拿大护照；1982年受封荣誉高级维多利亚勋爵。

麻烦。在中东“家庭和政府职责通常难以区分清楚，因此往往视儿子为母亲的延伸。马克利用这种观念时并不迟钝”。⑰一次，英国石油公司的董事长来见他，威胁要将马克的活动公之于世，因为他搞的石油交易正在危害该公司长期确立的关系。惠特莫尔将此事向撒切尔夫人做了汇报：“我告诉她后，她说：‘你能去见见他吗？’我见到马克，说：‘你不能损害你母亲的声誉，必须停止这么做。’马克接受了。”⑰然而，相同的问题以不同的形式在不同的企业反复重现了，因为惠特莫尔相信，“马克受贪婪的驱使，不愿放过任何机会”。结果形成一种惯例：撒切尔夫人有一种“听之任之的神气，纵容马克。作为首相，她很有理性，清楚他在做什么。但是作为母亲，却觉得很难对他严厉”。⑰她为两种情况感到愧疚，一种是没有足够的时间陪孩子们，另一种是觉得她的职位让马克从事商业生涯不是容易而是比较艰难。马克却不赞同：“我从没想过母亲的职业在任何方面对我构成过阻碍。”⑰但整件事却让她感到紧张，使她优柔寡断。马克认为，撒切尔夫人“以母爱的本能展开政治争论”。⑰这话有道理，但她在如何成功运用母爱本能方面却远不够老练。有时候，她将责备孩子的任务交给丹尼斯，丹尼斯就会大声呵斥：“你这该死的小傻瓜！”⑰惠特莫尔觉得，“丹尼斯尽了自己最大的努力”，但是像撒切尔夫人一样不成功。

《观察家报》爆料水泥公司时，罗宾·巴特勒担任撒切尔夫人首席私人秘书，他的态度更加严峻，认为撒切尔夫人在阿曼的行为“透露出一丝腐败的气息，不过她或许没意识到这一点。她想看着马克走正路。她为马克寻找业务，与苏丹王交谈时把别人全都排除在外。马克是与兰登准将做生意，而兰登则是苏丹王的中间人。她的行为极其独特。我怀疑属于最糟糕的情况”。⑰尼格尔·威克斯[1]于1985年替换了巴特勒担任首席私人秘书，他也不得不应付马克造成的难题。最终他对马克说：“应该停止从商，因为你损害了你母亲的利益。”⑰马克认为撒切尔夫人不知道威克斯的做法：“我敢肯定，要是她感到担心，会跟我直接说。”

---

1 尼格尔·威克斯（Nigel Wicks, 1940—），毕业于贝肯汉姆和彭杰的文法学校、朴次茅斯技术学院、伦敦大学、剑桥大学。1975—1978年任首相私人秘书；1983—1985年任英国驻华盛顿大使馆经济公使；1985—1988年任首相首席私人秘书；1992年受封骑士。

阿尔亚玛玛交易的性质和规模逐渐浮出水面后，对马克·撒切尔的指责再次开始。保罗·哈洛伦和马克·霍林沃斯在其1995年鉴中称，瓦费克·赛义德是利用马克与他母亲沟通，还认为赛义德跟马克有某种经济关系，也许还帮他买过一所房子。[179]赛义德从来矢口否认这类说法，[180]再说，也难以看出他为何通过其他渠道不能沟通而需要马克牵线。赛义德和90年代为他工作的查尔斯·鲍威尔关系良好，撒切尔夫人任首相期间，他常常与丹尼斯在康诺特酒店共进午餐，这两个男人每天都与撒切尔夫人联系，多于马克与母亲联系的次数。班达尔亲王也否认马克与阿尔亚玛玛交易有任何关系，说他跟马克只见过两次面。[181]赛义德认为，丹尼斯扮演了“一个极好的爱国者角色”，从来把儿子远远隔离在这桩交易之外。[182]马克迫不及待地否认从这项合同之外拿过金钱：“假如我参与其中，此时就不会坐在这里了。”[183]与撒切尔家关系接近的一个消息渠道认为，马克“绕着”阿尔亚玛玛交易团团转，伺机找捞钱的机会，可到头来什么也没捞着。人们认为，有权势的沙特人拉拢马克为的不是具体利益，而是“与撒切尔家拉关系”。[184]总之，在阿尔亚玛玛交易中，没能证明马克做错任何事，但是，由于母亲在儿子的商业交易领域有很强的影响力，而且她不愿就这个问题做果断决定，这显然让人们深感不安。另外，沙特的朋友们保持着对她的忠诚。她退休后，瓦费克·赛义德让她免费使用自己在牛津郡地产上名叫“时钟房”的宅子，她曾在那里休养。赛义德还雇用了她任职期间最忠诚的侦探鲍勃·金斯顿，担任格莱普顿地产的保安队长，这是他管理的地产，与班达尔亲王的地产相邻。2005年，马克因帮助赤道几内亚一起反政府的未遂政变在南非被判有罪。班达尔亲王是纳尔逊·曼德拉的朋友和支持者，他代表马克与南非政府非正式斡旋。最后，马克被允许在缴纳罚金后离开那个国家。[185]班达尔的参与也许不能改变南非司法系统的裁定，但证明了他对撒切尔夫人的关怀从未间断过。

很少有人对马克说句公道话，但他在从事商业生涯中的任何尝试总是不断受到媒体敌意的骚扰。早在80年代，马克是撒切尔夫人身边的唯一孩子（卡萝尔在澳大利亚工作），他就受到媒体的很多关注。此外，他还遇到过安全问题。在1981年的绝食斗争中，有一条秘密报告称，爱尔兰共和军密谋在英国绑架他，欲把他饿死。那以后他就受到永久的保护。对福拉德大街上那所住房（她1979年5月入主唐宁街前撒切尔一家的住房）做安全改造的成本太高，便认为让马克住在唐宁街10号更安全。[1]这有一种监禁的效果。马克回忆说："为了更好的利益，我很高兴搬家，但这显然让人们更加关注我的生活了。有些人抱怨说这让我受益了，但其实是一种牺牲。"⑱他告诉人们他的住址是唐宁街10号，因此人们批评他自我膨胀，其实是不允许他住在别的地方。

在1984年水泥国际公司事件爆料后，大家认为马克离开这个国家对所有相关人员是最佳选择。提出这条忠告的是丹尼斯，他建议儿子去美国，他在美国有工作签证，而且是通过父亲的关系而不是母亲得到雇用的。马克回忆说："我自己宁愿待在英国"，但整个事情让"我母亲感到特别痛苦"，⑱事情就这样定了。马克在1984年底离开英国，在美国得克萨斯州的达拉斯市居住。

马克的安全问题立刻便出现了。爱尔兰共和军在美国的同情者办的报纸《爱尔兰美国之声》公布了他的大致行踪。他母亲自然感到不安。她对自己私人办公室写道："我最担心的是他住的公寓。房间后面没有出口，也没有求助的办法。"⑱照顾马克的具体职责落在了英国驻美大使约翰·克尔的肩上。克尔马上意识到，马克觉得自己"有权得到官员们全天候的保护，也许首先是在餐馆预订餐桌时"。⑱照顾马克是桩复杂的工作。英国驻达拉斯领事馆的一位官员写道："撒切尔先生的一个麻烦，是他不愿让任何人知道自己的活动。"⑲克尔向美国当局提出，马克的安全不仅对他本人是必要的（不过根据判断风险并不高），而且"对撒切尔夫人的心境以及对盟国的利益"⑲是必要的。查理·威克是前美国新闻署署长，与里根总统关系密切，他向马克保证说，"总统绝对不允许发生任何情况，免得给你母亲打电话说，她儿子在美国的土地上受到了伤害。"⑲就这样，美英两国官方分担了这项责任。

这是一桩相当繁重的任务。国务院一位官员以冷淡的口吻对一位同事写道：马克开着"一辆鲜红色的莲花牌跑车（马克的工作内容之一是促销莲花牌汽车），这样的车很难让他不抛头露面"。⑲人们还在来往信件中抱怨说，要找到马克实在太难，尤其是他的爱情生活还很复杂，即使找到他，他的态度也非常粗野。诸如"整体令人不满"和"令人哑口无言"之类官

1 截至1982年11月，警方对马克保护的费用正式计算出来但并未公布，数额达113485英镑。

话反映了官方的不满情绪。

1986 年 4 月，美国飞机从英国空军基地起飞轰炸利比亚后，撒切尔夫人再次感到了惊慌。她写信给威克斯："尼格尔……得知昨天的可怕消息（伊斯兰恐怖分子为报复美国袭击的黎波里，杀害了贝鲁特的美国大学的两名英国雇员和一名美国雇员），我害怕他会成为首选目标，卡萝尔也有危险……他独自一人住在公寓里。"她接着写道，他要跟安嫩伯格[1]一家度那个周末，"我以为那边的保安人员会自动（下划了三道横线）想到采取特别保护措施，可他们什么动静也没有"。然后她提起自己的女儿："幸亏卡萝尔的房子有报警装置，不过我要问问我的保安人员，看他们能不能安排当地警察在接下来几个星期特别保持警惕。我还要提醒她注意自己的汽车，提防爆炸物。最好暂时把车停在唐宁街 10 号外面。"[194]

这封信不仅表达了母亲的关心，也表达了她的负疚感。撒切尔夫人意识到，她的政策增加了孩子们的风险。比起公私比较分明的典型男性政治领导人，她的这种情感也许强烈得多。尼格尔·威克斯准是感觉到了这一点，立刻回信表示特别牵挂。他向撒切尔夫人保证说，马克只要从安嫩伯格家返回，便会一直得到保安人员的陪伴，另外补充道："如果你想得到我们可以帮助你的任何事情，不论白天或夜里，请在任何时候告诉我。"[195]然而，卡萝尔不顾威克斯代表撒切尔夫人做出的努力，执意坚持自己的独立性，坚决拒绝派人保护，不过，她那所房子的安全得到了改善。她仿效了父亲的榜样。丹尼斯近 30 年来拒绝接受给予他妻子的永久保护。

马克却麻烦不断。他住的公寓楼里，有些邻居抱怨因提高保安层次受打扰，一些比较亲英国的邻居感到愤怒，为了自己的安全想要马克迁出这所公寓楼。马克收到要求，要他离开自己的公寓，这事受到广泛的报道。有一段时间，他寄宿在佩罗[2]家，但英国大使馆收到美国礼宾司长的报告，

---

1 沃尔特·安嫩伯格（Walter Annenberg, 1908—2002），商人兼慈善家。1969—1974年任美国驻英大使。

2 罗斯·佩罗（Ross Perot, 1930—），著名得克萨斯州商人。曾希望马克为自己的电子数据系统公司效力，两次以独立候选人身份竞选美国总统。在1992年的竞选中，他赢得将近2000万张选票。

称他住在佩罗家完全不合适："她感觉到，他在利用自己在那里的地位。如果他能在 7 月份迁到新住处，佩罗家会感到极为舒畅。她害怕家里会发生恐怖主义爆炸的危险！"[196]克尔说，最要紧的是迅速为马克找到新家，"一次受到广为报道的驱逐还情有可原，但第二次就可能激起布拉克内尔女士的评论，更不用说舰队街的新闻记者了"。整整一个夏天，马克的住处引起不断的争吵。克尔评论说："我认为包括首相在内的所有相关人员应当向马克解释，他必须在达拉斯选择自己的永久住处。我们一跟他取得联系，马上对他解释……"[197]

继之而来的问题是关于金钱。该由谁为马克支付保安费用？威克斯不愿打扰撒切尔夫人，便向丹尼斯解释说，马克没有永久性住房，内阁办公室便不能为此出力（"如蒙敦促他寻找……将非常有益"）。[198]美国国务院威胁说，要透露对他保护的详情。然而，马克不愿在一处定居，因为照他计算，达拉斯的房产价格要跌落，所以最好以后再买。[199]在房产价格方面，丹尼斯与马克的想法一致，但在保安方面却不同。丹尼斯说，假如官方撤销在达拉斯的保护，"我们不反对"。威克斯向撒切尔夫人报告了此事，丹尼斯对威克斯说，他认为将英国公共资金用于让儿子的住房更加安全，会引发抗议的。[200]撒切尔夫人焦虑不安，要求通过安全线路与马克通话。不过，在达拉斯这是不可能的，于是，通过大使馆向马克传递了信息：将撤销对他的保护。不过撒切尔夫人坚持，应循序渐进，不能突然撤销。[201]结果，马克得到了通知，其实并没有完全不受保护。

直到 12 月份，马克才最终决定在达拉斯购买属于自己的房子。他寻求政府为保安设施出资。他告诉威克斯说，他觉得这需要 2.5 万美元。[202]撒切尔夫人就此写道："先让我做个实际估算，好吗？这看来是一笔巨款，远远超过我的偿付能力。"很快做了勘测，英国大使馆一位官员从现场报告说：

> 撒切尔先生勘测时在场，他的态度是，要么不做，要做就要彻底。在一个具体问题上，我对拟议的安全设备规格提出质疑，他评论说，假如我采取那种态度，还不如乘下一趟班机返回华盛顿……按照撒切尔先生的看法，要得到所需资金并不困难，他还补充说，最近花在首相住房的这种资金达 16 万英镑。[203]

最后，这笔费用预计为 61618 美元，尽管丹尼斯感到担忧，但内阁办公室认为可以承担其中 30820 美元。撒切尔夫人写道："我接受内阁办公室的提议，并表示感谢。马克的安全受到威胁是因为我作为首相采取的行动，我相信这些安保措施是正当的。"[204]此后，事态平息下来。在接下来的那个月，马克迎娶了得克萨斯州人黛安·伯格多夫，婚礼在伦敦萨伏伊礼拜堂举行，婚礼前丹尼斯和玛格丽特在唐宁街 10 号为他们举行了一次聚会。这对新人在澳大利亚度蜜月时，用的是"格林先生和格林太太"的名字，[205]但他们仍受到人身保护。

马克遭遇过真正的困难，因为危险真实存在，他其实不能在英国居住，但是，在约翰·克尔的回忆中，"要帮助他是非常困难的"。[206]撒切尔夫人对此也有同感。首相无比威武、果敢、坚定，受到全世界伟大政治家们的追捧，却从来没找到应对自己儿子的办法。

10.

爱尔兰协议，布莱顿爆炸案

“他们打算不让我见到这天的阳光”

1868年威廉·格莱斯顿首次得知自己当选首相时说：“我的使命是安抚爱尔兰。”撒切尔夫人却从来不喜欢这种堂皇的想法。在她的头脑中，北爱尔兰从来是个让她心烦意乱的问题，让她分心，可她最大的任务是恢复英国的经济自由与成功。不过，这个问题也激发起了她的激情，因为她本能地要保护英国的任何事物或任何人不受侵犯。数百名英国士兵和北爱尔兰皇家骑警在恐怖分子的袭击中伤亡，她的愤怒情绪尤为强烈。那些袭击主要是爱尔兰共和军搞的。她决心与恐怖主义做斗争，并清醒地意识到爱尔兰共和军恐怖分子对她自己（和朋友们）的生命构成了威胁。按照北爱尔兰政治家们的看法，撒切尔夫人对那个省的事务了如指掌，但她对那里的问题没有多少“感觉”。①对于如何更加成功地管理北爱尔兰，她没有自己的看法。[1]

在第一届首相任期中，撒切尔夫人勇敢面对国际上的愤怒，绝不向爱尔兰共和军的绝食斗争屈服，但政府在北爱尔兰问题上的政治新策略均未产生结果。由于马尔维纳斯群岛战争期间都柏林的查尔斯·豪伊政府表现恶劣，甚至有恶意，撒切尔夫人便冻结了英爱两国政府间试探性的联系。虽然她私下对官员们说，她想要“就爱尔兰问题做一些事”，但她自己没想

---

1 她缺乏“感觉”的一个证据是她不能把握讨论中常用的一些术语。她脑子里从来分不清“爱尔兰民族主义者”（例如社会民主及劳工党）和共和党人（例如新芬党），她既念不准也记不住爱尔兰议会的名称（念作“多伊尔”）。她有时在交谈中喜欢用“联合王国”，可她指的却是不包括北爱尔兰的“大不列颠”。

过要做的“一些事”是什么事，也没有形成适当想法的思路。白厅机构中最亲近民族主义的官员提出一些方案，主要是外交部官员提出的，但阿根廷对马尔维纳斯群岛的入侵失败后，外交部在她眼中的地位较低。她回忆说：“人们对我说，需要有一个新方案，我就对他们说：‘什么？’”②仿佛她并不期待有人提出有用的建议。

1982年12月，加勒特·菲茨杰拉德第二次当选爱尔兰共和国总理时，英－爱关系就处在这种愤怒而不灵活的状态。尽管有重重困难，但菲茨杰拉德渴望恢复接触，希望英国和爱尔兰共和国确定北爱尔兰问题方面取得进展。他的一名官员直率地陈述了现状：

> 自从去年5月以来，英－爱关系非常糟糕。关于马尔维纳斯群岛的不同观点……坚定了英国首相的感觉，认为她应当因循自己的本能，服从保守党的天然支持者，在参与处理英－爱问题时持更加谨慎的态度……她不信赖外交部……这对恢复英－爱磋商进程显然不利。③

这名官员建议以安全为由提起这个问题。爱尔兰政府应当“严厉打击恐怖分子”，因为“更加严厉的行动是英国政府欢迎的，也有助于巩固恢复英－爱磋商的基础”。④

这是对撒切尔夫人心态的很好解读。在她看来，安全是第一位的，她对爱尔兰共和国为此做的工作从来感到不满，而且她的看法是有道理的。她不时提起沿边界建一道围墙的想法，墙上开几个她所谓的“通道”。⑤没有一个同僚支持她这想法，可她一再提起这事。在私下交谈中，撒切尔夫人特别抨击爱尔兰共和国在第二次世界大战中扮演的不光彩角色。她说，“爱尔兰人自称中立，其实要糟糕得多”，⑥他们正式公布的中立立场实际上安慰了德国人。[1]

---

1 加勒特·菲茨杰拉德相信，并非只有撒切尔夫人持这一看法。“凡是保留着战争记忆的（英国）政客对爱尔兰都存有疑问，其中也包括玛格丽特·撒切尔，这（对我们）变得困难。这包括她，不过也包括吉姆·卡拉汉。”（加勒特·菲茨杰拉德访谈）

撒切尔夫人在回忆录中对加勒特·菲茨杰拉德颇为刻薄，挖苦他饶舌，说他不理解联合主义者的恐惧。她不适宜地拿他跟查理·豪伊做对比，私下说："豪伊是个硬汉……对付硬汉往往比较容易。"⑦[1] 她执政期间对菲茨杰拉德并没有这种感觉。她的确认为他是个"言语很多的人"，⑧因为他声音平静语速快，他说的话很大一部分她没听见。[2] 在她记忆中，他是个"爱尔兰的杰弗里·豪"。⑨菲茨杰拉德的一位官员回忆说："每次与撒切尔夫人会见时，我就会劝说他'说话慢一点，慢一点'……他开始时说话相当慢，也容易让人听懂，但是，随着各种想法开始出现，他的语速加快了，快得说不清楚自己的想法。"⑩一次，她当着他的面打起了盹。[3] 但是，她在回忆录中的抱怨也许反映了她回忆起整个英爱磋商感到的不安。在当时，撒切尔夫人的确认识到，菲茨杰拉德并不反英，他的真实愿望是改善两国关系，并为了北爱尔兰的和平。菲茨杰拉德的真诚得到了她的尊重。她回忆道："他是个很容易相处的人。"⑪罗伯特·阿姆斯特朗在为了达成《英-爱协议》的整个磋商过程中领导着英方团队，他评论说："菲茨杰拉德的确眼光远大。撒切尔夫人喜欢他，认为他是个诚实正派的人。我认为她觉得自己在他面前像个慈母：想要抚摸他卷曲的头发。"⑫[4] 撒切尔夫人认为，自己该认真听菲茨杰拉德才对，她对世人的关注有很强的意识，尤其是美国人的关注。她不愿让人看作对和平与和解事业怀有敌意。

菲茨杰拉德的紧迫感比撒切尔夫人更甚。有一个事态让他特别担忧，他担心爱尔兰共和军的政治派别新芬党渐渐崛起，有可能赶超约翰·休姆

---

1 马丁·曼沙是个与豪伊接近的官员，他感到撒切尔夫人和查理·豪伊之间存在着相互尊重，因为"尽管常常存在尖锐的分歧和相当严重的不信赖，但她认为豪伊是个职业政治家同行。但两人对加勒特都没有这种看法"。（马丁·曼沙访谈）

2 有这种感觉的不止撒切尔夫人一人。女王曾抱怨说："我很高兴菲茨杰拉德先生不是我的首相。他说的话我听不懂。"（私人信息）

3 菲茨杰拉德发现撒切尔夫人睡着了，这才住嘴。查尔斯·鲍威尔督促他说："接着说吧，我会记下来的。"（鲍威尔勋爵访谈）

4 尽管撒切尔夫人有这种慈母的本能，但她往往把菲茨杰拉德的名字搞错，把加勒特叫成"加雷思"。（迈克尔·利利斯访谈）

领导的民族主义温和派社会民主及劳工党。他认为，这不仅会让北爱尔兰动荡不安，还可能破坏爱尔兰共和国的稳定。他想要团结各民族主义派别，就北爱尔兰问题制定一个支持社会民主及劳工党的共同方针。为了这一目的，他于1983年5月创立了“新爱尔兰论坛”，并没有寻求撒切尔夫人的支持，而她对完全由爱尔兰搞的解决方案感到怀疑。

撒切尔夫人在1983年6月的大选中取得引人瞩目的胜利后，发现菲茨杰拉德的议事日程支配了对北爱尔兰未来的讨论。虽然她并不喜欢“爱尔兰维度”，但是在北爱尔兰问题上，她的朋友、顾问、政治同僚中，没有几个人能从联合主义的视角向她提出有创建性的建议。大选后，她提升首席私人秘书伊恩·高担任住房大臣，所以，这位关系最密切的联合主义伙伴如今不在她身边了。她与北爱尔兰联合主义领导人詹姆斯·莫利诺没有多少个人关系（“他这人完美无瑕……但不是个强者”），而“主要的联合主义者”让她感到不安（“他是个不好相处的人”）。⑬虽然她对因诺克·鲍威尔心存敬意，但不能赞同他反对美国的阴谋论。自1974年10月以来，他一直是议会中代表北爱尔兰联合主义者的议员。撒切尔夫人私下回忆说：“因诺克认为，北爱尔兰的一些暴力活动是美国情报机构搞的——这简直是疯狂的想法。”⑭让人们普遍感到惊讶的是，她在1983年大选后，委任吉姆·普赖尔担任北爱尔兰事务大臣。

撒切尔夫人的联合主义本能面临着比都柏林更加难以逾越的障碍——罗伯特·阿姆斯特朗及其在内阁办公室的同僚，其中最显著的是戴维·古多尔。撒切尔夫人担心外交部会牵头与爱尔兰讨论英国的部分领土问题，她早早便做出决定，这个问题由内阁办公室负责（参见第二卷第7章）。内阁大臣阿姆斯特朗推动这项工作，但他自己的观点比外交部更“绿”（指同情爱尔兰民族主义）。阿姆斯特朗在都柏林的谈判对手是德莫特·纳利，阿姆斯特朗自1979年就了解他了。两人“相互尊重，十分友好”，同意需要增进两国政府的关系。[1] 在最困难的日月里，是“阿姆斯特朗-纳利程序”

---

1 与有些说法不同的是，阿姆斯特朗并未参加在桑宁代尔举行的协商，但是，1973年12月，他出席了唐宁街10号为那次协商者举办的晚宴，他当时见到纳利并与他交谈。（与阿姆斯特朗勋爵通信）

维持了伦敦与都柏林的联系。[1]所谓“阿姆斯特朗－纳利程序”的正式称呼是“英－爱政府间委员会”的指导委员会（这是撒切尔夫人与菲茨杰拉德在 1981 年建立的机构，用于考虑两国政府共同关心的事务）。古多尔是一位近乎神圣的罗马天主教徒，祖辈是倾向英－爱友好的基督徒，他头脑清醒，在内阁办公室任副大臣。他回忆说：“我心里总是想着爱尔兰。罗伯特·阿姆斯特朗也是一样。”⑮不过当时古多尔从未去过北爱尔兰。他比自己的上司参加的谈判次数多。在这个问题上，他们两人是行家，远远胜过撒切尔夫人。他们是高度专业的公务员，懂得如何遵守礼仪，但他们的意见从来与她不一致。查尔斯·鲍威尔说：“罗伯特从来不越轨，他们都背着她操作，会议主要是讨论如何应付她。”⑯

1983 年大选胜利后，罗伯特·阿姆斯特朗致函撒切尔夫人，敦促她利用爱尔兰总理最新同意 11 月举行两国首脑峰会的机会，与爱尔兰共和国重修旧好。阿姆斯特朗解释说，正由于“新爱尔兰论坛”的报道受到欢迎，两国政府才应当重新接触：“如果两国政府在争议较少的其他主题上建立对话，便能压低它（对论坛的报道）的影响。”⑰他希望在马尔维纳斯群岛战争产生的两国关系冷淡后“慎重恢复生意”。撒切尔夫人感到可疑，她写道：“我根本不喜欢这个。事实上，我们除了安全和欧共体事务，并没有什么好谈的……这正是我们跟联合主义者陷入困境的原因。”⑱不过，她绝对没有禁止谈判，于是，阿姆斯特朗实际上得到了继续推进谈判的许可。

在接下来的几个月中，爱尔兰官员们采取主动，讨论以什么方式与英国联系最佳。菲茨杰拉德的亲密顾问迈克尔·利利斯回忆说：“当时显然不可能与撒切尔夫人磋商，她除了安全问题其他事情都不关心。对民族主义者所说的政治进程或任何这类想法，她完全不感兴趣。”⑲他们采取的策略是想出某种足以吸引撒切尔夫人的事情，让她接受政治进程的想法，作为

1 “阿姆斯特朗－纳利程序”使双方关系非常密切，爱尔兰方甚至设计制作了两种领带，一种是代表爱尔兰的深绿色，另一种是代表英国人的褐红色，上面有两个字母“NA”（以爱尔兰的角度，代表纳利的字母在先，代表阿姆斯特朗的字母在后），将两种都赠送双方人员。这个非正式俱乐部成员在相聚时便会系这种领带。

对安全合作的交易。9 月份，戴维・古多尔访问都柏林时，利利斯邀请他沿运河散步。两人散步时，利利斯向他提出一种想法，古多尔认为这个想法“具有深远意义”。⑳利利斯说，菲茨杰拉德准备支持正式承认“联邦”，作为“爱尔兰安全部队参与北方行动以及爱尔兰法官审判北方恐怖分子”的回报。㉑这个想法后来发展成另一个理念：爱尔兰共和国废除 1937 年宪法第 2 条和第 3 条中对北爱尔兰的领土要求。这项废除要通过公民投票方能认可。虽然没有正式提出对宪法的修改，但这个想法对撒切尔夫人是个诱惑。[1]英国官员们如此重视修改 1937 年宪法的想法，这着实让人吃惊。这个想法以前也有过，但当时人们却似乎没有觉得如此重要。宪法第 2 条和第 3 条在国际法中无足轻重，因为在 1925 年，爱尔兰与英国达成的协议已经承认了爱尔兰分割的现状。假如宪法第 2 条和第 3 条是重要的，也只有情感和政治上的意义，而不具有法律的和现实的意义。㉒

在 11 月份举行两国峰会前不久，阿姆斯特朗致函撒切尔夫人，报告他最近在都柏林与纳利会谈情况。菲茨杰拉德为取悦英国官员亲自接见他们，并单独会见了阿姆斯特朗。阿姆斯特朗向撒切尔夫人报告了他说的内容。菲茨杰拉德称北爱尔兰的少数人遭到“歧视”：“需要创造某种基础，让北爱尔兰的少数派在此基础上培养起忠诚感。”㉓用“歧视”这个字眼只有他自己清楚，但撒切尔夫人却认为这是个惹人恼火的马克思主义术语。这位爱尔兰人也许想要公开表达一个事实：在可以预见到的未来，（北爱）不会割断与英国的联邦关系。阿姆斯特朗用菲茨杰拉德的话报告说：“作为对此的回报，应当允许少数派有自己的法治体系，在此基础上他们可以建立起信心和忠诚（他的原话）。”㉔撒切尔夫人在这些文字下一连画了几条曲线表示不赞成。

阿姆斯特朗向撒切尔夫人传达了菲茨杰拉德的愿望：以特别方式处理各种事务。如果能在首相别墅会见，他“便认为他的人和你的人单独讨论这些事务是非常有益的”。㉕他这话的意思是不通过外交部，仅仅由迈克尔・利利斯、纳利、阿姆斯特朗、古多尔等人参加讨论。阿姆斯特朗没有

---

1 爱尔兰对这些会议的记录显示，提出修改宪法的人是古多尔。（迈克尔・利利斯做的记录，1983年9月29日，NAI: DFA/2013/27/1589）

提到一点：这种讨论违背了吉姆·普赖尔公开宣布不考虑秘密交易的说法。

11 月 2 日，撒切尔夫人收到关于菲茨杰拉德心态的报告。报告人称，菲茨杰拉德相信，“北爱尔兰问题的主要障碍不是宪法的限制，而是首相本人”。㉖

11 月份即将举行的峰会临近时，撒切尔夫人开始担心，害怕爱尔兰人为安全合作要求交换的条件超过她愿意接受的范围。㉗ 11 月 7 日举行的会议是令人不安的。迈克尔·利利斯回忆说：“撒切尔夫人迸发出的情感让人像触电般震惊。我认为与议题有关……她的责任是保护英国主权不受疯狂的民族主义抱负侵犯，另外的问题是生命的损失，其中既有军人，也有平民，还包括天主教会的人。”㉘菲茨杰拉德为描述民族主义团体的情感用了他喜爱的字眼“歧视”，撒切尔夫人立刻打断他：“加勒特，我真的希望你再也不要用那个可怕的字眼了。”㉙菲茨杰拉德谈起新芬党的威胁，夸耀“新爱尔兰论坛”建议的联邦、联盟或共同主权方案。[1] 首相说，她注意到，总理关心的全都是背叛撒切尔夫人思想的记录。㉚菲茨杰拉德明显感到泄气。

但是，在爱尔兰历史上，权力往往归于保持进程并负责进程的人。菲茨杰拉德离去后，英国团队与首相聚集在壁炉前，听她说他们真正想要的内容，她赞同英国对爱尔兰的提议做出正式回应。他们研究出所谓“基本公式”。英国将同意都柏林政府“以某种形式在政治上参与北爱尔兰事务。作为回报，爱尔兰要正式承认（北爱尔兰与英国的）联邦”。㉛然而，撒切尔夫人担心受到“秘密谈判”的指控，这时中止了利利斯－古多尔的谈判渠道。这在实际上没什么区别，因为所有进一步的讨论可以在英－爱跨政府委员会的掩护下照常进行。因此，双方的会议得到公开承认，但是他们会谈的真实议题却依然保密。

1983 年年底发生了几宗可怕的恐怖袭击事件，其中包括一位崭露头角的年轻联合主义政治家埃德加·格雷厄姆遭暗杀；爱尔兰安全部队的两名

1 论坛提出的这三种方案撒切尔夫人全都不欢迎。菲茨杰拉德回忆说，她尤其警惕“共同主权”方案，因为她事后必须如实地说，没有讨论过这事。（加勒特·菲茨杰拉德，《生活中一切：加勒特·菲茨杰拉德自传》，吉尔和麦克米伦出版社，1991年 pp.476—7）

士兵遭爱尔兰共和军杀害——这是北爱尔兰问题发生以来首次发生这种事件；爱尔兰共和军在伦敦哈罗兹百货商店实施炸弹袭击，造成六位平民遇难。总的来看，这些暴行对菲茨杰拉德的目标有利。他在《泰晤士报》上撰文表示，两国政府在打击恐怖主义方面有共同利益："下一步我们必须采取联合行动。"㉜撒切尔夫人做出同样的回应。她在圣诞节前出其不意访问北爱尔兰省，既对恐怖主义做出强烈谴责（"我们决不向子弹或炸弹投降"），又向菲茨杰拉德发出友好的信息："我热情欢迎并接受总理的邀请，在打击恐怖主义的战斗中进一步深化双方的合作。"㉝

1984年新年伊始，撒切尔夫人召集吉姆·普赖尔和杰弗里·豪来首相别墅讨论北爱尔兰局势。她表达了对恐怖主义的无奈，提出各种想法，有些想法她常常提起，但其他人都不赞成。戴维·古多尔记录道：

> 首相问，有些人不愿受英国统治，为什么不能让他们移民爱尔兰？她说，毕竟爱尔兰已经习惯了大规模的人口流动，不久之前还发生过某种形式的人口转移。这时，壁炉前一片沉寂。沉默过后，我问她，是否想起了克伦威尔[1]。"克伦威尔，当然想起过。"我说："首相，克伦威尔的政策称作'要么下地狱，要么归属康诺特'，这给英－爱关系留下一道迄今尚未愈合的伤疤。"于是，人口迁徙的想法没有再讨论。㉞[2]

---

1 托马斯·克伦威尔（1485—1540），英国近代社会转型时期杰出的政治家，英王亨利八世的首席国务大臣。16世纪30年代克伦威尔政府对边境地区实行强硬政策，在疆域内确立了国王的最高权威。

2 先前有过重划爱尔兰边界的想法。撒切尔夫人似乎有可能想到了边界委员会，这个委员会是在1921年《英－爱协议》后建立的，目的是确定众多天主教人口是否应该迁移到自由州。结果没有做出任何变化。"撒切尔夫人意识到，劳埃德·乔治发起的边界委员会没有产生任何结果……她似乎想过，不允许惹麻烦的教区做出改变是个错误。她似乎不理解那会引起什么样的事态。"（马丁·曼沙访谈）（欲了解爱尔兰政治中边界的作用，参见亨利·帕特森，《爱尔兰的暴力边疆：北爱尔兰问题中的边界与英－爱关系》，帕尔格雷夫－麦克米伦出版社，2013）

然而，从撒切尔夫人惊慌的“自言自语”中判断，这次会议的结果再次让想要谈判的人感到满意。2 月 16 日，《英 – 爱协议》首次提交给内阁，撒切尔夫人因患喉炎，讲话比平时少。她解释说，抓紧提出英国建议，目的是要胜过即将出台的“论坛”报告。她的目的其实是为了鼓励同僚讨论而不是表达怀疑，尽管条件极其艰难，但“我们需要一种可接受的约束性承诺”。㉟汤姆·金在很久以后成为北爱尔兰事务大臣，当时他提出反对意见说，爱尔兰人或许不可能为修改宪法第 2、3 条进行公投，所以事态会比以前更糟。撒切尔夫人回答道：“你不可能让它变得更糟；你也不能什么都不做。”㊱这次会议的气氛十分谨慎。怀特劳说：“我坚决支持这项计划，在安全问题上保持与爱尔兰政府合作（阿姆斯特朗的速记内容），”但他以自己典型的语言风格补充说，他“对结果并不乐观”。㊲内阁最坚定的联合主义者大法官黑尔什姆勋爵警告说，爱尔兰的全民公决从来没有一次顺利通过。但撒切尔夫人感觉该给会议做个总结了，阿姆斯特朗做的记录如下：“内阁赞成探索，以最机密的方式。”㊳

爱尔兰人一心想着“新爱尔兰论坛”，在 1984 年 5 月 2 日论坛报告公布前，一直没有正式回应英国提出的建议。菲茨杰拉德赞扬这份报告，并首次承认，大多数北爱尔兰人对英国有认同感，但这份报告根本没有让联合主义者感到安慰。报告对英国在爱尔兰的角色做了极为坦率的描述，扼要勾画出三种前景——创建单一的爱尔兰国家、联邦制或邦联制的爱尔兰国家，或者由伦敦和都柏林以某种形式“共同治理”该省。这三种方式都要废除或颠覆联邦。在这三种选择中，爱尔兰政府比较喜爱共同治理，菲茨杰拉德认为这与英国无法接受的共同主权是不同的。[1] 实际上，共同主权意味着英国和爱尔兰共和国将共同管辖北爱尔兰，将平等地承认其两国的象征和两国的公民身份。还包括共同指挥安全部队，共同管辖完全由爱尔兰人组成的法庭和刑事司法体系。撒切尔夫人认为这是不可能的。她后来回忆说：“我们必须排除共同治理，因为它其实是共同主权的一种形式。”㊴

然而，撒切尔夫人仍然没有采取措施阻止进一步磋商。在公开场合，

1 在此阶段，就香港问题与中国谈判到了危急关头（参见第4章）。因而，撒切尔夫人对北爱尔兰“共同主权”或“共同治理”不可能做出任何让步。

她克制住自己，没有攻击那份论坛报告，将自己的言论限制在正面泛泛而谈。她对英国广播公司说："如果你看看我们的安全部队为此献身的官兵人数，如果你看看北爱尔兰人的丧生人数，你便看到了恐怖主义，便会想：'这不能永远持续下去。'因此我们必须找到某种解决方案。"㊵

然而，撒切尔夫人私下却为论坛形成的压力感到愤怒："我觉得这是逼迫我们。"㊶在与大臣和官员们开会讨论 5 月 24 日的阿姆斯特朗 – 纳利建议时，她的反应十分强烈，古多尔写道："爱尔兰人是在赤裸裸地要求共同管辖，完全是厚颜无耻……她被激怒了，爆发出罕见的恼怒。"㊷

在撒切尔夫人心中，一个重要的想法是需要保持与美国的关系，在格林纳达事件的口角后（见第 5 章），两国关系最近才得到恢复，由于里根总统预定 6 月份要访问爱尔兰，英美两国关系需要好好修复才行。爱尔兰政府十分自豪，因为认为自己"与里根有极为密切的关系，亲密程度甚至超过了里根与她的关系"，㊸他们将这份论坛报告看作影响美国舆论的一个机会。他们还利用了一种情况：里根为了让立法案通过，需要民主党人众院议长爱尔兰裔美国人蒂普·奥尼尔的帮助。奥尼尔"实际上是以国内事务与里根做交易，要里根给撒切尔夫人施一点压"。㊹

其实，里根的爱尔兰特征并不很强。里根的国家安全顾问威廉·克拉克大法官说，里根的确"提醒过撒切尔夫人几次，说考虑到爱尔兰后裔在国会的影响，假如伦敦与都柏林交往时稍稍多给对手一点尊严感，他的日子会好过些。但是总统对爱尔兰问题并没有很强烈的感受。我知道人们怀疑他的这一点……但是，尽管他有爱尔兰人的名字，也探访过祖籍，但他的感受并不强烈"。㊺来自美国的压力极其轻柔。里根动身去爱尔兰时，国务卿乔治·舒尔茨向他介绍了那个论坛报告：

> 菲茨杰拉德可能会请求你动用对撒切尔夫人的影响力"使之更快实现"。你的最佳行动路线是不评论报告本身的优点，重申支持英国和爱尔兰政府做出各种努力，就北爱尔兰问题找到和平的和有建设性的解决方案。㊻

撒切尔夫人对这种模棱两可的立场当然有些抱怨。她回忆道："罗纳德·里根在完全彻底谴责恐怖主义方面非常有帮助。他一切都理解。”[47]但查尔斯·鲍威尔说，作为回报，她热衷于“跟这个老爱尔兰人里根保持一致”，[48]而掩饰自己的最佳方式便是让人看到，她在与爱尔兰政府对话。她害怕受到美国人批评，称“英国在应对北爱尔兰少数派团体的真实抱怨中无所作为”：“我可担不起这种名声。”[49]

如今，交流的焦点是：如果爱尔兰废除其宪法中的第 2 和第 3 条，撒切尔夫人作为回报能够同意哪些内容？撒切尔夫人与菲茨杰拉德在 1984 年 9 月 3 日会见之前，戴维·古多尔向撒切尔夫人陈述了目前的情况。爱尔兰人建议新组建一支非武装警察部队，从民族主义社区招募，派往警察人数少的地区，另外新组建一支共同“安全部队”。这些建议“不切实际”，结果会解除并削弱北爱尔兰皇家骑警的武装，产生“灾难性的后果”。他写道：至于宪法的改变，英国不能因此做出任何让步，“不过，我们准备提出一种方式，在该省的警察和安全问题上，通过制度化的咨询安排运用直接影响”。[50]撒切尔夫人应当让菲茨杰拉德明白，这是个重大问题，“将涉及英国首次正式承认爱尔兰政府在北爱尔兰内部事务上的发言权”。[51]撒切尔夫人不喜欢“发言权”这个字眼，在下面画了道曲线，但她并不厌恶已经发布的基本协议。

两位领导人在唐宁街会见时，菲茨杰拉德露出自我牺牲的模样对她说，如果他提交议案对宪法第 2 条和第 3 条进行全民公决，他的政府很难不被击败，“但是我已经咨询过我的部长们，他们都愿意冒这个险”。[52]撒切尔夫人以睿智练达的方式做答。“她从政多年，懂得人们可以提出一种想法，但真正的困难在于将想法化作切实可行的政治主张。”[53]菲茨杰拉德的建议在常识圈子里是好的，“但是在北爱尔兰，要应付的是民间舆论、怨恨与猜疑”。他依照本能要宣扬谈判中涉及的原则，向世界宣示一种新愿景，她的本能则是要贬低他那种愿景。

在这次会谈中，没有就任何新东西达成一致，只是像以往一样同意阿姆斯特朗与纳利继续保持谈判。在接下来的那个月，双方官员进入一种“适度愉快的新阶段”。[54]然而，乐观的气氛很快就“爆炸”了。

保守党年度大会在布莱顿市召开。撒切尔夫人照例竭尽所能精心准备她的领导人讲话。1984 年 10 月 11 日深夜，她出席党代表舞会后仍然身着盛装，在大饭店二楼的拿破仑套房仔细研究演讲稿。丹尼斯已经上床睡觉。

10 月 12 日凌晨约 2 点 50 分，她刚刚完成对讲稿的修改，送给人打印，罗宾·巴特勒送交给她一份关于利物浦园艺博览会的文件，供她夜里考虑。她说："我现在就看。"㊺巴特勒回忆道："我已经昏昏欲睡了。突然，一个巨大的爆炸声响起。我说：'有炸弹。你赶紧离开窗户。'撒切尔夫人说：'我得看看丹尼斯是不是没事。'"她说着拉开卧室门，冲进黑暗，拉着丈夫走出来。丹尼斯身穿睡衣，睡眼惺忪。卧室受到严重损坏。假如她当时在里面，很有可能受重伤。

走廊对面的房间供打字复印，阿曼达·科尔文和特莎·盖斯曼正在打印撒切尔夫人修改过的讲稿，她们立刻明白是发生了炸弹爆炸，"因为前一年 12 月哈罗兹百货商店发生爆炸时，我们俩恰好在现场"。㊻当时与她们在一起的斯蒂芬·舍伯恩却没有意识到发生的是什么情况。他听到了窗玻璃破碎的声音，误以为是骚扰大会的罢工矿工闯进了饭店。㊼保守党主席约翰·格默当时也在打印室整理讲稿。爆炸声响起，他连忙叫人们趴在地板上。接着，他小心翼翼爬向房门，把门打开。奇怪的是，走廊的灯全都亮着，没料到他跟撒切尔夫人打了个照面，只见她没穿鞋，手足并用趴在走廊对面的门口。㊽她来到这间屋子里，说："那原本是要对付我的。亲爱的，大家都好吗？"㊾她见在花园房工作的一位打字员泪流满面，就朝她走过去："大概是个炸弹，不过别担心，亲爱的。"㊿丹尼斯露面时，她的保镖鲍勃·金斯顿见他浑身战栗，但撒切尔夫人却平静而镇定。[61]巴特勒对大家说，为了她的安全，必须马上返回唐宁街。撒切尔夫人说："我不走。"[62]

接下来的 20 分钟左右，人们陷入困惑，为是否该保护首相离开布莱顿市发生争论。由于害怕第二次爆炸和狙击手，大家认为此时离开有危险。后来真的又发生了一次响亮的爆裂声。撒切尔夫人回忆说："听上去像是第二枚炸弹。"[63]其实，那不过是炸裂的建筑碎片落地的震动声。只有一枚长延时的定时炸弹，是几个星期前由爱尔兰共和军分子帕特里克·麦基[1]在他住过的七层楼套房浴盆下放置的。麦基推测出撒切尔夫人要住的饭店，便在那个套房安置了炸弹，其威力可以摧毁她可能入住的楼房上面几层。结果，撒切尔夫人被安排在另外一个区域，麦基失算了，结果爆炸让别人遭受了伤亡。当然，这些情况当时谁也不知道。

---

1 1986年，麦基被判谋杀罪，获刑终身监禁，但1999年根据《贝尔法斯特协议》的有关条款获释。

撒切尔夫人没参加下一步该去哪儿的讨论，她在担心自己套房隔壁的杰弗里·豪和埃尔斯佩思·豪。他们的套房门缝下好像冒出了烟，后来发现不过是灰尘。两人困在房间里，房门怎么也打不开。从外面能听到他们的呼喊声，后来总算出了门，两人毫发无损。

约翰·格默觉得，警方不知所措了，于是人们纷纷提出有益的建议。格默建议带撒切尔夫人去附近一位医生家，他父亲曾在布莱顿市担任一个教区的牧师，熟悉这位医生。㊹有人跟伊恩·高通了电话，他提出可使用自己在伊斯特本附近汉克罕镇的一所房子。[1] 最后，警方拒绝了这些建议，决定请撒切尔夫人一行人去布莱顿市警察局。消防队员们护送他们一行走下饭店的主楼梯，经过炸塌后落在大堂里一大堆碎石，出了饭店后门走进一条小巷。撒切尔夫人在设法了解是什么人犯下这桩罪行。她记得："混凝土的灰尘沾得人满嘴都是。"㊺巴特勒和鲍勃·金斯顿收拾起撒切尔夫人的一些衣服和文件，送到车上。撒切尔夫人先前曾"冲进卧室去拿第二天要穿的服装——海军蓝套装、两件衬衫和鞋子"。㊻阿曼达·科尔文说："首相，别担心，我拿到讲稿了。"㊼她把讲稿的一个副本装进撒切尔夫人的提包——显然证明她的设想是大会照常举行，演讲照样要做。㊽ [2] 撒切尔夫人自己的保安汽车这天夜里停在警察局，所以只好从饭店停车场另找一辆车。戴维·沃尔夫森提供了自己的车，并充当司机。撒切尔夫人、丹尼斯和她的常务助理辛西亚·克劳福德共乘一车。其他随员乘坐一辆巴士跟在后面，其中有约翰·格默的妻子潘妮，她身穿睡衣浑身发抖。当时任低级官员的彼得·莫里森后来也来到警察局。他每晚都要喝个酒后微醺，爆炸发生时，他半睡半醒中以为是年轻的保守党人狂欢闹出的动静，然后自己接着睡觉。杰弗里·豪夫妇和他们名叫巴吉特的狗儿均未受伤，后来也给带进警察局。

所有人当时都没有完全明白发生了什么情况。撒切尔夫人离开饭店时，并没有意识到有人丧生。㊾在移动电话、电子邮件、24 小时电视新闻出现

---

1 1990年7月，伊恩·高在这所房子外面遭爱尔兰共和军的炸弹爆炸身亡。

2 抢救讲稿的行动让撒切尔夫人深受感动，她后来写信给阿曼达·科尔文的父亲，回忆当时情景说："阿曼达自始至终表现得极为出色——冷静、沉着、保持着愉快心情。更加重要的是，她和特萨没忘记把讲稿带出来。你该为她感到非常自豪。"［撒切尔致函科尔文，1984年10月30日，CAC: THCR 1/2/23（http://www.margaretthatcher.org/document /136349）］

前的岁月里，信息严重不畅。直到第二天黎明，舍伯恩乘巴士返回会议中心时才听到司机的收音机里报道“暗杀首相及其内阁的企图”，这才意识到自己经历的事件性质。[70]在警察局，关于人们受伤的传言开始传来。消息最灵通的人士是美国大使查理·普赖斯，他坐在警察局长的办公桌后面，给他的大使馆打电话。[71]在滨海区，所有大臣、议员和保守党代表都处于震惊状态，来回游荡着，有些人身穿参加舞会时的晚礼服，另一些人身上还穿着睡衣。基思·约瑟夫身穿光鲜的丝质圣诞风格晨衣，认真地随身带着他的大臣文件匣。保守党司库阿利斯泰尔·麦卡尔平给玛莎百货的董事长打电话，说服他早上让布莱顿市的分店提前开门，好让受炸弹爆炸影响的人们为参加大会穿上得体的服装。撒切尔夫人在警察局的时候，通过英国广播公司发表简短讲话。她说：“大会要召开，大会要照常召开。”她特别强调了“照常”两个字。[72]

早上 4 点 40 分，警察开车送撒切尔夫人去了距离布莱顿市数英里外的刘易斯警官学院。这违背了约翰·格默的意愿，因为他意识到，大家会与撒切尔夫人“失去联系，她可不喜欢这种情况”。[73]在这天夜里剩下的时间里，他们待在警官学院，撒切尔夫人与克劳福德同室共眠。两人祈祷过后，撒切尔夫人和衣睡了一个半小时。她们睡着的时候，格默给警官学院打电话通报消息，说炸弹爆炸的后果比原先的猜想严重得多。有些人丧生，消防员正在从碎石中救人。罗宾·巴特勒决定不唤醒她。[74]她醒来后，穿起参加大会的新服装，巴特勒这才向她通报消息，一条消息是营救人员仍然试图从碎石中拯救首席党鞭约翰·韦克厄姆，他们能听见他在下面的呼救声。克劳福德打开电视，看英国广播公司的早间电视新闻，呼唤撒切尔夫人：“看哪！他们正在救出诺曼·特比特。”[75]身穿睡衣的特比特困在倒塌的混凝土碎石下面，消防员正在设法把他弄出来。撒切尔夫人一辈子只有这一次感谢电视摄像机，它们明亮的灯光对准了废墟，有助于消防员操作。[76]撒切尔夫人让眼前的景象和听到的消息惊呆了，有人建议说，考虑到人员死亡，大会不该如期举行，但她不愿接受。她说：“我们必须及时抵达会议中心，准时召开大会。我们必须表现出民主不会让恐怖主义击败。这也是他们（受害者们）的愿望。”巴特勒回忆道：“我当时极为感动。”[77]

大会确实按时召开了。撒切尔夫人与保守党主席一道走上讲台。稍稍偏离原定议程的内容是一段简短的宗教仪式和纪念受害者的两分钟默哀。[1]接着，辩论照常进行，内容碰巧是关于北爱尔兰问题。

在此期间，会议中心为撒切尔夫人设了一间办公室，她的团队投入工作，修改她的讲稿。屋子不通风，又很小，秘书们只好把打字机放在腿上打字。⑱通常构成大会演讲一部分的政党政治争论话题不得不放弃，要新构思一个关于炸弹爆炸的内容，讲稿的大部分撰写工作是由迈克尔·艾利森和罗尼·米勒完成的。大约在 11 点钟，撰写流程被打断了，奇切斯特市的英国国教的主教和阿伦德尔与布莱顿市的罗马天主教的主教[2]走进这间临时办公室，撒切尔夫人出席了他们做的私人祈祷。这天上午，各种传言如潮水涨落流动，人们的希望时而升起，时而破灭。在这间办公室的人们听说，约翰·韦克厄姆的妻子罗伯塔·韦克厄姆被救出。⑲其实，她已经罹难。撒切尔夫人的核心集团成员都知道，她在发表演讲前总是感到紧张，但这时却相当安详，别人遭受的痛苦让她担忧："她平时在大型演讲前总会感到焦虑，但这次却平静得多，不安情绪也轻微得多。"⑳

按照惯例，撒切尔夫人在午饭后发表了演讲。她神态沉着，头发像往常一样整洁，不过这天早上没有像以往演讲前那样让美发师修整。她说，那枚"没有人性"的炸弹"试图摧残女王陛下的民选政府……我们虽然感到震惊却十分坚定，现在我们聚集在这里就是个证明，不但这次袭击失败了，而且所有试图以恐怖手段摧毁民主政治的企图都将以失败告终"。㉑接着，她向警方、应急服务和政党工作者致谢后，转向她称作"正常的公务"。撒切尔夫人针对正在进行的矿工罢工演讲后，[3]讲了结束语："我们国家面对的时代也许面临最严峻的危机，这是极端主义分子与其他人之间的斗争……我们国家将应对这场挑战。民主必将获胜。"㉒虽然听众起立鼓掌的声音震耳欲聋，但并非所有人都觉得她的演讲应付自如。道格拉斯·赫德在自己的日记中写道："并不是特别好，但是她彻夜未眠，人们是为她的表现含泪鼓掌。"㉓

---

1 宗教仪式开始前，警方收到一个炸弹警告，但会议主席格默决定不让与会者撤离会场，也不告诉撒切尔夫人。他们的猜测果然不错，那是个恶作剧。（德本勋爵访谈）

2 后来成为红衣主教科马克·默菲奥康纳。

3 对此的完整讨论参见第6章。

演讲过后，撒切尔夫人和丹尼斯探视了在布莱顿市皇家苏塞克斯医院的伤员，把人们祝福她献的花束转送给伤员们。约翰·韦克厄姆还没有恢复意识，诺曼·特比特几乎说不出话来，“脸肿得我都认不出他来了”。[84]她只能隔着医院内部的玻璃窗看到韦克厄姆。但她对特比特的妻子玛格丽特说：“玛格丽特，我觉得喉咙哽噎。”[85]撒切尔夫人还与大会组织者哈维·托马斯聊了几句，他被一个爆裂的水罐卡住，腰部以下浸在水里，受困两个钟头。撒切尔夫人觉得愧疚：“她觉得自己对死难者和伤员负有巨大的责任。这是一种忠诚感。”[86]

随后，撒切尔夫妇乘车迅速返回首相别墅，赶上第二天庆祝她的 59 岁生日。离开布莱顿市两天后，在附近的教堂里，撒切尔夫人禁不住放声恸哭：“看到阳光透过彩绘玻璃窗射进来，我想到：‘他们打算不让我见到这天的阳光。’接着，我想起了再也见不到阳光的朋友们，心里有一种从未体验过的感激与悲伤混杂在一起的感觉。”[87]“爆炸案后不久，丹尼斯送给妻子一块手表，附了一张便笺：‘每一分钟都是宝贵的。’”[88]

根据最后的统计，布莱顿爆炸案导致 5 人丧生，31 人受伤治疗。[1]诺曼·特比特恢复得很缓慢，按照有些人的看法，他不能从重伤中复原了。经过漫长的治疗，约翰·韦克厄姆的两条腿都保存下来。玛格丽特·特比特却不幸瘫痪，后半生没离开过轮椅。与撒切尔夫人亲近的人们相信，她不但身体未受伤害，心智也没有遭遇严重问题。但那以后她的行为有几个小变化。“在陌生房子里，我总是在床头放一把手电。”[89]在接下来的一个月，她与加勒特·菲茨杰拉德在首相别墅会见时，她坚持晚上要开着卧室的门，免遭杰弗里·豪夫妇受困的命运。[90]那一事件对她产生的实际后果主要是，她与公众接触大为减少，因为她比以前受到更严密的保护。[2]她也许觉得自

1 能源大臣彼得·沃克那天夜里没有住在布莱顿市，因为他决定留在伦敦处理煤矿督察代理爆破手全国协会的纠纷。他把原定给自己的饭店房间让给恩菲尔德绍斯盖特选区的议员安东尼·贝里，爆炸发生时，贝里在自己房间里丧生。（参见弗朗西斯·贝克特和戴维·亨克，《走向断层：1984年矿工罢工与工业化英国之死》，康斯特布尔出版社，2009，p140）因此可以说，是矿工的罢工救了沃克的命。

2 10月底，一项莫里民意测验显示，撒切尔夫人的声望超过尼尔·基诺克18个百分点。究其原因，主要是人们钦佩撒切尔夫人在布莱顿爆炸案中的表现。（“报刊文摘”，英厄姆致撒切尔，1984年10月31日，THCR 3/5/59）

己“像希特勒闪电战时期的皇室成员，她与自己周围的人这时成了民主斗争的组成部分”。[91]约翰·科尔斯写道：“人民会记住的不是那次爆炸，不是建筑物废墟，而是你的勇气，你在爆炸后的沉着镇定和高贵风度。英国深深地感谢你，这已经不是第一次。”[92]爱尔兰共和军宣称对爆炸案负责的声明中，有这样一个令人恐惧的著名说法：“今天我们不走运，但是要记住，我们只要有一次走运就行。而你不可能永远走运。”

布莱顿爆炸案前一天，罗伯特·阿姆斯特朗向撒切尔夫人提交了她预定 11 月与菲茨杰拉德会见时的讲话提纲。她在爆炸发生后才看到这份提纲，但不喜欢其内容，因为其中包括双方就北爱尔兰问题的联合声明：双方应当有权“在适当公开的、政治的、社会的表达中”给予其身份认同。[93]撒切尔夫人批注：“？？这是要表达什么？”她还在声明草案的顶部空白处补充批注：“我不可能同意这个，这会让联合主义者感到害怕。”她在查尔斯·鲍威尔的封面说明上批注：“星期四在布莱顿市发生的事件后，我们即使不停止这种谈话，也要大大放缓速度。否则，我们仿佛是在炸弹的威胁下向爱尔兰共和国让步。”几天后她在仅供鲍威尔看的文件上批注道：“‘炸弹’……到头来可能扼杀一切新动议，因为我怀疑这是一系列事件中的第一个。”[94]

然而，事后回顾起来，发现最特别的情况是对北爱尔兰的政策其实并没有因为布莱顿爆炸案发生多少改变。尽管爱尔兰共和军摧毁整个英国政府的企图几乎得逞，尽管撒切尔夫人在面对这次袭击中的勇敢行为为她赢得了道德上的声望，但她并没有在政治上利用这个局面。联合主义者希望，撒切尔夫人取消即将与爱尔兰总理的峰会，希望两国政府终止会谈。政府中谁也不持这种立场。没有证据显示有人向撒切尔夫人建议利用这个时刻坚持加强安全措施，也没有人发起运动利用这次爆炸案向世界宣布，爱尔兰共和军是人类共同的敌人。相反，在短暂的间歇后，磋商的机器像以往一样向前滚动，仿佛什么也没有发生过一样。唯一试图放缓其速度的人就是撒切尔夫人本人。她感觉到，自己面对着来自两个战线的极端主义分子。10 月 28 日，利比亚独裁者卡扎菲上校向阿瑟·斯卡吉尔的全国矿工工会提供金钱，在财政上帮助矿工罢工的事情被披露（参见第 6 章）。她无意向这两方面的敌人让步。

刺客试图通过爆炸夺取撒切尔夫人的生命未果，但不到三个星期后，一群刺客谋杀印度总理英迪拉·甘地却得逞了。虽然撒切尔夫人在政治观点上与甘地夫人并不接近，却喜欢并敬重这位领导人。她们两人都毕业于牛津大学萨默维尔学院（不过不是同时期在校的同学），两人都为对方是管理着一个重要国家的女人而有同感。她们以前曾在私下交谈中谈论养育孩子的难处，彼此从中获得安慰。⑮甘地夫人遇难让撒切尔夫人深感震惊，她按时飞往德里参加葬礼。在德里，她收到杰弗里·豪发来的英–爱峰会联合公报草案，供她用于即将与加勒特·菲茨杰拉德举行的峰会。鉴于撒切尔夫人明显受到另一次恐怖主义袭击的威胁，峰会地点从都柏林改在首相别墅，[1]但 11 月 18 日的会谈日期不变。

在痛苦经历的激励下，撒切尔夫人在杰弗里·豪递交给她的几个建议文件上一律批注："不。"她不喜欢文件中的建议：英国政府认可北方赞成同意爱尔兰统一的投票、该省不同社区应当在各种机构中得到"反映"。⑯查尔斯·鲍威尔注意到，她在爆炸后的情绪有所不同："此后相当长时间，跟她谈论爱尔兰没有益处。她会说：'假如我们对他们让步，情形会变得更糟，'⑰英国驻都柏林大使艾伦·古迪森报告说："菲茨杰拉德博士不能在峰会后一无所获。"她冷淡地批注道："那不是我的问题。"⑱

撒切尔夫人去印度前会见官员们时提出种种理由反对继续磋商。她强烈反对爱尔兰共和国派代表驻贝尔法斯特。她向戴维·古迪森发起挑战："爱尔兰为什么要做这种事？假如苏联派代表驻伦敦，而且一切事情都要向他请教，你喜欢吗？"古迪森答复称："这个嘛，首相，英国并没有 30% 的俄国人口。"撒切尔夫人反驳道："我明白了，那么这是个苏台德问题喽。"⑲[2]

11 月 14 日，距离峰会只剩四天时间了，撒切尔夫人召集包括阿姆斯特朗和古多尔等官员开会，对他们说，峰会的爱尔兰发言提要提出了"许

---

1 撒切尔夫人为改变峰会地点争论时说："爱尔兰共和军最终也许会干掉我，但我干吗要自投罗网？"（戴维·古多尔爵士，未出版的手稿）

2 撒切尔夫人故意用了这个刺激性的比较。在20世纪30年代，希特勒支持捷克斯洛伐克苏台德地区日耳曼后裔的民族主义。

SECRET AND PERSONAL

PRIME MINISTER

The events of Thursday night at Brighton mean that we must go very slow on these talks if not stop them. It would look as if we were bombed into making concessions to the Republic.

ANGLO-IRISH RELATIONS: NORTHERN IRELAND

Attached are Robert Armstrong's proposed speaking notes for his further secret talks with the Irish Government next Monday and Tuesday.

I have been through them carefully and believe they are generally within guidelines already agreed. You will want to look in particular at:

Note 1. Mixed Law Courts. This examines a number of suggestions for allowing Irish judges to sit in Northern Ireland courts and finds difficulty with all of them. It must be right to take a very restrictive view of the possibilities here.

Note 4. Practical Policing Measures. Using the Regional Crime Squad model for an anti-terrorist force to operate both sides of the border is an idea worth exploring.

Note 5. Institutionalized Consultation. This is heavily qualified by Note 6 on Devolved Government, and leaves pretty restricted scope for such consultation.

Note 10. Draft Communique for the Anglo-Irish Summit. This seems fine as a starting point, although the Irish will inevitably want more. I could NOT POSSIBLY accept this. See Paper 10

Taken as a whole, the speaking notes should continue the process of scaling down Irish expectations.

1984年10月。布莱顿爆炸案发生后，撒切尔夫人要求暂停英－爱磋商。她不愿显得"仿佛我们是在炸弹的威胁下向爱尔兰共和国让步"。

多无法接受的要求"，[100]这显示出都柏林仍然没能理解，它不能参与共同权力。她甚至提出"继续这次会谈是否有用"的问题。[101]这次会议过后，阿姆斯特朗打电话给爱尔兰大使诺尔·多尔，召他第二天来内阁办公室。多尔见阿姆斯特朗"相当沮丧"。他向都柏林汇报了撒切尔夫人的疑虑："有很多担忧（意思是撒切尔夫人根本不喜欢），我们必须做一些修补关系的工作。"[102]阿姆斯特朗对撒切尔夫人报告说，多尔向他保证说，爱尔兰的发言提要“并非代表爱尔兰在峰会上的立场变得强硬或准备接受失败”。这不是个“底线”。⑩这话让撒切尔夫人感到怀疑。她在阿姆斯特朗的报告上批注：“他怎么知道的？”她猜得没错，是阿姆斯特朗替多尔谋划了通过他向撒切尔夫人传达多尔的安抚信息。虽然可以说，阿姆斯特朗是在帮助澄清误解，但也可以说，他是在试图挫败撒切尔夫人的意图。按照查尔斯·鲍威尔的看法，“她在这个问题上不信任罗伯特，因为他是希思的人”。⑭她对古多尔有同样的怀疑：“她总是怀疑戴维，因为他是个罗马天主教徒。”⑮然而，在这个过程中，她从未试图夺走阿姆斯特朗和古多尔的谈判权，一般情况下还赞赏他们的能力。[1] 虽然她自己从不承认，但她有一种能力，那就是允许别人做她原则上并不赞成的事情。

颇为意外的是，她发现原来怀疑的道格拉斯·赫德竟成了她的同盟。1984 年 9 月，她任命赫德担任北爱尔兰事务大臣。虽然他有外交部的背景和看法，但他在信念上却是个温和的联合主义者，而且比杰弗里·豪或阿姆斯特朗更加关注持联合主义态度的北爱尔兰大多数人的恐惧。此时北爱尔兰事务办公室加入了英国谈判团队，他们在当地对这个问题有现实的观点。赫德 10 月 25 日首次访问都柏林时，形成一套比较温和的办法，认为应当增进安全合作，而不是就宪法修改付诸公民投票。[2]

随着将在首相别墅举行的峰会临近，都柏林预料会发生麻烦：“我们意识到了布莱顿爆炸案和甘地夫人遭暗杀事件的巨大影响……首相有强烈负面的心态，这会给总理制造真正的困难。”⑯

1984 年 11 月 18 日星期日，加勒特·菲茨杰拉德及其随员于晚饭前抵达首相别墅。在一年中这个季节，英国这个地区的典型天气特征是阴冷多雾。撒切尔夫人与菲茨杰拉德开始会谈，由于双方想法没有多少共同点，两人争论不休。撒切尔夫人质问菲茨杰拉德，为什么北方的天主教徒不再

---

1 她提到古多尔时深情地说他是“我最喜爱的教士”。（古多尔，未出版的手稿）

2 虽然同意让北爱尔兰事务办公室参加谈判，但贝尔法斯特的北爱尔兰行政官员却被完全排斥在这一进程之外，以免他们贸然提出“不合适的建议”。（参见肯尼思·布卢姆菲尔德，《错误的悲剧：北爱尔兰政府和暴政》，利物浦大学出版社，2007年，p. 60）

受到排斥却仍然不满。他回答说，那是因为少数派不能参与决策。撒切尔夫人指出：这在“国际上并非罕见”。她拿津巴布韦的恩德贝勒人或印度的穆斯林作比较：悲哀的是，“政党如果以宗教或种族群体为基础，这种情况是不可避免的”；选民最好“加入基础广泛的政党”。⑩⑦[1]菲茨杰拉德表示反对，建议分享权力，但撒切尔夫人没有接这个话头。两位领导人事后向各自的团队介绍了会谈情况。古多尔回忆道，撒切尔夫人的介绍“负面而有攻击性”。⑩⑧

第二天上午的会谈中继续弥漫着硝烟味。撒切尔夫人问，修改爱尔兰宪法承认两国边界的机会是否现实。如果不现实，最好降低合作目标，集中在安全方面搞合作。菲茨杰拉德表示不同意：不取得较大的政治进展，新芬党会在次年5月的当地选举中击败社会民主及劳工党。他甚至警告说，假如错失良机，甚至有发生内战的可能性。撒切尔夫人为自己看出的忠诚问题感到越来越恼怒：“总理似乎在说，北爱尔兰的少数派生活在本地却效忠爱尔兰，⑩⑨你要追求的是不考虑地域的再分割效果。”菲茨杰拉德争辩说，少数派不认同当地警方。她反驳说，她对“这次对话的倾向感到担忧。总理似乎在说，想要一个由爱尔兰共和国包围的北爱尔兰飞地”。⑪⓪菲茨杰拉德生气地说，85000名天主教徒从原来多信徒混居的家园遭驱逐，“这是第二次世界大战以来欧洲最大规模的人口迁徙”。撒切尔夫人反问：如果更多天主教徒成为警察，难道爱尔兰共和军不会渗入警察部队？

撒切尔夫人接着提出一个议题，这击中了整个会谈过程的要害。她说，治理北爱尔兰的最佳方案必须源自两个社区达成的协议，而不是两国政府的法令：“要确定北爱尔兰的政府结构，通过英－爱磋商是不恰当的。”⑪①她接着说，权力下放会让当地各社区产生强烈的协议动机，“但是我们必须严肃地扪心自问：敌意如此根深蒂固，这样的协议能达成吗”？两位领导人意见不一致。撒切尔夫人引退后说：“我们想要的，他们不可能提供，而

1 撒切尔夫人不赞成北爱尔兰政党系统中的宗派性质，她同情自视为保守派的北爱尔兰人。1972年以后，北爱尔兰联合主义者议员不再接受议会保守党的协调，不过正式联系一直保持到80年代末期。撒切尔夫人不愿割断这种联系，并表示希望两党和解。（惠廷德尔致函撒切尔，1990年2月14日，CAC: THCR 2/6/4/68）

他们想要的，我们做不到。”⑫双方共同点只有需要进展的一般性表达。撒切尔夫人说：“在本质上，这是向前迈进了一步”，尽管比起爱尔兰的要求，只是相当小的一步。

这次针锋相对的会谈十分坦率，与近一个月后同样在首相别墅举行的与米哈伊尔·戈尔巴乔夫的著名会谈不无相似（见第 8 章）。虽然菲茨杰拉德描述说，这次讨论让他“颇感沮丧”，⑬但其实帮助澄清了双方的立场。由于首相与总理的讨论气氛激烈，人们几乎没有注意到英国对爱尔兰发言提要的反应做出一些有利于都柏林的让步，放弃了权力下放作为英－爱交易的先决条件，因此消除了联合主义者的“否决权”。[1] 制定北爱尔兰政策时爱尔兰政府有权提出咨询意见，作为回报，爱尔兰修改其宪法，这一提议依然有效。这天晚些时候的全体会议上，撒切尔夫人明确地结束了这次会谈。她对菲茨杰拉德说：“我们喜欢你。我们现在是首次处理这个问题。”⑭会谈结束时，双方像以往一样同意阿姆斯特朗－纳利会谈将继续下去。人们的情绪当然并不愉快，但也没有感到绝望。

记者会引发了戏剧性的一幕。会谈决定，首相和总理在各自的国家举行记者会。因此，撒切尔夫人对记者讲话时，菲茨杰拉德正飞往都柏林。爱尔兰电视记者问她，是否反对论坛报告中的建议，撒切尔夫人以她习惯性的直率口吻回答：

> （论坛报告中的）一个解决建议是统一爱尔兰，这个建议被排除。第二个解决建议是两个国家组成邦联，这个又排除了。第三个建议是共同主权，这个也排除了。那是要损害主权。那个报告公布时，我们已经明确指出过这一点。北爱尔兰是英国的一部分。⑮

严格地讲，撒切尔夫人说的一切内容原先都公开讲过。她重申这些内容，为的是避免让菲茨杰拉德觉得尴尬。但她的强调语气和一再重复“排除……排除……排除”实在太雄辩了，不可能不引起激烈的反应。道格拉

---

1 联合主义者的人口占永恒的绝大多数，不喜欢这种状况的人称之为“否决权”。

斯·赫德注意到，在多次峰会上有过类似的效果，他评论道："关键不是她对外国人说了什么，而是她公开表达的内容……这就像年度全国障碍赛马：肯定会产生的兴奋情绪。"⑯按照爱尔兰驻伦敦大使理查德·赖安的看法，毛病不是出自撒切尔夫人，而出在为她服务的人身上。

> 假如坐在她身旁的不是赫德而是普赖尔，她说那一串"排除……排除……排除"只要说出第一个，普赖尔准会踢她的脚脖子。她能得到控制，但眼下她周围没一个人控制她。我们（爱尔兰一方）应该在下一阶段努力建立一种官员间机制，以便将她的声明限制在谨慎的范围之内……聘请杰弗里·豪说服她怎么样？⑰

可怜的菲茨杰拉德返回都柏林后，像遭遇了一场风暴。《爱尔兰时报》称："她讲话脱口而出，态度高人一等，既专横又无情。"⑱迈克尔·利利斯承认，撒切尔夫人并无恶意，认为她"为菲茨杰拉德出了个可怕的难题……几乎终结了他的领导地位"。⑲这个插曲让爱尔兰人愈发怀疑他应付撒切尔夫人的能力。"爱尔兰选民有一种感觉，觉得他对撒切尔不够强硬……但在外部观察者眼中，我们被打败了。"⑳英国驻都柏林大使报告说，"这里的人普遍感到，菲茨杰拉德博士屈从于首相，没有在会谈中得到任何收获。"㉑毋庸置疑，联合主义者对这一形势变化感到欣喜，因诺克·鲍威尔致函撒切尔夫人，祝贺她在峰会取得的成功。在伦敦，罗伯特·阿姆斯特朗感到绝望："我真的感到'这下完了。'"㉒总理的回击不可避免。一段没有如实叙述的评论报道称，菲茨杰拉德对他在国会的政党私下表示，撒切尔夫人的话"无缘无故带有攻击性"。㉓[1]这下轮到她感到恼火了。㉔外交部代她撰写了安抚菲茨杰拉德的信函，她拒绝签发。

菲茨杰拉德向撒切尔夫人发了一封口吻痛苦但彬彬有礼的信函，表示

---

1 英国媒体坚决捍卫撒切尔夫人，《太阳报》尤其持这一立场。伯纳德·英厄姆归纳了该报的立场："菲茨杰拉德博士越早接受现实，对我们双方就越好。"（"报刊文摘"，英厄姆致撒切尔，1984年11月23日，CAC: THCR 3/5/40）

的遗憾多于气愤。他恳请首相承认论坛报告中认可联合主义需求的优点，承认“歧视”少数派产生的问题，但这是她最不喜欢的一种观念。⑫⁵几天后，罗伯特·阿姆斯特朗继续提起这些要求，站在菲茨杰拉德的立场上，建议她向总理致函，为她“在记者会上的态度给他在国内造成困难”而后悔。⑫⁶撒切尔夫人从来对道歉在政治上的危险性十分敏感，她在这份建议书上批注“当然不”。“这份建议整个太做作太谦卑。为什么？”

然而，这便是来自大臣们和官员们的压力（查尔斯·鲍威尔回忆说，杰弗里·豪在后来几年一直“提出非难”），⑫⁷对这种大趋势，撒切尔夫人稍加顺应。11 月 29 日，她向菲茨杰拉德发去一封信函，对他说：“我与你同样担心，我对论坛报告和北爱尔兰少数派社区的情形的提法被人理解时完全脱离了讨论时的语境。”⑫⁸她仍然拒绝接受“歧视”这个字眼，不过她同意认为，少数派社区的一些人“对当局、法律和秩序体系缺乏信心……问题就出在这里，因此我们双方才尝试解决”。

她同意于 12 月 3 日在都柏林城堡举行欧洲理事会期间会见菲茨杰拉德，这与她自己的意愿有些相悖（“要是他愿意，我可以见——不过我真的认为，说的越少越好”）。⑫⁹会见时，她对这位总理说，她认为难以理解爱尔兰媒体对她在记者会上讲话的反应。⑬⁰查尔斯·鲍威尔的记录文字很尖刻：菲茨杰拉德“接着说，回顾发生在记者会上的事没意义。可他却接着说起那次记者会的事”。按照鲍威尔的说法，撒切尔夫人答复说：“有一点是清楚的，那就是对爱尔兰的问题做评论需要格外敏感谨慎。可我自己的风格是对直截了当的问题做直截了当的回答。”菲茨杰拉德再次恳请她在峰会结束时预定要召开的记者会上对论坛报告说点好话，承认北方少数派的问题。她表示拒绝，说她不愿给人“撤退的印象”。⑬¹两人分别时，态度友善和睦。[1] 德莫特·纳利感到：“她为自己给他造成的伤害感觉有点愧疚，并设法向他做出弥补。她走来时对他说：‘加勒特，我尽量做了能做的事。我到处参观时，整天脸上挂着微笑。’”⑬²

1 这个爱尔兰人对会议记录的评论与撒切尔夫人的反应稍有不同：“我要是说起北爱尔兰的民族主义者，准会把自己吓个半死。”（“总理与撒切尔夫人会见”，欧洲议会，NAI: DFA/2014/32/2059）

菲茨杰拉德回顾起往事，觉得撒切尔夫人的“排除……排除……排除—大爆炸”（某人说的俏皮话）其实对他有帮助。他对杰弗里·豪说，这有助于他让自己的政府相信，困难究竟有多大。[133]

戴维·古多尔同意这个说法。他相信，这一时刻是个“分水岭”。在此之前，爱尔兰人以为能成功获得共同主权。此后，他们知道必须勉强退而求其次。[134]还有一个心理问题应当指出：撒切尔夫人属于决不正面承认错误的那类人。她认为，假如自己承认错误，她的男性同僚（她没有女性同僚）会抓住这一点当成她的弱点。她这个想法也许是对的，但这并不意味着她从来意识不到自己出错。在说过“排除……排除……排除”之后，她的行动反映出，她内心深处意识到自己做得过火了。从那以后，她在这个主题上再也没有用过尖锐刺耳的语言。达成《英－爱协议》的可能性变得比较大了。

撒切尔夫人与菲茨杰拉德和解发生在她前往戴维营会见里根总统的同一个月（见第8章），这事也许并非纯属巧合。在她心中，东西方争执远比北爱尔兰问题重要，但她意识到美国人对这一问题的关心。她还要在1985年2月前往华盛顿，她曾有幸在那里向参众两院做过演讲。虽然她此次访问的主要议题是支持战略防御研究计划，但她理解，美国人期待她讲一些与爱尔兰和解的内容。

在戴维营会谈之前，里根受到爱尔兰裔美国人游说的压力。议长蒂普·奥尼尔致函里根，要求他“敦促撒切尔夫人就‘论坛报告’恢复英－爱对话”，还在国会引述了支持者们的强烈意见。[135]里根从来对奥尼尔言听计从，因为他在两党共同意志方面需要奥尼尔的支持，但没有多少证据显示，他在这个问题上做过许多事。[1] 里根自己的官员们对他们之间交往的记录显示，提出这个问题的不是总统，而是撒切尔夫人：

---

1 约翰·坎贝尔在他写的《撒切尔夫人传》中引用了里根撰写的一封信，信中表达了焦虑之情，因为美国人认为，在首相别墅举行的峰会结果“不佳”，他要求撒切尔夫人向美国公众保证，双方谈判正在取得进展，作为施加压力产生效果的证据。（参见坎贝尔，《玛格丽特·撒切尔：铁娘子》，p.434）其实这封信根本没有发出。在戴维营会谈之前，乔治·舒尔茨和其他人就这个问题向里根做的介绍要明智得多。

> 撒切尔夫人说，她希望谈一谈北爱尔兰局势。尽管有不同的报道，但她与加勒特·菲茨杰拉德关系和睦，而且在取得进展……总统说，取得进展是重要的，并评论说，国会对这一问题极为关注。其实，蒂普·奥尼尔个人曾向他致函，请他恳请撒切尔夫人保持理智，展望未来。[136]

里根提起奥尼尔的信，但并没有表示支持，如此便提出了奥尼尔的问题，自己却置身事外。

作为后续讨论，在撒切尔夫人的国会演讲两个月后，华盛顿的英国大使馆官员督促她“将美国……引入爱尔兰政府和我国政府合作的新纪元”。[137]她后来在白宫椭圆形办公室午餐会上再次见到里根时，将她与菲茨杰拉德的良好关系与双方反恐的共同目的联系在一起：

> 首相说，她极为钦佩菲茨杰拉德博士与爱尔兰共和军做斗争的方式。他在前一天通过了扣押爱尔兰共和军资金的紧急立法案。她有意在双方一致的基础上继续就北爱尔兰问题进行对话……首相热诚向总统致谢，感谢美国愿意谈判从引渡立法中取消政治犯罪的条款。[138]

撒切尔夫人在午餐后向参众两院演讲时，听从了别人的忠告，强调英国与爱尔兰的共同利益：“加勒特·菲茨杰拉德和我将在追求北爱尔兰的稳定与和平方面继续磋商，在我们共同努力寻找前进方向时，希望得到你们的一贯支持。”[139]在她极其成功的演讲中，这并不是个核心部分，不过，它当然也受到了欢迎。人们的期望在增长，这使她更难摆脱英－爱磋商了。

与此同时，在1984年圣诞节被戴维·古多尔称作“仁慈的停歇”后，英国官员们重整旗鼓，推动进展。在首相别墅会谈之后，双方更加注重现实，英方愿意认为，对修改爱尔兰宪法第2条和第3条进行全民公决是不可能的，爱尔兰方对推行共同主权施加的压力则小多了。但是，在英国人眼中，危险依然存在，部分原因是爱尔兰人提出太多的想法，因为这个问题对他们更加重要。撒切尔夫人并不仔细研究爱尔兰在任何协议中应该承认的恰当字眼。

爱尔兰人则更加专注。他们想要修改自己认为具有英国新教徒偏见的内容，诸如“北爱尔兰皇家骑警”和“北爱尔兰防卫团”，他们还促进“混合”或“共同”法庭的理念。由于在北爱尔兰受到恐吓的问题，恐怖案件均在“迪普洛克”法庭听证（根据上议院高级法官迪普洛克勋爵的建议报告设立），在这种法庭上没有陪审员，只有单独的一位法官。菲茨杰拉德想要这种法庭改为有陪审团的法院，其中至少有一名陪审员应来自爱尔兰。爱尔兰提出的另一个想法是，双方达成协议后，应提前释放一些受关押的恐怖分子。就连最热衷于达成协议的英方高级官员杰弗里·豪与道格拉斯·赫德一行从都柏林之旅返回后，向撒切尔夫人报告时也说：“双方仍然存在相当大的差距。”[140]他唯恐报界炒作，便请求撒切尔夫人向菲茨杰拉德指出：“需要采取极度谨慎态度，以免双方就北爱尔兰对话解决的问题少，制造的麻烦多”。[141]她顺从了，不过这一次，尽管有种种担忧，达成一项协议的进程开始显得不可避免了。

4 月 24 日，内阁下属国防委员会开会讨论杰弗里·豪和赫德提出的建议。协议的基础“如今已经清晰可辨”，[142]而且已经有了一个工作文本。杰弗里·豪的文件表示，爱尔兰人已经承认，他们不能在爱尔兰政府中担任执行角色，但是“由于爱尔兰问题的敏感性，可以在正式基础上得到咨询，建议的文本并没有使用‘协商’这个字眼”。撒切尔夫人在非常含糊的爱尔兰特色字眼下歪歪扭扭画了曲线，表示愤怒。爱尔兰人不必修改他们的宪法，但是，作为协议的一部分，他们要同意北爱尔兰地位的改变，为此做出“宪法声明”。得到咨询角色，报以宪法声明，这是双方长期以来磋商的“基本公式”，但这两个元素都很模糊。

杰弗里·豪和赫德说，这项协议将使英国在“四个战线得到重要收获”——在应对社会民主及劳工党方面、在有利联合主义者方面、在安全合作方面、在国际形象方面，尤其是在符合“美国人的善意”方面。[143]如果没有一个“爱尔兰维度”，社会民主及劳工党就会继续“反对在这个省的机构中参政”。这份文件称，“如果我们仅仅为了得到社会民主及劳工党的支持，却以失去联合主义者为代价，我们就一无所获”。撒切尔夫人在这个论点旁画了个箭头表示认可。但文件接下来称，假如联合主义者不向少数派付出任何东西，“另一个可能便是进一步发展两国政府间关系”，但其结果必将彻底“失去”联合主义者的支持。

查尔斯·鲍威尔在杰弗里·豪和赫德的文件上附了一页封面说明，对撒切尔夫人表示，她需要“得到爱尔兰政府的切实保证：（签订协议后）在权力下放过程中，约翰·休姆和社会民主及劳工党将合作（这也许是最困难的，但得不到这个保证，我看不出怎么能继续）”。[144]麻烦的是，尽管爱尔兰政府与约翰·休姆关系密切，却根本无法做出这样的保证，因此签订协议的主要政治前提并不稳固。然而，内阁国防委员会在继续推进。第二天，该委员会同意将英国的文件传给爱尔兰方。

撒切尔夫人继续为该过程的明显不对称感到担心。6月初，她向道格拉斯·赫德指出，如果自己受到协议的束缚，结果协议的运作开始变糟，那将是非常危险的：“在协议中同意爱尔兰得到受咨询的角色，这将是英国特别重要的让步，但改善安全合作及社会民主及劳工党参与的潜在益处却得不到保证。”[145]

与此同时，英国对联合主义者的反应日益感到担忧。他们被刻意排除在这个进程之外，而爱尔兰政府却一直向社会民主及劳工党通报情况。记录显示，对此的讨论非常少，仿佛两国政府认为这是顺理成章的事。菲茨杰拉德起初不愿就联合主义者的领导人问题进行磋商，他把他们看作爱尔兰人，但相信他们“绝不妥协……他们根本认识不到自己的利益所在”。[146]按照罗伯特·阿姆斯特朗的看法，拟议中的协议不会让联合主义者“受到影响”，[147]因为讨论的是一项政府间的协议，与他们无关。照查尔斯·鲍威尔看，把他们排除在外让撒切尔夫人感到担忧，[148]但是，即使是她似乎也不想把联合主义者当成知心者。她当然知道自己这么做的必然后果，也知道消息肯定会泄露出去。此外，在她看来，“联合的理念胜过人民”，[149]她相信，没有那些讨厌的联合主义领导人，她本人也要捍卫联合。她不愿与他们对话的部分原因是她强烈厌恶不愉快的场面，但是，将联合主义者几乎完全蒙在鼓里的决定正在孕育着麻烦。戴维·古多尔像阿姆斯特朗一样属于“绿色”派，只是不太义无反顾而已，他说，将联合主义者排除在外“让人不受束缚，其实也不公平”。[150]这种情况以后必将反过来让英国政府感到刺痛。

坚持该多考虑联合主义者的是道格拉斯和北爱尔兰政府。赫德敦促撒切尔夫人，不能顾忌爱尔兰尽量避免让联合主义者知晓的立场。[151]后来，他提出可以按照枢密院条件[1]向吉姆·莫利诺通报更多关于磋商的情况，但莫利诺受到因诺克·鲍威尔的告诫，表示拒绝听取。然而，赫德确实向莫利诺和伊恩·佩斯利（他并非枢密院议员）概述过磋商谈判的进展情况。两人都矢口否认他们曾见面交谈过。对于在司法或安全权力方面向爱尔兰做出任何让步，撒切尔夫人感到越来越担忧。

6月底，撒切尔夫人在米兰举行的欧洲理事会会议间歇中遇到菲茨杰拉德时，向他倾诉了自己的想法。“她和总理都面临着同样的难题，仿佛镜中映像……她唯恐联合主义者反对拟议中的协议。”⑮②

菲茨杰拉德不明智地向她报告了北爱尔兰某些法官与他们自己的最高法院首席法官劳里勋爵意见不一致，劳里几天前曾私下表示，他坚决反对共同法庭。撒切尔夫人巧妙地顺着他的语锋尖锐地指出：假如总理打算告诉她英国方面的法官会议情况，这种讨论会遇到严重困难。菲茨杰拉德对她说，不同意设立共同法庭，他就不能签署协议。他同意爱尔兰加入1977年《欧洲反恐公约》，这在象征意义上和实践上都具有重要性，因为其条款涉及各缔约国引渡恐怖分子。[2]撒切尔夫人说，她只愿意考虑共同法庭的可能性，仅此而已；紧接着她重复了这个说法，表示“格外强调”。⑮③

这时，轮到菲茨杰拉德表现得热情激昂了。“总理带着相当强烈的情绪说，他想要首相理解，爱尔兰政府和人民并不想在北爱尔兰扮演一种角色。”他之所以这么做，是因为他唯恐新芬党在利比亚的卡扎菲上校帮助下崛起。他谈起爱尔兰“受阴险敌意影响”的危险。接着他个人提出一个请求：“我和首相两人达成一项协议。”他们必须这么做。撒切尔夫人礼貌地向他保证说，她“在防止爱尔兰受敌对独裁势力影响方面与总理的目的一致”，⑮④但是，建立信心的关键是将他们最后签署的协议内容迅速付诸实施。

在双方猛烈的辞藻背后，从最后讨论协议签署日期和最佳地点可以看出双方潜在的共同目的。1985年7月25日，英国内阁批准了协议草案。虽然没有几位内阁成员后来愿意公开为协议做辩护，但在开会讨论时，几

1“枢密院条件”是指女王枢密院中可称作“阁下”的议员之间在保密条件下做情况介绍。因此反对党有时拒绝接受这种介绍，因为他们以后若需要提出批评，这种介绍会对他们构成约束。

2《欧洲反恐公约》力图限制因犯“政治罪”逃避引渡的恐怖分子数目。

乎没人提出异议。道格拉斯·赫德意外得到诺曼·特比特的支持，赫德认为，这说服了撒切尔夫人。“按照他的看法，既然我们开始了磋商，那就最好善始善终完成它。他并不热心，不过他并不因为妻子成了残废，他自己受到攻击，就认为我们应当改变政策。这便让大家打定了主意。”⑮[1]

虽然双方现在比较靠拢，但继之而来的阶段中紧张气氛不亚于整个过程中的任何时期。人们担心泄露消息，担心发生倒退，担心联合主义者搞破坏。爱尔兰人努力得到更多“相关的措施”，提出与协议相关的种种愿望，撒切尔夫人愿意接受的则很少。罗伯特·阿姆斯特朗力促英国做出让步。内阁批准协议草案后，他开始行动了。爱尔兰渴望在协议上附一个解释性的文件，使之具体化，他便向撒切尔夫人提交了一份“联合公报草稿”，用于在协议签订时公布，她可以使用其中的词语向议会下院宣布，关押的恐怖分子若“确实且持续降低了暴力程度”将获释。⑯他想要撒切尔夫人承诺快速进展，“为的是加强全体北爱尔兰人民对法律体系和秩序的信心”，并“强化”北爱尔兰皇家骑警的公平性。撒切尔夫人在他草拟的文件上到处批注：“不行”和“语气错误”，还批注道：“这份备忘录让我彻底感到惊愕。这些事我一样也不准备做。”阿姆斯特朗在文件末尾补充道：“这一建议得到北爱尔兰事务办公室的同意。”撒切尔夫人潦草批注：“我不同意。”还在这句话下面画了三道横线。她强调指出，在补充任何内容前，首先需要议会批准这份协议：“整个协议必须首先经过辩论。”这反映了内阁的意见。

查尔斯·鲍威尔代表撒切尔夫人向阿姆斯特朗做出回复，首先，他表达了撒切尔夫人的严厉批评，不过他也添加了自己对她的思想所做的解释。鲍威尔写道，她这是在说，如果将释放爱尔兰囚犯与协议挂钩，将“产生相反的效果。我对此的解释是，她不会排除以后私下向爱尔兰政府做出保证”。⑰没有证据显示曾做出过这种私下保证。笔者向鲍威尔问起他那个书面说法时，他说全然不记得有这回事。但是，撒切尔夫人请她信任的官

1 内阁中唯一严重怀疑这项协议的是掌玺大臣约翰·比芬。虽然同僚们都喜欢比芬，但撒切尔夫人却不重视他。

员代表自己做出书面回复，这说明她虽然不愿公开透露，但准备在幕后做出较多让步，这与绝食事件中的情况类似。在20世纪90年代的北爱尔兰“和平进程”中，释放关押的恐怖分子将成为一个关键。有意义的是，在80年代更加严峻环境中，发现了这是未来和平的关键。

整整一个夏季里，怀疑、踌躇、痛苦等情绪交替出现。大法官黑尔什姆勋爵坚称，混合法庭是不可能的；罗伯特·阿姆斯特朗则提出，混合法庭可以通过协议附录得到解决（鲍威尔对撒切尔夫人表示：“这可能透露出去，无论如何不够诚实”）。⑮⁸联合主义领导人们来见撒切尔夫人，抱怨自己被出卖。爱尔兰人则拒绝混合法庭，以不签署《欧洲反恐公约》相要挟，这将毁弃他们增加安全合作的承诺——从撒切尔夫人的角度看，这是协议的关键成分。阿姆斯特朗和纳利在一次次会见中，从语言到细节彻底研究一个个问题。撒切尔夫人一直为自己有可能做出让步感到担忧，对于发生倒退，她比任何人都感到愧疚。她在查尔斯·鲍威尔9月26日的备忘录上批注道：“重新审读这份协议后，我恐怕它未能准确表达我们的意思。问题是，这个委员会不过是个咨询机构。而我们让它听起来仿佛授权爱尔兰处理我们的事务。我们从来没有这个意思，也不打算这么做。”⑮⁹最终，协议创造了一个机制，爱尔兰可以通过这个机制就管理北爱尔兰提出“观点和建议”。爱尔兰的角色仅仅是咨询性质的，当然在字面上避免这么表示。

9月初，撒切尔夫人重组内阁。她将道格拉斯·赫德从北爱尔兰事务办公室调出，提升到内政部，由汤姆·金接替他的原职（参见第四卷第3章）。[1] 虽然爱尔兰人并不反对金这个人，但他们将这次人事变化视为侮辱。签订协议的日期临近，撤换相关大臣暗示撒切尔夫人并不重视爱尔兰，而是为其他原因在棋盘上挪动棋子。金承认，他先前并不熟悉磋商的详细情况，⑯⁰撒切尔夫人任命他这一职务时，金问她是否决意推动这项协议。她说：“我打定了主意。”⑯¹他接过担子后，见联合主义派完全受到忽视，约翰·休姆和社会民主及劳工党却在都柏林政府中全程参与，他不由感到惊慌。“宣传与保密，这让联合主义者感到激愤。我得应付这个麻烦。”⑯²

1 这与吉姆·普赖尔的情况相仿，人们认为，金从就业部调任北爱尔兰事务办公室属于降级。

9月27日，查尔斯·鲍威尔向撒切尔夫人递交了他在封面说明中称作“突发事件”的文件。[163]金曾向撒切尔夫人发出一个备忘录，照鲍威尔所说，“其实是对现存谈判团队不信任的声明”。虽然金在前言中称，应当寻求达成一个协议，但他警告说“这必然产生讨厌而无法掌控的后果，尤其无法应对联合主义者的反应”。[164]现行协议草案“让我感到吃惊，因为它让爱尔兰人大为受益，而对我方益处很少”。他相信，爱尔兰在“英国部分领土的内部事务上获得了史无前例的立足点”。联合主义者将视这个协议为政府违反保证，因为政府曾保证，管理北爱尔兰的任何安排都必须得到普遍的接受。关于控制游行示威的建议对联合主义者就像斗牛用的红布，会激怒他们。按照这项协议，爱尔兰要在贝尔法斯特设立一个秘书处（建议中提到在斯托蒙特恢复前北爱尔兰政府和议会），这是在“自找麻烦”。联合主义者会出面抵抗。金恼火地写道，现在，爱尔兰人甚至在说，他们根本不愿加入《欧洲反恐公约》。

撒切尔夫人读了他的信，感到心烦意乱。她批注道：“这能终结这个协议，”[165]还补充道：“没有权力下放的前景。”她赞成金的论点，认为这项协议严重偏向爱尔兰方——“目前的文本的确如此”。[166]杰弗里·豪和阿姆斯特朗感觉到撒切尔夫人有动摇的危险，连忙反驳金的论点。杰弗里·豪当时在渥太华参加一个会议，他致函撒切尔夫人，悲伤地指出，仅仅一个月前，我还“在你的明确要求下”[167]给爱尔兰外交部部长彼得·巴里打电话，向他保证说，对金的任命不会改变政策。假如现在终止一切努力，那将是严重错失机会。其实，撒切尔夫人无意取消协议。虽然她喜欢金，但也觉得他“太饶舌”，[168]而且他的霰弹枪式的攻击方法不能与杰弗里·豪和阿姆斯特朗等有经验有智慧的一批人匹敌。此外，她已经“走得太远，无法返回原点了”。[169]她把金的警告当成个强化英国立场的机会。她在杰弗里·豪的函件上批注道：“我恐怕他们（爱尔兰人）用了一些模棱两可的语言，结果我们的解释与他们的不同，这些词语本身也不清楚……我们必须重新审视文本。”

她召集杰弗里·豪、金、阿姆斯特朗，讨论金的疑虑，制定出整个进程的方向。这次会议一方面认为，爱尔兰人“有可能不是一根肉中细刺，可能完全是一片带刺的灌木丛”，[170]而社会民主及劳工党并没有明确承诺与权力下放的政府合作。然而，在此背景下，新芬党有得到加强的危险，而且“完成协议的可能性呈下降趋势”。这次会议认为，英国必须保证爱尔兰加入反恐公约，对协议文本作修改，强调在现有司法系统中国家的责任："首相在公开评论中强调说，达成协议后，我们必须明确一点：爱尔兰政府不能插手北方的管理。"⑰会后，她向加勒特·菲茨杰拉德致函说，她感到紧张，唯恐"暴力反应"⑰会毁掉这一切。她要求菲茨杰拉德重新考虑他的政府拒绝加入反恐公约的事。最后，达成了一项折中方案，爱尔兰"有意"加入公约，而英国愿意考虑混合法庭的"可能性"。

人们的情绪汹涌澎湃。联合主义者抱怨称，教皇都比他们更了解两国政府的磋商（这话倒很可能是对的）。但谈判的进程在蹒跚向前，关于签字日期和地点的谈判近乎完成。爱尔兰方不断敦促提前，英方则持续向后拖。最后，双方同意了11月15日这个日子。签署地点的想法五花八门——都柏林、爱尔兰驻英国大使馆、加的夫的和平殿堂，甚至纽约（爱尔兰的提议），虽然对安全和政治感到担忧，但双方渐渐确定了英国在爱尔兰的政权所在地希尔斯堡。

10月底，协议草案再次在内阁上会讨论。这是个真正决定性的时刻。查尔斯·鲍威尔向撒切尔夫人陈述了汤姆·金的疑虑，指出哪里出了错——联合主义者中出现了反对派；由于安全合作弱化，爱尔兰淡化了对《欧洲反恐公约》的承诺，这个一揽子交易已经"恶化变质"；⑰而且社会民主及劳工党没有做出任何承诺。此外，人们对爱尔兰的角色仅为咨询性质存在误解的风险。在另一方面，这个协议又是"可以辩护的"："它没有做出任何重要的让步，不过我们出于体面不能把这一点表现得太明显。"各种报告提出，联合主义者比以往更加难以举行罢工或抗议。不能推进会让美国人失望。鲍威尔提醒撒切尔夫人说，"你上个星期对里根总统说过，有希望签订一个协议"，⑰假如内阁叫停，"我们必须找到终止谈判的充足理由"。按照鲍威尔的看法，这理由可以是爱尔兰不加入《欧洲反恐公约》。但内阁觉得这并无大碍。10月31日，内阁原则上接受了《英－爱协议》，不过要求"改进"文本。

内阁做出决定后，撒切尔夫人便渴望向前推进。汤姆·金在最后一刻要求将混合法庭从协议中完全剔除，她拒绝了。两国领导人中，感到焦躁不安的是菲茨杰拉德。内阁决定后，他委托爱尔兰驻伦敦大使理查德·赖安拜访查尔斯·鲍威尔。赖安对鲍威尔说，撒切尔夫人最近在纽约的评论让他感到"紧张"，因为她重申，北方的决定要继续由伦敦做出，南方则由都柏林管辖，“这个思路……让人回顾起她的‘排除……排除……排除。’”[175]

菲茨杰拉德担心，他眼中的伟大成就在慢慢流逝。11月7日，他致函撒切尔夫人，说他对根据协议设立的政府间委员会的地点和时间安排感到担忧。他强调，地点必须在斯托蒙特，由双方同级别高官代表，而且千万不能拖延时间。撒切尔夫人对阿姆斯特朗、杰弗里·豪和金说，总理对地点的评论口吻让她感到烦躁不安。[176]在斯托蒙特设置政府间委员会秘书处会发出错误的政治信号。北爱尔兰事务办公室开始手忙脚乱到处寻找合适的地点，最后在贝尔法斯特外面玛丽菲尔德的政府楼群找到个地方，这里没有情绪化的政治团体。撒切尔夫人的回复让菲茨杰拉德感到不满意，她强调了安全合作“自身”的重要性，指出“要让人们对你的政府出现在贝尔法斯特感到习惯”需要一些时日。[177]阿姆斯特朗提交的回信稿以乐观的说法结束：英国和爱尔兰正在从事的是“崭新而令人激动的事业”。撒切尔夫人删掉了这一句。

11月11日，菲茨杰拉德召集社会民主及劳工党领袖开会，向他们介绍了协议的全部内容。会议结束时，与会者群情激昂，高唱爱尔兰国歌。北爱尔兰的情绪却相当不同。联合主义者的报纸和政治家的腔调听起来带着悲苦的警告意味。在议会下院，签署协议前一天，在首相问答环节因诺克·鲍威尔问撒切尔夫人：“不知夫人阁下是否理解，对变节的惩罚是公众的蔑视？即使你现在不理解，以后也会很快明白。”[178]理查德·赖安当时坐在旁听席：“鲍威尔搞砸了。她只是恶狠狠瞪着他，面目严峻，冷若冰霜。我认为他的影响从此中断了。”[179]她在位期间，他们的个人关系的确中断了，不过在后来的年代里，撒切尔夫人一般是以敬重的口吻谈起鲍威尔。在议会下院，她回答说，鲍威尔的嘲弄“极为无礼”，她说的是心里话。但他的话还是说出口了，[1]而且让她对自己做的事感到极大的担忧，这种担忧从来没有平息过。

奇怪的是，伯纳德·英厄姆向来赞成自己的上司勇敢面对外国人，这次却明确对她说，应该一心一意应对即将发生的事。他书面告诉她，要准

---

1 鲍威尔老练地捕捉住了这一时刻的情绪。1982年，马尔维纳斯群岛战争刚结束，他赞扬撒切尔夫人的领导能力，说她是由“高品质铁合金”制成（借用她“铁娘子”的称号）（参见第二卷第9章）。那番话曾让撒切尔夫人感到极大的喜悦，但这让鲍威尔后来指控她背叛的侮辱更加强烈。

备她与菲茨杰拉德联合举行的记者会："我相信，以我的（即对媒体的）说法，有几个人辞职或许对你勇敢面对联合主义者有帮助，联合主义者感到你有倾向性。"⑱她意识到自己的老朋友伊恩·高有可能辞职（高那天来见她，将自己的意图提示给她），他补充说："……你需要在公开场合坚定应对辞职的人们。"他接着说："媒体对缺乏果断的迹象像鹰一样敏锐。"他提示说，媒体可能向她突然提出一个问题："这是个历史性的协议……假如它没有多少意义，为什么为之耗费这么多时间和精力？"撒切尔夫人自己的心中，对回答这样一个问题并没有多少信心。

11月15日星期五早上，撒切尔夫人飞抵北爱尔兰奥尔德格罗夫皇家空军基地，然后改乘直升机抵达希尔斯堡。伊恩·佩斯利及其支持者已经聚集在大门外抗议。城堡内，英国和爱尔兰官员中间有一种"紧张而欢快"的气氛。⑱家庭环境从来能让撒切尔夫人感到安慰，她忙着搬动盆花和家具，让菲茨杰拉德和杰弗里·豪帮她。她仔细"查看桌子对面墙上的油画，她和总理将坐在这张桌子后面（签署协议），她要保证背景没有明显的绿色或橙黄色"，⑱最后才为18世纪的温莎城堡背景感到放心。此后不久，伊恩·高的辞职信送到，立刻送交给撒切尔夫人。他在信中对首相说："改变北爱尔兰政策，包括让外国势力参与该省管理的咨询，这不会减少北爱的痛苦，只能延长其痛苦。我不能支持这种政策改变，因此不能继续留在你的政府中。"⑱撒切尔夫人上楼，与伊恩·高长时间电话交谈，仍然希望说服他留任，但没能成功。如此亲密的同僚离去，而原因是一个她凭本能同情的原则性问题，这让她的心情更加忧虑。戴维·古多尔回忆道："这件事让她感到严重慌乱不安。"⑱杰弗里·豪当时在希尔斯堡，他感到伤心有特殊的原因。高是他一个最亲密的老朋友（在1959年大选中，高是他的竞选助手），高与撒切尔夫人的亲密关系化解了杰弗里·豪与她之间的许多难题。他回忆道："那对我们是个打击，对整个关系是个打击。"⑱[1]

---

1 托马斯·埃德温·厄特利在《每日电讯报》上撰文说："高的辞职改善了公共道德生活健康状况。"在整体上，媒体支持这项协议，对联合主义者的反对没有表示多少同情。（英厄姆致撒切尔夫人，"新闻摘要"，1985年11月18日，CAC: THCR 3/5/50）

当时在场的人注意到，她的情绪发生了变化。迈克尔·利利斯从爱尔兰的角度评论说：

> 她准备下楼签署协议时，我感觉到那种极其强烈的紧张情绪。我继而怀疑，这对她将是非常困难的事情，她是否清楚？这让我回想起迈克尔·柯林斯（爱尔兰共和党领袖）1921年离开唐宁街时说的一句名言："我签署了自己的死刑执行令。"……如果这话不假，我该为她冒这个巨大的风险赞扬她，但我相信，冒这个风险是有回报的。她做了一件非常勇敢而且极有价值的事，如果她不喜欢这事，我感到遗憾。[186]

她在协议上签了字。总理接着用自己的爱尔兰名字签了字。[1]

签字后，撒切尔夫人与官员们上楼，为记者会做准备。她情绪激动，动手在一张旧纸片上涂鸦，还大声念出大家同意的几个片段。她请德莫特·纳利帮助自己，还指示罗伯特·阿姆斯特朗去帮菲茨杰拉德："德莫特，你提几个我可能会面对的问题。罗伯特，你去向加勒特提问。"[187]她试着排练双方想要的词语。在这次练习过程中，她不停地试验在爱尔兰问题上通常用的恰当词语来描述《英－爱协议》。戴维·古多尔指出，这个字眼对爱尔兰人具有不祥的历史关联，提示她坚持用"协议"这个字眼。[188]接着，她下楼去参加记者会。记者会人头攒动，人们情绪激越。大门那边传来佩利斯主义者（主张北爱尔兰天主教徒与新教徒分离者）"吓人的撞击声"。[189]撒切尔夫人首先讲话。她先讲到反对暴力和相互承认"北爱尔兰不同传统的价值"，[190]将最富争议的方面放在第三位——政府间委员会，该委员会可以让爱尔兰政府对该省提出"看法和建议"。撒切尔夫人用笨拙的术语，将自己描述为"一个联合主义者和保皇派"，描述菲茨杰拉德是"一个民族主义者和共和党人"。菲茨杰拉德讲话时先说了句爱尔兰语："A Naisiúntachtai Uaisceart Eireann, tógagaí bhur gceann！" 大意是："北爱尔兰的民族主义者，扬起

1 爱尔兰政府公布了协议的爱尔兰语文本，不过这个文本得不到国内法或国际法的支持。

你们的头吧！”[1]汤姆·金认为：“事先没有向我们做任何提示就这么说是相当不得体的，因为玛格丽特、杰弗里和我都不知道他在说什么。”⑲除此之外，菲茨杰拉德谨慎地坚守双方同意的路线。他谈到自己和撒切尔夫人“带着不同的历史视角和现存的不同产权观念”开始磋商，但是双方对未来取得了一致意见。记者会始终没有遭遇不幸事态。

全世界对《英－爱协议》广泛表示欢迎。赫尔穆特·科尔颂扬其“历史性意义”。⑲里根总统在议长奥尼尔支持下发表声明，表示美国愿意提供帮助：“我们赞赏其对和平的承诺，动乱的北爱尔兰社会生活中终于出现了黎明的曙光。我要祝贺我的两位好朋友：杰出的首相和总理，他们表现出非凡的政治才能、远见和勇气。”⑲撒切尔夫人自己说：“《英－爱协议》让我们得到了美国的支持。”⑲议会下院也表示出广泛的欢迎，对《英－爱协议》表决案最终以 473 票赞成 47 票反对通过，但是，工党赞扬《英－爱协议》是推动爱尔兰统一的途径，这对撒切尔夫人并非有益。在爱尔兰共和国，查尔斯·豪伊立刻对《英－爱协议》表示反对，认为这是爱尔兰对北爱尔兰的要求做出妥协，不过在总的胜利情绪中，他不久被迫软化了自己的反对立场。鉴于加勒特·菲茨杰拉德做出的巨大努力，他理所当然赢得了在历史上的地位。

但是，撒切尔夫人 12 月份在卢森堡召开的欧洲议会空隙遇到菲茨杰拉德时说：“你得到了荣耀，我得到的却是麻烦。”⑲联合主义者怒不可遏。《英－爱协议》签订后第二天，在北爱尔兰议会的特别会议上，与会者公开谴责《英－爱协议》。一个星期后，联合主义者团结阵线在贝尔法斯特举行大规模示威集会。伊恩·佩斯利在他的烈士纪念教堂布道时，祈祷上帝：“今夜……除掉我国的首相。我们不会忘记，信徒保罗将真理的敌人交给了魔鬼，让他们学会不该亵渎神圣。啊，上帝，向这个邪恶、叛逆、满嘴谎言的女人愤怒复仇吧。”⑲[2]

1 写这个讲稿的人是迈克尔·利利斯，他说菲茨杰拉德想要传递的信息是，这个事件意味着一连几代民族主义者的屈辱终结了。（迈克尔·利利斯访谈）

2 撒切尔夫人显然并没有把这事挂在心上。几个月后，她对里根总统说：佩斯利或许是个“强硬路线分子，但不是个恐怖分子；他的叫嚷比撕咬更恶劣”。（谈话记录，1986年5月4日，常务秘书，国家安全委员会系统 I，文件号 #8603593，里根图书馆）

万能的上帝并没有应佩斯利的命令出面干预，但上帝也肯定没有急着来给撒切尔夫人帮忙。联合主义者曾要求就《英－爱协议》进行全省公民投票未果，议会中所有联合主义议员便集体辞职，结果在补缺选举中，每个联合主义政党都比原来在议会占有席位的政党更有竞选优势。[1] 他们的竞选口号是："北爱尔兰说不！" 按照汤姆·金的看法，撒切尔夫人"没有预见到联合主义者反对的力量，没有预见到大臣们的立场"。⑲结果金受到人们的推搡，遭到人们吐唾沫，联合主义议员联合抵制他，不过他们继续见撒切尔夫人。[2] 联合主义者的一支抗议游行队伍突袭了英－爱秘书处所在的玛丽菲尔德，把大门撞开。有些联合主义政客煽动叛乱，劝说北爱尔兰皇家骑警，称《英－爱协议》跟他们效忠王室的誓言相悖。但警察局长约翰·赫尔蒙爵士坚定不移，安全形势虽然紧张但从未失控。撒切尔夫人对保守党议员埃尔登·格里菲思爵士说："我很难相信北爱尔兰皇家骑警的局长、北爱尔兰事务办公室和政府会发生信任危机。部队的忠诚和献身是不容置疑的，汤姆·金和我在许多场合明确表达过，我们完全信任警察局长。"⑱ [3]

1986 年 3 月 3 日，联合主义者号召，在北爱尔兰举行"行动日"总罢工。这个号召得到了广泛响应。

撒切尔夫人属于一旦做出决定就决不改变态度的人。这些抗议活动并不能让她动心，只能激起她的愤怒。她日后回忆道："我没料到会发生深刻的敌意行动，但我们在爱尔兰遭遇了这种情况。"⑲爱尔兰产生了担忧，唯恐她撤销《英－爱协议》，但这种担忧并无根据。迈克尔·利利斯是驻玛丽菲尔德的爱尔兰代表团团长，他通过电视画面观看攻击玛丽菲尔德大门的

1 这些政党在竞选中绝大多数保持了自己的席位，只有一个席位由社会民主及劳工党的谢默斯·马隆赢得。

2 协议签订后，金为实施做了艰苦努力。当时担任金特别顾问的理查德·埃尔曼回忆说："他是个忠实的执行者，想方设法制止联合主义者的反应……他赢得了撒切尔夫人的尊重，因为她意识到这协议是个烫手的山芋。"（理查德·埃尔曼访谈）

3 撒切尔夫人收到北爱尔兰皇家骑警警察的妻子和母亲们的来信，她们担心自己亲人的安全。她在一封回信中写道："我完全理解你作为北爱尔兰皇家骑警三名警察的母亲感到的苦恼。我对他们在最困难环境中执行警务表现出的勇气和坚毅深感敬佩。"（撒切尔信函，1986年5月7日，CAC: THCR 3/2/190）

场面时，对她的决心深为钦佩："愤怒的人群飓风般涌来，但她勇敢面对，并不退却。皇家骑警部署到位，准备应对，最终的确控制了局面。"[200]

撒切尔夫人在刺激下竭力证明自己的立场是正当的，她开始指控联合主义者多年来的无礼行为。11 月下旬，笔者在议会下院的一次私人午餐会上（首次）见到她：

> 她滔滔不绝地谈到北爱尔兰，谈到联合主义者如何迫害少数群体，谈到她不能派出"一拨又一拨"年轻人去照顾这个地方。她猜想，可以通过权力分享建议赢得联合主义者支持。她充满了活力。她将北爱尔兰事务当成"外交事务"。我问，她这种行为能否证明自己对英国的忠诚。她说，人权高于一切。我尽最大努力刺激她，她终于表现出让我惬意的愤怒。[201]

她特别谴责了联合主义者，因为据称一些当地政府拒绝为天主教徒清理垃圾。

然而，不论撒切尔夫人对联合主义者多么生气，她并没有因此接近民族主义者。她根本无意做进一步有利爱尔兰的行政改变。结果，在推动北爱尔兰事务方面，她发觉自己没有同盟者。她自己相信，《英－爱协议》能促进权力下放。在她心中，《英－爱协议》中的"一个条款非常重要"：[202]一旦北爱尔兰实现权力下放，爱尔兰因此获得的权力将重归北爱尔兰的一个权力分享政府。但这并不是个捍卫《英－爱协议》的令人信服的理由，尤其是磋商《英－爱协议》过程中，撒切尔夫人并没有推动权力下放方案。磋商中多次谈及社会民主及劳工党的名称，但这个党终究不同意参与权力下放，也不鼓励其支持者加入名叫北爱尔兰防卫团的警察部队。《英－爱协议》的一个关键性前提不复存在了。《英－爱协议》远没有帮助社会民主及劳工党，逐渐产生的效果是加深了两方面比较极端政党的宗派分歧。次年夏天，内阁认定，现存北爱尔兰议会没有意义，于是不再举行选举。《英－爱协议》没有让这个省的政治生活得到复兴，却在此后相当长的时间里造成了完全停滞。

在撒切尔夫人看来，更糟的是爱尔兰未能做出努力改善安全，这可是英国官员让她相信《英－爱协议》能取得的一项重要成就。她在回忆录中写道，签订《英－爱协议》做出的让步"疏远了联合主义者，却并没有获得我们期望的安全合作水平”。[203]就连罗伯特·阿姆斯特朗也承认，安全方面的结果“令人失望”。[204]混合法庭换取爱尔兰加入《欧洲反恐公约》的交易也落空了，不过爱尔兰共和国最终还是批准了加入该公约，但那是在1987年11月恩尼斯基林市荣军纪念日发生爆炸事件致11人遇难后，当时菲茨杰拉德已经离职。北爱尔兰皇家骑警与爱尔兰警察之间的跨界连接并未明显改善。让撒切尔夫人特别失望的是，较大规模的情报合作也没有产生结果：“我们从其他欧洲国家得到的情报合作远远胜过与爱尔兰的合作。”[205]迈克尔·利利斯在2012年讲话时承认，爱尔兰方对安全问题没有采取足够的措施：“我认为我们本该更加努力才对。”菲茨杰拉德做了很大努力，但受到国内的阻力，尤其是爱尔兰警察特派员听了警察局长赫尔蒙的一些建议制造的阻力。[206]撒切尔夫人自然要问，这场游戏是不是划算。她在回忆录中谈到《英－爱协议》的一章字迹十分潦草，在结尾写道：“鉴于这次经验（教训），的确应该考虑一种变通方法了。”[207]她为自己做出的让步感到不安。她签署《英－爱协议》前就清楚，爱尔兰可能不遵守改善安全合作的承诺。[1]

难道是撒切尔夫人审视往事时判断太严厉？与她一道为这个专题工作的人们认为确实如此。诸如阿姆斯特朗、古多尔等为谈判投入了大量精力的人为自己的工作感到自豪，也崇拜撒切尔夫人，他们认为她为签订这个协议压制住了自己心头的偏见。他们认为这是个成功，签订《英－爱协议》是“和平进程”的前奏（签订《英－爱协议》时，“和平进程”这个字眼还没有使用过），后来在1998年签订《北爱和平协议》时，这个字眼才得到广泛使用。“其实，在一些爱尔兰外交官眼中，后来那个协议的水准大为降低。”[208][2]虽然这个说法也许没错，但并没有让撒切尔夫人感到多少安慰。

---

1 尤其是，她得知菲茨杰拉德签约加入《欧洲反恐公约》有困难。

2 参见迈克尔·利利斯和戴维·古多尔在《英－爱协议》25周年纪念日发表的反思文章《艰难和平路》，都柏林书评期刊，2010年冬天，第16期（http://www.drb.ie/essays/edging-towards-peace）。撒切尔夫人去世后，许多评论家重复提出她为《北爱和平协议》铺平了道路的观点。例如：《爱尔兰时报》2013年4月9日。

在以后的年代里，她回顾《英－爱协议》时，越来越认为这是个不利的条约。[1]她评论西门·赫弗为因诺克·鲍威尔写的传记（1998年出版）时，最后表达了对《英－爱协议》的态度。她写道："他（鲍威尔）曾反对1985年签订的《英－爱协议》，我现在认为，他的判断是正确的，不过我真希望……他当时对意见不同者没有采取责难态度。"⑳⑨她这话的意思是说，鲍威尔批评《英－爱协议》侵犯了英国主权，这话是有道理的。联合主义者欢迎这些表示忏悔的话。撒切尔夫人去世后，他们说钦佩她挺身对抗恐怖主义，以及对英国的支持。⑳⑩但是，在所有首相中，只有她成功压制了亲民族主义者所说的联合主义者的"否决权"。她对自己取得的成就并不感到自豪。政治变化是从北爱尔兰外部强加进去的。在这个意义上，撒切尔夫人开始采取的是违心的活动，这违背了她珍视的原则性。查尔斯·鲍威尔在她死后说，撒切尔夫人签署《英－爱协议》后的悔恨也许可以与英格兰玛丽一世女王失去加来（今日法国城市）后的悲恸相提并论："玛丽女王曾说，要把'加来'刻在自己心上。撒切尔夫人则要将《英－爱协议》铭刻在自己心上。"㉑①

不过，在积极的方面，她确实让英国和爱尔兰两国政府相互转变了态度。撒切尔－菲茨杰拉德的遭遇往往是不愉快的，但撒切尔夫人成功地让爱尔兰政府对自己能取得的结果做出了现实的评价。爱尔兰政治中有个古老的假设，认为攻击英国从来是件好事，这个假设终于被抛进了历史的垃圾堆。《英－爱协议》毕竟事出有因。这是两国政府本着诚意谈判达成的一种交易。协议本身对所有北爱尔兰劳动人民并无大的助益，就连爱尔兰政府也承认这一点："对生活在西贝尔法斯特或德里的普通百姓，一切照旧，战争仍在进行。"㉑②从联合主义者的角度看，《英－爱协议》树立了一个恶劣的先例：英国的部分领土可以成为国际谈判的主题。但两国领导人签署《英－爱协议》本身却永远改善了两国的关系。撒切尔夫人其实既尊重又喜欢加勒特·菲茨杰拉德，但她在自己的著作中对他做了颇为胸襟狭窄的描

---

1 她在私下到处寻找，想要为自己现在后悔做出的决定找个替罪羊。她对阿利斯泰尔·麦卡尔平说："是美国人施加压力让我签署《英－爱协议》的。"（阿利斯泰尔·麦卡尔平，《曾是个愉快的推销员：回忆录》，威登菲尔德与尼克尔森出版社，1997年，p.272）虽然美国人的看法有关系，但要说他们与做决定相关，证据却实在少得可怜。

述，没有公正评判他的耐心、庄重、不带宗派怨恨的态度。她对自己的一个评判也不够公正。菲茨杰拉德曾对她说，只有他们两人能达成一笔交易，这话的确不错。她看出了这一点，便勇敢地在这个意义上行事。《英－爱协议》并没有实现菲茨杰拉德梦寐以求的突破，但这是英国和爱尔兰历史上引人瞩目的一个时刻。

可以通过另一个角度观察《英－爱协议》的签订过程：暂且撇开整个进程中的内容，来研究其方法。以这个角度观察，必然得出一个结论，那就是英国和爱尔兰这两部官僚机器的基本目标是说服撒切尔夫人做自己本不愿做的事。加勒特·菲茨杰拉德退休后回忆说，整个过程是“离奇的”：“它根本算不上是个谈判。最终每个人都相信，应该做某种事。问题是：‘如何说服首相？’”[213]两国代表“阿姆斯特朗－纳利”并不对称。阿姆斯特朗同情的是菲茨杰拉德，而在某种方面纳利或者阿姆斯特朗从来不同情撒切尔夫人。同样的情况也适用于戴维·古多尔。英国高级官员在都柏林历来受到最高级别的接待，这已经成了个交往模式。但爱尔兰官员在伦敦受到的待遇却不同。虽然阿姆斯特朗－纳利谈判组的英国成员在谈判中忠实表达了英国政府的观点，但他们与爱尔兰谈判对手关系极为密切，认为对手“文明有礼貌”。他们热切渴望达成协议，而撒切尔夫人却从不热心：“我们在这个事情上有自己的想法。”[214]阿姆斯特朗－纳利之间创造了一个结构，这个结构必将挫败撒切尔夫人在这个问题上的本能信念。

杰弗里·豪也是从菲茨杰拉德的角度看这个问题的，而且“自始至终密切注意各种情况”。[215]大概正因为这样，理查德·赖安才说，他“受到说服”。在杰弗里·豪的记忆中，他谈到过总理的“政治家风度”，这是与撒切尔夫人的“不懂节制”做对照。[216]人们认为她是个麻烦：“很多有远见的人要花费极大的努力说服她。”[217]一位“有远见”的人是罗伯特·阿姆斯特朗，他赞扬菲茨杰拉德“应付她情绪爆发时表现出的非凡耐心”，[218]而不是赞扬自己首相坚持立场。在所有参与者中，戴维·古多尔也许对整个主题付出了最大的理智关注，所做记录也极为完整，他承认说：“非常公平地说，我们都是在试图说服她……我们有点像是合谋……有些时刻，她执拗得可怕，完全不可理喻。”[219]

英国政界不同阶层官员对付首相的这种大规模活动有点悲喜剧效果，

仿佛她是个有点疯狂的富婆，随时有可能心血来潮把他们赶出去。在罗得西亚、香港、冷战的某些方面、欧洲经济共同体等主题上，这个王国最明智的一些人很难理解他们面对的是这样一位首相，这个女人与他们的信念不同，不懂国际化的优点，不懂舆论或他们的本能对声称英国特色的厌恶。他们不遗余力地反对自己眼中的她的错误意图。通常，他们的国家至上观念胜过她的本能。然而，要声称撒切尔夫人是他们的囚徒又是荒唐的，要认为他们欺骗了她又纯属狂妄，因为她实在太令人敬畏了。她有时是出于无奈，而不是被欺骗。查尔斯·鲍威尔说："他们都合谋说服她。她一路跟人们较量，但她清楚问题的症结。"[220]那么，她为什么会屈服？当然，尽管她从来不喜欢别人的建议和摆布，但她并没有足够多的知识，退而形成自己的不同主张。她若感到不得不做某种事，便听凭别人说服，也愿意相信其中的大部分益处。一旦她准备奋斗，哪怕肯定会是一场苦战，她也不在乎。

注 释

第1章 开明的帝国主义者

① 在联合国大会上的发言，1982 年 6 月 23 日。（http://www.margaretthatcher.org/document/1049714）

② 同上。

③ 在保守党大会上的发言，1982 年 10 月 8 日。（http://www.margaretthatcher.org/document/105032）

④ 同上。

⑤ 戴维·古多尔勋爵未出版的回忆录，2005 年。

⑥ 同上。

⑦ 同上。

⑧ 在玛杰丽·科比特－阿什比夫人纪念会上的演讲，1982 年 7 月 26 日。（http://www.margaretthatcher.org/document/105007）

⑨ 在保守党大会上的发言。

⑩ 同上。

⑪ 在德·沃尔夫制作的电视节目采访中讲话，该节目于 1983 年 3 月 29 日在英国独立电视台（ITV）播出，1982 年 12 月 30 日。（http://www.margaretthatcher.org/document/104849）

⑫ 同上。

⑬ 同上。

⑭ 在伦敦市长举行的宴会上发言，1982 年 11 月 15 日。（http://www.

margaretthatcher. org/document/105054)

⑮ 同上。

⑯ 接受伦敦周末电视公司《周末看世界》节目采访，1983年1月16日。(http://www. margaretthatcher. org/document/105087)

⑰ 同上。

⑱ 撒切尔致埃文斯的信函，1983年5月5日。国家档案馆：THCR 3/2/116。(http://www. margaretthatcher. org/document/132330)

⑲ 在保守党中央会议上的发言，1983年3月26日。(http://www. margaretthatcher. org/document/105285)

⑳ 柯利达爵士接受采访时如是说。

㉑ 参见本书第一卷第13章的脚注。

㉒ 斯蒂芬·沃尔爵士访谈。

㉓ 卡林顿致函撒切尔，1982年3月9日。国家档案馆：PREM 19/789。(http://www. margaretthatcher. org/document/138420)

㉔ 参见彭定康文《为了香港敢拔龙牙》，1979年11月5日《卫报》。

㉕ 柯利达给外交和联邦事务部发的电文，1982年1月12日。国家档案馆：PREM 19/789。(http://www. margaretthatcher. org/document/138421)

㉖ 阿克兰致函阿姆斯特朗，1982年7月7日。国家档案馆：PREM 19/670。(http://www. margaretthatcher. org/document/138487)

㉗ 阿姆斯特朗致科尔斯，1982年7月28日。出处同上。

㉘ 撒切尔与皮姆谈话记录，1982年7月28日。国家档案馆：PREM 19/789。(http://www. margaretthatcher. org/document/138412)

㉙ 同上。

㉚ 约翰·科尔斯勋爵访谈。

㉛ 布洛克威尔的巴特勒勋爵访谈。

㉜ 珀西·柯利达访谈。

㉝ 在唐宁街10号工作午餐中的讨论记录，1982年9月8日。国家档案馆：PREM 19/790。(http://www. margaretthatcher. org/document/138485)

㉞ 柯利达致函唐纳德，1982年9月16日。国家档案馆：PREM 19/790。(http://www. margaretthatcher. org/document/138476)

㉟ 布洛克威尔的巴特勒勋爵访谈。

㊱《独立报》1992 年 8 月 30 日。

㊲ 撒切尔夫人与中国总理会谈记录，1982 年 9 月 23 日。国家档案馆：PREM 19/962。（http://www.margaretthatcher.org/document/128397）

㊳ 珀西·柯利达爵士访谈。

㊴ 对布洛克威尔的巴特勒勋爵的访谈。

㊵ 撒切尔夫人与邓小平会谈记录。国家档案馆：PREM 19/962。（http://www.margaretthatcher.org/document/128402）

㊶ 同上。

㊷ 布洛克威尔的巴特勒勋爵访谈。

㊸ 同上。

㊹ 约翰·科尔斯爵士访谈。

㊺ 在香港商界午餐会上的讲话，1982 年 9 月 27 日。（http://www.margaretthatcher.org/document/105028）

㊻ “撒切尔首相访华：英国大使馆信息”，1982 年 9 月。存档号：280954z，中外关系－香港（1982 年 9 月 27 日—1982 年 10 月 20 日），第 13 号文件盒，戴维·劳克斯文件，里根图书馆。

㊼ 柯利达致函皮姆，1982 年 10 月 7 日。国家档案馆：PREM 19/962。（http://www.margaretthatcher.org/document/122698）

㊽ 撒切尔在科尔斯致撒切尔的信上批注，1982 年 10 月 6 日。国家档案馆：PREM 19/791。（http://www.margaretthatcher.org/document/138526）

㊾ 亨利·基辛格访谈。

㊿ 科尔斯致函霍尔姆斯，1982 年 11 月 15 日。首相的文件，美国，亨利·基辛格访英（参阅内阁文件）。

51 基辛格致函撒切尔，1982 年 12 月 20 日。其余同上。

52 撒切尔致函基辛格，1983 年 1 月 14 日。文件号：THCR 3/2/109。（http://www.margaretthatcher.org/document/132262）

53 巴特勒致函科尔斯，1982 年 12 月 24 日。国家档案馆：PREM 19/1053。（http://www.margaretthatcher.org/document/138829）

54 关于香港问题的商讨记录，1983 年 1 月 28 日。国家档案馆：PREM 19/1053。（http://www.margaretthatcher.org/document/138812）

55 皮姆致函撒切尔，1983 年 2 月 16 日。国家档案馆：PREM 19/1053。

（http://www.margaretthatcher.org/document/138799）

(56) 出处同上。

(57) 1983年5月11日撒切尔对内阁讲话的记录。国家档案馆：PREM 19/1055。（http://www.margaretthatcher.org/document/139152）

(58) 柯利达向外交和联邦事务部发的电文，电报编号417，1983年5月9日。国家档案馆：PREM 19/1055。（http://www.margaretthatcher.org/document/139156）

(59) 柯利达向外交和联邦事务部发的电文，电报编号416，1983年5月9日。国家档案馆：PREM 19/1055。（http://www.margaretthatcher.org/document/139156）

(60) 布洛克威尔的巴特勒勋爵访谈。

(61) 约翰·格尔森访谈。

(62) 同上。

第2章 激进的性格

① 泰勒的电报，编号863，1982年10月12日，TNA：PREM 19/765。

② 同上。

③ 科尔斯向撒切尔的建议，1982年10月18日，TNA：PREM 19/765。

④ 同上。

⑤ 泰勒的电报，编号882，1982年10月18日，TNA：PREM 19/765。

⑥ 泰勒致函皮姆，1982年10月14日，其余同上。

⑦ 皮姆与撒切尔交谈记录1982年10月14日，TNA：PREM 19/765。（http://www.margaretthatcher.org/document/137898）

⑧ 撒切尔与科尔总理会见记录，1982年10月20日，TNA：PREM 19/765。（http://www.margaretthatcher.org/document/137895）

⑨ 同上。

⑩ 同上。

⑪ 与科尔总理共同举行记者会，1982年10月19日。（http://www.margaretthatcher.org/document/105037）

⑫ 柏林联合记者会，1982 年 10 月 29 日。（http://www.margaretthatcher.org/document/105042）

⑬ 对约翰·科尔斯爵士的采访。

⑭ 在柏林墙所做评论，1982 年 10 月 29 日（克里斯托弗·柯林斯编辑，《玛格丽特·撒切尔公开声明全集 1945—1990》，CD-ROM，牛津大学出版社，1998/2000）。

⑮ 在城市宝典签名仪式上的讲话，1982 年 10 月 29 日于柏林。（http://www.margaretthatcher.org/document/105043）

⑯ 对约翰·科尔斯爵士的采访。

⑰ 对奇斯威克的汉内勋爵的采访。

⑱ 与撒切尔夫人交谈的内容。

⑲ 撒切尔为 1982 年 10 月 26 日对学者们的演讲所做笔记，首相文件，德国，首相与德国总理科尔会见第四部分（在内阁办公室查阅的文件）。

⑳ 赫尔穆特·科尔，《回忆录 1982—1990》，多罗莫尔出版公司，2005 年，p. 60。

㉑ 撒切尔致函科尔，1982 年 12 月 23 日，CAC: THCR 3/1/27。（http://www.margaretthatcher.org/document/123598）

㉒ 撒切尔与科尔总理会谈记录，1983 年 2 月 4 日，TNA: PREM 19/ 1307。

㉓ 撒切尔与科尔总理及外交大臣与外交部部长会谈记录，1983 年 2 月 4 日，TNA: PREM 19/1307。

㉔ 同上。

㉕ 与西德总理举行的联合记者会，1983 年 2 月 4 日。（http://www.margaretthatcher.org/document/105249）

㉖ 1983 年 3 月，“丹尼斯·希利，工党副主席访问华盛顿，3 月 11 日”，1983 年 3 月 10 日，国家安全委员会：国家文件，英国，五卷之四，第 91330 号，里根图书馆。

㉗ 理查德·珀尔访谈。

㉘ 英国议会议事录，1983 年 1 月 18 日，HC Deb，35/168。（http://hansard.millbanksystems.com/commons/1983/jan/18/engagements）

㉙ 克拉克致里根，“与英国大使奥利弗·赖特爵士会见”，1983 年 4 月 15 日，UK（03/16/1983—04/14/1983），Box 20，Exec Sec，NSC: Country File，Reagan Library。

㉚ 同上。

㉛ 罗纳德·雷曼访谈。

㉜ 克拉克致函舒尔茨和温伯格，“就公开讨论双重按钮问题答复撒切尔夫人”，1983 年 4 月 29 日，英国：撒切尔首相，（8290407—8390524），常务秘书，国家安全委员会：国家元首，里根图书馆。

㉝ 里根致函撒切尔，1983 年 5 月 1 日，CAC: THCR 1/4/5（part 2）（http://www.margaretthatcher.org/document/130984）；另见英国议会议事录，HC Deb，1983 年 5 月 12 日，42/433W。（http://hansard.millbank systems.com/written_answers/1983/may/12/cruise-missiles）

㉞ 与伊尔明斯特的阿姆斯特朗勋爵通信，2011 年 10 月 29 日。

㉟ 玛格丽特·撒切尔，《唐宁街岁月》，哈珀柯林斯出版社，1993，p. 268。

㊱《泰晤士报》，1982 年 1 月 27 日，20 世纪 80 年代历史上的失业数据可在国家统计局查询到，但由于这一数据后来经过多次修订，与当时公布的数据不符，因此，本书作者依赖当时媒体公布的统计数据。撒切尔夫人当时不得不与这些数字做斗争。

㊲《金融时报》，1982 年 7 月 5 日。

㊳ 罗伯特·阿姆斯特朗爵士，内阁秘书笔记，1982 年 7 月 15 日（在内阁办公室查询的文件）。

㊴ 同上。

㊵ 同上

㊶ 约翰·斯帕罗访谈。

㊷ 布洛克威尔的巴特勒勋爵访谈。

㊸ 内阁秘书罗伯特·阿姆斯特朗爵士的笔记簿，1982 年 9 月 9 日（在内阁办公室查阅的文件）。

㊹ 同上。

㊺ 私人信息。

㊻ 撒切尔，《唐宁街岁月》，p. 277。

㊼ 约翰·雷德伍德访谈。

㊽ 约翰·斯帕罗访谈。

㊾ 阿姆斯特朗致撒切尔，1982 年 8 月 9 日，首相文件，唐宁街：政策组文件（在内阁办公室查阅的文件）。

㊿ 费迪南德·芒特访谈。

51 同上。

52 蒂姆·弗莱舍访谈。

53 阿姆斯特朗致函撒切尔，1982年8月6日，首相文件，政府机构，首相任命特别顾问（在内阁办公室查阅的文件）。

54 阿姆斯特朗致函撒切尔，1982年10月8日，其余同上。

55 同上。

56 巴特勒致函撒切尔，1982年10月8日，其余同上。

57 巴特勒致函福尔，1982年10月15日，其余同上。

58 会谈记录备注，1982年10月18日，其余同上。

59 同上。

60 费迪南德·芒特访谈。

61 存档笔记，1982年10月20日，首相文件，政府机构，约见首相特别顾问（在内阁办公室查阅的文件）。

62 罗伯特·阿姆斯特朗爵士，内阁秘书笔记簿，1982年9月30日（在内阁办公室查阅的文件）。

63 同上。

64 在保守党大会上的讲话，1982年10月8日。（http://www.margaret-thatcher.org/document/105032）

65 芒特致函撒切尔，1982年11月12日，TNA: PREM 19/1001。

66 同上。

67 芒特致函撒切尔，1983年2月21日，其余同上。芒特致函撒切尔，1983年2月21日，其余同上。

68 弗莱舍致函怀尔德，1983年3月8日，其余同上。

69 弗莱舍致函怀尔德，1983年3月29日，其余同上。

70 奥利弗·莱特文访谈。

71 对英国电信私有化讨论会的评论，当代英国史中心和丘吉尔文档中心，2006年12月6日。

72 罗伯特·布莱克和约翰·帕滕编辑，《保守党的机会》，麦克米伦出版社，1976年，p. 75。

73 英国议会议事录，HC Deb 12 June 1979，968/249。（http://hansard.millbanksystems.com/commons/1979/jun/12/public-expenditure）

⑭ 参见戴维·帕克,《私有化正史:“形成岁月(1970—1987)”》,第一卷,劳特利奇出版社,2009 年,p. 54。

⑮ 对英国电信公司私有化讨论会的评论,2006 年 12 月 6 日。

⑯ 参见尼格尔·劳森,《唐宁街 11 号的观点》,班腾出版社,1992 年 p. 211。

⑰ 杰弗里·豪致函撒切尔夫人,1982 年 7 月 26 日,TNA:PREM 19/988。

⑱ 撒切尔夫人致函杰弗里·豪,1982 年 7 月 28 日,CAC: THCR 3/3/4。(http://www. margaretthatcher. org/document/123653)

⑲ 布莱比的劳森勋爵访谈。

⑳ 奥利弗·莱特文访谈。

㉑ 彼得·格雷格森访谈。

㉒ 下沼地的摩尔勋爵访谈。

㉓ 芒特和沃尔特斯致函撒切尔夫人,1983 年 2 月 15 日,TNA: PREM 19/989。(http://www. margaretthatcher. org/document/128138)

㉔ 在伦敦市长举行的宴会上演讲,1986 年 11 月 10 日。(http://www. margaretthatcher. org/document/106512)

㉕ 撒切尔,《唐宁街岁月》,p. 676。

㉖ 彼得·格雷格森访谈。

㉗ 格拉夫罕的杨格勋爵访谈。

㉘ 同上。

㉙ 迈克尔·斯科拉爵士访谈。

㉚ 对英国电信公司私有化讨论会的评论,2006 年 12 月 6 日。

㉛ 肯尼思·贝克,《动荡年代》,法伯尔出版社,1993 年,p. 78.

㉜ 对英国电信公司私有化讨论会的评论,2006 年 12 月 6 日。

㉝ 参见帕克,《私有化正史:私有化》,第一卷,p. 250.

㉞ 迈克尔·斯科拉爵士访谈。

㉟ 同上。

㊱ 雷丁的詹金勋爵访谈。

㊲ 格拉夫罕的杨格勋爵访谈。

㊳ 撒切尔在芒特来函上的批注,1982 年 12 月 17 日,TNA: PREM 19/1100。

㊴ 在保守党大会上的讲话,1982 年 10 月 8 日。(http://www. margaretthatcher. org/document/105032)

⑩⓪ 对英国电信公司私有化讨论会的评论，2006 年 12 月 6 日。

⑩① 撒切尔，《唐宁街岁月》，p. 644。

⑩② 赫塞尔廷的备忘录《住房税的替代选择》，1982 年 6 月 8 日，TNA：CAB 130/1210。

⑩③ 同上。

⑩④ 赫塞尔廷提交给撒切尔夫人的备忘录，1982 年 6 月 9 日，TNA：PREM 19/833。

⑩⑤ 芒特致函撒切尔夫人，1982 年 7 月 19 日，TNA：PREM 19/835。

⑩⑥ 赫塞尔廷写给 MISC 79 小组委员会的备忘录，1982 年 12 月 15 日，TNA：CAB 130/1211。

⑩⑦ 内阁会议记录，CC（83）1st，1983 年 1 月 20 日，TNA：CAB 128/76。（http://www.margaretthatcher.org/document/128241）

⑩⑧ 罗伯特·阿姆斯特朗爵士，内阁秘书的笔记，1083 年 1 月 20 日（在内阁办公室查阅的文件）。

⑩⑨ 斯科拉致函芒特，1983 年 2 月 7 日，TNA：PREM 19/1079。

⑪⓪《泰晤士报》采访记录，1983 年 5 月 3 日。（http://www.margaretthatcher.org/document/105091）

第3章　压倒性胜利

① 费迪南德·芒特访谈。

② 帕金森勋爵访谈。

③ 布洛克威尔的巴特勒勋爵访谈。

④ 同上。

⑤ 同上。

⑥ 戴维·巴特勒采访克里斯·帕滕，1982 年 11 月 13 日，戴维·巴特勒个人文件，牛津大学纳菲尔德学院。

⑦ 经济委员会会议记录，1982 年 10 月 14 日，首相文件，工业政策，工业关系立法，就业法案，第九部分（在内阁办公室查阅的文件）。

⑧ 芒特致函撒切尔夫人，1982 年 10 月 21 日，TNA：PREM 19/1061。

（http://www.margaretthatcher.org/document/128164）

⑨ 芒特致函撒切尔夫人，1982年11月19日，TNA: PREM 19/1061。（http://www.margaretthatcher.org/document/128434）

⑩ 英国议会议事录，HC Deb，1983年4月19日，41/159。（http://hansard.millbanksystems.com/commons/1983/apr/19/engagements）

⑪ 撒切尔夫人回忆录素材，CAC: THCR 4/3。

⑫ 英厄姆致函撒切尔，1983年5月6日，CAC: THCR 3/5/23。

⑬ 乔普林勋爵访谈。

⑭ 帕金森勋爵访谈。

⑮ 布里坦致函伊恩·高，1983年5月10日，THCR2/6/2/61（http://www.margaretthatcher.org/document/131255）；基思·布里坦访谈。

⑯ 戴维·巴特勒采访安东尼·桑日施里姆斯利，1983年6月14日，戴维·巴特勒个人文件。

⑰ 帕金森勋爵访谈。

⑱ 同上。

⑲ 乔普林勋爵访谈。

⑳ 费迪南德·芒特，《冷霜：我的早年生活和其他错误》，布卢姆斯伯里出版社，2008年，p.335。

㉑ 撒切尔夫人回忆录素材，CAC: THCR 4/3。

㉒ 同上。

㉓ 彼得·克罗珀访谈。

㉔ 玛格丽特·撒切尔，《唐宁街岁月》，哈珀柯林斯出版社，1993，p.284。

㉕ 在温布利市青年集会上的讲话，1983年6月5日。（http://www.margaretthatcher.org/document/105381）

㉖ 发布竞选宣言的记者会（国际媒体），1983年5月18日。（http://www.margaretthatcher.org/document/105320）

㉗ 发布竞选宣言的记者会，1983年5月18日。（http://www.margaretthatcher.org/document/105319）

㉘ 竞选记者会，1983年5月20日。（http://www.margaretthatcher.org/document/105324）

㉙ 凯瑟琳·拉姆塞访谈。

㉚ 戴维·巴特勒的个人备忘录，1983年5月24日，戴维·巴特勒个人文件。

㉛ 帕金森勋爵访谈。

㉜ 同上。

㉝ 迪兹伯里的舍伯恩勋爵访谈。

㉞ 《泰晤士报》1983年5月21日。

㉟ 同上。

㊱ 撒切尔夫人回忆录素材，CAC: THCR 4/3。

㊲ 同上。

㊳ 戴维·巴特勒采访基思·布里坦，1983年6月14日，戴维·巴特勒个人文件。

㊴ 英国广播公司采访，1983年6月7日，（克里斯托弗·柯林斯编辑，《玛格丽特·撒切尔公开声明全集，1945—1990》CD-ROM，牛津大学出版社，1998/2000）。

㊵ 丹尼斯·卡瓦纳采访杰夫·比什，1983年6月8日，戴维·巴特勒个人文件。

㊶ 《泰晤士报》1983年5月26日。

㊷ 撒切尔，《唐宁街岁月》，p. 424。

㊸ 在加的夫市的讲话，1983年5月23日，CAC: THCR 5/1/4/51。（http://www.margaretthatcher.org/document/105332）

㊹ 撒切尔致函里根，1983年5月9日，CAC: THCR 3/1/31 Part 1。（http://www.margaretthatcher.org/document/131540）

㊺ 里根致函撒切尔，1983年5月10日，CAC: THCR 3/1/31 Part 1。（http://www.margaretthatcher.org/document/131541）

㊻ 赖特，电报，编号1289，华盛顿，1983，5月10日，TNA: PREM 19/1008。

㊼ 阿姆斯特朗致函撒切尔，1983年3月14日，TNA: PREM 19/1007。

㊽ 沃尔特斯致函撒切尔，1983年4月25日，TNA: PREM 19/1008。

㊾ 杰弗里·豪致函撒切尔夫人，1983年5月4日，TNA: PREM 19/1008。

㊿ 与米斯交谈录音，1983年5月4日，TNA: PREM 19/1008。

51 科尔斯致函福尔，1983年5月17日，TNA: PREM 19/1008。

52 里根致函撒切尔，1983年5月24日，CAC: THCR 3/1/31 Part 2。（http://www.margaretthatcher.org/document/131885）

53 撒切尔，《唐宁街岁月》p. 299。

54 会议笔记，1983年5月29日11:30，于威廉斯堡，TNA: PREM 19/1009。

55 同上。

(56) 参见撒切尔,《唐宁街岁月》p. 300。

(57) 大选记者会，1983 年 5 月 31 日。(http://www. margaretthatcher. org/document/105356)

(58) 帕金森勋爵访谈。

(59) 里根致函撒切尔，1983 年 6 月 15 日，CAC: THCR 3/1/32 Part 1。(http://www. margaretthatcher. org/document/131545)

(60) 欧文勋爵访谈。

(61)《曼彻斯特晚报》1983 年 6 月 2 日。(http://www. margaretthatcher. org/document/105361)

(62) 英国广播公司电视采访约翰·科尔斯，1983 年 6 月 3 日。(http://www. margaretthatcher. org/document/105159)

(63) 同上。

(64) 迈克尔·斯派塞,《斯派塞日记》，拜特巴克出版社，2012，p. 66。

(65) 撒切尔,《唐宁街岁月》，p. 303。

(66) 约翰·坎贝尔,《玛格丽特·撒切尔》，第二卷,《铁娘子》，乔纳森凯普出版社，2003 年，p. 193。

(67) 保守党竞选广播，1983 年 6 月 7 日。(http://www. margaretthatcher. org/document/105382)

(68) 戴维·巴特勒采访塞西尔·帕金森笔记，1983 年 5 月 27 日，戴维·巴特勒个人文件。

(69) 杰里米·辛克莱尔访谈。

(70) 帕金森勋爵访谈。

(71) 同上。

(72) 同上。

(73) 在芬奇利市政厅的讲话，1983 年 6 月 10 日。(http://www. margaretthatcher. org/document/105393)

(74) 彼得·克罗珀访谈。

第4章　职位任命

① 弗莱舍致函撒切尔，1983 年 6 月 21 日，CAC: THCR 1/11/13。(http://

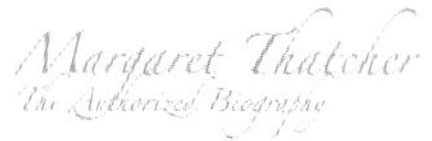

www. margaretthatcher. org/document/131086）

② 巴特勒勋爵访谈。

③ 同上。

④ 英厄姆致函撒切尔，1983 年 6 月 7 日，CAC: THCR 1/11/15。

⑤ 舍伯恩勋爵访谈。

⑥ 巴特勒勋爵访谈。

⑦ 莱德女士访谈。

⑧ 英国广播公司电视采访，1983 年 6 月 10 日。（http://www. margaretthatcher. org/document/105176）

⑨ 撒切尔回忆录素材，CAC: THCR 4/3。

⑩ 同上。

⑪ 威廉·里基特访谈。

⑫ 迈克尔·斯科拉爵士访谈。

⑬ 同上。

⑭ 撒切尔回忆录素材，CAC: THCR 4/3。

⑮ 同上。

⑯ 特比特勋爵访谈。

⑰ 沃尔夫森致函撒切尔，1983 年 6 月 10 日，CAC: THCR 1/11/15。（http://www. margaretthatcher. org/document/131085）

⑱ 撒切尔回忆录素材，CAC: THCR 4/3。

⑲ 同上。

⑳ 乔普林勋爵访谈。

㉑ 撒切尔回忆录素材，CAC: THCR 4/3。

㉒ 乔纳森·皮姆访谈。

㉓ 撒切尔回忆录素材，CAC: THCR 4/3。

㉔ 同上。

㉕ 玛格丽特·撒切尔，《唐宁街岁月》，哈珀柯林斯出版社，1993，p. 307。

㉖ 同上。

㉗ 乔普林勋爵访谈。

㉘ 撒切尔回忆录素材，CAC: THCR 4/3。

㉙ 里斯勋爵访谈。

㉚《泰晤士报》报道，1986 年 4 月 3 日。

㉛ 撒切尔回忆录素材，CAC: THCR 4/3。

㉜ 同上。

㉝ 艾伦·克拉克，《日志》，韦登菲尔德尼克森出版社，1993，p. 8。

㉞ 韦克厄姆勋爵访谈。

㉟ 克拉克，《日志》，p. 11。

㊱ 韦克厄姆勋爵访谈。

㊲ 德本勋爵访谈。

㊳ 舍伯恩勋爵访谈。

㊴ 特萨·盖斯曼访谈。

㊵ 舍伯恩勋爵访谈。

㊶ 罗茜·艾利森访谈。

㊷ 马修·帕里斯，《偶然见证：一个局外人的涉政生活》，维金出版社，2002，p. 350。

㊸ 特萨·盖斯曼访谈。

㊹ 斯帕罗致函撒切尔，1983 年 4 月 21 日，TNA: PREM 19/1045。

㊺ 约翰·斯帕罗访谈。

㊻ 罗伯特·阿姆斯特朗爵士，《内阁秘书的笔记簿》，1983 年 6 月 16 日，（在内阁办公室查阅的文件）。

㊼ 费迪南德·芒特访谈。

㊽ 特比特勋爵访谈。

㊾ 拉蒙特勋爵访谈。

㊿ 罗伯特·阿姆斯特朗爵士，《内阁秘书的笔记簿》，1983 年 6 月 16 日，（在内阁办公室查阅的文件）。

51 同上。

52 斯蒂芬·沃尔，《欧洲的陌生人：英国与欧盟，从撒切尔到布莱尔》，牛津大学出版社，2008，p. 22。

53 撒切尔致函科尔，1983 年 7 月 1 日，CAC: THCR 3/1/32 Part 2。（http://www.margaretthatcher.org/document/131930）

54 罗伯特·阿姆斯特朗爵士，《内阁秘书的笔记簿》，1983 年 6 月 23 日，（在内阁办公室查阅的文件）。

(55) 撒切尔,《唐宁街岁月》, p. 314。

(56) 韦瑟里尔勋爵访谈。

(57) 同上。

(58) IRN（独立广播网）广播采访 1983 年 7 月 28 日。（http://www.margaretthatcher.org/document/105426）

(59) 英国广播公司电视采访，1983 年 7 月 28 日。（http://www.margaretthatcher.org/document/105184）

(60) 采访撒切尔，1983 年 7 月 5 日，David Butler Archive。

(61) 同上。

(62) 罗伯特·阿姆斯特朗爵士,《内阁秘书的笔记簿》, 1983 年 7 月 7 日,（在内阁办公室查阅的文件）。

(63) 同上。

(64) 沃尔特斯致函撒切尔，1983 年 7 月 14 日，TNA: PREM 19/985。（http://www.margaretthatcher.org/document/128136）

(65) 英厄姆致函撒切尔，19837 月 14 日，TNA: PREM 19/985。（http://www.margaretthatcher.org/document/128135）

(66) 罗伯特·阿姆斯特朗爵士,《内阁秘书的笔记簿》, 1983 年 7 月 21 日,（在内阁办公室查阅的文件）。

(67) 福勒勋爵访谈。

(68) 尼格尔·劳森,《从唐宁街 11 号的角度观察》, 班腾出版社，1992, pp. 305—6。

(69) 撒切尔致函埃利的主教，1983 年 6 月 16 日，CAC: THCR 3/2/119。

(70) 约翰·科尔斯于 1984 年离开唐宁街时写的个人回忆录，1984 年 6 月 14 日，CAC: THCR AS 3/24。（http://www.margaretthatcher.org/document/135761）

(71) 同上。

(72) 威廉·里基特访谈。

(73) 巴特勒勋爵访谈。

(74) 麦卡尔平夫人罗米利访谈。

(75) 撒切尔致内阁大臣的个人备忘录，1983 年 8 月 5 日，CAC: THCR 3/3/5。（http://www.margaretthatcher.org/document/131526）

(76) 威廉·里基特访谈。

⑦⑦ 芒特致函撒切尔，1983 年 8 月 5 日，CAC: THCR 2/4/1/22。(http://www.margaretthatcher.org/document/131145)

⑦⑧ 撒切尔夫人致函帕金森，1983 年 8 月 10 日，CAC: THCR2/4/1/22。(http://www.margaretthatcher.org/document/131150)

⑦⑨ 克拉克，《日记》，1983 年 8 月 4 日，pp. 35—36。

⑧⓪ 同上。

⑧① 帕金森勋爵访谈。

⑧② 撒切尔回忆录素材，CAC: THCR 4/3。

⑧③ 德本勋爵访谈。

⑧④ 舍伯恩勋爵访谈。

⑧⑤ 同上。

⑧⑥ 撒切尔回忆录素材，CAC: THCR 4/3。

⑧⑦ 德本勋爵访谈。

⑧⑧ 阿曼达·庞森比访谈。

⑧⑨ 帕金森勋爵访谈。

⑨⓪《私家侦探》，1983 年 10 月 7 日。

⑨① 巴特勒勋爵访谈。

⑨② 同上。

⑨③ 参见塞西尔·帕金森，《从核心爆发》，韦登菲尔德尼克森出版社，1992，pp. 249—50。

⑨④ 英厄姆致函撒切尔，1983 年 10 月 7 日，CAC：THCR 1/12/16 Part 2 (http://www.margaretthatcher.org/document/131096)

⑨⑤ 帕金森勋爵访谈。

⑨⑥ 费迪南德·芒特，《冷霜：我的早年生活和其他错误》，布鲁姆斯伯里出版社，2008，p. 343。

⑨⑦ 巴特勒勋爵访谈。

⑨⑧ 韦克厄姆夫人访谈。

⑨⑨ 阿曼达·庞森比访谈。

⑩⓪ 舍伯恩勋爵访谈。

⑩① 赖德夫人访谈。

⑩② 帕金森勋爵访谈。

⑩③ 麦卡尔平勋爵、舍伯恩勋爵、杨格勋爵访谈。

⑭ 德本勋爵访谈。

⑮ 特比特勋爵访谈。

⑯ 同上。

⑰ 英厄姆，报纸摘要，1983 年 10 月 17 日，CAC: THCR 1/7/37。（http://www.margaretthatcher.org/document/130980）

⑱ 费迪南德·芒特访谈。

⑲《华盛顿邮报》1983 年 9 月 28 日版。

⑳ 米勒致函撒切尔 1983 年 6 月 15 日，CAC: THCR 1/3/10。（http://www.margaretthatcher.org/document/131026）

⑪ 费迪南德·芒特访谈。

⑫ 戴维·杨格，《最初 15 个月》，芒特给撒切尔的推荐信，1983 年 6 月 8 日，艾伦·沃尔特斯的文件，CAC: WTRS 1/81。

⑬ 卡尔·马克思和弗里德里希·恩格斯，《德国人的意识形态》，进步出版社，1976，p. 620。

⑭ 芒特致函撒切尔，1983 年 6 月 24 日，CAC: THCR 1/15/9 Part 2。（http://www.margaretthatcher.org/document/131107）

⑮ 科克菲尔德致函撒切尔，1983 年 7 月 1 日，艾伦·沃尔特斯的文件，CAC: WTRS 1/74。

⑯ 斯科拉致函沃尔特斯，1983 年 7 月 5 日，艾伦·沃尔特斯的文件，CAC: WTRS 1/74。

⑰ 同上。

⑱ 同上。

⑲ 同上。

⑳ 艾伦·沃尔特斯爵士的笔记，“失业问题讨论会”，艾伦·沃尔特斯的文件，CAC: WTRS 1/74。

㉑ 在保守党大会上的演讲，1983 年 10 月 14 日。（http://www.margaretthatcher.org/document/105454）

㉒ 费迪南德·芒特访谈。

㉓ 雷德伍德致函撒切尔，1983 年 12 月 23 日，CAC: THCR 5/1/5/241 Part 4。（http://www.margaretthatcher.org/document/136300）

㉔ 同上。

⑫⑤ 费迪南德·芒特访谈。

⑫⑥ 雷德伍德致函撒切尔，1983年12月23日，CAC: THCR 5/1/5/241 Part 4。(http://www.margaretthatcher.org/document/136300)

⑫⑦ 科尔斯，讨论记录，1983年6月15日，TNA: PREM 19/1055。(http://www.margaretthatcher.org/document/139124)

⑫⑧ 科尔斯，讨论记录，1983年6月24日，其余同上。

⑫⑨ 查尔斯·弗里曼、波顿·莱文访谈。

⑬⑩ 柯利达，电报，编号580，北京，1983年6月23日，TNA: PREM 19/1055。(http://www.margaretthatcher.org/document/139114)

⑬① 杰弗里·豪勋爵访谈。

⑬② 珀西·柯利达，《中国经验》，John Murray，1994，pp. 202—3。

⑬③ 珀西·柯利达访谈。

⑬④ 鲍威尔勋爵访谈。

⑬⑤ 同上。

⑬⑥ 私人信息。

⑬⑦ 杰弗里·豪的声明草稿，供卢斯向香港媒体发布，1983年9月23日，TNA: PREM 19/1057。(http://www.margaretthatcher.org/document/139249)

⑬⑧ 柯利达，电报，编号1325，1983年12月9日，TNA: PREM 19/1059。(http://www.margaretthatcher.org/document/139361)

⑬⑨ 科尔斯，谈话记录，1984年1月16日，TNA: PREM 19/1262。(http://www.margaretthatcher.org/document/139864)

⑭⑩ 杰弗里·豪致函撒切尔1984年3月29日，TNA: PREM 19/1263。(http://www.margaretthatcher.org/docu ment/139894)

⑭① 尤德，电报，编号859，香港，1984年3月29日，TNA:PREM 19/1263。(http://www.margaretthatcher.org/document/139893)

⑭② 柯利达，电报，编号1154，北京，1983年11月7日，TNA: PREM 19/1059。(http://www.margaretthatcher.org/document/139275)

⑭③ 柯利达致函杰弗里·豪，1983年12月12日，TNA: PREM 19/ 1059。(http://www.margaretthatcher.org/document/139414)

⑭④ 科尔斯，谈话记录，1984年6月6日，TNA: PREM 19/1264。(http://

www. margaretthatcher. org/document/139742）

⑮ 20世纪80年代的外交政策：为约翰·博伊德（丘吉尔学院即将离职的大师）举办的告别会，丘吉尔文档中心，2006年2月6日。

⑯ 埃文斯，电报，编号739，北京，1984年4月13日，TNA: PREM 19/1264。（http://www. margaretthatcher. org/document/139737）

⑰ 科尔斯，谈话记录，1984年5月15日，TNA: PREM 19/1265。（http://www. margaretthatcher. org/document/139698）

⑱ 撒切尔夫人致中国总理的信函草稿，1984年7月10日，TNA:PREM 19/1266。（http://www. margaretthatcher. org/document/140351）

⑲ 珀西·柯利达，《中国经验》，John Murray，1994，p. 201。

⑳ 同上。p. 202。

㉑ 尤德，电报，编号2176，香港，1984年7月31日，TNA: PREM 19/1266。（http://www. margaretthatcher. org/document/140307）

㉒ 柯利达致函撒切尔，1984年8月3日，TNA: PREM 19/1267。（http://www. margaretthatcher. org/document/140010）

㉓ 鲍威尔，会谈记录，1984年9月19日，TNA: PREM 19/1267。（http://www. margaretthatcher. org/document/139963）

㉔ 鲍威尔勋爵访谈。

㉕ 同上。

㉖ 电报，编号3047，北京，1984年12月19日，TNA: PREM 19/1502。

㉗ 鲍威尔勋爵访谈。

㉘ 签署《联合声明》时的讲话，1984年12月19日。（http://www. margaretthatcher. org/document/105817）

㉙ 杰弗里·豪勋爵访谈。

㉚ 鲍威尔勋爵访谈。

㉛ 女男爵邓莲如访谈。

㉜ 电报，编号2202，香港，1984年8月2日，TNA: PREM 19/1267。（http:/www. margaretthatcher. org/document/140011）

第5章 里根欺骗了她

① 交谈记录，撒切尔与布什，1983 年 6 月 24 日，TNA: PREM 19/979。（http://www.margaretthatcher.org/document/128131）

② 电话交谈备忘录，里根致撒切尔，1983 年 6 月 10 日，英国，1983 年 6 月 3 日—6 月 15 日，第 90424 号文件盒，彼得·萨默文档，里根图书馆。

③ 科尔斯致函福尔，1983 年 6 月 10 日，TNA: PREM 19/1404。（http://www.margaretthatcher.org/document/140750）

④ 引用乔纳森·艾特肯，《玛格丽特·撒切尔夫人：权力与个性》，布鲁姆斯伯里出版社，2013 年，p. 474。

⑤ 撒切尔致函里根，1982 年 11 月 12 日，CAC: THCR 3/1/26 Part 2。（http://www.margaretthatcher.org/document/123549）

⑥ 马尔科姆·里夫金德爵士访谈。

⑦ 尼格尔·布鲁姆菲尔德爵士访谈。

⑧ 赖特，电报，编号 1989，1983 年 7 月 15 日，TNA: PREM 19/1404。（http://www.margaretthatcher.org/document/140751）

⑨ 彼得·罗宾逊访谈。

⑩ 关于国防和国家安全的全国电视讲话，1983 年 3 月 23 日，总统的公开文件，美国总统项目。（http://www.presidency.ucsb.edu/ws/index.php?pid=41093&st=&st1=）

⑪ 赫塞尔廷勋爵，"英国对战略防御计划的反应"，讨论会，2003 年 7 月 9 日，英国当代史中心，p. 30。（http://www.kcl.ac.uk/sspp/departments/icbh/witness/PDFfiles/SDI.pdf）

⑫ 里根致函撒切尔，1983 年 3 月 23 日，CAC: THCR 3/1/29 Part 2。（http://www.margaretthatcher.org/document/131533）

⑬ 同上。

⑭ 玛格丽特·撒切尔，《唐宁街岁月》，哈珀柯林斯出版社，1993 年，p. 463。

⑮ 阿姆斯特朗勋爵访谈。

⑯ 约翰·韦斯顿爵士访谈。

⑰ 英国议会议事录，HC Deb，1983 年 3 月 29 日，40/178。（http://hansard.millbanksystems.com/commons/1983/mar/29/engagements）

⑱ 杰弗里・豪勋爵访谈。

⑲ 引用撒切尔,《唐宁街岁月》, p. 451。

⑳ 引用阿奇・布朗,《英国冷战政策向接触转变:撒切尔 – 戈尔巴乔夫关系的开端》, 冷战研究期刊, 第 10 卷, 2008 年第 3 期, pp. 7—8。

㉑ 同上。

㉒ 撒切尔致函里根, 1983 年 9 月 15 日, 国家安全局, 国家元首文件, 英国撒切尔首相电报(3), 第 35 号文件盒, 里根图书馆。

㉓ 同上。

㉔ 关于外交与国防的战略会议, 杰弗里・豪致函撒切尔, 1983 年 9 月 5 日, 意大利帕维亚大学马基雅维利中心向外交与联邦事务部请求浏览的信息, 2007 年。(http://www.margaretthatcher.org/document/111072)

㉕ 在首相别墅的会议, 1983 年 9 月 8 日, 阿奇・布朗当时的笔记, 恩准笔者使用。

㉖ 1983 年 9 月 8 日, 无标题手写笔记, CAC: THCR 1/10/53。(http://www.margaretthatcher.org/document/130942)

㉗ 首相别墅会议, 1983 年 9 月 8 日, 阿奇・布朗当时的笔记。

㉘ 引用阿奇・布朗,《英国冷战政策向接触转变》, p. 13。

㉙ 阿奇・布朗,《序言之始》, 在费迪南德・芒特编的《共产主义》中, 哈维尔出版社, 1992, p. 297。

㉚ 科洪致函内维尔 – 琼斯, 1983 年 9 月 12 日, 外交与联邦事务部文件, RSO13/1, 引用布朗,《英国冷战政策向接触转变》, p. 30。

㉛ 马尔科姆・里夫金德爵士访谈。

㉜ 同上。

㉝ 约翰・科尔斯爵士访谈。

㉝ 同上。

㉟ 同上。

㊱ 科尔斯致函福尔, 1983 年 9 月 12 日, 意大利帕维亚大学马基雅维利中心向外交与联邦事务部请求自由浏览的信息。(http://www.margaretthatcher.org/document/111075)

㊲ 同上。

㊳ 同上。

㊴ 鲍威尔勋爵访谈。

㊵ 迈克尔·迪弗访谈。

㊶ 同上。

㊷ 撒切尔,《唐宁街岁月》, p. 321。

㊸ 约翰·科尔斯爵士访谈。

㊹ 罗纳德·里根日记, 1983 年 9 月 29 日,《里根日记》, 哈珀柯林斯出版社, 2007 年, p. 183。

㊺ 谈话备忘录, 总统与英国首相撒切尔, 1983 年 9 月 29 日, 第 90424 号文件盒, 彼得·萨默文档, 里根图书馆。

㊻ 在温斯顿·丘吉尔基金会颁奖晚宴上的讲话, 1983 年 9 月 29 日。(http://www.margaretthatcher.org/document/105450)

㊼ 同上。

㊽ 撒切尔接受《每日邮报》采访, 1983 年 11 月 4 日, CAC: THCR 5/1/1E/46 Part 1。(http://www.marga retthatcher.org/document/105212)

㊾ 乔治·厄本,《玛格丽特·撒切尔法庭中的外交与幻灭》, I. B. 托利斯出版社, 1996 年, p. 57。

㊿ 乔治·舒尔茨访谈。

51 在保守党大会上的讲话, 1983 年 10 月 14 日。(http://www.margaretthatcher.org/document/105454)

52 奥列格·戈德尔维斯基访谈。

53 同上。

54 同上。

55 约翰·斯卡利特爵士访谈。

56 科林·麦科尔爵士访谈。

57 杰弗里·豪,《忠诚的冲突》, 麦克米伦出版社, 1994 年, p. 350。

58 戈登·巴拉斯,《冷战时期: 横穿镜子宫》, 斯坦福大学出版社, 2009 年, p. 299。

59 同上。

60 戈登·巴拉斯的《冷战时期: 横穿镜子宫》也许是这一主题中最好的叙述, pp. 298—305; 另参见纳特·琼斯,《解密倒计时: 寻找 1983 年核惊慌的答案》, 原子科学家的公报, 六十九卷之六, 2013 年, pp. 47—57。

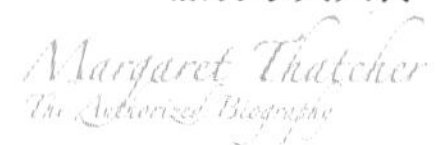

(61) 苏联：担心北约突然袭击，1984年5月8日，参见彼得·伯特，《三十年前：核危机威胁下撒切尔和里根几乎终止冷战》，核情报服务，2013年11月3日。（http://nuclearinfo.org/blog/peter-burt/2013/11/thirty-years-ago-nuclear-crisis-which-frightened-thatcher-and-reagan-ending）

(62) 罗德里克·布雷思韦特爵士访谈。

(63) 参见克里斯托弗·安德鲁，《捍卫王国：军情五处正史》，艾伦莱恩出版社，2009年，p. 709。

(64) 苏联：担心北约突然袭击，1984年4月10日，参见彼得·伯特，《三十年前：核危机威胁下撒切尔和里根几乎终止冷战》。

(65) 约翰·斯卡利特爵士访谈。

(66) 1983年10月格林尼治时间24日18:47，里根致撒切尔，国家安全委员会：国家档案，英国，第五卷，（共3册第3册），第91331号文件盒，里根图书馆。

(67) 撒切尔，《唐宁街岁月》，pp. 330—31。

(68) 约瑟芬·路易斯访谈。

(69) 里根致函撒切尔，1983年10月24日祖鲁时间22:00，CAC: THCR 3/1/33 Part 3。（http://www.margaretthatcher.org/document/131575）

(70) 杰弗里·豪，《忠诚的冲突》，p. 329。

(71) 劳伦斯·伊格尔伯格访谈。

(72) 巴德·麦克法兰访谈。

(73) 杰弗里·豪勋爵访谈。

(74) 巴德·麦克法兰访谈。

(75) 乔治·舒尔茨——动荡（草稿），英国，第61文件盒，查尔斯·希尔文件，加利福尼亚州，斯坦福大学胡佛学院。

(76) 德里克·托马斯爵士访谈。

(77) 伦威克勋爵访谈。

(78) 罗宾·伦威克，《伴玛格丽特·撒切尔旅行》，拜特巴克出版社，2013年，p. 144。

(79) 报告，1983年10月21日，首相文件，格林纳达，第一部分（在内阁办公室查阅的文件）。

(80) 科尔斯致函撒切尔，1983年10月21日，其余同上。

(81) 同上。

(82) 约翰·波因德克斯特访谈。

(83) 参见杜安·克拉里奇,《谍海生涯：我在中情局的生活》，斯克莱布诺出版社，2002年，p. 252。

(84) 希尔致函麦克法兰，格林纳达，战情组，1983年10月22日，常任秘书，国家安全委员会：国家安全计划组记录，‘NSPG0075，1983年10月23日’，第91306号文件盒，里根图书馆。

(85) 杜安·克拉里奇访谈。

(86) 肯尼思·阿德尔曼访谈。

(87) 杰克·马特洛克访谈。

(88) 杰弗里·豪勋爵访谈。

(89) 引用H. W. 布兰兹,《里根的生活》，双日出版社，2015年，p. 401。

(90) 赖特电报，编号3084，1983年10月22日，TNA: PREM 19/1048。(http://www.margaretthatcher.org/document/128213)

(91) 乔纳森·豪访谈及通信。

(92) 卢斯勋爵访谈。

(93) 同上。

(94) 同上。

(95) 杰弗里·豪电报，编号291，1983年10月22日，CAC: THCR 1/10/61 Part 1。(http://www.margaretthatcher.org/document/131318)

(96) 撒切尔,《唐宁街岁月》，p. 330。

(97) 伦威克,《伴玛格丽特·撒切尔旅行》，p. 144。

(98) 伦威克勋爵访谈。

(99) 杰弗里·豪,《忠诚的冲突》，p. 328。

(100) 撒切尔夫人与达姆交谈记录，1983年11月7日，TNA: PREM 19/1151。(http://www.margaretthatcher.org/document/128198)

(101) 英国议会议事录，HC Deb，1983年10月24日，47/30。(http://hansard.millbanksystems.com/commons/1983/oct/24/grenada)

(102) 撒切尔在外交大臣议会声明稿上的批注，1983年10月24日，TNA: PREM 19/1048。(http://www.margaretthatcher.org/document/128146)

(103) 布里奇顿电报，编号342，1983年10月23日，TNA: PREM 19/1048。(http://www.margaretthatcher.org/document/128217)

⑩④ 华盛顿电报，编号 3099，1983 年 10 月 24 日，TNA: PREM19/ 1048。

⑩⑤ 约翰 · 科尔斯爵士访谈。

⑩⑥ 撒切尔夫人致函里根，1983 年 10 月 25 日，TNA: PREM 19/1048。（http://www. margaretthatcher. org/document/128147）

⑩⑦ 同上。

⑩⑧ 巴特勒勋爵访谈。

⑩⑨ 同上。

⑪⓪ 同上。

⑪① 科尔斯致函福尔，1983 年 10 月 25 日，TNA: PREM 19/1048。（http://www. margaretthatcher. org/document/128329）

⑪② 迈克尔 · 迪弗访谈。

⑪③ 1983 年 10 月格林尼治时间 25 日 6:56，里根致函撒切尔，1983 年 10 月 25 日，常务秘书，国家安全委员会：国家文件，英国，第五卷（第 3 册，共 3 册），第 91331 号文件盒，里根图书馆。

⑪④ 罗纳德 · 里根，《一个美国人的生活：自传》，西门舒斯特出版社，1990，p. 454。

⑪⑤ 科尔斯致函里基特，1983 年 10 月 26 日，TNA: PREM19/1048（http:// www. margaretthatcher. org/document/128224）

⑪⑥ 同上。

⑪⑦ 金斯敦电报，编号 304，1983 年 10 月 26 日，TNA: PREM 19/1048。（http://www. margaretthatcher. org/document/128225）

⑪⑧ 费洛斯勋爵访谈。

⑪⑨ 约翰 · 尤尔爵士访谈。

⑫⓪ 詹姆斯 · 贝克访谈。

⑫① 电话交谈备忘录，玛格丽特 · 撒切尔首相，1983 年 10 月 26 日，常务秘书，国家安全委员会：国家文档，英国，第五卷（第 3 册，共 3 册），第 91331 号文件盒，里根图书馆。里根图书馆还解禁了这次电话的录音（RAC Box 53，白宫战情室录音）。

⑫② 同上。

⑫③ 里根总统与霍克总理就格林纳达问题的谈话记录，1983 年 10 月 26 日，常务秘书，国家安全委员会：国家文档，澳大利亚。（2/16/84—1/31/85），第 6 号文

件盒，里根图书馆。

⑫④ 1983年10月格林尼治时间28日14:44，“总统给撒切尔的电话产生非常有利的影响”，国务院文档，根据信息自由法案解禁，文件号：#200605058。

⑫⑤ 罗伯特·阿姆斯特朗，内阁秘书的笔记簿，1983年10月27日，（在内阁办公室查阅的文件）。

⑫⑥ 同上。

⑫⑦ 英国议会议事录，HC Deb 1983年10月27日，47/423。（http://hansard.millbanksystems.com/commons/1983/oct/27/engagements）

⑫⑧ 英国广播公司国际广播采访，1983年10月30日。（克里斯托弗·柯林斯主编，《玛格丽特·撒切尔公开声明全集》，1945—1990，光盘版，牛津大学出版社，1998/2000）。

⑫⑨ 约翰·莱曼访谈。

⑬⓪ 乔治·舒尔茨访谈。

⑬① 麦克法兰致函阿姆斯特朗，1983年11月7日，常务秘书，国家安全委员会：国家文件，英国，第五卷，第91331号文件盒，里根图书馆。

⑬② 麦克法兰致函阿姆斯特朗，1983年11月2日，英国，第90762号文件盒，唐纳德·福捷文件，里根图书馆。

⑬③ 科尔斯致函阿姆斯特朗，1983年11月11日，TNA：PREM 19/1404。（http://www.margaretthatcher.org/document/140752）

⑬④ 《泰晤士报》，1983年11月7日。

⑬⑤ 伦威克致函尤尔，1983年10月28日，TNA：PREM 19/1404。

⑬⑥ 约翰·尤尔爵士访谈。

⑬⑦ 肯尼思·达姆的日记，1983年11月6—9日，国务院文件，根据信息自由法案解禁，文件号#200807054。

⑬⑧ 与肯尼思·达姆的通信。

⑬⑨ “达姆副国务卿11月7日与撒切尔首相的会晤”，国务院文件，根据信息自由法案解禁，文件号#200601766。

⑭⓪ 首相与美国国务院达姆先生交谈记录，1983年11月7日，TNA：PREM 19/1151。（http://www.margaretthatcher.org/document/128198）

⑭① 肯尼思·达姆访谈。

⑭② 撒切尔与美国：现状与未来行动，1983年11月10日，英国，1983—

11/7/83—11/19/83，第 90424 号文件盒，萨默文件，里根图书馆。

⑭③ 爱德华·斯特里特访谈。

⑭④ 科布致函波因德克斯特，日期不详，英国 1983—12/4/83—12/10/83，萨默文件，里根图书馆。

⑭⑤ 布什致函撒切尔，1983 年 12 月 9 日，CO 167: 207639，WHORM 文件，里根图书馆。

⑭⑥ 托马斯致函撒切尔，1983 年 12 月 15 日，TNA: PREM 19/1404。（http://www.margaretthatcher.org/document/140753）

⑭⑦ 同上。

第6章 内部的敌人

① 英国议会议事录，HC Deb，1984 年 2 月 27 日，55/28。（http://hansard.millbanksystems.com/commons/1984/feb/27/gchq-cheltenham）

② 托尼·科默访谈。

③ 存档笔记，1981 年 3 月 10 日，首相文件，安全，改变资金来源，政府通讯总部地位及人员，第一部分（在内阁办公室查阅的文件）。

④ 阿姆斯特朗勋爵访谈。

⑤ 撒切尔回忆录素材，CAC: THCR 4/3。

⑥ 英国议会议事录，HC Deb，1982 年 11 月 11 日，31/669—78。（http://hansard.millbanksystems.com/commons/1982/nov/11/ security）

⑦ 高里勋爵访谈。

⑧ 同上。

⑨ 阿姆斯特朗致函撒切尔，1983 年 9 月 21 日，首相文件，安全，改变资金来源，政府通讯总部地位及人员，第一部分（在内阁办公室查阅的文件）。

⑩ 英国议会议事录，HC Deb，1984 年 1 月 25 日，52/917。（http://hansard.millbanksystems.com/ commons/1984/jan/25/gchq-employmentprotection-acts）

⑪ 阿姆斯特朗致函撒切尔，1984 年 1 月 25 日，首相文件，安全，改变资金来源，政府通讯总部地位及人员，第一部分（在内阁办公室查阅的文件）。

⑫ 哈特菲尔德致函巴特勒，1984 年 1 月 26 日和 27 日，其余同上。

⑬ 托尼・科默访谈。

⑭ 巴特勒勋爵访谈。

⑮ 媒体报道，1984 年 1 月 16 日，安全，改变资金来源，政府通讯总部地位及人员，第一部分（在内阁办公室查阅的文件）。

⑯ 阿姆斯特朗勋爵访谈。

⑰ 阿姆斯特朗致函撒切尔，1984 年 1 月 17 日，首相文件，安全，第一部分（在内阁办公室查阅的文件）。

⑱ 巴特勒致函撒切尔，19842 月 22 日，其余同上。

⑲ 与公务员工会委员会会谈记录，1984 年 2 月 23 日，其余同上。

⑳ 阿姆斯特朗勋爵访谈。

㉑ 杰弗里・豪演讲稿，1984 年 2 月 24 日，首相文件，安全，第二部分（在内阁办公室查阅的文件）。

㉒ 杰弗里・豪，《忠诚的冲突》，麦克米伦出版社，1994，pp. 347—8。

㉓ 阿姆斯特朗勋爵访谈。

㉔ 撒切尔回忆录素材，CAC: THCR 4/3。

㉕ 高里勋爵访谈。

㉖ 巴特勒勋爵访谈。

㉗ 巴特勒致函撒切尔，1984 年 1 月 31 日，首相的文件，安全，第一部分（在内阁办公室查阅的文件）。

㉘ 高里勋爵访谈。

㉙ 蒂姆・弗莱舍访谈。

㉚ 英厄姆致函撒切尔，1981 年 2 月 19 日，TNA: PREM 19/539。（http://www.margaretthatcher.org/document/126042）

㉛ 巴特勒勋爵访谈。

㉜ 彼得・格雷格森爵士访谈。

㉝ 尼格尔・劳森，《从唐宁街 11 号的角度观察》，班腾出版社，1992，p. 140。

㉞ 彼得・格雷格森爵士访谈。

㉟ 劳森，《从唐宁街 11 号的角度观察》，p. 150。

㊱ 彼得・格雷格森爵士访谈。

㊲ 阿姆斯特朗致函撒切尔，1983 年 7 月 21 日，TNA: PREM 19/1329。

（http://www.margaretthatcher.org/ document/133113）

㊳ 舍伯恩勋爵访谈。

㊴ 劳森，《从唐宁街11号的角度观察》，p.154。

㊵ 沃克勋爵访谈。

㊶ 蒂姆·弗莱舍访谈。

㊷ 沃克勋爵访谈。

㊸ 格雷格森致函撒切尔，1983年9月14日，TNA: PREM 19/1329。（http://www.mar garetthatcher.org/document/133119）

㊹ 唐宁街10号会议记录，1983年9月15日，TNA: PREM 19/1329。（http://www.margaretthatcher.org/document/133121）

㊺ 特恩布尔致函里迪，1983年11月2日，TNA: PREM 19/1329。（http://www.margaretthatcher.org/document/133128）

㊻ 同上。

㊼ 帕斯卡尔致函特恩布尔，1984年3月7日，TNA: PREM 19/1329。（http://www.margaretthatcher.org/document/133140）

㊽ 内阁备忘录，1984年3月13日，TNA: CAB 128/78。（http://www.margaretthatcher.org/document/133169）

㊾ 参见伊恩·格雷格森，《内部的敌人：矿工罢工的故事1984—1985年》柯林斯出版社，1986，pp.192—3。

㊿ 特恩布尔勋爵访谈。

(51) 存档笔记，1984年3月14日，TNA: PREM 19/1329。（http://www.margaretthatcher.org/docu ment/133144）

(52) 布赖恩·卡本爵士访谈。

(53) 存档笔记，1984年3月14日，TNA: PREM 19/1329。（http://www.margaretthatcher.org/docu ment/133145）

(54) 布里坦勋爵访谈。

(55) 布赖恩·卡本爵士访谈。

(56) 同上。

(57) 科尔斯致函撒切尔夫人，特恩布尔的电话信息，1984年3月19日，TNA: PREM 19/1329。（http://www.margaretthatcher.org/ document/ 140016）

(58) 来自能源部私人办公室的信息，1984年3月16日，TNA: PREM

19/1329。(http://www.margaretthatcher.org/document/140015)

⑲ 特恩布尔致函撒切尔，1985 年 5 月 24 日，CAC: THCR 1/12/28。(http://www.margaretthatcher.org/ document/136462)

⑳ 布里坦勋爵访谈。

㉑ 特恩布尔勋爵访谈。

㉒ 舍伯恩勋爵访谈。

㉓ “全景节目”，英国广播公司，1984 年 4 月 9 日。(http://www.margaretthatcher.org/document/105538)

㉔ 巴特勒勋爵访谈。

㉕ 特恩布尔致函撒切尔，1984 年 5 月 30 日，TNA：PREM 19/1330。(http://www.margaretthatcher.org/document/ 133357)

㉖ 舍伯恩勋爵访谈。

㉗ 蒂姆·弗莱舍访谈。

㉘ 戴维·哈特，《悬崖边缘》，哈钦森出版社，1988，p. 214。

㉙ 贝尔勋爵访谈。

㉚ 哈特致函撒切尔，《采煤现场印象》，1984 年 4 月 26 日，CAC: THCR 1/12/28。(http://www.margaretthatcher.org/document/ 136217)

㉛ 蒂姆·弗莱舍访谈。

㉜ 雷德伍德和帕斯卡尔致函撒切尔，1984 年 4 月 18 日，TNA: PREM 19/1330。(http://www.margaretthatcher.org/docu ment/133308)

㉝ 内阁备忘录，1984 年 5 月 3 日，TNA: CAB 128/78。(http://www.margaretthatcher.org/document/133176)

㉞ 会议记录，1984 年 5 月 15 日，TNA: PREM 19/1330。(http://www.margaretthatcher.org/document/ 133336)

㉟ 同上。

㊱ 特恩布尔勋爵访谈。

㊲ 同上。

㊳ 格雷格森致函撒切尔，1984 年 5 月 18 日，TNA: PREM 19/1330。(http://www.margaretthatcher.org/document/133343)

㊴ 巴克利致函尼尔森，1984 年 5 月 30 日，TNA: PREM 19/1330。(http://www.margaretthatcher.org/document/133356)

⑧ 在班伯里的讲话，1984年5月月30日。(http://www.margaretthatcher.org/document/ 105691)

⑧ 特恩布尔致函撒切尔，1984年6月4日，TNA: PREM 19/1331。(http://www.margaretthatcher.org/document/133365)

⑧ 同上。

⑧ 特恩布尔勋爵访谈。

⑧ 同上。

⑧ 同上。

⑧ 玛格丽特·撒切尔，《唐宁街岁月》，哈珀柯林斯出版社，1993，p.354。

⑧ 特恩布尔致函撒切尔，1984年6月8日，TNA: PREM 19/1331。(http://www.margaretthatcher.org/document/133369)

⑧ 1984年6月12—13日，MISC 101 会议备忘录，TNA: CAB 130/1268。(http:// www.margaretthatcher.org/document/133258)

⑧ 特恩布尔致函撒切尔，1984年6月13日，TNA: PREM 19/1331。(http://www.margaretthatcher.org/document/ 133374)

⑨ 特恩布尔致函撒切尔，1984年6月15日，TNA: PREM 19/1331。(http://www.margaretthatcher.org/document/133377)

⑨ 特恩布尔勋爵访谈。

⑨《每日电讯报》，1984年6月19日。

⑨ 米勒致函撒切尔，1984年7月16日，CAC: THCR 1/12/24。(http://www.margaretthatcher.org/document/136443)

⑨ 格雷格森致函撒切尔，1984年7月2日，TNA: PREM 19/1331。(http://www.marga retthatcher.org/document/133402)

⑨ 同上。

⑨ 同上。

⑨ 雷德伍德致函撒切尔，1984年7月13日，TNA: PREM 19/1331。(http://www.margaretthatcher.org/document/133420)

⑨ 撒切尔夫人的批注，格雷格森致函特恩布尔，1984年7月16日，TNA: PREM 19/1331。(http://www.margaretthatcher.org/document/ 133422)

⑨ 唐宁街10号会议记录，1984年7月16日，TNA: PREM 19/1331。(http://www.margaretthatcher.org/document/133424)

⑩⓪ 格雷格森致函特恩布尔，1984年7月16日，TNA: PREM 19/1331。（http://www.margaretthatcher.org/ document/133422）

⑩① 巴特勒勋爵访谈。

⑩② 里根致函撒切尔，1984年7月18日，TNA: PREM 19/1331。（http://www.margaretthatcher.org/document/133430）

⑩③ 撒切尔，《唐宁街岁月》，p.358。

⑩④ 内阁备忘录，1984年7月19日，TNA: CAB 128/79。（http://www.margaretthatcher.org/docu ment/133186）

⑩⑤ 撒切尔致函里根，1984年7月23日，TNA: PREM 19/1332。（http://www.margaretthatcher.org/document/133437）

⑩⑥ 讨论电厂维持期的会议记录，1984年7月25日，TNA: PREM 19/1332。（http://www.marga retthatcher.org/document/133441）

⑩⑦ 特恩布尔致函撒切尔，1984年7月18日，TNA: PREM 19/1331。（http://www.margaretthatcher.org/document/133431）

⑩⑧ 舍伯恩勋爵访谈。

⑩⑨ 引用雨果·杨格的《我们中的一员》，麦克米伦出版社，1989，p.367。

⑪⓪ 肯·利文斯通访谈。

⑪① 参见克里斯托弗·安德鲁，《捍卫王国：军情五处正史》，艾伦莱恩出版社，2009，p.677。

⑪② 在1922委员会上的演讲要点，1984年7月19日，CAC: THCR 1/1/19。（http://www.margaretthatcher.org/docu ment/136215）

⑪③ 《观察家》杂志，1984年5月4日。

⑪④ 基诺克勋爵访谈。

⑪⑤ 同上。

⑪⑥ 英国议会议事录，HC Deb，1984年7月24日，64/822。（http://hansard.millbanksystems.com/commons/1984/jul/24/coal-industry-dispute）

⑪⑦ 英国议会议事录，HC Deb，1984年7月31日，65/241—52。（http://www.margaretthatcher.org/document/105732）

⑪⑧ 彼得·格雷格森爵士访谈。

⑪⑨ 同上。

⑫⓪ 同上。

⑫ 每日煤炭报告，1984年9月3日，TNA: PREM 19/1333。(http://www.margaretthatcher.org/document/133501)

⑫ 特恩布尔致函撒切尔，1984年9月3日，TNA: PREM 19/1333。(http://www.margaretthatcher.org/document/133505)

⑬ 9月4日会议记录，1984年9月5日，TNA: PREM 19/1333。(http://www.margaretthatcher.org/ document/133507)

⑭ 特恩布尔勋爵访谈。

⑮ 舍伯恩勋爵访谈。

⑯ 特恩布尔勋爵访谈。

⑰ 肯·利文斯通访谈。

⑱ 雷德伍德致函撒切尔，1984年9月13日，TNA: PREM 19/1333。(http://www.margaretthatcher.org/document/133539)

⑲ 哈特致函撒切尔，1984年9月18日，CAC: THCR 1/12/26。(http://www.margaretthatcher.org/document/136219)

⑳ 同上。

⑳ 达勒姆郡主教就任布道辞，1984年9月21日。TNA: PREM 19/1334。(http://www.margaretthatcher.org/document/133575)

⑳ 巴特勒致函撒切尔，1984年9月26日，TNA: PREM 19/1334。(http://www.margaretthatcher.org/document/ 133581)

⑳ 舍伯恩致函撒切尔，1984年9月28日，CAC: THCR 5/1/4/80。(http://www.margaretthatcher.org/document/136256)

⑳ 撒切尔演讲稿(抵达布莱顿时)，1984年10月8日，CAC: THCR 5/1/4/82。(http://www.margaretthatcher.org/document/136222)

⑳ 同上。

⑳ 在保守党大会上的演讲，1984年10月12日。(http://www.margaretthatcher.org/document/105763)

⑳ 存档记录，1984年10月15日，TNA: PREM 19/1334。(http://www.margaretthatcher.org/document/ 133622)

⑳ 同上。

⑳ 同上。

⑳ 同上。

⑭ 哈特记录的与撒切尔电话交谈备忘录，1984 年 10 月 14 日，已故戴维·哈特的私人文件。

⑭ 每日煤炭报告，1984 年 10 月 24 日，TNA: PREM 19/1335。（http://www.margaretthatcher.org/document/133960）

⑭ 特恩布尔致函撒切尔，1984 年 7 月 17 日，CAC: THCR 1/12/24。（http://www.margaretthatcher.org/document/ 136445）

⑭ 同上。

⑭ 已故戴维·哈特的私人文件，无日期。

⑭ 参见安德鲁，《捍卫王国》，p. 679。

⑭ 私人信息。

⑭ 阿姆斯特朗致函巴特勒，1984 年 11 月 5 日，TNA: PREM 19/1335。（http://www.margaretthatcher.org/document/133996）

⑭ 朗西斯·贝克特、戴维·亨克，《走向断层：1984 年矿工罢工及为英国工业化而战》，康斯特布尔出版社，2009，p. 148。

⑮ 特恩布尔致函撒切尔，1984 年 10 月 29 日，TNA: PREM 19/1335。（http://www.margaretthatcher.org/document/133974）

⑮ 同上。

⑮ 在特恩布尔致撒切尔信函背面批注，1984 年 9 月 17 日，TNA: PREM 19/1333。（http://www.margaretthatcher.org/document/133548）

⑮ 英厄姆致函撒切尔，1984 年 11 月 30 日，TNA: PREM 19/1578。（http://www.margaretthatcher.org/document/140017）

⑮ 同上。

⑮ 基诺克勋爵访谈。

⑮ 11 月 8 日我拜访首相，1984 年 11 月 9 日，国务院文件，根据信息自由法案解禁，文件号：#200905115。

⑮ 内阁会议记录，1984 年 11 月 15 日，TNA: CAB 128/79。（http://www.margaretthatcher.org/document/133196）

⑮ 英国议会议事录，HL Deb，1984 年 11 月 13 日，457/240。（http://hansard.millbanksystems.com/lords/1984/nov/13/address-in-reply-to-her-majestys-most）

⑮ 沃里致函特恩布尔，1984 年 11 月 13 日，TNA: PREM 19/1335。

（http://www.margaretthatcher.org/document/134024）

⑯⓪ 会议记录，1984年12月13日，TNA: PREM 19/1578。（http://www.margaretthatcher.org/document/138233）

⑯① 尼尔森致函特恩布尔，1984年12月20日，TNA: PREM 19/1578。（http://www.margaretthatcher.org/document/138229）

⑯② 撒切尔致函林顿太太，1985年2月4日，TNA: PREM 19/1579。（http://www.margaretthatcher.org/document/138171）

⑯③ 每日煤炭报告，1985年2月8日，TNA: PREM 19/1579。（http://www.margaretthatcher.org/document/138107）

⑯④ “最后的进攻”，哈特致函撒切尔，1985年2月11日，TNA: PREM 19/1579。（http://www.margaretthatcher.org/document/138108）

⑯⑤ 英厄姆致函撒切尔，1985年2月18日，TNA: PREM 19/1579。（http://www.margaretthatcher.org/docu ment/138183）

⑯⑥ 讲话提纲，1985年2月18日，TNA: PREM 19/1579。（http:// www.margaretthatcher.org/document/138183）

⑯⑦ 每日煤炭报告，1985年2月27日，TNA: PREM 19/1579。（http://www.margaretthatcher.org/ document/138119）

⑯⑧ 每日煤炭报告，1985年3月8日，TNA: PREM 19/1580。（http://www.margaretthatcher.org/document/138657）

⑯⑨ 对煤矿工人罢工结束的评论，1985年3月3日。（http://www.margaretthatcher.org/docu ment/105982）

⑰⓪ 1984—1985年煤矿工人罢工的教训，1985年5月20日，TNA: PREM 19/1580。（http://www.marga retthatcher.org/document/ 138716）

⑰① 特恩布尔致函撒切尔，1985年5月24日，CAC: THCR 1/12/28。（http://www.margaretthatcher.org/document/136462）

⑰② 巴特勒勋爵访谈。

⑰③ 艾迪生致函特恩布尔和弗莱舍，1985年5月28日，TNA: PREM 19/1580。（http://www.margaretthatcher.org/document/138720）

⑰④ 特恩布尔勋爵访谈。

⑰⑤ 约翰·雷德伍德访谈。

⑰⑥ 舍伯恩勋爵访谈。

⑰ 在马来西亚公共管理学院的演讲，1985 年 4 月 6 日。（http://www.marga retthatcher.org/document/106010）

⑱ 英厄姆致函撒切尔，1985 年 4 月 15 日，TNA: PREM 19/1580。（http://www.margaretthatcher.org/ document/138710）

⑲ 舍伯恩勋爵访谈。

⑳ 贝尔勋爵访谈。

㉑ 蒂姆·弗莱舍访谈。

㉒ 沃克勋爵访谈。

㉓ 撒切尔致函哈克特太太，1985 年 4 月 4 日，TNA: PREM 19/1580。（http://www.margaretthatcher.org/document/138713）

㉔ 同上。

第7章 世纪大销售

① 劳森勋爵访谈。这是劳森的许多同僚的看法，不过劳森的观点不同。参见尼格尔·劳森，《从唐宁街 11 号的角度观察》，矮脚鸡出版社，1992，p. 246；另参见玛格丽特·撒切尔，《唐宁街岁月》，哈珀柯林斯出版社，1993，p. 284。

② 劳森，《从唐宁街 11 号的角度观察》，p. 271。

③ 同上。p. 333。

④ 雷德伍德致函撒切尔 1984 年 1 月 27 日，TNA: PREM 19/11976。（http://www.margaretthatcher.org/document/134125）

⑤ 特比特勋爵访谈。

⑥ 同上。

⑦ 斯特林勋爵访谈。

⑧ 劳森，《从唐宁街 11 号的角度观察》，p. 336。

⑨ 劳森致函撒切尔，1984 年 2 月 16 日，TNA: PREM 19/1197。（http://www.margaretthatcher.org/document/134134）

⑩ 劳森，《从唐宁街 11 号的角度观察》，p. 323。

⑪ 特恩布尔致函巴特勒，1984 年 2 月 10 日，TNA: PREM 19/1197。

⑫ 参见劳森，《从唐宁街 11 号的角度观察》，p. 323。

⑬ 戴维·诺格罗夫访谈。

⑭ 特恩布尔致函撒切尔，1984年1月23日，TNA: PREM 19/1197。

⑮ 沃尔特斯致函撒切尔，1984年3月1日，TNA: PREM 19/1198。（http://www.margaretthatcher.org/document/134157）

⑯ 特恩布尔致函撒切尔，1984年2月24日，TNA: PREM 19/1197。（http://www.margaretthatcher.org/document/134144）

⑰ 英厄姆致函撒切尔，1984年3月2日，TNA: PREM 19/1198。（http://www.margaretthatcher.org/document/134160）

⑱ 劳森，《从唐宁街11号的角度观察》，p. 357。

⑲ 《卫报》，1984年3月1日。

⑳ 英国议会议事录，HC Deb，1984年3月13日，56/286。（http://hansard.millbanksystems.com/commons/1984/ mar/13/introduction）

㉑ 沃尔特斯致函撒切尔，1984年3月1日，TNA: PREM 19/1198。（http://www.margaretthatcher.org/document/134157）

㉒ 《观察家》报，1984年3月17日。

㉓ 《卫报》，1984年3月14日。

㉔ 雷德伍德致函撒切尔，1984年3月20日，CAC: THCR 2/6/3/131 Part 1。（http://www.margaretthatcher.org/ document/136305）

㉕ 奥利弗·莱特文访谈。

㉖ 戴维·帕斯卡尔访谈。

㉗ 鲍勃·杨格访谈。

㉘ 戴维·帕斯卡尔访谈。

㉙ 同上。

㉚ 《泰晤士报》采访，1983年5月3日。（http://www.margaretthatcher.org/document/105091）

㉛ 撒切尔在格雷格森来函上的批注，1983年10月25日，TNA: PREM 19/990。

㉜ 彼得·沃里访谈。

㉝ 同上。

㉞ 特比特勋爵访谈。

㉟ 奥利弗·莱特文访谈。

㊱ 约翰·雷德伍德访谈。

㊲ 费迪南德·芒特访谈。

㊳ 与戴维·威利茨的通信。

㊴ 同上。

㊵ 摩尔勋爵访谈。

㊶ 同上。

㊷ 戴维·帕斯卡尔访谈。

㊸ 鲍勃·杨格访谈。

㊹ 摩尔勋爵访谈。

㊺ 约翰·雷德伍德访谈。

㊻ 同上。

㊼ 戴维·威利茨访谈。

㊽ 摩尔勋爵访谈。

㊾ 劳森致函撒切尔，1983 年 7 月 25 日，TNA: PREM 19/989。（http://www.margaretthatcher.org/document/128139）

㊿ 摩尔勋爵访谈。

(51) 劳森向经济委员会提交的备忘录，《竞争与私有化》，1983 年 10 月 19 日，TNA: CAB 134/4685。

(52) 向撒切尔夫人提交的备忘录，1983 年 10 月 21 日，TNA: PREM 19/990。

(53) 雷德伍德致函芒特，1983 年 10 月 20 日，TNA: PREM 19/990。

(54) 鲍勃·杨格访谈。

(55) 沃克致函撒切尔，1983 年 12 月 20 日，TNA: PREM 19/990。

(56) 雷德伍德致函撒切尔，1984 年 1 月 20 日，TNA: PREM 19/990。

(57) 摩尔勋爵访谈。

(58) 格里·格林斯通爵士访谈。

(59) 科克菲尔德致函撒切尔，1984 年 1 月 23 日，TNA: PREM 19/1195。

(60) 彼得·沃里访谈。

(61) 芒特致函撒切尔，1982 年 12 月 17 日，TNA: PREM 19/1100。

(62) 引用塞西尔·帕金森，《权力的核心》，韦登菲尔德与尼克尔森出版社，1992，p. 241。

(63) 尼克劳斯·托马斯－西蒙兹，《巢穴：安奈林·贝文的政治生命》，I. B.

Tauris 出版社，2015，p. 4。

㊽ 彼得·格雷格森访谈。

㊾《泰晤士报》，1985 年 1 月 11 日。

㊿《金融时报》，1984 年 1 月 28 日。

67 沃克致函撒切尔，1984 年 1 月 30 日，TNA：PREM 19/1195。

68 特恩布尔致函撒切尔，1984 年 1 月 30 日，TNA：PREM 19/1195。

69 劳森勋爵访谈。

70 约翰·雷德伍德访谈。

71 马丁·杰科姆爵士访谈。

72 同上。

73 奥利弗·莱特文访谈。

74 戴维·威利茨访谈。

75 马丁·杰科姆爵士访谈。

76 摩尔勋爵访谈。

77 同上。

78 在参众两院联席会议上的讲话，1985 年 2 月 20 日。（http://www.margaretthatcher.org/document/105968）

79 劳森勋爵访谈。

80 参见劳森，《从唐宁街 11 号的角度观察》，p. 224。

81 撒切尔，《唐宁街岁月》，pp. 678—9。

82 斯科拉致函里斯，1982 年 4 月 8 日，TNA：PREM 19/1162。

83 高致函撒切尔，1982 年 5 月 24 日，TNA：PREM 19/1162。

84 格雷格森致函撒切尔，1983 年 7 月 23 日，TNA：PREM 19/1162。

85 科克菲尔德致函杰弗里·豪，1982 年 9 月 1 日，TNA：PREM 19/1162。

86 科克菲尔德致函布里坦，1982 年 10 月 6 日，TNA：PREM 19/1162。

87 沃尔夫森致函撒切尔，1983 年 11 月 15 日，TNA：PREM 19/1162。

88 雷德伍德和杨格致函撒切尔，1984 年 2 月 21 日，TNA：PREM 19/1162。

89 特恩布尔致函尼古拉斯，1984 年 9 月 12 日，TNA：PREM 19/1163。

90 舍伯恩致函特恩布尔，1984 年 9 月 26 日，TNA：PREM 19/1163。

91 欲了解这个内容的完整描述，参见马丁·格雷戈里，《卑鄙骗局：英国航空公司对维珍大西洋航空公司的秘密战争》，利特布朗出版社，1994，p. 35。

⑫ 同上。

⑬ 奥利弗·赖特爵士访谈。

⑭ 撒切尔致函里根，1983 年 3 月 29 日，常务秘书，国家安全局：国家领导人，英国首相撒切尔夫人，第 35 号文件盒，里根图书馆。

⑮ 罗德里克·布雷思韦特爵士访谈。

⑯ 里根致函撒切尔，1983 年 4 月 6 日，常务秘书，国家安全局：国家领导人，英国首相撒切尔夫人，第 35 号文件盒，里根图书馆。

⑰ 萨默致函麦克法兰，1983 年 6 月 24 日，英国—1983—06/16/83—07/11/83，第 90424 文件盒，彼得·萨默文件，里根图书馆。

⑱ 1984 年 11 月 9 日，雷克公司调查：我会见撒切尔首相，英国—1984—10/29/84—11/08/84，Box 90549，彼得·萨默文件，里根图书馆。

⑲ 1984 年 11 月 14 日，治外法权—雷克公司（1），第 28F 号文件盒，弗雷德·菲尔丁文件，里根图书馆。

⑳ 罗伯特·金米特访谈。

㉑ 罗纳德·里根，《里根日记》，1984 年 11 月 16 日，p. 278，哈珀柯林斯出版社，2007。

㉒ 1984 年 11 月 17 日，1984 年 11 月 18 日谈话要点，国务院文件，根据信息自由法案解密，文件号：#200903260。

㉓ 1984 年 11 月 17 日，雷克公司案—与撒切尔首相会晤，英国，卷四（1）常务秘书，国家安全委员会：国家文件，第 91333 文件盒，里根图书馆。

㉔ 1984 年 11 月 18 日，雷克公司调查案：与撒切尔首相会晤，国务院文件，根据信息自由法案解密，文件号：#200903260。

㉕ 同上。

㉖ 撒切尔致函里根，1984 年 11 月 18 日，CAC: THCR 3/1/42。（http://www.margaretthatcher.org/document/136658）

㉗ 撒切尔致函里根，没有标注日期，常务秘书，国家安全委员会：国家领导人，英国首相撒切尔，（8407695—8409063），第 36 号文件盒，里根图书馆。

㉘ 1984 年 12 月 20 日，“你与首相撒切尔会谈”，恐怖主义：美国－英国，（11/20/1984—12/20/1984），第 14 号文件盒，奥利弗·诺思文件，里根图书馆。

㉙ 罗杰·梅纳德访谈。

㉚ 谈话备忘录，撒切尔夫人在戴维营，1984 年 12 月 22 日，撒切尔访问—

1984年12月（1），常务秘书，欧洲和苏联事务处，第90902号文件盒，里根图书馆。

⑪ 乔治·舒尔茨访谈。

⑫ 谈话备忘录，《撒切尔夫人在戴维营》，1984年12月22日，撒切尔访问—1984年12月（1），常务秘书，欧洲和苏联事务处，第90902号文件盒，里根图书馆。

⑬ 鲍威尔勋爵访谈。

⑭ 谈话备忘录，与撒切尔首相私下会谈，1985年2月20日，撒切尔访问，1985年2月（2），常务秘书，欧洲与苏联事务处，第90902号文件盒，里根图书馆。

⑮ 雷蒙德·奥尔布赖特访谈。

⑯ 雷德伍德致函撒切尔，1984年7月19日，TNA：PREM 19/1196。

⑰ 劳森勋爵访谈。

⑱ 劳森，《从唐宁街11号的角度观察》，p. 214。

⑲ 彼得·格雷格森爵士访谈。

⑳ 同上。

㉑ 劳森，《从唐宁街11号的角度观察》，p. 174。

㉒ 同上。p. 215。

㉓ 彼得·沃克，《把持权力》，布鲁姆斯伯里出版社，1991，p. 192。

㉔ 摩尔勋爵访谈。

㉕ 雷德伍德致函撒切尔，1984年7月19日，TNA：PREM 19/1196。

㉖ 彼得·格雷格森爵士访谈。

㉗ 约翰·雷德伍德访谈。

㉘ 彼得·格雷格森爵士访谈。

㉙ 杨格勋爵访谈。

㉚ 彼得·格雷格森爵士访谈。

㉛ 特恩布尔勋爵访谈。

㉜ 撒切尔，《唐宁街岁月》，p. 681。

㉝ 格里·格林斯通爵士访谈。

㉞ 戴维·诺格罗夫访谈。

㉟ 戴维·威利茨访谈。

㊱ 马丁·杰科姆爵士访谈。

㊲ 彼得·格雷格森爵士访谈。

㊳ 特恩布尔勋爵访谈。

⑬⑨ 参见戴维·帕克,《私有化正史》第一卷，劳特利奇出版社，2009，p. 392。

⑭⓪ 戴维·帕克爵士访谈。

⑭① 撒切尔致函威尔森，1980 年 11 月 10 日，TNA: PREM 19/1005。（http://www.margaretthatcher.org/document/137161）

⑭② 尼古拉斯·古迪森爵士访谈。

⑭③ 帕金森勋爵访谈。

⑭④ 戴维·沃克爵士访谈。

⑭⑤ 劳森勋爵访谈。

⑭⑥ 雅各·罗斯柴尔德在《金融时报》大会上的讲话，1982 年 10 月 24—25 日，TNA: PREM 19/1005。

⑭⑦ 戴维·威利茨访谈。

⑭⑧ 劳森勋爵访谈。

⑭⑨ 欲了解公平交易局各种事件的完整描述，请参见戴维·基纳斯顿,《伦敦金融区史》，第四卷:《只是个俱乐部而已，1945—2000 年》，查托温达斯出版社，2001，p. 616。

⑮⓪ 尼古拉斯·古迪森爵士访谈。

⑮① 帕金森勋爵访谈。

⑮② 同上。

⑮③ 戴维·沃克访谈。

⑮④ 迈克尔·斯科拉爵士访谈。

⑮⑤ 帕金森勋爵访谈。

⑮⑥ 马丁·杰科姆爵士访谈。

⑮⑦《每日电讯报》，2014 年 12 月 30 日。

⑮⑧ 迈克尔·斯科拉爵士访谈。

⑮⑨ 同上。

⑯⓪ 帕金森勋爵访谈。

⑯① 戴维·威利茨访谈。

⑯② 约翰·雷德伍德访谈。

⑯③ 贸易工业部国务大臣声明的讲话稿，1983 年年 7 月 26 日，TNA: PREM 19/1005。

⑯④ 雷德伍德致函撒切尔，1983 年 10 月 18 日，TNA: PREM 19/1005。

(http://www.margaretthatcher.org/document/137178)

⑯⑤ 雷德伍德致函撒切尔，1984年4月6日，TNA: PREM 19/1461。(http://www.margaretthatcher.org/document/137000)

⑯⑥ 特恩布尔致函麦卡锡，1984年4月10日，TNA: PREM 19/1461。

⑯⑦ 同上。

⑯⑧ 雷德伍德致函撒切尔，1984年4月6日，TNA: PREM 19/1461。

⑯⑨ 特恩布尔致函麦卡锡，1984年4月10日，TNA: PREM 19/1461。

⑰⓪ 劳森勋爵访谈。

⑰① 戴维·诺格罗夫访谈。

⑰② 格里菲思和威利茨致函撒切尔，1986年4月11日，TNA: PREM 19/1718。

⑰③ 雷德伍德对政策组的讲话，1984年6月11日，TNA: PREM 19/1199。(http://www.margaretthatcher.org/document/134173)

⑰④ 同上。

⑰⑤ 同上。

⑰⑥ 奥利弗·莱特文访谈。

⑰⑦ 同上。

⑰⑧ 保守党中央委员会，1986年3月15日。(http://www.margaretthatcher.org/document/106348)

⑰⑨ 《泰晤士报》，1985年11月9日。

⑱⓪ 在苏格兰保守党大会上的讲话，1987年5月15日。(http://www.margaretthatcher.org/ document/106814)

⑱① 戴维·威利茨访谈。

⑱② 约翰·雷德伍德访谈。

⑱③ 劳森勋爵访谈。

⑱④ 摩尔勋爵访谈。

⑱⑤ 特恩布尔勋爵访谈。

⑱⑥ 劳森勋爵访谈。

第8章　苏联领导人光临奇尔特恩

① 撒切尔夫人致函艾利森，1983年12月31日，CAC: THCR 2/6/3/ 135。

（http://www.margaretthatcher.org/document/131301）

② 科尔斯致函福尔，1983 年 12 月 21 日，美国，亨利·基辛格访问英国。

③ 同上。

④ 里根对全国和其他国家的广播讲话，美苏关系，1984 年 1 月 16 日。（http://www.reagan.utexas.edu/archives/speeches/1984/11684a.htm）

⑤ 撒切尔致函里根，1984 年 1 月 19 日，CAC: THCR 3/1/36。（http://www.margaretthatcher.org/document/136648）

⑥ 约翰·科尔斯爵士访谈。

⑦ 外交与联邦事务部指导性简报，1984 年 1 月 24 日，CAC: THCR 1/10/69。（http://www.margaretthatcher.org/document/133919）

⑧ 里基特致函科尔斯，外交与联邦事务部指导性简报的封面说明，1984 年 1 月 19 日，首相文件，首相出访：访问匈牙利（在内阁办公室查阅的文件）；另参见“拜访卡达尔先生”，1984 年 2 月 3 日，THCR 1/10/69。（http://www.margaretthatcher.org/document/133923）

⑨ 撒切尔致函里根，1984 年 2 月 8 日，CAC: THCR3/1/36。

⑩ 同上。

⑪ “手写笔记，主题：84 年 2 月 12 日首相别墅”，副总统访问欧洲和苏联之旅，唐纳德·格雷格文件，布什图书馆。

⑫ 鲍威尔勋爵访谈。

⑬ 巴特勒勋爵访谈。

⑭ 托尼·毕晓普为本书做出的书面贡献，2010 年 9 月 9 日。

⑮ 玛格丽特·撒切尔，《唐宁街岁月》，哈珀柯林斯出版社，1993，p. 458。

⑯ 托尼·毕晓普为本书做出的书面贡献，2010 年 9 月 9 日。

⑰ 莫斯科电报，编号 217，1984 年 2 月 14 日，首相文件，苏联，首相赴莫斯科出席安德罗波夫先生的葬礼（在内阁办公室查阅的文件）。

⑱ 托尼·毕晓普为本书做出的书面贡献。

⑲ 阿奇·布朗，《英国的冷战政策转变为接触：撒切尔 - 戈尔巴乔夫关系的源起》，冷战研究期刊，第十卷第三册，2008 年夏季，p. 20。

⑳ 尼格尔·布鲁姆菲尔德爵士访谈。

㉑ 鲍威尔致函撒切尔，1984 年 6 月 28 日，TNA:PREM 19/1394。（http://www.margaretthatcher.org/document/134689）

㉒ 里根在第39届联合国大会上的演讲，1984年9月24日，总统公开文件，美国总统项目。(http://www.presidency.ucsb.edu/ws/index.php?pid=40430&st=&st1=)

㉓ 里根致函撒切尔，1984年9月26日，CAC: THCR 3/1/40。

㉔ 撒切尔致函里根，1984年9月26日，CAC: THCR 3/1/40。

㉕ 里根致函撒切尔，1984年10月3日，常务秘书，国家安全委员会：国家元首，英国：撒切尔首相，第8491035号文件盒，里根图书馆。

㉖ 撒切尔致函里根，1984年10月9日，CAC: THCR 3/1/41。

㉗ 鲍威尔致函撒切尔，没有标明日期，TNA: PREM 19/1394。

㉘ 阿普尔亚德致函鲍威尔，1984年10月16日，TNA: PREM 19/1394。(http://www.margaretthatcher.org/document/134701)

㉙ 撒切尔致函里根，1984年11月8日，常务秘书，国家安全委员会：国家元首，英国：撒切尔首相，第8491070号文件盒，里根图书馆。

㉚ 同上。

㉛ 麦克法兰致函总统，1984年11月8日，英国，1984—10/29/84—11/09/84，第90549号文件盒，彼得·萨默文件，里根图书馆。

㉜ 杰克·马特洛克访谈。

㉝ 阿普尔亚德致函鲍威尔，1984年11月19日，TNA: PREM 19/1394。(http://www.margaretthatcher.org/document/134706)

㉞ 同上。

㉟ 安德烈·吉拉切夫，《戈尔巴乔夫的赌博：苏联外交政策与冷战的终结》，政治出版社，2008，pp. 50—51。

㊱ 萨瑟兰，莫斯科电报，编号1382，1984年12月4日，TNA:PREM 19/1394。(http://www.margaretthatcher.org/document/134714)

㊲ 柯利达致函鲍威尔，1984年12月11日，TNA: PREM 19/1394。(http://www.margaretthatcher.org/document/134724)

㊳ 参见尼古拉斯·艾略特，《用我的小眼睛看：沿途观察》迈克尔罗素出版社，1993，(特别是p. 9)。

㊴ 参见克里斯托弗·安德鲁，《捍卫王国：军情五处正史》，艾伦莱恩出版社，2009，pp. 671—3。

㊵ 同上。

㊶ 柯林·麦科尔访谈。

㊷ 同上。

㊸ 同上。

㊹ 约翰·斯卡利特爵士访谈。

㊺ 奥列格·戈德尔维斯基访谈。

㊻ 同上。

㊼ 同上。

㊽ 参见安德鲁,《捍卫王国:军情五处正史》, p. 680。

㊾ 巴特勒致函阿姆斯特朗, 1984年12月10日, TNA:PREM 19/1394。(http://www.margaretthatcher.org/document/134719)

㊿ 乔普林勋爵访谈。

51 米哈伊尔·戈尔巴乔夫,《回忆录》, 道布尔迪出版社, 1996年, p. 160。

52 托尼·毕晓普做出的书面贡献。

53 撒切尔与戈尔巴乔夫1984年12月16日在首相别墅会谈记录, TNA: PREM19/1647。

54 撒切尔与戈尔巴乔夫1984年12月16日在首相别墅会谈记录, TNA: PREM19/1394。(http://www.margaretthatcher.org/document/134729)

55 同上。

56 同上。

57 同上。

58 乔纳森·艾特肯,《玛格丽特·撒切尔:权力与个性》, 布鲁姆斯伯里出版社, 2013, p. 481。

59 撒切尔与戈尔巴乔夫1984年12月16日在首相别墅会谈记录, TNA: PREM19/1394。(http://www.margaretthatcher.org/document/ 134729)

60 托尼·毕晓普做出的书面贡献。

61 撒切尔与戈尔巴乔夫1984年12月16日在首相别墅会谈记录, TNA: PREM19/1394。(http://www.margaretthatcher.org/document/ 134729)

62 撒切尔,《唐宁街岁月》, p. 461。

63 戈尔巴乔夫,《回忆录》, pp. 160—61。

64 鲍威尔勋爵访谈。

65 艾特肯,《玛格丽特·撒切尔》, pp. 482—3。

(66) 鲍威尔致函阿普尔亚德，1984 年 12 月 16 日，TNA: PREM 19/1394。(http://www.margaretthatcher.org/document/134730)

(67) 同上。

(68) 同上。

(69) 同上。

(70) 托尼·毕晓普做出的书面贡献。

(71) 马丁·尼科尔森，未出版的手稿，(承蒙马丁·尼科尔森让笔者阅览)。

(72) 引用黛博拉·哈特·斯特罗波和杰拉尔德·斯特罗波，《里根总统任期：口头历史》，波托马克出版社，2003，p. 327。

(73) 托尼·毕晓普做出的书面贡献。

(74) 同上。

(75) 鲍威尔勋爵访谈。

(76) 与伯纳德·英厄姆通信。另参见伯纳德·英厄姆，《消灭信使》，方塔纳出版社，1991，p. 270。

(77) 外交与联邦事务部发往香港的电报，编号 2529，1984 年 12 月 20 日。TNA: PREM19/1394。(http://www.margaretthatcher.org/document/ 134737)。

(78) 安德烈·吉拉切夫，《政治与人物：戈尔巴乔夫、撒切尔与冷战终结》，欧洲综合史期刊，第 16 卷，第一期，2010 年，p. 50。

(79) 奥列格·戈德尔维斯基访谈。

(80) 同上。

(81) 约翰·斯卡利特爵士访谈。

(82) 同上。

(83) 撒切尔，《唐宁街岁月》，p. 463。

(84) 鲍威尔致函阿普尔亚德，1984 年 12 月 17 日，TNA: PREM 19/1394。(http://www.marga retthatcher.org/document/134733)

(85) 《华盛顿邮报》，1984 年 12 月 21 日。

(86) “你与撒切尔首相会见”，1984 年 12 月 20 日，恐怖主义：美英（11/20/1984—12/20/1984），第 14 号文件盒，奥利弗·诺思文件，里根图书馆。

(87) 撒切尔关于会晤戈尔巴乔夫向里根提交的报告，1984 年 12 月 22 日，TNA:PREM 19/1394。(http://www.margaretthatcher.org/document/ 134740)

(88) 同上。

⑧⑨ 巴特勒勋爵访谈。

⑨⓪ 同上。

⑨① 发自华盛顿的电报，编号21，1984年12月20日，TNA: PREM 19/1502。

⑨② 查尔斯·鲍威尔做的注释，没有标注日期，首相文件，首相出访：访问北京，（在内阁办公室查阅的文件）。

⑨③ 会谈备忘录，玛格丽特·撒切尔在戴维营，1984年12月22日，撒切尔夫人来访，84/12（1），EASD，NSC，Box 90902，里根图书馆。

⑨④ 同上。

⑨⑤ 同上。

⑨⑥ 撒切尔，《唐宁街岁月》，p. 466。

⑨⑦ 会谈备忘录，玛格丽特·撒切尔在戴维营，1984年12月22日，撒切尔夫人来访，84/12（1），EASD，NSC，Box 90902，里根图书馆。

⑨⑧ 同上。

⑨⑨ 首相与里根总统一次会晤记录，1984年12月22日，CAC: THCR 1/10/78。（http://www.margaretthatcher.org/document/136436）

⑩⓪ 会谈备忘录，玛格丽特·撒切尔在戴维营，1984年12月22日，撒切尔夫人来访，84/12（1），EASD，NSC，Box 90902，里根图书馆。

⑩① 鲍威尔勋爵访谈。

⑩② 会谈备忘录，玛格丽特·撒切尔在戴维营，1984年12月22日，撒切尔夫人来访，84/12（1），EASD，NSC，Box 90902，里根图书馆。

⑩③ 同上。

⑩④ 巴德·麦克法兰访谈。

⑩⑤ 伯纳德·英厄姆爵士访谈。

⑩⑥ 鲍威尔勋爵为《唐宁街岁月》接受英国广播公司采访，1993。

⑩⑦ 鲍威尔勋爵访谈。

⑩⑧ 无标题草案，撒切尔访问，1984年12月22日，OA 11623，罗伯特·西姆斯文件（新闻秘书），里根图书馆。

⑩⑨ 鲍威尔访谈。

⑪⓪ 同上。

⑪① 乔治·舒尔茨，《动荡与胜利》，查尔斯斯克里布纳出版社，1993，p. 509。

⑫ 理查德·伯特访谈。

⑬ 威廉·萨菲尔，《纽约时报》，1984 年 12 月 24 日。

⑭ 亨利·基辛格访谈。

⑮ 理查德·珀尔访谈。

⑯ 阿瑟·哈特曼访谈。

⑰《新闻周刊》，1990 年 12 月 3 日。

⑱ 罗兹·里奇韦访谈。

⑲ 与乔治·舒尔茨通信。

⑳ 柯林·鲍威尔访谈。

㉑ 鲍威尔致函里基特，1985 年 1 月 9 日，首相文件，美国，英美关系，第三部分（在内阁办公室查阅的文件）。

㉒ 引用华盛顿电报，编号 593，1985 年 2 月 20 日，首相文件，美国，首相访问华盛顿，1985 年 2 月，第 4 部分，（在内阁办公室查阅的文件）。

㉓ 鲍威尔勋爵访谈。

㉔ 撒切尔在美国参众两院联席会议上的演讲，1985 年 2 月 20 日。（http://www. margaretthatcher. org/document/105968）

㉕ 同上。

㉖ 鲍威尔勋爵访谈。

㉗ 罗纳德·里根，《战略防御计划报告的序言》，1984 年 12 月 28 日，总统的公开文件。（http://www. presidency. ucsb. edu/ws/index. php?pid=38499&st=&st1=）

㉘ 撒切尔手写的演讲卡片《在全体会议上与总统交谈》，CAC: THCR1/10/81。

㉙ 2 月 20 日星期三 13:30，白宫，首相与美国总统军备控制会议记录，CAC: THCR 1/10/81。

㉚ 同上。

㉛ 撒切尔，《离开白宫时的评论》，1985 年 2 月 20 日。（http://www. margaretthatcher. org/document/105969）

㉜ 鲍威尔勋爵访谈。

㉝ 肯·阿德尔曼为《唐宁街岁月》接受节目（英国广播公司）采访，1993 年。

㉞ 同上。

㉟《泰晤士报》，1985 年 2 月 24 日。

㊱ 巴德·麦克法兰访谈。

第9章 武器和女人

① 《重返莫斯科》，撒切尔备忘录，1985 年 3 月 16 日，CAC: THCR1/20/5。（http://www.margaretthatcher.org/document/139102）

② 同上。

③ 同上。

④ 同上。

⑤ 托尼 · 毕晓普为本书做的书面贡献。

⑥ 《重返莫斯科》，1985 年 3 月 16 日。

⑦ 同上。

⑧ 同上。

⑨ 与戈尔巴乔夫会见，讲话稿（未标注日期），首相文件，苏联：首相参加安德罗波夫先生和契尔年科先生的葬礼（在内阁办公室查阅的文件）。

⑩ 鲍威尔致函阿普尔亚德，1985 年 3 月 13 日。

⑪ 同上。

⑫ 托尼 · 毕晓普为本书做的书面贡献。

⑬ 阿纳托利 · 契尔尼亚夫的日记，1985 年 3 月 14 日，国家安全档案，承蒙马丁 · 尼科尔森和罗德里克 · 布雷思韦特爵士建议所做的翻译。

⑭ 鲍威尔致函阿普尔亚德，撒切尔与布什在 3 月 13 日的会见，1985 年 3 月 14 日，TNA: PREM 19/1646。

⑮ 同上。

⑯ 鲍威尔勋爵访谈。

⑰ 萨瑟兰致托马斯的电报，编号 685，1985 年 5 月 11 日，CAC: THCR 1/10/91。

⑱ 鲍威尔勋爵访谈。

⑲ 伊沃 · 达尔德，《战略防御计划对欧洲的挑战》，巴林杰出版社，1987，pp. 13—16。

⑳ 克尔勋爵访谈。

㉑ 理查德 · 珀尔访谈。

㉒ 《泰晤士报》，1985 年 3 月 20 日。

㉓ 鲍威尔勋爵访谈。

㉔《泰晤士报》，1985年3月18日。

㉕ 撒切尔致函里根，1985年3月21日，CAC: THCR 3/1/45。

㉖ 赖特致函麦克法兰，1985年3月23日，英国，1985—05/21/85—06/05/85，第90867号文件，彼得·萨默文件，里根图书馆。

㉗《泰晤士报》，1985年3月23日。

㉘ 罗纳德·里根，《里根日记》1985年6月24日，哈珀柯林斯出版社，2007，p. 337。

㉙ 亨利·基辛格访谈。

㉚ 戈尔巴乔夫致函撒切尔，1985年5月7日，CAC: THCR3/1/46。

㉛ 赖特，发自华盛顿的电报，编号2220，1985年7月24日，首相文件，美国，深表谢意1985年7月25—26日访问美国，（在内阁办公室查阅的文件）。

㉜ 记者会，英国驻华盛顿大使馆，1985年7月26日。（http://www.margaretthatcher.org/document/106106）

㉝ 吉姆·亚伯拉罕森访谈。

㉞ 同上。

㉟ 约翰·韦斯顿爵士访谈。

㊱ 吉姆·亚伯拉罕森将军访谈。

㊲ 撒切尔夫人与温伯格会见，1985年7月26日，首相文件，美国，1985年7月25—26日首相访美（在内阁办公室查阅的文件）。

㊳ 同上。

㊴ 同上。

㊵ 与鲍威尔勋爵通信。

㊶《纽约时报》，1985年7月26日。

㊷ 参见克里斯托弗·安德鲁，《捍卫王国：军情五处正史》，艾伦莱恩出版社，2009，pp. 725—727。

㊸ 艾迪生致函撒切尔，1985年8月27日，首相文件，苏联，英苏关系，第四部分（在内阁办公室查阅的文件）。

㊹ 戈尔巴乔夫致函撒切尔，1985年8月28日，出处同上。

㊺ 布赖恩·卡特利奇爵士访谈。

㊻ 克里斯托弗·柯温爵士访谈。

㊼ 柯林·麦科尔爵士访谈。

㊽ 参见奥列格·戈德尔维斯基,《下一步死刑：奥列格·戈德尔维斯基自传》，麦克米伦出版社，1995，p. 368。

㊾ 奥列格·戈德尔维斯基访谈。

㊿ 鲍威尔勋爵访谈。

51 阿姆斯特朗致函撒切尔，1985 年 9 月 11 日，首相文件，苏联，英苏关系，第四部分（在内阁办公室查阅的文件）。

52 鲍威尔致函阿普尔亚德，1985 年 9 月 15 日，出处同上。

53 鲍威尔致函巴德，1985 年 9 月 30 日，出处同上。

54 卡特利奇,《对苏联的第三种印象》，1985 年 10 月 16 日，出处同上。

55 奥列格·戈德尔维斯基访谈。

56 同上。

57 约翰·斯卡利特爵士访谈。

58 戈德尔维斯基,《下一步死刑》，p. 354。

59 同上。

60 撒切尔致函里根，1985 年 9 月 12 日，CAC: THCR 3/1/49。

61 同上。

62 同上。

63 同上。

64 杰克·马特洛克访谈。

65 里根致函撒切尔，1985 年 9 月，常务秘书，国家安全委员会：国家元首，英国：撒切尔首相（8590931—8591083），里根图书馆。

66 同上。

67 引用马丁·安德生、安纳莉丝·安德生,《里根的秘密战争：他鲜为人知的拯救世界免于核灾难的斗争》，王冠出版社，2009，p. 224。

68 同上，p. 226。

69 里根致函撒切尔，1985 年 9 月 20 日，首相文件，苏联，英苏关系，第四部分（在内阁办公室查阅的文件）。

70 戈尔巴乔夫致函撒切尔，1985 年 10 月 16 日，CAC: THCR 3/1/50。

71 在保守党大会上的讲话，1985 年 10 月 11 日。（http://www.margaretthatcher.org/document/106145）

72 鲍威尔勋爵访谈。

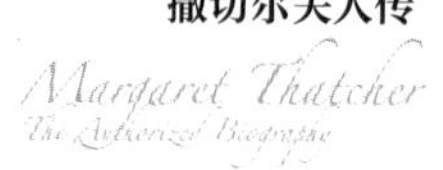

(73) 与卡林顿勋爵通信。

(74) 沃尔致函卡特利奇，1979 年 6 月 14 日，TNA:PREM 19/92。

(75) 理查兹致函亚历山大，1981 年 1 月 30 日，TNA: PREM19/530。

(76) 与贝京先生讨论记录，1979 年 5 月 23 日，TNA: PREM19/92。（http://www.margaretthatcher.org/document/117934）

(77) 一次谈话记录，1979 年 6 月 14 日，TNA: PREM 19/92。（http://www.margaretthatcher.org/document/117939）

(78) 克莱夫 · 惠特莫尔访谈。

(79) 奥利弗 · 迈尔斯访谈。

(80) 沃尔夫森勋爵访谈。

(81) 亨德森致函卡林顿，1981 年 10 月 1 日，TNA: PREM 19/532。（http://www.margaretthatcher.org/document/125895）

(82) 撒切尔与里根的谈话，黑潭市，1981 年 10 月 12 日，TNA: PREM 19/532。（http://www.margaretthatcher.org/document/125898）

(83) 达姆副国务卿 11 月 7 日与撒切尔首相的会晤，1983 年 11 月 8 日，国务院档案，根据信息自由法解禁，档案号 #200610766。

(84) 撒切尔致函里根，1983 年 11 月 4 日，CAC: THCR 3/1/34。（http://www.margaretthatcher.org/document/131580）

(85) 撒切尔致函里根，1984 年 2 月 7 日。CAC: THCR 3/1/36。（http://www.margaretthatcher.org/document/136654）

(86) 撒切尔致函里根，1984 年 2 月 7 日。CAC: THCR 3/1/36。（http://www.margaretthatcher.org/document/136665）

(87) 乔治 · 舒尔茨，《动荡与胜利》，查尔斯斯克里布纳出版社，1993，p. 231。

(88) 撒切尔致函里根，1981 年 9 月 30 日，CAC: THCR 3/1/16。（http://www.margaretthatcher.org/document/121537）

(89) 约翰 · 科尔斯爵士访谈。

(90) 理查德致函里基特，1981 年 11 月 18 日，TNA: PREM 19/533。

(91) 科尔斯致函福尔，1983 年 9 月 12 日，TNA: PREM 19/1088。

(92) 谈话备忘录，玛格丽特 · 撒切尔，戴维营，1984 年 12 月 22 日，常务秘书，国家安全委员会：欧洲与苏联事务处，撒切尔夫人访问，1984 年 12 月（1），第 90902 号文件盒里根图书馆。

(93) 撒切尔致函侯赛因国王，1985 年 2 月 27 日，TNA: PREM 19/1570。

(94) 侯赛因国王致函里根，1985 年 3 月 24 日，同上，第 12 部分。

(95) 撒切尔致函里根，1985 年 4 月 15 日，同上。

(96) 鲍威尔致函里基特，1985 年 6 月 7 日，TNA: PREM19/1571。

(97) 撒切尔致函里根，1985 年 6 月 6 日，CAC: THCR 3/1/47。

(98) 鲍威尔致函撒切尔，1985 年 6 月 18 日，同上。

(99) 鲍威尔致函撒切尔，1985 年 6 月 25 日，同上。

(100) 撒切尔致函侯赛因国王，1985 年 7 月 5 日，同上。

(101) 里根致侯赛因国王，口头信息，1985 年 9 月 7 日，同上。

(102) 侯赛因国王致函，1985 年 9 月 11 日，同上。

(103) 一次会议记录，1985 年 9 月 19 日，同上。

(104) 同上。

(105) 约翰·科尔斯爵士访谈。

(106) 撒切尔致函里根，1985 年 9 月 19 日，TNA: PREM 19/1571。

(107) 鲍威尔勋爵访谈。

(108) 同上。

(109) 撒切尔致函科尔斯，1985 年 9 月 3 日，CAC: THCR 3/2/174。

(110) 约翰·科尔斯爵士访谈。

(111) 《太阳报》，1985 年 9 月 23 日。

(112) 费德勒致函撒切尔，1985 年 9 月 23 日，CAC: THCR 5/2/183。

(113) 英厄姆致函撒切尔，1985 年 9 月 23 日，CAC: THCR 5/2/183。

(114) 理查德·默菲访谈。

(115) 沃尔夫森致函鲍威尔，未注明日期，可能是 1985 年 10 月 8 日，说不定文件，中东，中东局势，第 14 部分（在内阁办公室查阅的文件）。

(116) 鲍威尔致函撒切尔，1985 年 10 月 13 日，同上。

(117) 撒切尔致函侯赛因，1985 年 10 月 14 日，同上。

(118) 鲍威尔勋爵访谈。

(119) 首相在以色列总理举行的晚宴上的讲话，1986 年 5 月 25 日。（http://www.margaretthatcher.org/document/106402）

(120) 爱瑟瑞尔·伯曼特，《玛格丽特·撒切尔与中东》，剑桥大学出版社，2016。

⑫① 鲍威尔勋爵访谈。

⑫② 电报，编号244，特拉维夫，斯夸尔，1986年5月30日，CAC：THCR 1/10/104。

⑫③ 鲍威尔致函卡尔肖，1987年3月13日，首相文件，中东，中东局势，第16部分（在内阁办公室查阅的文件）。

⑫④ 利弗致函亚历山大，1980年12月19日，TNA：PREM 19/529。

⑫⑤ 帕蒂致函撒切尔，附函国防部报告，1980年9月4日，TNA：PREM19/413。

⑫⑥ 班达尔·本·苏丹亲王访谈。

⑫⑦ 赫塞尔廷致函杰弗里·豪，1983年9月19日，TNA：PREM 19/1315。

⑫⑧ 迈克尔·赫塞尔廷，《丛林中的生活》，霍德斯托顿出版社，2000，p. 287。

⑫⑨ 瓦费克·赛义德访谈。

⑬⓪ 克莱夫·惠特莫尔访谈。

⑬① 瓦费克·赛义德访谈。

⑬② 同上。

⑬③ 理查德·莫特拉姆爵士访谈。

⑬④ 同上。

⑬⑤ 克莱夫·惠特莫尔访谈。

⑬⑥ 布莱斯勋爵访谈。

⑬⑦ 瓦费克·赛义德访谈。

⑬⑧ 理查德·莫特拉姆爵士访谈。

⑬⑨ 班达尔·本·苏丹亲王访谈。

⑭⓪ 同上。

⑭① 参见乔纳森·艾特肯，《玛格丽特·撒切尔：权力与个性》，布鲁姆斯伯里出版社，2013，p. 437。

⑭② 班达尔·本·苏丹亲王访谈。

⑭③ 鲍威尔勋爵访谈。

⑭④ 莫特拉姆致函鲍威尔，1985年9月25日，TNA：PREM 19/1571。

⑭⑤ 班达尔·本·苏丹亲王访谈。

⑭⑥ 布莱斯勋爵访谈。

⑭⑦ 鲍威尔勋爵访谈。

⑱ 班达尔·本·苏丹亲王访谈。

⑲ 同上。

⑳ 同上。

(151) 撒切尔致函法赫德国王，1985 年 2 月 27 日，CAC: THCR 3/1/44。

(152) 巴特勒勋爵访谈。

(153) 艾特肯，《玛格丽特·撒切尔》，p. 426。

(154) 布莱斯勋爵访谈。

(155) 同上。

(156) 撒切尔致函法赫德国王，1986 年 5 月 17 日，CAC:THCR 3/1/54。

(157) 班达尔·本·苏丹亲王访谈。

(158) 卡萝尔·撒切尔访谈。

(159) 《观察家报》，1984 年 1 月 15 日。

(160) 克莱夫·惠特莫尔爵士访谈。

(161) 参见保罗·哈洛伦、马克·霍林斯沃思，《撒切尔的黄金：马克·撒切尔的生活与时代》，赛门·舒斯特出版社，1995，第 4 章。

(162) 蒂姆·兰基斯特访谈。

(163) 同上。

(164) 《星期日泰晤士报》，1984 年 3 月 4 日。

(165) 艾弗·卢卡斯，《通往大马士革的道路：中东主要外交活动回忆录》，拉德克利夫出版社，1997，p. 204。

(166) 英国广播公司全景节目，1984 年 4 月 9 日（http://www.margaretthatcher.org/document/105538），引述哈洛伦和霍林斯沃思，《撒切尔的黄金》，p. 91。

(167) 独立电视台，周末世界节目，1984 年 1 月 15 日。（http://www.margaretthatcher.org/document/105503）

(168) 马克·撒切尔爵士访谈。

(169) 私人信息。

(170) 蒂姆·兰基斯特访谈。

(171) 克莱夫·惠特莫尔访谈。

(172) 同上。

(173) 同上。

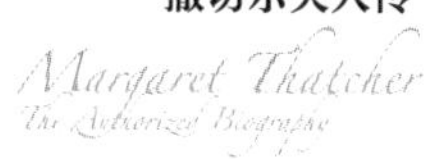

⑰④ 马克·撒切尔爵士访谈。

⑰⑤ 同上。

⑰⑥ 克莱夫·惠特莫尔访谈。

⑰⑦ 巴特勒勋爵访谈。

⑰⑧ 马克·撒切尔爵士访谈。

⑰⑨ 参见哈洛伦、霍林斯沃思,《撒切尔的黄金》,第六章。

⑱⓪ 瓦费克·赛义德访谈。

⑱① 班达尔·本·苏丹亲王访谈。

⑱② 瓦费克·赛义德访谈。

⑱③ 马克·撒切尔爵士访谈。

⑱④ 私人信息。

⑱⑤ 瓦费克·赛义德访谈。

⑱⑥ 马克·撒切尔爵士访谈。

⑱⑦ 同上。

⑱⑧ 撒切尔在代号“命名”的电报情报上批注,1984年12月27日,首相文件,安全,马克·撒切尔旅居国外安排和安全(在内阁办公室查阅的文件)。

⑱⑨ 克尔勋爵访谈。

⑲⓪ 霍兰比致函吉勒特小姐,1985年1月10日,首相文件,安全,马克·撒切尔旅居国外安排和安全(在内阁办公室查阅的文件)。

⑲① 克尔勋爵访谈。

⑲② 马克·撒切尔爵士访谈。

⑲③ 温尼克致函塞茨,1985年2月4日,首相文件,安全,马克·撒切尔旅居国外安排和安全(在内阁办公室查阅的文件)。

⑲④ 撒切尔致函威克斯,1986年4月18日,出处同上。

⑲⑤ 威克斯致函撒切尔,1986年4月18日,出处同上。

⑲⑥ 克尔致函威克斯,1986年6月6日,出处同上。

⑲⑦ 克尔致函威克斯,1986年6月13日,出处同上。

⑲⑧ 威克斯致函丹尼斯·撒切尔,1986年7月2日,出处同上。

⑲⑨ 赖特电报,编号1758,Washington,1986年7月2日,出处同上。

⑳⓪ 威克斯致函撒切尔,1986年7月4日,出处同上。

⑳① 威克斯致函欣沃尔德,1986年7月8日,出处同上。

⑳² 威克斯致函撒切尔，1986 年 12 月 4 日，出处同上。

⑳³ 塔林致函外交机构主任，1986 年 12 月 14 日，出处同上。

⑳⁴ 威克斯致函撒切尔，1987 年 1 月 6 日，出处同上。

⑳⁵ 哈洛伦、霍林斯沃思，《撒切尔的黄金》，p. 128。

⑳⁶ 克尔勋爵访谈。

第10章 爱尔兰协议，布莱顿爆炸案

① “休姆先生与撒切尔夫人的交谈”，1984 年 2 月 13 日，NAI:DFA/ 2014/32/1940。

② 撒切尔回忆录素材，CAC: THCR 4/3。

③ 政府助理秘书柯万的评论，1982 年 12 月 31 日，NAI:TAOIS/2012/90/1007。

④ 同上。

⑤ 鲍威尔勋爵访谈。

⑥ 撒切尔回忆录素材，CAC: THCR 4/3。

⑦ 同上。

⑧ 同上。

⑨ 康纳·伯恩斯访谈。

⑩ 德莫特·纳利访谈。

⑪ 撒切尔回忆录素材，CAC: THCR 4/3。

⑫ 阿姆斯特朗勋爵访谈。

⑬ 撒切尔回忆录素材，CAC: THCR 4/3。

⑭ 同上。

⑮ 戴维·古多尔爵士访谈。

⑯ 鲍威尔勋爵访谈。

⑰ 阿姆斯特朗致函撒切尔，1983 年 7 月 8 日，TNA: PREM 19/1070。(http://www.margaretthatcher.org/document/138073)

⑱ 同上。

⑲ 迈克尔·利利斯访谈。

⑳ 戴维·古多尔爵士，未出版的手稿（承蒙作者允许笔者阅览）。

㉑ 同上。

㉒ 参见阿瑟·奥吉、凯茜·戈姆利希南编辑，《英－爱协议：反思其遗产》，保罗·比尤的文章，《爱尔兰政府与协议》，曼彻斯特大学出版社，2011，pp. 43—4。

㉓ 阿姆斯特朗致函撒切尔，1983 年 11 月 3 日，TNA: PREM19/1408。

㉔ 同上。

㉕ 同上。

㉖ 报告，1983 年 11 月 2 日，TNA: PREM19/1408。

㉗ 古多尔，未出版的手稿。

㉘ 迈克尔·利利斯访谈。

㉙ 杰弗里·豪，《忠诚的冲突》，麦克米伦出版社，1994，p. 416。

㉚ 一次谈话记录，1983 年 11 月 7 日，TNA: PREM 19/1408。

㉛ 古多尔，未出版的手稿。

㉜ 《泰晤士》报，1983 年 12 月 23 日。

㉝ 离开贝尔法斯特时的评论，1983 年 12 月 23 日。（http://www.margaretthatcher.org/document/105500）

㉞ 古多尔，未出版的手稿。

㉟ 罗伯特·阿姆斯特朗，内阁大臣的笔记，1984 年 2 月 16 日（在内阁办公室查阅的文件）。

㊱ 同上。

㊲ 同上。

㊳ 同上。

㊴ 撒切尔回忆录素材，CAC: THCR 4/3。

㊵ 英国广播公司，“本周末世界报道”，1984 年 5 月 6 日，（克里斯托弗·柯林斯主编，《玛格丽特·撒切尔公开声明全集，1945—1990，光盘版》，牛津大学出版社，1998/2000）。

㊶ 撒切尔回忆录素材，CAC: THCR 4/3。

㊷ 古多尔，未出版的手稿。

㊸ 迈克尔·利利斯访谈。

㊹ 同上。

㊺ 威廉·克拉克法官访谈。

㊻ 舒尔茨致总统，1984 年 5 月 14 日，常务秘书，国家安全委员会：旅行文件，总统访问欧洲：爱尔兰、英国、诺曼底，1984 年 6 月 1 日—6 月 10 日，波因德克斯特（1），RAC 第 8 号文件盒，里根图书馆。

㊼ 撒切尔回忆录素材，CAC: THCR 4/3。

㊽ 鲍威尔勋爵访谈。

㊾ 撒切尔回忆录素材，CAC: THCR 4/3。

㊿ 古多尔致函鲍威尔，1984 年 8 月 29 日，TNA: PREM 19/1408。

51 同上。

52 鲍威尔致函阿普尔亚德，1984 年 9 月 3 日，TNA: PREM 19/1408。鲍威尔致函阿普尔亚德，1984 年 9 月 3 日，TNA: PREM 19/1408。

53 同上。

54 古多尔，未出版的手稿。

55 鲍威尔勋爵访谈。

56 阿曼达 · 庞森比访谈。

57 舍伯恩勋爵访谈。

58 德本勋爵访谈。

59 特莎 · 盖斯曼访谈。

60 鲍勃 · 金斯顿访谈。

61 同上。

62 巴特勒勋爵访谈。

63 撒切尔回忆录素材，CAC: THCR 4/3。

64 德本勋爵访谈。

65 撒切尔回忆录素材，CAC: THCR 4/3。

66 同上。

67 同上。

68 德本勋爵访谈。

69 玛格丽特 · 撒切尔，《唐宁街岁月》，哈珀柯林斯出版社，1993，p. 380。

70 舍伯恩勋爵访谈。

71 阿曼达 · 庞森比访谈。

72 英国广播公司电视采访，1984 年 10 月 12 日。（http://www.margaretthatcher.org/ocument/105574）

⑬ 德本勋爵访谈。

⑭ 巴特勒勋爵访谈。

⑮ 撒切尔回忆录素材，CAC：THCR 4/3。

⑯ 同上。

⑰ 巴特勒勋爵访谈。

⑱ 特莎·盖斯曼访谈。

⑲ 阿曼达·庞森比访谈。

⑳ 舍伯恩勋爵访谈。

㉑ 在保守党大会上的演讲，1984 年 10 月 12 日。（http://www.margaretthatcher.org/document/105763）

㉒ 同上。

㉓ 道格拉斯·赫德日记，1984 年 10 月 12 日（承蒙赫德勋爵允许笔者阅览）。

㉔ 撒切尔回忆录素材，CAC：THCR 4/3。

㉕ 同上。

㉖ 哈维·托马斯访谈。

㉗ 撒切尔致函桑尼克罗夫特，1984 年 10 月 14 日，CAC：THCR 3/2/149。（http://www.margaretthatcher.org/document/136237）

㉘ 卡萝尔·撒切尔，《护墙下：丹尼斯·撒切尔传记》，哈珀柯林斯出版社，1996，p. 214。

㉙ 撒切尔回忆录素材，CAC：THCR 4/3。

㉚ 私人信息。

㉛ 德本勋爵访谈。

㉜ 科尔斯致函撒切尔，1984 年 10 月 13 日，CAC：THCR1/1/23。（http://www.mar garetthatcher.org/document/136330）

㉝ 阿姆斯特朗致函撒切尔，1984 年 10 月 10 日，TNA：PREM 19/1288。（http://www.margaretthatcher.org/document/134206）

㉞ 鲍威尔致函撒切尔，1984 年 10 月 18 日，TNA：PREM19/1288。（http://www.margaretthatcher.org/document/134216）

㉟ 辛西亚·克劳福德访谈。

㊱ 杰弗里·豪致函撒切尔夫人，1984 年 11 月 3 日，TNA：PREM19/ 1408。（http://www.margaretthatcher.org/document/134741）

⑰ 鲍威尔勋爵访谈。

⑱ 古迪森，电报，编号636，1984年11月12日，TNA: PREM 19/1408。(http://www.margaretthatcher.org/document/134751)

⑲ 古多尔，未出版的手稿。

⑳ 鲍威尔致函阿普尔亚德，1984年11月14日，TNA: PREM 19/1408。(http://www.margaretthatcher.org/document/134754)

㉑ 同上。

㉒ “与罗伯特·阿姆斯特朗的电话讨论，内阁秘书”，1984年11月14日，NAI: DFA/2014/32/1944。

㉓ 阿姆斯特朗致函鲍威尔，1984年11月15日，TNA: PREM 19/1408。(http://www.margaretthatcher.org/document/134755)

㉔ 鲍威尔勋爵访谈。

㉕ 同上。

㉖《与爱尔兰总理谈话要点列表》，1984年11月17日，NAI: TAOIS/2014/105/827，Part 1。

㉗ 第一天晚上的记录，1984年11月18日，TNA: PREM 19/1408。(http://www.margaretthatcher.org/document/134760)

㉘ 古多尔，未出版的手稿。

㉙ 首相别墅会议记录，1984年11月19日，TNA: PREM 19/1408。(http://www.margaretthatcher.org/document/134762)

㉚ 同上。

㉛ 同上。

㉜ 撒切尔回忆录素材，CAC: THCR 4/3。

㉝ 首相别墅会议记录，中午，TNA: PREM 19/1408。(http://www.margaretthatcher.org/document/134764)

㉞ 加勒特·菲茨杰拉德访谈；全体会议记录原稿，NAI: DFA/2014/32/2059。

㉟ 英-爱峰会后的记者会，1984年11月19日。(http://www.margaretthatcher.org/document/105790)

㊱ 赫德勋爵访谈。

㊲ 赖安致函助理秘书，1984年11月21日，NAI: TAOIS/2014/105/827。

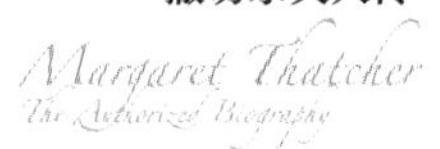

⑱ 引用安东尼·肯尼,《通往希尔斯堡之路：塑造〈英-爱协议〉》，帕加马出版社，1986，pp. 82—3。

⑲ 迈克尔·利利斯访谈。

⑳ 迪克·斯普林访谈。

㉑ 古迪森，电报，编号682，1984年11月22日，TNA：PREM19/ 1408。(http://www.margaretthatcher.org/document/134768)

㉒ 阿姆斯特朗勋爵访谈。

㉓ "报刊文摘"，英厄姆致撒切尔，1984年11月22日，CAC：THCR 3/5/40。

㉔ "报刊文摘"，英厄姆致撒切尔，1984年11月22日，CAC：THCR 3/5/40。124. 参见撒切尔,《唐宁街岁月》，p. 400。

㉕ 菲茨杰拉德致函撒切尔，1984年11月22日，TNA：PREM 19/1408。(http://www.margaretthatcher.org/document/134769)

㉖ 阿姆斯特朗致函撒切尔，1984年11月27日，TNA：PREM 19/1549。

㉗ 鲍威尔勋爵访谈。

㉘ 撒切尔致函菲茨杰拉德，1984年11月29日，TNA:PREM 19/1549。

㉙ 鲍威尔致函撒切尔，1984年12月3日，出处同上。

㉚ 同上。

㉛ 同上。

㉜ 德莫特·纳利访谈。

㉝ 杰弗里·豪勋爵访谈。

㉞ 戴维·古多尔爵士访谈。

㉟ 奥尼尔致总统，1984年12月13日，CO167:146000，WHORM文件，里根图书馆。

㊱ 谈话记录，玛格丽特·撒切尔在戴维营，1984年12月22日，撒切尔访问，1984年12月(1)，EASD，国家安全委员会，第90902号文件盒，里根图书馆。

㊲ 尼格尔·斯恩瓦德访谈。

㊳ 鲍威尔，午餐会讨论记录，1985年2月20日，TNA:PREM 19/1658。

㊴ 在参众两院联席会议上的演讲，1985年2月20日。(http://www.margaretthatcher.org/document/105968)

㊵ 杰弗里·豪致函撒切尔，1985年3月28日，TNA：PREM 19/1549。

⑭① 同上。

⑭② “英－爱关系”，杰弗里·豪与赫德，1985 年 4 月 19 日，出处同上。

⑭③ 同上。

⑭④ 鲍威尔致函撒切尔，1985 年 4 月 23 日，出处同上。

⑭⑤ 鲍威尔的记录，1985 年 6 月 6 日，出处同上。

⑭⑥ 加勒特·菲茨杰拉德访谈。

⑭⑦ 阿姆斯特朗勋爵访谈。

⑭⑧ 鲍威尔勋爵访谈。

⑭⑨ 同上。

⑮⓪ 戴维·古多尔爵士访谈。

⑮① 鲍威尔致函撒切尔，1985 年 6 月 19 日，TNA: PREM 19/1549。

⑮② 鲍威尔致函丹尼尔，1985 年 6 月 29 日，出处同上。

⑮③ 同上。

⑮④ 同上。

⑮⑤ 赫德勋爵访谈。

⑮⑥ 阿姆斯特朗致函撒切尔，1985 年 7 月 26 日，TNA: PREM 19/1550。

⑮⑦ 鲍威尔致函阿姆斯特朗，1985 年 7 月 29 日，出处同上。

⑮⑧ 鲍威尔致函撒切尔，1985 年 8 月 2 日，出处同上。

⑮⑨ 鲍威尔致函撒切尔，1985 年 9 月 26 日，出处同上。

⑯⓪ 金勋爵访谈。

⑯① 同上。

⑯② 同上。

⑯③ 鲍威尔致函撒切尔，1985 年 9 月 27 日，TNA:PREM 19/1550。

⑯④ 金致函撒切尔，1985 年 9 月 27 日，出处同上。

⑯⑤ 同上。

⑯⑥ 同上。

⑯⑦ 杰弗里·豪致函撒切尔，1985 年 9 月 28 日，出处同上。

⑯⑧ 鲍威尔勋爵访谈。

⑯⑨ 同上。

⑰⓪ 鲍威尔致函丹尼尔，1985 年 10 月 2 日，TNA: PREM 19/1551。

⑰① 同上。

⑰② 撒切尔致函菲茨杰拉德，1985年10月4日，出处同上。

⑰③ 鲍威尔致函撒切尔，1985年10月27日，出处同上。

⑰④ 同上。

⑰⑤ 鲍威尔致函阿姆斯特朗，1985年11月1日，TNA: PREM 19/1552。

⑰⑥ 鲍威尔致函丹尼尔，1985年11月9日，出处同上。

⑰⑦ 撒切尔致函菲茨杰拉德，1985年11月11日，出处同上。

⑰⑧ 英国议会议事录，1985年11月14日86/682。（http://hansard.millbanksystems.com/commons/1985/nov/14/engagements）

⑰⑨ 理查德·赖安访谈。

⑱⓪ 英厄姆致撒切尔，1985年11月14日，TNA: PREM 19/1552。

⑱① 古多尔，未出版的手稿。

⑱② 同上。

⑱③ 高致函撒切尔，1985年11月15日，CAC: THCR 2/1/6/41。

⑱④ 戴维·古多尔爵士访谈。

⑱⑤ 杰弗里·豪勋爵访谈。

⑱⑥ 迈克尔·利利斯访谈。

⑱⑦ 阿姆斯特朗勋爵访谈。

⑱⑧ 古多尔，未出版的手稿。

⑱⑨ 金勋爵访谈。

⑲⓪ 与爱尔兰总理联合举行的记者会，1985年11月15日。（http://www.margaretthatcher.org/document/106173）

⑲① 金勋爵访谈。

⑲② 科尔致函撒切尔，1985年11月15日，CAC: THCR 3/1/51。

⑲③ 就英国－爱尔兰达成北爱尔兰协议所做的声明，1985年11月15日，美国总统项目。（http://www.presidency.ucsb.edu/ws/index.php?pid=38072&st=faithful+friends&st）

⑲④ 撒切尔回忆录素材，CAC: THCR 4/3。

⑲⑤ 加勒特·菲茨杰拉德，《生活中一切：加勒特·菲茨杰拉德自传》，吉尔－麦克米伦出版社，1991，p. 570。菲茨杰拉德误以为这次会议是在布鲁塞尔举行的，而不是在卢森堡。

⑲⑥ 保罗·比尤和戈登·吉莱斯皮，《北爱尔兰：动荡年表 1968—1999》，吉

尔-麦克米伦出版社，1999，pp. 190—91。

⑲⑦ 金勋爵访谈。

⑲⑧ 撒切尔致函格里菲思，1986年3月25日，CAC:THCR 3/2/186。

⑲⑨ 撒切尔回忆录素材，CAC: THCR 4/3。

⑳⓪ 迈克尔·利利斯访谈。

⑳① 查尔斯·摩尔，同时做的私人笔记，1985年11月26日。

⑳② 撒切尔回忆录素材，CAC: THCR 4/3。

⑳③ 撒切尔，《唐宁街岁月》，p. 415。

⑳④ 阿姆斯特朗勋爵访谈。

⑳⑤ 撒切尔，《唐宁街岁月》，p. 410。

⑳⑥ 迈克尔·利利斯访谈。

⑳⑦ 撒切尔，《唐宁街岁月》，p. 415。

⑳⑧ 马丁·曼瑟访谈。

⑳⑨《每日电讯报》，1998年11月23日。

㉑⓪ 英国议会议事录，2013年4月10日，560/1621—3。（http://www.publications.parliament.uk/pa/cm201213/cmhansrd/cm130410/debtext/130410—0001.htm#1304104000296）

㉑① 鲍威尔勋爵访谈。

㉑② 迪克·斯普林访谈。

㉑③ 加勒特·菲茨杰拉德访谈。

㉑④ 同上。

㉑⑤ 同上。

㉑⑥ 杰弗里·豪，《忠诚的冲突》，p. 422。

㉑⑦ 同上，p. 427。

㉑⑧ 阿姆斯特朗勋爵访谈。

㉑⑨ 戴维·古多尔爵士访谈。

㉒⓪ 鲍威尔勋爵访谈。

大事年表

时间	政治事务	经济事务	东西方关系	其他外交事务	北爱尔兰事务
1982 年					
7 月		19 日，开始计划英国私有化。			
8 月					
9 月	18 日，中央政策评审组激进的福利改革消息泄露。	9 日，失业人数达到 300 万人。		17—29 日，首相访问远东（同意与中国开启香港问题谈判）。	
10 月	4—8 日，保守党大会在布莱顿市召开。 19 日，撒切尔夫人委任安东尼·帕森斯为她的外交事务特别顾问。		10 日，苏联领导人列昂尼德·勃列日涅夫去世。	1 日，赫尔穆特· 科尔担任西德总理。 28 日，首相在波恩拜访科尔，29 日参观柏林。	
11 月	月初，基思·约瑟夫提交修改后的教育券计划。				24 日，爱尔兰共和国举行大选。
12 月				24 日，弗兰克斯就马尔维纳斯群岛战争提交对首相和政府有利的报告草案。	14 日，加勒特·菲茨杰拉德组成爱尔兰工党后，当选总理。
1983 年					
1 月	6 日，内阁改组：赫塞尔廷取代约翰·诺特担任国防大臣。 16 日，首相宣布支持“维多利亚价值观”。			7 日，首相视察马尔维纳斯群岛。	

（续表）

时间	政治事务	经济事务	东西方关系	其他外交事务	北爱尔兰事务
2月	24日，柏蒙塞选区补缺选举（工党败给自由党）。			4日，科尔到首相别墅拜会首相（双方支持部署中程核力量）。 8日，英国军队参加在贝鲁特的军事行动。	
3月	8日，首相拒绝约瑟夫的最新教育券计划。 24日达灵顿选区补缺选举（工党继续保持席位）。	15日，提交预算案（收入所得税免税额高于通胀率8.5%）。	8日，首相在唐宁街10号会见匈牙利副总理约瑟夫·马尔亚伊。 23日，里根总统宣布了战略防御计划。		
4月					
5月	9日，大选竞选运动启动。		1日，里根向首相确认，她事实上可以禁止从英国领土发射美国导弹。 28日，首相参加在威廉斯堡举行的G7峰会（赞成部署中程核力量）。		
6月	9日，选举日：首相连任，在议会占144席多数。 10日，首相组成新政府，做人事调整：尼格尔·劳森任财政大臣，杰弗里·豪任外交大臣；威利·怀特劳任上院领袖；利昂·布里坦任内政大臣。		17—19日，在斯图加特举行欧洲委员会会议（首相赢得一年临时预算折扣）。		
7月	15日，伯纳德·韦瑟里尔新任下院发言人。 13日，下院否决恢复死刑。 28日，彭里斯选区补缺选举（保守党胜）。 29日，正式撤销中央政策评审组。	7日，公布削减公共开支5亿英镑。			

（续表）

时间	政治事务	经济事务	东西方关系	其他外交事务	北爱尔兰事务
8 月	3 日，首相接受眼科手术住院。				
9 月	1 日，伊恩·麦格雷戈担任国家煤炭局董事长。		1 日，韩国民航 007 号航班遭击落。 9 日，首相在别墅举行东西方讨论会（决定与苏联对话）。 28—30 日，首相在华盛顿会晤里根（在对话方面达成共识）。	22 日，南非新宪法生效。	
10 月	2 日，尼尔·基诺克担任工党领袖。 7 日，公布撤销大伦敦市议会的白皮书。 11—14 日，保守党大会在黑潭市举行。 14 日，塞西尔·帕金森辞职（诺曼·特比特接任贸易工业部大臣）。		19 日，格林纳达总理莫里斯·毕晓普在政变中丧生。 22 日，里根同意东加勒比国家组织请求，干预格林纳达。 25 日，杰弗里·豪宣称不了解美国入侵格林纳达的意图。 25 日，美国入侵格林纳达。	23 日，贝鲁特美国海军陆战队军营遭炸弹袭击。	
11 月			2—11 日，北约执行优秀射手演习。 23 日，美国开始在欧洲部署中程核力量。	22—29 日，英联邦政府首脑会议在德里举行（首相最初面对着关于南非的不同意见）。	7 日，菲茨杰拉德在首相别墅拜访首相（首相关闭了古多尔—利利斯会谈渠道，但会谈在别的渠道继续展开）。

（续表）

时间	政治事务	经济事务	东西方关系	其他外交事务	北爱尔兰事务
12月	21日，提交利率上限提案。				7日，联合派政客埃德加·格雷厄姆遭爱尔兰共和军杀害。 17日，爱尔兰共和军对哈罗兹百货公司实施炸弹袭击。 24日，首相访问北爱尔兰。
1984年					
1月	25日，宣布取缔政府通讯总部的工会。		16日，里根呼吁苏联对话。		
2月			2—4日，撒切尔夫人访问匈牙利。 9日，苏联领导人尤里·安德罗波夫去世。 14日，撒切尔夫人赴莫斯科参加安德罗波夫的葬礼。 14日，基诺克在华盛顿会见里根。	8日，英国军队退出多国部队。	
3月	8日，矿工罢工开始：约克郡和苏格兰关闭诸多矿井。 14日，撒切尔夫人会见伊恩·麦格雷戈（继而强化警方行动）。	13日，预算案（应对通胀和商业税改革）。		16日，南非与莫桑比克签订《恩科马蒂协议》（互不侵犯条约）。 29日，欧盟理事会布鲁塞尔会议（未就英国预算辩论达成一致）。	
4月	19日，阿瑟·斯卡吉尔降低全国罢工投票门槛，要求50%票数即可通过罢工决定。			17日，女警官弗莱彻被利比亚大使馆射出的子弹杀害。	

（续表）

时间	政治事务	经济事务	东西方关系	其他外交事务	北爱尔兰事务
5月	3日，地方选举（保守党失去一些席位）。			2日，科尔来首相别墅拜访撒切尔夫人（首相暗示为达成预算交易可做一些让步）。	2日，新爱尔兰论坛报告公布。
6月	14日，欧洲问题投票（保守党失去一些席位）。 16日，朴次茅斯补缺选举（保守党败给社会民主党）。 18日，“欧格里夫之战”（警察与罢工工人暴力冲突）。			2日，P. W. 博塔来首相别墅拜访撒切尔夫人（在种族隔离问题上发生冲突，但建立了对话机制；撒切尔夫人提出释放曼德拉问题）。 25—26日，欧洲理事会枫丹白露会议（撒切尔夫人获得英国永久性预算折扣）。	1—4日，里根访问爱尔兰。
7月	9日，全国码头工人罢工开始。 18日，全国矿工工会和国家煤炭局就关闭无经济效益矿井进行的谈判失败。 19日，全国码头工人罢工结束。			28日，杰弗里·豪开始访华，完成香港谈判。	
8月					
9月	2日，撒切尔夫人授权帕特里克·詹金斯审查地方政府财政状况。 10日，内阁改组：道格拉斯·赫德接替吉姆·普赖尔在北爱尔兰的职务。15日，威尔士亨利王子（哈里王子）诞生。 28日，煤矿督察代理爆破手全国协会投票赞成罢工。		26日，里根首次在白宫接见安德烈·葛罗米柯。	5日，P. W. 博塔宣誓就任南非总统。 13日，西蒙·佩雷斯成为以色列总理。	3日，菲茨杰拉德在唐宁街10号拜访撒切尔夫人。 28日，爱尔兰安全部队截获向爱尔兰共和军运送武器的“玛丽塔·安”号运输船。

（续表）

时间	政治事务	经济事务	东西方关系	其他外交事务	北爱尔兰事务
10月	9—12日，保守党会议在布莱顿市召开。 24日，煤矿督察代理爆破手全国协会取消计划中的罢工。 25日，全国矿工工会资产被扣押。 28日，撒切尔夫人出席在首相别墅举行的地方政府财政座谈会。			16日，德斯蒙德·图图获颁诺贝尔和平奖。 23—25日，弗朗索瓦·密特朗对英国进行国事访问（讨论英吉利海峡隧道问题）。 31日，英迪拉·甘地遭暗杀。	12日，爱尔兰共和军对布莱顿市大饭店实施爆炸袭击，撒切尔夫人侥幸逃脱，但有五人遇难。
11月	30日，戴维·威尔基驾驶出租车送一名矿工上班途中被混凝土石桩击中身亡。	20日，英国电信发行股票。	6日，里根连任美国总统。 16日，里根取消大陪审团对英国航空公司的调查。	3—4日，撒切尔夫人赴德里参加甘地夫人的葬礼。 29日，撒切尔夫人赴巴黎拜访密特朗（对海峡隧道变得热心）。	18—19日，英－爱峰会在首相别墅举行（撒切尔夫人拒绝新爱尔兰论坛报告。“排除……排除……排除”）。
12月	10日，惠姆的唱片《她要赢得大满贯》首发。		16日，米哈伊尔·戈尔巴乔夫来首相别墅拜访（撒切尔夫人称他为“可与之打交道的人”）。 22日，撒切尔夫人在戴维营拜访里根（达成战略防御计划／军控“四点”协议）。	17日，撒切尔夫人首次会见班达尔亲王（为达成阿尔亚玛玛交易谈判）。 19日，撒切尔夫人在北京签署香港协议。	3—4日，撒切尔夫人参加在都柏林城堡举行的欧洲理事会会议（向菲茨杰拉德道歉）。